Zu diesem Buch

Arthur Hertzberg, Rabbiner und Ehrenvorsitzender des Jüdischen Weltkongresses, beschreibt in diesem grundlegenden Buch die zentralen Glaubensinhalte und Rituale des Judentums. Aus der Perspektive eines vergleichenden Religionswissenschaftlers präsentiert der Autor eine einzigartige Quellensammlung von außerhalb der jüdischen Kultur unbekannten (und schwer zugänglichen) rabbinischen Schriften, die neben der hebräischen Bibel die Basis der jüdischen Tradition darstellen. Das Buch besticht durch eine übersichtliche Anordnung der Themen, es folgt sowohl dem Zyklus von Geburt, Leben, Tod als auch dem Ablauf des religiösen Jahres und macht die rituelle Praxis von den Speisegesetzen bis hin zu den Regeln des sozialen Zusammenlebens verständlich. Eine besondere Qualität besteht darin, die für die jüdische Tradition bedeutsamen Kontroversen orthodoxer und liberaler Auffassungen so darzustellen, daß sie auch für ein uneingeweihtes Publikum nachvollziehbar sind.

Der Autor

Arthur Hertzberg, 1921 in Galizien geboren, kam im Alter von fünf Jahren mit seiner Familie in die USA. Er war Professor für Religionsgeschichte am Dartmouth College und hat nun eine Gastprofessur an der New York University und am Mideast Institute der Columbia University. Er ist Rabbi und Ehrenvizepräsident des Jüdischen Weltkongresses. Auf deutsch liegt bereits von ihm vor: Shalom Amerika. Die Geschichte der Juden in der Neuen Welt.

Arthur Hertzberg

Judaismus

Die Grundlagen der
jüdischen Religion

Deutsch von
Eleonore Meyer-Grünewald
und Miriam Magall

Rowohlt

Veröffentlicht im Rowohlt Taschenbuch Verlag GmbH,
Reinbek bei Hamburg, Juli 1996
Die deutsche Erstausgabe erschien 1993 im
Verlag Knesebeck, München
Copyright © 1993
von dem Knesebeck GmbH & Co. Verlags KG, München
Die Originalausgabe erschien 1991 unter dem Titel
«Judaism. The Key Spiritual Writings
of the Jewish Tradition»
im Verlag Simon & Schuster, New York
Copyright © 1991 by Arthur Hertzberg
Umschlaggestaltung Susanne Heeder
(Foto: Archipress)
Gesamtherstellung Clausen & Bosse, Leck
Printed in Germany
1990-ISBN 3 499 16522 8

לזכר נשמות הורי

א״מ הרב צבי אלימלך זצ״ל

בן הרב אברהם זצ״ל

א״מ נחמה שפרה נ״ע

בת הקדוש משולם שו״ב מלמברג הי״ד

צדיקים במיתתם קרואים חיים

Zur Erinnerung an meine Eltern,
Rabbi Zvi Elimelekh
und Rebbezin Nechama Shifra,
die mit ihrem Leben
den jüdischen Glauben vorgelebt haben.

Inhalt

IV
Der Ablauf des Jahres

V
Das Land

VI
Die Satzung (Doktrin)

VII
Das Gebet

Vorwort zur deutschen Ausgabe

DIESES BUCH WURDE einst in ruhigen Zeiten geschrieben; jetzt, drei ereignisreiche Jahrzehnte später, wurde es überarbeitet. Heute gibt es auf viele Fragen über Werte und über Leben und Tod ganz andere Antworten als vor dreißig Jahren. Dazu würde sich als leichte Schlußfolgerung die Wiederholung des Klischees anbieten, Religion mache jeden Zeitenwandel mit, was natürlich auch stimmt, ebenso, daß der Gläubige sich selbst ändere, wie ich es in den Jahren zwischen meinem vierzigsten Geburtstag, als ich das Vorwort zur ersten Ausgabe unterschrieb, und meinem siebzigsten Geburtstag, als ich den nun vorliegenden Text verfaßte, selbst am eigenen Leib erfahren habe. Sehr viel bemerkenswerter ist dabei, daß das Judentum sogar in angespannten Zeiten wie den letzten Jahren, als es eine oft beinahe bedrohliche Borniertheit gegeben hat, verhältnismäßig sicher in sich selbst ruhte. Die rund einhundert Seiten an neuem Stoff in dieser überarbeiteten Ausgabe behandeln zwar viele der wichtigeren Fragen, wie sie sich in den Diskussionen der letzten drei Jahrzehnte herauskristallisiert haben, und dabei hat es durchaus Zusammenstöße gegeben, aber trotzdem sind sie nicht grundsätzlich widersprüchlich.

Eine Ursache für diese Kohärenz ist die Art der Argumentation. Sie ist über viele Jahrhunderte hinweg die gleiche geblieben. Wie in der Vergangenheit werden Präzedenzfälle aus der Bibel und rabbinischen Literatur herangezogen. In den meisten Fällen streckt man die Talmud-Vorschriften bei jedem Argument so, daß sie auch auf Situationen angewendet werden können, die sich die Rabbiner im Altertum nicht einmal hätten träumen lassen. Wie der Leser noch feststellen wird, greifen alle Stellungnahmen zu medizinisch-ärztlichen Fragen, gleichgültig, ob sie von einem orthodoxen oder einem liberalen Rabbiner stammen, auf den Standpunkt des Talmud-Gesetzes zurück, und in ihren Schlußfolgerungen unterscheiden sie sich kaum. So war zum Beispiel Rabbi Solomon Freehof, ein amerikanischer Reformrabbiner, bei der Frage über den Schwangerschaftsabbruch nicht nachgiebiger als führende orthodoxe Rabbiner in Israel wie Rabbi Eliezer Waldenberg und Rabbi Ben-Zion Hai Ouziel: Alle drei gestatten einen Abort, wenn Gesundheit oder Geisteszustand der Mutter auf dem Spiel stehen, dagegen lehnen sie die Ansicht ab, die Entscheidung über einen Schwangerschaftsabbruch sei stets und immer ihre ganz persönliche Angelegenheit.

Über die ebenso heikle Frage eines »ungeteilten Landes Israel« stoßen die gegensätzlichen Meinungen noch heftiger zusammen, aber die widersprüchlichen Argumente berufen sich auf die gleichen Texte. Die Diskussion dreht sich um zwei rabbinische Entscheide: um den nicht in Frage gestellten Grundsatz, daß die Rettung eines Lebens Vorrang vor praktisch jedem anderen Gebot der jüdischen Religion hat, und um die Tatsache, daß eine der größten rabbinischen Kapazitäten, Nachmanides, der im dreizehnten Jahrhundert in Spanien wirkte, nachdrücklich darauf bestand, die Wiederherstellung der jüdischen Herrschaft über das Heilige Land sei ein biblisches Gebot, dessen Erfüllung Juden stets anstreben müßten. Muß man, so wird argumentiert, dieses Gebot selbst dann einhalten, wenn es eine Gefahr für das Leben darstellt, oder, die entgegengesetzte Frage, ist das Leben eines Menschen, auch nur eines einzigen, zu kostbar, als daß es zerstört werden könnte, selbst, um den Messias zu bringen? Rabbi Zvi Yehuda Kook, der geistige Vater der Befürworter einer Annexion, entschied, das Gebot, die jüdische Souveränität im heiligen Land wiederherzustellen, habe sogar Vorrang vor der Gefahr für das Leben jener, die für diese Sache kämpfen. Rabbi Ovadiah Yosef, ehemaliger Oberrabbiner von Israel, hat die Ansicht vertreten, der Entscheid von Nachmanides sei so zu verstehen, daß er nur in einer Zeit des Friedens verwirklicht werden dürfe, wenn dafür kein Leben aufs Spiel gesetzt werde.

Einige zeitgenössische Fragen können nicht diskutiert werden, indem man die Grenzen und Bedeutung alter Texte heranzieht. Selbst einer der konservativsten Rabbiner, Rabbi Moshe Feinstein, hat die Definition von Tod angesichts neuer Erkenntnisse in der Medizin völlig neu definiert. Er hat sich der zeitgenössischen Ansicht angeschlossen, derzufolge das Aufhören jeder Hirntätigkeit der Beweis für den Eintritt des Todes ist. Selbstverständlich hat er dabei das Talmud-Gebot berücksichtigt, wonach der Tod bei Aufhören von Herzschlag und Atmung festgestellt wird. Rabbi Feinstein hat vorgeschlagen, den Sauerstoffbehälter in einer Herz-Lungen-Maschine nicht auszuwechseln, wenn er leer ist, sondern »zu prüfen«, ob der Patient von allein atmen kann und ob sein Herz unabhängig davon weiterschlägt.

Aber die größten Schwierigkeiten für alle, die sich im Rahmen talmudischer Präzedenzfälle bewegen möchten, werden in bezug auf Fragen im Zusammenhang mit dem Geschlecht aufgeworfen. Der Talmud hat eine patriarchalische Gesellschaft als vorherrschende Gesellschaftsform vorausgesetzt. Natürlich haben die alten Rabbiner auch einige Entscheide getroffen, um die Rechte der Frau zu schützen. So sieht das Bibelgesetz zum Beispiel ausschließlich männliche Erben vor, sie sind die einzigen, denen ein Erbe zufallen kann. Der Talmud hat die Vorschrift dahingehend abgeändert, daß sich das Gesetz auch auf unverheiratete Töchter erstreckt, weil sie ihren Lebensunterhalt auf unanständige Weise würden verdienen müssen, wenn sie über keine Mittel verfügten. Die alten Rabbiner erweiterten die Bibelgesetze über eine Eheschließung um mehrere Bedingungen. Sie legten fest, daß es keine Eheschließung gibt, solange sich der Bräutigam zuvor nicht in einem vorehelichen Vertrag (der *Ketubba*) verpflichtet, der vorsieht, daß seine Frau bei einer Scheidung oder bei seinem Tod automatisch Anrecht auf eine angemessene Versorgung hat. Dennoch entstammen diese fortschrittlichen Anweisungen einer Welt, in der die Männer das Sagen hatten, gemäßigt nur durch etwas Fürsorge für die Frau. In den letzten Jahrzehnten hat sich Rabbi Yechiel Weinberg in der Schweiz für eine Bat-Mizwa-Zeremonie für Mädchen (allerdings nicht in der Synagoge, in der Männer und Frauen gemäß orthodoxem Brauch getrennt sind) ausgesprochen, weil Mädchen in der modernen Zeit die gleiche Bildung wie Jungen erhalten.

Die Spannung zwischen ererbter Lehre und zeitgenössischer Empfindsamkeit hat sich in den jüngsten Jahren verschärft und ist schmerzlicher geworden angesichts der immer hörbarer werdenden Forderungen von Homosexuellen nach Gleichberechtigung, nicht nur auf dem Markt und in der Gesellschaft, sondern auch in der religiösen Gemeinschaft. In diesem Fall beziehen die Präzedenzfälle ummißverständlich und einstimmig Stellung: Homosexualität ist Sünde, sowohl gemäß der Bibel wie im Talmud. Das schließt stillschweigend ein, daß ein Homosexueller als Rollenvorbild unvorstellbar ist. Die Ordination eines homosexuellen Mannes oder einer lesbischen Frau zum Rabbiner liegt völlig außerhalb jedes halachischen Rahmens, dem religiösen Gesetz, wie es von Anfang an im Talmud festgelegt wurde. Trotzdem herrscht heute bei vielen Juden die Ansicht vor, daß Homosexualität häufig angeboren ist, und daß, auch wenn das nicht der Fall ist, Homosexualität kein Verbrechen sei. Jüdische religiöse Liberale diskutieren noch immer die Frage, ob Homosexuelle ermuntert und unterstützt werden sollten, ihre eigene Synagoge zu gründen, oder ob sie in bestehende Gemeinden einzugliedern sind. Aber es ist nicht länger möglich, Homosexuelle aus den jüdischen Einrichtungen, gleich welcher

Glaubensrichtung, auszuschließen. Die Rabbinerseminare der rekonstruktionistischen und der Reformbewegung in den Vereinigten Staaten ordinieren heutzutage Männer und Frauen, die sich offen als homosexuell zu erkennen geben. Diese Politik wird von jenen gerechtfertigt, die dieses Vorgehen als ihre Art akzeptiert haben, auf einen tiefgreifenden, jüngeren Wandel der moralischen Ansichten zu reagieren.

Die religiöse Erfahrung der Juden ist unlösbar mit dem verkettet, was dem jüdischen Volk in der Geschichte widerfahren ist. In den letzten Jahrzehnten wurde aus dem Mord an den Juden Europas weitaus mehr als ein Gedenken an das größte Progrom. Den Holocaust kann man nicht ohne die Frage nach der Verantwortung des Menschen und auch nicht ohne die letzte gültige Frage nach der Gerechtigkeit Gottes diskutieren. Die religiöse Bedeutung des Staates Israel hat sich noch dramatischer gewandelt. Seit 1967 herrscht der Staat Israel über das gesamte Gebiet westlich des Jordanflusses und damit zum ersten Mal auch über eine sehr große arabische Minderheit innerhalb der Grenzen des »ungeteilten Landes Israel«. Welche moralische Verantwortung bringt die Macht mit sich?

Im Laufe der Jahrhunderte hat sich die jüdische Religion das Menschenleben als ein Spannungsfeld zwischen der Forderung nach Gerechtigkeit für alle Schöpfungen Gottes und der Angst vor Sünde vorgestellt. Dieses alte Ringen ist bis heute als ein grundsätzliches Dilemma erhalten geblieben. Was bedeutet Gerechtigkeit gegenüber einem Sterbenden? Ist die Achtung vor dem Leben absolut, unter allen Bedingungen, oder muß es ausgeglichen werden durch Mitfühlen für den leidenden Patienten und die Familie, die mit ihm leidet? Fordert die Liebe für die gesamte Menschheit vom einzelnen, alle Werte und alle Verhaltensformen als gleichwertig zu akzeptieren? Diese alten Fragen wurden in der ersten Ausgabe dieses Buchs anhand von Zitaten zahlreicher Kapazitäten aus mehreren Jahrhunderten besprochen. Der Leser dieser zweiten Ausgabe wird feststellen, daß die Forderungen nach Gerechtigkeit und die Angst vor Sünde auch diesmal diskutiert wurden, auch in den letzten drei Jahrzehnten, und zwar von Männern und Frauen, die sich leidenschaftlich mit den Fragen unserer Zeit auseinandersetzen.

Arthur Hertzberg

Einführung

GOTT SCHLOSS EINEN BUND mit einem besonderen Volk, auf daß es Seine Priesterschaft sei. Diesem Volk, dem Samen Abrahams, dem Volk der Sklaven, das Er soeben aus der Knechtschaft Ägyptens befreit hatte, offenbarte Er die Thora, das Gesetz, das es zu befolgen und als besondere Bürde der Juden und zum Zeichen seines einmaligen Schicksals in der Welt anzunehmen hatte. Er wählte das Land Kanaan als Sein Erbe und das Seines Volkes, das heilige Land, das auf ewig die Stätte bleiben sollte, an der sich Seine Gegenwart am stärksten offenbarte.

Gott ist überall in der Welt und sorgt für alle Menschen, denn für Ihn sind die Kinder Israels, wie Amos sagte, nicht mehr als die Äthiopier. Aus seiner Liebe zur ganzen Menschheit lehrte Er alle Menschen Seinen Weg der Erlösung, die Thora, in Seiner Offenbarung in der Wüste Sinai, um aufzuzeigen, daß das Gesetz, gleich wie die Wüste, jedem gehört, der es in Anspruch zu nehmen wagt. Gott hat nicht nur zum Menschen im heiligen Land gesprochen, denn er hat auch zu Noah im Land zwischen den Flüssen, zu Abraham in Ur, zu Moses in Midian gesprochen, und er hat selbst zu Balaam gesprochen, der die Juden in der Wüste Sinai verfluchte. Im Talmud findet sich eine Vision der letzten Tage, in denen sich die Heiligkeit, die bis anhin dem Lande Israel eigen war, »ausbreiten« und alle Länder der Erde einschließen wird.

Jede dieser beiden Behauptungen entspricht der Wahrheit und vermag das Judentum zu erklären. Doch keine der beiden ist wahr ohne die andere. Man könnte daraus mit Leichtigkeit folgern, daß diese beiden Darstellungen des Judentums, unter seinem »allgemeinen« und seinem »besonderen« Aspekt gesehen, eine ernste Spannung erzeugen, dies haben in der Tat nichtjüdische Kommentatoren und Polemiker seit Jahrhunderten behauptet. Aus der Perspektive desjenigen aber, der sich zur jüdischen Tradition, zum Glauben und zur Erfahrung des gläubigen Juden bekennt, existiert eine solche Unterscheidung nicht. Der jüdische Glaube wendet sich nicht allein an die Juden; er schreibt das Gesetz und den Weg der Erlösung der Menschheit als Ganzes vor.

Die jüdischen Vorstellungen über Gott, die Thora und das Volk Israel, über die geringere, wenn auch nicht unwichtige Doktrin, die sich auf das heilige Land bezieht, stellen keinen Katechismus, keine Theologie dar, denn solches existiert im Judentum eigentlich nicht. Sie sind vielmehr um dauernde Werte, Gebiete von Wichtigkeit, Schwerpunkte oder Probleme (wie immer man es nennen mag) bemüht, um die herum sich die Masse jüdischer innerer Frömmigkeit und Gedanken durch die Jahrhunderte hindurch organisiert hat. Gläubige schlechthin, Gelehrte, Mystiker und Philosophen wichen in ihrem Verständnis, in ihrer Interpretation dieser Werte voneinander ab. Dennoch hat das Judentum trotz aller Wandlungen nicht aufgehört, ein einziger Glaube zu bleiben, da zumindest bis etwa zum letzten Jahrhundert, dem Zeitalter des Zweifels, die normative Tradition von allen Juden geglaubt und respektiert wurde, die im Schoße der Gemeinde zu bleiben beabsichtigten.

Die Juden haben es weiterhin als selbstverständlich betrachtet, daß der Gott der ganzen Erde sie zu Seiner Priesterschaft ernannt hatte, zu Seinem »leidenden Diener«, der nach dem Gesetz zu leben und die Last der Leiden zu tragen hatte, die über ihn kommen könnten. Ihre Aufgabe ist es, Erlösung für sich selbst zu erlangen und die Menschheit dem Tag zuzuführen, an dem, den Worten der Liturgie zufolge, »es nur einen Namen und einen einzigen Ewigen geben wird«.

Der beste Schlüssel zum Verständnis des Judentums ist in seinen eigenen Worten, in seiner eigenen Vorstellung vom »auserwählten Volk« zu finden. Diese Lehre der »Auserwähltheit« ist ein Mysterium – und ein Skandal zugleich. Sie war bereits für die Bibel ein Mysterium, die die göttliche Wahl nicht irgendwelchen angeborenen Verdiensten der Juden, sondern dem unergründlichen Willen Gottes zuschrieb. Sie wurde sehr bald ein Ärgernis für die Nichtjuden – aber auch für manche Juden. Im Laufe der Jahrhunderte wurden viele Versuche unternommen, diese Lehre zu verteidigen und zu erklären. Etliche dieser Erklärungen, die aus Schriften mittelalterlicher und neuzeitlicher jüdischer Denker ausgelesen wurden, kommen in diesem Buch zu Wort, wie auch eine moderne Widerlegung dieser Lehre durch einen radikalen amerikanischen, jüdischen Theologen, der das Judentum naturalistisch und religiös-kulturell zu deuten versucht. Natürlich neigten freisinnige Deutungen der jüdischen Erfahrung wie zum Beispiel gewisse Formen des Zionismus dazu, diese Lehre aufzugeben. Dennoch bin ich der Meinung, daß das Judentum ohne sie undenkbar ist. Dies bedeutet aber nicht, daß jedermann, zumal nicht in unserer eigenen unruhigen Generation, behaupten dürfte, den Sinn dieses Mysteriums verstanden zu haben. Vielleicht genügt es uns für den Augenblick zu wissen, daß es dieses Mysterium gibt; vielleicht haben andere Generationen nichts als dies gewußt. Wie dem auch sei – einige wenige Worte über die Idee des »auserwählten Volkes« und das, was sie besagen will, seien hinzugefügt.

Es ist naheliegend, daß es kein »auserwähltes Volk« geben kann, es sei denn, es gäbe einen Gott, der es auserwählte. Die Geschichte, und zumal die moderne Geschichte, kennt zu viele Beispiele von Völkern, die sich selbst für auserwählt erklärten. Diese »zivilisierende Mission«, die ein solches Volk sich selbst zuerteilt, mag noch so erhaben und menschenfreundlich sein – Selbsterwählung ist noch stets zu irgendeiner Form der Vorstellung von einer Herrenrasse entartet. Wir können auch nicht versuchen, den klassischen jüdischen Begriff vom auserwählten

Volk vernunftmäßig zu deuten, wie dies etliche jüdische Theologen des 19. Jahrhunderts getan haben, indem sie argumentierten, verschiedene Völker hätten besondere angeborene Fähigkeiten, etwa die Griechen für Kunst und Philosophie, die Deutschen für die Ordnung, Engländer und Amerikaner für die Freiheit und die Juden für die Religion. Ganz abgesehen vom erdrückenden Beweismaterial der Soziologie und verwandter Disziplinen, das besagt, daß eine solche Denkweise einfach falsch ist, so haftet ihr zugleich eine moralisch verwerfliche Überheblichkeit an. Ein »auserwähltes Volk« hat nur dann ein Recht zu existieren und sich für eben ein solches Volk zu halten, wenn es einen Gott in der Welt gibt, der mehr ist als ein Urgrund aller Dinge oder die Ordnung des Kosmos. Dieser Gott muß als der Schöpfer begriffen werden, der seiner Schöpfung nicht unbeteiligt gegenübersteht, der sich um den Menschen kümmert und zu ihm spricht, dem das menschliche Schicksal nicht gleichgültig ist. Man kann sich vorstellen, daß ein solcher Gott ein bestimmtes Volk erwählt haben kann, dem es obliegt, Seinem Willen genauestens zu gehorchen, um in Seinen Händen ein Werkzeug für die Erlösung der Menschheit zu werden und zu einem »Lehrer«, den Gott selbst vor dem Hochmut bewahrt, indem Er seinem auserwählten Volk die strengsten Strafen auferlegt.

Das klassische Judentum ist daher eine *geoffenbarte* Religion. Der Begriff der Offenbarung ist als solcher äußerst schwierig zu fassen, nicht allein für den Ungläubigen, mehr noch für den Gläubigen. Wieso braucht Gott den Menschen überhaupt? Warum sollte er den Wunsch gehabt haben, zum Menschen zu sprechen? Selbst wenn der Glaube an seine Offenbarung orthodoxester Prägung ist, bleibt doch die Frage bestehen: Was verlangt Gott von mir, von meinem individuellen Leben im Rahmen meiner unmittelbar gegebenen Lage?

Wenn alle Argumente erschöpft sind, bleiben nur zwei mögliche Zugänge zur Religion: entweder hat der Mensch Gott für die Bedürfnisse des Menschen erfunden, oder Gott schuf den Menschen, auf daß er Seine Vorhaben erfülle. Die erstgenannte Alternative war während der letzten Jahrhunderte sehr beliebt. Etliche haben den menschlichen Erfindungsgeist gepriesen, andere haben ihn als eine unnötige und sogar gefährliche Illusion verworfen. Besonders seit Voltaire hat man die Idee von Gott als das Gegengift erklärt, das der Mensch aus seiner Angst vor der Welt und vor dem Tode ersonnen hat. Dies ist eine Krücke, die der Mensch verwerfen kann und in Tat und Wahrheit verwerfen sollte – so lautet diese Argumentation. Der Traditionsbewußte findet in den klassischen philosophischen und theologischen Bemühungen, die zu beweisen suchen, daß Gott existiert, keine wirkliche Befriedigung. Jeder dieser wohlbekannten »Beweise« – etwa: es könne keine Schöpfung ohne einen Schöpfer geben; der Plan erfordere einen Planer usw. – wurde im Bereich der philosophischen Argumentation widerlegt, und der Urteilsspruch »nicht bewiesen« wurde im Namen der Vernunft gefällt.

Ich sage *nicht bewiesen,* und nicht *widerlegt.* Die philosophische Diskussion vermag in der Tat keinen unleugbaren Beweis für die Existenz Gottes zu erbringen, sie vermag diese Existenz aber auch nicht unwiderlegbar zu leugnen. Allein der Glaube kann die Entscheidung treffen. Der Mensch überschaut die Welt, und sie mag ihm als ungeordnetes Universum erscheinen, unwichtig und vielleicht gar chaotisch, dem er nur beiläufige Bedeutung beimißt, oder aber er vermag einen Sinn darin zu entdecken, selbst wenn er wie Hiob die Absicht nicht begreift. Wir sehen uns hier einer grundlegenden Wahl gegenüber und können uns nicht zu der einen oder anderen Position zu überreden versuchen.

Das Judentum, die Religion der Bibel, ist das klassische Musterbeispiel einer von Gott geschaffenen Religion. Es ist die

Behauptung – nicht der philosophische Beweis –, daß Gott existiert, und daß Er zum Menschen gesprochen hat und spricht und ihm Fingerzeige gibt, welchen Weg er zu gehen hat. Ein Gott, der sich um den Menschen kümmert, hat sich wahrscheinlich seinem Lieblingsgeschöpf geoffenbart, obwohl dies keine absolute Notwendigkeit ist, hätte Er doch die Welt in der Weise erschaffen können, daß sich das Schicksal des Menschen in ihr erfüllte, ohne daß ein direkter Kontakt mit dem Ewigen hätte stattfinden müssen. Ein Gott aber, der ein Volk erwählt hat, um ihm eine Rolle von überweltlicher Bedeutung im Werk seiner Erlösung anzuvertrauen, muß dieses Volk notwendigerweise von seiner Wahl in Kenntnis gesetzt haben, obwohl auch in diesem Fall die Möglichkeit besteht, die Wahl zu treffen, ohne daß um sie gewußt wird. Das klassische Judentum glaubt, daß sich dieses Volk seiner Ernennung bewußt ist, weil Gott zu ihm gesprochen hat. Der jüdische Glaube hat sich daher seit frühester Zeit, sogar in der Bibel, mit der Frage beschäftigt, was wahre und was falsche Offenbarung sei.

Natürlich kann jeder Mensch selbst die göttliche Offenbarung erleben, doch kann er sich auch einbilden, sie zu erleben, obwohl er in Wirklichkeit einer Selbsttäuschung erlegen ist. Offenbarung muß daher persönlich, aber nicht personalistisch sein. Für den Juden ist die Form, in die die Offenbarung gegossen wurde, das Gesetz, und Judentum war daher seit jeher eine Spannung zwischen wahren und falschen Propheten, zwischen religiösen Enthusiasten, die die Erfahrung des gehorsamen Gläubigen mit erneuertem Eifer an das Gesetz binden wollen und jenen Enthusiasten, die es im Namen irgendeiner sogenannten »höheren« Erfahrung zu brechen wünschen.

Wenn in deiner Mitte ein Weissager aufsteht oder einer, der Träume sieht, und er gibt dir ein Zeichen oder einen Wahrbeweis an, und das Zeichen oder der Wahrbeweis trifft ein, die er dir angesagt hat, da er sprach: »Wir wollen fremden Göttern nachgehn, die du nicht kennst, und wollen ihnen dienen«, so höre nicht auf die Worte jenes Weissagers oder jenes Traumsehers; denn der Ewige, euer Gott, versucht euch, um zu erkennen, ob ihr den Ewigen, euren Gott, liebt mit eurem ganzen Herzen und mit eurer ganzen Seele. Dem Ewigen, eurem Gott, sollt ihr nachwandeln und ihn sollt ihr fürchten, seine Gebote sollt ihr wahren und auf seine Stimme hören, ihm sollt ihr dienen und ihm anhangen (Deut. 13:2–5).

Zu allen Zeiten war die religiöse Äußerung der Juden reich an mystischer Inbrunst. Eine solche Inbrunst wird solange als berechtigt angesehen, als sie die gehorsame Dienerin der ursprünglichen Offenbarung bleibt, solange sie sich von dieser Offenbarung richten läßt und sich nicht anmaßt, ihr Richter zu werden.

Der Inhalt der göttlichen Offenbarung ist natürlich jahrhundertelang eine Streitfrage zwischen dem Judentum einerseits und dem Christentum und dem Islam andererseits gewesen. Im Bereich der Geschichte, in der tatsächlichen lebendigen Erfahrung einer nur allzu oft verfolgten Minderheit hat diese Debatte beträchtliche, tragische Konsequenzen gehabt; doch ihre Wirkung auf den jüdischen Glauben blieb relativ gering. Gelegentlich hat ein jüdischer Religionsphilosoph wie etwa Maimonides für die beiden der Bibel entsprungenen Schwesternreligionen eine missionarische Rolle unter den Nichtjuden postuliert, doch hat sich die Gesamtheit Israels durch die Zeiten hindurch fest an die Überzeugung gehalten, daß die Thora das Erbe der Nachkommen Jakobs ist. Erst in neuerer Zeit ist der Begriff einer Offenbarung, die entscheidend an den zwingenden Charakter der Thora gebunden ist, zum ernstesten und schwierigsten Problem des jüdischen religiösen Denkens geworden.

Die neuere Bibelkritik hat die talmudische Ansicht, daß jedes Wort der Thora vom Gesetzgeber auf dem Sinai Moses diktiert worden sei und die weiteren traditionellen Interpretationen im

Talmud und in späteren Schriften von göttlicher Eingebung geleitet worden seien, ins Wanken gebracht. Die religiöse Anthropologie bezweifelt den Gedanken, daß die rituellen Vorschriften der Bibel einmalig und von Gott gegeben sind, da viele Parallelen zu ihnen aufgefunden wurden, vor allem in den alten Religionen des Vorderen Orients. Zumal die politische und intellektuelle Emanzipation der modernen Juden, der Zugang, den große Teile dieser Gemeinschaft zum allgemeinen Leben der westlichen Welt fanden, von den meisten Juden als Kern ihrer Bestrebungen angesehen wurde. Das Leben in Gehorsam zum ererbten Gesetz erfordert vom Juden eine beträchtliche, bewußte Absonderung. Es war daher unvermeidlich, daß es als Hindernis auf dem Weg zur völligen sozialen Integration angesehen wurde.

Die beiden ersten Angriffe, seitens der Bibelkritik und seitens der Religionsanthropologie, richteten sich jedoch nicht allein gegen das Judentum. Sie waren Teil einer breiten Strömung, die westliches Denken im Verlauf der letzten Jahrhunderte beherrscht hat. Im Namen der Vernunft und der Wissenschaft kritisierten sie die geoffenbarten Religionen. Die Geschichte des jüdischen Widerstandes gegen solche Angriffe unterscheidet sich nicht wesentlich von der Geschichte westlichen religiösen Denkens als Ganzem. Man ist sich heute darüber einig, daß die gelehrte Erforschung des biblischen Textes, gleich welche Ergebnisse ein solches Studium zeitigen mag, von Natur aus nicht imstande ist, ein endgültiges Urteil über den Glauben an die Offenbarung zu äußern. Und was die Argumente der Anthropologie betrifft, so ist der Mensch augenfällig mehr als eine Ansammlung chemischer Elemente, die seinen Körper zusammensetzen. Umgekehrt ist ein religiöses System nun einmal etwas ganz anderes als die Summe seiner individuellen Gewohnheiten.

Für das Judentum aber ist das theologische Problem in unserer Zeit drängender geworden durch die historischen Verwicklungen der geänderten politischen und sozialen Geschichte der Juden. Seit den ersten Tagen des Exils im Jahre 70 bis ins 18. Jahrhundert hinein lebten alle Juden im christlichen Europa, im mohammedanischen Nordafrika und im Nahen Osten in abgesonderten Gemeinschaften. Mit dem Beginn der sozialen und politischen Emanzipation des Judentums im 19. Jahrhundert wurde das Suchen eines Weges, der aus der gesellschaftlichen Isolierung herausführte, zum Hauptthema jüdischer Erfahrung. Jüdisches Denken widmete sich der Definition des jüdischen Glaubens und der jüdischen Identität, die es den Juden ermöglichen könnte, sich selbst als Menschen wie alle anderen zu betrachten mit einer Religion unter Religionen, als eine Gruppe unter Gruppen oder als eine Nation unter Nationen. Von nun an erwies sich das religiöse Denken der Juden als in so grundlegender Weise »verwestlicht«, wie es dies nie zuvor gewesen war, grundlegender noch als es die philosophischsten jüdischen Theologen des Mittelalters zu sein wagten. Es wurde vor allem von liberalen Theologen als ein religiöses Bekenntnis unter den anderen in der westeuropäischen Kultur vorherrschenden Bekenntnissen definiert. Das Gesetz wurde daher zu einem Problem, und dies nicht nur wegen seiner sozialen Nachteile. Es wurde in noch grundsätzlicherer Weise in Frage gestellt, weil es von allen wesentlichen Werten des Judentums das fremdartigste Element war, das sich im Rahmen einer der Form und den Ideen nach westlichen Religionsphilosophie am schwierigsten erklären ließ.

Authentisches Judentum ist ohne das Gesetz undenkbar. Man muß gewiß einen Unterschied zwischen moralischem Prinzip und zeremonieller Observanz machen. Die talmudische Tradition erklärt, daß der Mensch am Versöhnungstag von Gott Vergebung für seine Sünden erlangen kann, die er im Rahmen eines Rituals begangen hat, daß ihn aber keine Zeremonie von jenen Sünden freizusprechen vermag, die er anderen Menschen gegenüber begangen hat, denn nur durch Wiedergutmachen des Unrechts ist Sühne möglich. Es könnten noch viele andere Beweise zur Rechtfertigung dieser Unterscheidung angeführt werden. Es ist nichtsdestoweniger ein wesentlicher Bestandteil des Glaubens, daß die für die religiöse Praxis des Juden vorgeschriebenen Gesetze von Gott gegeben worden sind. Dieses Volk wurde als eine gemeinsame Priesterschaft auserwählt, die gleichzeitig in der Welt und doch abgesondert von ihr zu leben hat. Seine Lebensart ist ein Merkmal seiner Auszeichnung. Am Ende der Zeiten, in der völlig erlösten Welt wird diese einmalige Lebensart vielleicht verschwinden, aber noch ist die Welt nicht erlöst, und noch ist der Messias nicht gekommen.

Es bleibt hinzuzufügen, daß das Judentum, um es mit einer bekannten Einteilung zu sagen, eine historische und keine Naturreligion ist. Es gibt zwar in der Bibel viele Textstellen, die das Lob Gottes in der Natur besingen, doch die charakteristische jüdische Erfahrung Gottes ist das Bewußtsein Seiner Gegenwart im Ablauf menschlicher Begebenheiten. Jeder Aspekt der jüdischen Tradition ist durchdrungen von der Erinnerung an Gottes erlösende Tat beim Auszug aus Ägypten. Fast alle Feste des religiösen Kalenders sind Akte der Erinnerung an die frühere Erfahrung des jüdischen Volkes als Aufzeichnung von Gottes Verhältnis zu ihm. Der Schwerpunkt jüdischen Glaubens liegt daher weder in der metaphysischen Betrachtung noch im Dogma, vielmehr im menschlichen Handeln. Das Leben ist die Stätte moralischer Entscheidung, und der Mensch hat die Freiheit, sich für das Gute zu entscheiden. Er kann sich schlimmer als ein Tier aufführen, er kann aber auch fast bis zu den Engeln emporsteigen. Jeder Mensch spielt seine Rolle, im guten oder im bösen Sinne, in der Geschichte der Erlösung der Menschheit, denn der Mensch ist der Partner Gottes im Werk der Schöpfung.

Das Judentum baut seine Gegenwart auf der Erinnerung auf, die bis zu Abraham zurückreicht, und erwartet das messianische Zeitalter, das der Menschheit als Ganzes verheißen ist. Es ist der Weg, der in dem Augenblick begann, als der Jude die Götzen zerbrach und Gottes wegen alles aufs Spiel setzte. Zu führen bedeutet oft zugleich: zu leiden, und durch alle Jahrhunderte hindurch hat das Judentum in der Tragödie, die so sehr zur jüdischen Geschichte gehört, in seiner Rolle als »leidender Diener« Gottes das sicherste Zeichen seiner Berufung gesehen.

Die Juden haben oft unter der Last gelitten. Bereits vor Beginn der Neuzeit haben sich manche nach Frieden und Sorglosigkeit gesehnt, denn das Streben nach einer »normalen« Identität und einem »normalen« Schicksal ist menschlich, allzu menschlich. Doch ist es, soviel kann man gewiß sagen, von der Geschichte nicht bestätigt worden. Jüdische Erfahrung ist nicht mit der Erfahrung anderer Nationen vergleichbar gewesen, und die Generation, die Hitler und die dritte Rückkehr nach Zion erlebt hat, gibt sich einer großen Selbsttäuschung hin, wenn sie sich vorstellt, daß der Platz des Juden in der Welt von nun an »normalisiert« sei. Wie Jona mögen manche Juden bemüht sein, nicht gegen Ninive zu prophezeien, doch Ninive ist immer gegenwärtig. Jonas Wissen darum, daß Gott ihm etwas Besonderes anvertrauen wollte, ist auch weiterhin der unausweichliche Weg jüdischer Erfahrung.

I
Das Volk

ERSTES KAPITEL

Die Tatsache des Bundes

GOTT SCHLOSS SEINEN ERSTEN BUND mit Abraham, dem Oberhaupt einer Familie, und man stellte sich das jüdische Volk als die stets wachsende Zahl seiner Nachkommen vor. Fortan wird der zum Judentum Übergetretene nicht nur im Glauben aufgenommen; das Ritual schreibt auch vor, daß er als Kind Abrahams in der Familie Aufnahme finden soll. Gottes Bund mit Moses versteht sich als neuer, weiter gefaßter Bund mit der Gesamtheit eines Volkes. Dies wird durch den »neuen Namen« symbolisiert, durch den Gott sich zu erkennen gibt.

Abram war neunundneunzig Jahre alt, da erschien der Ewige Abram und sprach zu ihm: »Ich bin der gewaltige Gott, wandle vor mir und sei untadelig. Und ich will meinen Bund setzen zwischen mir und dir, und ich will dich mehren über die Maßen.« Da fiel Abram auf sein Angesicht, und Gott redete mit ihm und sprach: »Ich, sieh, mein Bund besteht mit dir, und du wirst werden zum Vater eines Heers von Völkern. Darum sollst du nicht mehr Abram heißen, sondern Abraham soll dein Name sein; denn zum Vater eines Heers von Völkern *(Aw hamon Gojim)* habe ich dich bestimmt. Und ich mache dich fruchtbar über die Maßen und lasse dich werden zu Völkern; und Könige sollen aus dir hervorgehen, und ich errichte meinen Bund zwischen mir und dir und deinem Samen nach dir für ihre Geschlechter als ewigen Bund, Gott zu sein dir und deinem Samen nach dir. Und ich will dir geben, dir und deinem Samen nach dir, das Land deines Aufenthalts, das ganze Land Kanaan, zum ewigen Besitz; und ich will ihnen Gott sein.«[1]
    Und Gott redete zu Mosche und sprach zu ihm: »Ich bin der Ewige! Und ich erschien Abraham, Izhak und Jaakob als der gewaltige Gott; aber mit meinem Namen »Ewiger« habe ich mich ihnen nicht kundgetan. Und dann habe ich auch meinen Bund mit ihnen errichtet, ihnen das Land Kanaan zu geben, das Land ihres Aufenthalts, in dem sie weilten. Und nun: Ich habe auch das Gestöhn der Kinder Israel gehört,

da die Mizräer sie knechteten, und ich gedachte meines Bundes. Darum sage den Kindern Israel: Ich bin der Ewige! Und ich werde euch hinausführen aus der Lastknechtschaft Mizraims und euch erretten aus ihrer Fron und euch erlösen mit gestrecktem Arm und durch große Strafgerichte. Und ich nehme euch mir zum Volk, und ich will euer Gott sein, und ihr sollt erkennen, daß ich, der Ewige, euer Gott, es bin, der euch hinausführt aus der Lastknechtschaft Mizraims. Und ich bringe euch in das Land, das Abraham, Izhak und Jaakob zu geben ich meine Hand erhoben habe, und ich werde es euch zum Erbteil geben, ich, der Ewige.«[2]

ZWEITES KAPITEL

Die Art des Bundes

DER BUND MIT GOTT verpflichtet das jüdische Volk, ein priesterlicher Verband zu sein und dieses Amt zu erfüllen. Gott kaufte es aus der Knechtschaft in Ägypten los, ließ es seine Stimme vernehmen, führte es ins Gelobte Land und schwor, allen künftigen Generationen dieses Volkes treu zu bleiben. Das jüdische Volk muß seinerseits seine Gebote halten, wie sie in der Bibel gegeben sind. Der Bund ist jedoch unzerbrechlich. Die Juden werden für ihre Sünden bestraft und nach strengeren Maßstäben gerichtet als jenen, die Gott anderen Menschen auferlegt, doch wird Er dieses Volk nie verlassen, um seine Liebe anderen zuzuwenden.

Wenn ihr nun auf meine Stimme hören und meinen Bund wahren werdet, so sollt ihr mir eigen sein aus allen Völkern, denn mein ist alle Erde. Und ihr sollt mir sein ein Reich von Priestern und ein heilig Volk[3].

So wahrt alle meine Satzungen und alle meine Rechtsvorschriften und übt sie, damit euch nicht das Land ausspeie, in das ich euch bringe, darin zu wohnen. Und wandelt nicht in den Satzungen des Volkes, das ich vor euch vertreibe; denn all dies haben sie getan, daß ich Abscheu empfand vor ihnen. Da sprach ich zu euch: Ihr sollt ihren Boden erben, und ich will ihn euch geben, ihn zu besitzen, ein Land, das von Milch und Honig fließt; ich bin der Ewige, euer Gott, der ich euch von den Völkern ausgesondert habe. So unterscheidet denn zwischen dem reinen Vieh und dem unreinen, und zwischen den unreinen Vögeln und den reinen, und macht euch selbst nicht zum Abscheu durch das Vieh und die Vögel und durch alles, was sich auf dem Erdboden regt, das ich euch als verunreinigend ausgeschieden habe. Und ihr sollt mir heilig sein, denn heilig bin ich, der Ewige, und ich habe euch von den Völkern ausgesondert, daß ihr mir angehört[4].

Und verunreinige nicht das Land, in dem ihr weilt, darin ich wohne; denn ich, der Ewige, wohne unter den Kindern Israel[5].

Denn frage doch nach den früheren Zeiten, die vor dir gewesen sind, von dem Tag an, da Gott Menschen auf der Erde geschaffen, und von einem Ende des Himmels bis zum anderen, ob so Großes je geschehen, oder ob dergleichen je gehört worden: Eh ein Volk die Stimme Gottes hat reden hören mitten aus den Feuer, wie du sie gehört hast, und leben blieb, oder ob ein Gott versucht hat hinzugehn, um sich ein Volk mitten aus einem anderen herauszuholen mit Erprobungen, mit Zeichen und Wahrbeweisen, mit Krieg, mit starker Hand und mit ausgestrecktem Arm und mit großen, furchtbaren Taten, so wie es der Ewige, euer Gott, für euch in Mizraim getan hat vor deinen Augen! Dich hat man es schauen lassen, damit du erkennst, daß der Ewige Gott ist, keiner sonst außer ihm. Vom Himmel her ließ er dich seine Stimme hören, um dich zurechtzuweisen, und auf der Erde ließ er dich sein großes Feuer schauen, und seine Worte hast du gehört, mitten aus dem Feuer. Und darum, daß er deine Väter liebte und ihren Samen nach ihnen erwählte, und er, er selbst, dich mit seiner großen Kraft aus Mizraim führte, um Völker, größer und mächtiger als du, vor dir zu vertreiben, um dich herzubringen und dir ihr Land zum Erbbesitz zu geben, wie heute geschieht, sollst du heute erkennen und es dir zu Herzen nehmen, daß der Ewige Gott ist, im Himmel oben und auf Erden unten, keiner sonst[6].

Und Mosche berief ganz Israel und sprach zu ihnen: »Höre, Israel, die Gesetze und die Rechtsvorschriften, die ich heute vor euren Ohren verkünde; lernt sie und seid bedacht sie zu üben. Der Ewige, unser Gott, hat mit uns einen Bund geschlossen am Horeb. Nicht mit unsern Vätern hat der Ewige diesen Bund geschlossen, sondern mit uns selbst, die wir alle heute hier am Leben sind[7].

Ihr stehet heute alle vor dem Ewigen, eurem Gott, eure Häupter, eure Stämme, eure Ältesten und eure Amtsmänner, alle Männer Israels, eure Kinder, eure Weiber und der Fremdling, der in deinem Lager ist, von deinem Holzhauer bis zu deinem Wasserschöpfer, um einzutreten in den Bund des Ewigen, deines Gottes, und in seinen Flucheid, die der Ewige, dein Gott, heute mit dir schließt, damit er dich sich heute zum

Volk erstelle, und er dein Gott sei, wie er dir verheißen, und wie er deinen Vätern Abraham, Izhak und Jaakob geschworen hat. Aber nicht mit euch allein schließe ich diesen Bund und diesen Flucheid, sondern mit dem, der heute hier mit uns vor dem Ewigen, unserm Gott, steht, wie auch mit dem, der heute nicht mit uns hier ist[8].

Ich werde dich mir für immer verloben. Ich werde dich mir in Rechtschaffenheit und Gerechtigkeit, in Liebe und in Erbarmen verloben. Ich werde dich mir in Treue verloben, und du wirst deinen Gott lieben[9].

Der Ewige, gepriesen sei er, sagte zu Hosea: »Deine Kinder haben gesündigt.« Darauf hätte Hosea antworten können; »Es sind deine Kinder, Kinder derer, die du liebtest, Kinder Abrahams, Izhaks und Jaakobs; erbarme dich ihrer.« Nicht nur, daß er solche Worte nicht sprach, vielmehr sprach er; »Ewiger Gott des Weltalls! Die ganze Welt ist dein. Ersetze sie durch ein anderes Volk!« Der ewige Gott, gepriesen sei er, überlegte: Was soll ich mit diesem alten Mann tun? Ich werde ihn heißen, eine Hure zu ehelichen und Kinder der Hurerei mit ihr zu zeugen, und dann werde ich ihn heißen, sie davonzujagen. Wenn er es fertigbringen wird, sie davonzujagen, so werde ich Israel davonjagen. Und es steht geschrieben: Der Ewige sprach zu Hosea: »Gehe hin und nimm dir eine Hure zum Weibe und zeuge Kinder der Hurerei...« Und er ging hin und nahm Gomer, die Tochter Diblayims (Hosea 1:2–3). Als ihm zwei Söhne und eine Tochter geboren worden waren, sprach der Ewige, gepriesen sei er, zu Hosea: »Hast du nicht von Mosche, deinem Lehrer, gelernt? Als ich zu ihm gesprochen hatte, trennte er sich von seinem Weibe. So mußt auch du handeln.« Hosea aber antwortete: »Ewiger des Universums! Ich habe Kinder mit ihr. Ich kann sie nicht davonjagen oder mich von ihr trennen.« Der Ewige sprach zu ihm; »Dein Weib ist eine Hure und deine Kinder sind Kinder der Hurerei; du weißt nicht einmal, ob es wirklich deine Kinder sind. Und doch weigerst du dich, sie zu verlassen. Wie also sollte ich Israel gegenüber handeln? Es sind die Kinder jener, die ich als Erben eingesetzt habe, die Kinder Abrahams, Izhaks und Jaakobs, und eines der vier Besitztümer, die ich mir in meiner Welt zugelegt habe: Die Thora, Himmel und Erde, den Tempel und

Israel. Und doch sagtest du mir, ich sollte es durch ein anderes Volk ersetzen!«

Als Hosea begriff, daß er gesündigt hatte, erhob er sich, um Gnade für sich zu erbitten. Der Ewige, gepriesen sei er, sprach zu ihm: »Bevor du Gnade für dich selbst erbittest, erbitte Gnade für Israel.«[10]

Im rabbinischen Kommentar über das Hohelied hat sich das biblische Bild verändert. Dieser große Lobgesang auf die Liebe wird als Beweis für die Liebe zwischen Gott und seinem Volke Israel interpretiert. Die Geliebte ist schön, denn sie schmückt sich selbst mit dem Schmuck, der einer Braut zukommt, das heißt mit Taten des Gehorsams und der aufopferungsvollen Liebe, welche Israel Gott entgegenbringt. Israel schmückt sich für das tägliche Gebet (das Schema, d. h. »Höre, oh Israel, der Ewige, unser Gott, der Ewige ist der Einzige«): der Behälter, der am rechten Haustürpfosten jeder jüdischen Wohnung angebracht ist (die Mesusa), enthält das Schema; die Phylakterien (Tefillin), die schwarzen Behälter, die jeder erwachsene Mann während des werktäglichen Morgengebetes auf der Stirn, am Arm und nahe am Herzen trägt; der Zitronenbaum (Etrog), sowie die Palme (Lulaw), die im Ritual der Sukkot-Feiertage[11] eine Rolle spielen (siehe weiter unten, Kap. V des Vierten Teiles).

Der Verfasser des folgenden Briefes ist Maimonides (1135–1206), Moses ben Maimon, die überragende Persönlichkeit mittelalterlicher jüdischer Gelehrsamkeit sowohl als Philosoph als auch als Kenner des rabbinischen Rechts. In diesem Abschnitt (1172 niedergeschrieben) bemüht er sich, den Vorsatz der jemenitischen Juden, der Verfolgung zu trotzen, zu bestärken.

… Und nun laßt mich auf den restlichen Inhalt eures Briefes eingehen. Ich antworte darauf in arabischer Sprache, damit alle es mühelos verstehen können, denn das, was ich euch sagen werde, geht jedermann an.

Die Nachricht, daß die Regierung, unter der ihr lebt, die Abtrünnigkeit vom Glauben aller Juden Südarabiens gefordert hat, in gleicher Weise, wie es die regierenden Mächte der westlichen Länder uns gegenüber getan haben, erfüllt uns mit Entsetzen. Die ganze Gemeinde teilt euren Schmerz... unsere Gemüter sind verwirrt wir vermögen nicht, in Ruhe zu überlegen, so schrecklich ist die Alternative, vor die man Israel überall gestellt hat, sei es im Osten oder im Westen...

Seid versichert, daß das, woran wir glauben, das Gesetz des ewigen Gottes ist, das uns durch den Vater der Propheten gegeben wurde, und daß der himmlische Gesetzgeber durch seine Lehre beabsichtigte, uns als ein völlig eigenes Volk einzusetzen. Diese Auswahl wurde nicht auf Grund unseres angeborenen Wertes getroffen. In Tat und Wahrheit ist uns dies in den Schriften klar gesalbt worden. Weil aber unsere Vorfahren dank ihrer Kenntnis des Höchsten Wesens gerecht handelten, darum haben wir, ihre Nachkommen, den Nutzen ihrer verdienstvollen Taten geerntet...

Meine Brüder, es ist unsere Pflicht, uns stets den großen Tag am Sinai zu vergegenwärtigen, denn der Ewige hat uns verboten, ihn je zu vergessen. Lehrt eure Sprößlinge, dieses höchst wichtige Ereignis gründlich zu verstehen. Erklärt ausführlich und öffentlich die Grundsätze, die es in sich schließt, zeigt auf, daß es ein klarer Spiegel ist, der die Wahrheit widerspiegelt; was sage ich: daß es der eigentliche Drehpunkt ist, um den unsere Religion kreist... Wisset überdies, ihr, die ihr in diesem Bunde geboren und in diesem Glauben aufgezogen seid, daß dieses gewaltige Ereignis, dessen Wahrheit durch die vertrauenswürdigsten Zeugnisse belegt ist, in den Annalen der Menschheit eine einmalige Tat bleibt. Denn ein ganzes Volk hörte das Wort des Ewigen und sah die Herrlichkeit Gottes. Aus dieser beständigen Erinnerung heraus müssen wir unsere Kraft schöpfen, um selbst in einer Zeit der Verfolgung und Heimsuchung wie der gegenwärtigen unseren Glauben zu stärken.

Meine Brüder! haltet fest am Bund! Bleibt unerschütterlich in euren Überzeugungen, erfüllt die Gebote eurer Religion... Freut euch der Prüfungen, die euch widerfahren, der Plünderungen, der Beschimpfungen, all dies um der Liebe Gottes willen, zum Ruhme seines glorreichen Namens. Ihr könntet ihm kein süßeres Opfer darbringen... Sollte sich je die Notwendigkeit ergeben, um euer Leben willen in eine

Wildnis und unwirtliche Gegend zu entfliehen, so hart es auch sein mag, sich von liebgewordenen Bindungen zu lösen oder eure Habe preiszugeben, so solltet ihr doch alles ertragen im tröstlichen Gedanken daran, daß der Allgegenwärtige, Ewige, der über allem herrscht, euch gemäß euren Verdiensten entschädigen kann, in dieser wie in der kommenden Welt... Es geschieht oftmals, daß ein Mann von den Seinen und von seinen Freunden scheidet und ins Ausland reist, nur weil sein Verdienst nicht seinen Bedürfnissen entspricht. Wieviel mehr sollten wir nicht bereit sein, diesen selben Weg zu beschreiten, wenn wir Gefahr laufen, daß man uns unserer Mittel beraubt, die wir für unsere *geistigen* Bedürfnisse benötigen[12].

DRITTES KAPITEL

Der Charakter des durch den Bund
auserwählten Volkes

DAS AUSERWÄHLTE VOLK, das die Gebote Gottes gehorsam erfüllt, wird Seiner Nähe in weit größerem Umfange gewiß als alle anderen Völker. Daher bedeutet Gesetzestreue nicht etwa Knechtschaft unter einem himmlischen Tyrannen; sie bedeutet vielmehr die sich immer wiederholende Begegnung mit Gott. Für das Judentum ist das Gesetz kein Gegner mystischer Erfahrung, es *ist* diese Erfahrung, die für alle menschlichen Bereiche und Verhältnisse verallgemeinert und festgelegt wurde.

Warum aber hat Gott gerade dieses Volk erwählt? Es gibt darauf etliche Teilantworten: wegen der Verdienste seiner Vorväter, vor allem Abrahams, der Gott als den Einzigen angenommen und mit dem Götzendienst gebrochen hatte; oder wegen seiner beträchtlichen Tugendhaftigkeit; oder aber wegen seiner Demut und Treue. Der erstgenannte Grund, das Argument, das sich auf die Verdienste Abrahams stützt, wird in der jüdischen Literatur, vor allem natürlich in der Liturgie, immer wieder hervorgehoben. Die anderen Gründe (es ließen sich noch weitere anführen) zeigen auf, daß die Frage offen geblieben ist – zugleich aber ist sie Quelle und Gewähr der Bescheidenheit.

Sieh; Ich habe euch Gesetze und Rechtsvorschriften gelehrt, wie der Ewige, mein Gott, mir geboten hat, auf daß ihr so tut in dem Land, dahin ihr kommt, um es in Besitz zu nehmen. So wahrt und übt (sie), denn das ist eure Weisheit und eure Einsicht in den Augen der Völker, die all diese Satzungen hören und sprechen werden: Doch, ein weises und einsichtiges Volk ist diese große Nation! Denn wo wäre eine große Nation, die Götter hätte, ihr so nah, wie der Ewige, unser Gott, so oft wir ihn rufen! Und wo wäre eine große Nation, die so gerechte Gesetze und Rechtsvorschriften hätte wie diese ganze Weisung, die ich euch heute vorlege![13]

Denn ein heilig Volk bist du dem Ewigen, deinem Gott, dich hat der Ewige, dein Gott, erwählt, ihm ein Eigenvolk zu sein aus allen Völkern, die auf dem Erdboden sind. Nicht weil ihr zahlreicher seid als alle Völker, hat der Ewige euer begehrt und euch erwählt, denn ihr seid die Wenigsten unter allen Völkern; sondern ob der Liebe des Ewigen zu euch und weil er den Eid hält, den er euren Vätern geschworen, hat der Ewige euch mit starker Hand herausgeführt und dich erlöst aus dem Sklavenhaus, aus der Hand Paros, des Königs von Mizraim. So erkenne denn, daß der Ewige, dein Gott, Gott ist, der treue Gott, der da bewahrt den Bund und die Liebe denen, die ihn lieben und seine Gebote halten, bis zu tausend Geschlechtern: der aber bei denen, die ihn hassen, ihm ins Gesicht vergilt, ihn zu vernichten; er wartet dem nicht zu, der ihn haßt – ins Gesicht zahlt ers ihnen heim. So wahre denn das Gebot, die Gesetze und Rechtsvorschriften, die ich dir heute gebiete, sie zu üben[14].

Nicht um deiner Rechtlichkeit und der Redlichkeit deines Herzens willen kommst du hin, um ihr Land in Besitz zu nehmen, sondern um ihrer Ruchlosigkeit willen vertreibt der Ewige, dein Gott, diese Völker vor dir, und um das Wort zu bewähren, das der Ewige deinen Vätern, Abraham, Jizhak und Jaakob geschworen[15].

Das Volk Israel ist Gott teuer, denn sie werden seine Kinder genannt. Sie sind besonders teuer, da ihnen dies bewußt wurde, wie es geschrieben steht: »Kinder seid Ihr des Ewigen, eures Gottes...« (Deut. 14:1). Das Volk Israel ist Gott teuer, denn ihnen wurde das geliebte Instrument (die Thora) gegeben. Sie sind besonders teuer, da sie sich der Tatsache bewußt wurden, daß ihnen das kostbare Instrument gegeben wurde, durch das die Welt erschaffen wurde, wie es geschrieben steht: »denn ich habe euch eine gute Lehre gegeben; laßt meine Thora nicht im Stich« (Spr. 4:2)[16].

»Den Ewigen hast du heute dir angelobt, daß er dir Gott sei, und du in seinen Wegen wandelst... Und der Ewige hat dich heute sich angelobt, daß du ihm sein eigen Volk sein sollst.« (Deut. 26:17–18.) Der Ewige, gepriesen sei er, sagte zu Israel: Ihr habt mich einzigartig in der Welt gemacht, und ich werde euch einzigartig in der Welt machen. Ihr habt mich einzigartig gemacht, wie es geschrieben steht: »Höre, Israel! Der Ewige ist unser Gott; der Ewige ist *Einer*« (Deut. 6:4), und ich werde euch einzigartig machen, wie es geschrieben steht: »Wer ist wie dein Volk Israel, eine Nation, die einmalig ist auf Erden…« (I. Chron. 17:21)[17].

»Nicht weil ihr zahlreicher seid als alle Völker, hat der Ewige euer begehrt und euch erwählt, denn ihr seid die Wenigsten unter allen Völkern« (Deut. 7:7). Der Ewige, gepriesen sei er, sagte zu Israel: Ich habe meine Liebe auf euch gesetzt, denn selbst wenn ich euch Größe gewähre, macht ihr euch klein (d. h. demütig) vor mir. Ich gab Abraham Größe, und er sagte »Siehe, ich bin Staub und Asche« (Gen. 18:27), zu Mosche und Aaron, und sie sagten »Wir aber – was sind wir?« (Exod. 16:7), zu David, und er sagte »Ein Wurm bin ich, nicht ein Mensch« (Ps. 22:7). Aber die anderen Nationen der Welt sind nicht wie ihr. Ich gab Nimrod Größe, und er sagte »Wohlan, wir wollen uns eine Stadt bauen, und einen Turm, mit seiner Spitze bis in den Himmel…« (Gen. 11:4), dem Pharao, und er sagte »Wer ist der Ewige?« (Exod. 5:2)…, dem Nebukadnezar, und er sagte »Ich will über Wolkenhöhen emporsteigen; ich will dem Höchsten mich gleichstellen« (Jes. 14:14)[18].

Dieses Volk ist mit dem Staub verglichen worden (»… und dein Same soll werden wie der Staub der Erde…« Gen. 28:14), und es ist mit den Sternen verglichen worden (»… Ich will deinen Samen zahlreich machen gleich den Sternen des Himmels…« Gen. 22:17). Wenn sie herabsinken, sinken sie bis zum Staub der Erde; wenn sie aber aufsteigen, steigen sie bis zu den Sternen empor[19].

Rabbi Abba bar Aha sprach: Man kann die Natur dieses Volkes nicht ergründen. Wenn man ihnen sagt, sie sollten für die Herstellung des Goldenen Kalbes spenden, so spenden sie; und wenn man ihnen sagt, sie sollten für den Bau des Stiftszeltes spenden, so spenden sie[20].

»Und nehmet euch am ersten Tag (von Sukkot): Prächtige Baumfrucht, Palmenzweige und Zweige von dichtbelaubten Bäumen und Bachweiden; und freut euch vor dem Ewigen, eurem Gott, sieben Tage« (Lev. 23:40). »... die prächtige Baumfrucht...« bezieht sich auf Israel. Genau wie der Etrog (der Zitronenbaum) Wohlgeschmack und Wohlgeruch hat, so hat Israel Männer, die Gelehrsamkeit haben und Gutes tun. »... Palmenzweige...« beziehen sich auf Israel. Wie die Feige Wohlgeschmack, aber keinen Wohlgeruch hat, so hat Israel Männer, die Gelehrsamkeit haben, aber nichts Gutes tun. Die »Zweige von dichtbelaubten Bäumen...« beziehen sich auf Israel. Wie die Myrthe Wohlgeruch, aber keinen Wohlgeschmack hat, so hat Israel Männer, die Gutes tun, die aber keine Gelehrsamkeit haben. »... Bachweiden...« beziehen sich auf Israel. Wie die Weide weder Wohlgeschmack noch Wohlgeruch hat, so hat Israel Männer, die weder Gelehrsamkeit haben noch Gutes tun. Was tut der Ewige, gepriesen sei er, mit ihnen? ... Er erklärte »Sie sollen zusammengebracht werden, in einer Gruppe vereint, und sie werden fähig sein, einer für den andern zu büssen. Wenn Israel dies tun wird, werde ich begeistert sein...«[21]

Jehuda ha-Levi, der Verfasser des folgenden Textes, wurde gegen Ende des 11. Jahrhunderts in Spanien geboren und starb 1140 auf dem Weg ins Heilige Land oder dort nach seiner Ankunft. Er war der bedeutendste hebräische Dichter und Philosoph des Mittelalters. Tradition und Offenbarung, und nicht so sehr die Vernunft, argumentiert er in seinem Buch, *Der Kusari*, sind die Quellen des Glaubens. Die Form dieses Werkes, aus dem wir seine Aussage über Israel entnehmen, stützt sich auf eine historische Tatsache. Die Chasaren, ein Volk aus Südrußland, das eine weitreichende, wenn auch zeitlich begrenzte Macht ausübte (740–1250), hatte sich zum Judentum statt zum Christentum oder Islam bekehrt. Der *Kusari* wurde in Form einer Reihe von erdachten religiösen Streitgesprächen vor dem König der Chasaren abgefaßt, wobei alle drei Bekenntnisse zu Wort kamen. Das Ganze gipfelt in der Annahme des Judentums durch den König.

Israel inmitten der Nationen ist gleich dem Herzen inmitten der Organe des Körpers; es ist das kränkste und gesündeste von ihnen zugleich...

Unser Verhältnis zur Göttlichen Macht ist das gleiche wie das der Seele zum Herzen. Aus diesem Grund wird gesagt: »Nur euch habe ich erkannt unter allen Familien der Erde, deshalb werde ich euch für all eure Freveltaten heimsuchen« (Amos 3:2). Dies sind die Krankheiten. Was seine Gesundheit betrifft... Er erlaubt nicht, daß unsere Sünden uns überwältigen, denn sonst würden sie uns durch ihre Vielzahl völlig zerstören... Wie das Herz seiner Materie und Substanz nach rein und ausgeglichenen Temperaments ist, um für die vernunftbegabte Seele zugänglich zu sein, so ist Israel rein in seinen Bestandteilen. In gleicher Weise, wie das Herz durch die Krankheit der anderen Organe angegriffen werden kann... Krankheiten, die durch den Kontakt mit bösartigen Elementen hervorgerufen werden, so ist auch Israel Übeln ausgesetzt, deren Ursprung in seiner Hinneigung zu den Nichtjuden zu suchen ist, wie gesagt worden ist: »Sie vermischten sich mit den Heiden und erlernten ihre Werke« (Ps. 106:35)... Die Versuchungen, die an uns herantreten, sollen unseren Glauben auf die Probe stellen, uns reinigen und jegliche Verderbnis von uns nehmen[22].

VIERTES KAPITEL

Die Last des Bundes

ES IST VERDIENST und Auszeichnung, Gottes auserwähltes Volk zu sein. Zugleich aber ist es die Erklärung für die Tragödien der Judenheit. Die babylonische Gefangenschaft nach der Zerstörung des Ersten Tempels im Jahre 589 vor unserer Zeitrechnung und die Verbannung der Juden aus dem Heiligen Land, nachdem der Zweite Tempel im Jahre 70 von den Römern dem Erdboden gleichgemacht worden war, waren ernste Glaubenskrisen. Hatte Gott die Juden verlassen? Nein. Sie hatten gesündigt, vielleicht nicht mehr als andere Völker, doch war es ihre Pflicht, gehorsamer als jene zu sein.

Höret das Wort, das der Ewige wider euch gesprochen hat, o Kinder Israels, wider die ganze Familie, die ich aus Mizraim heraufgeführt habe und gesagt habe: »Euch allein habe ich erkannt unter allen Familien der Erde; deshalb werde ich euch für alle eure Freveltaten heimsuchen«.[23]

Seid ihr mir nicht wie die Kinder der Äthiopier, o Kinder Israels? spricht der Ewige. Habe ich nicht Israel heraufgeführt aus Mizraim, und die Philister aus Kaphthor und die Syrer aus Kir? Seht, die Augen des Ewigen sind auf das sündige Königreich gerichtet, und ich will es von der Erde hinwegfegen. Doch will ich das Haus Jaakob nicht gänzlich zerstören, spricht der Ewige. Denn seht, ich werde befehlen und das Haus Israel unter alle Nationen schütteln, wie Getreide, das in einem Sieb geschüttelt wird, ohne daß das kleinste Korn zu Boden fällt. Alle Sünder meines Volkes werden durch das Schwert sterben, die da sprechen: »Das Unheil wird uns nicht erreichen und nicht über uns kommen.«[24]

Dieses Bild ist im wesentlichen das des Kommentars zum Hohen Lied. Israel ist der getreue Gefährte Gottes. Es ist geschmückt mit dem Gehorsam, das es jedem Seiner Gesetze entgegenbringt, und nicht nur einigen wenigen; es ist dem Hause, dem Tempel treu, dem Treffpunkt mit seinem geliebten göttlichen Gefährten; es ist Gott selbst bis zum Tode treu.

»Deine Augen sind Tauben« (Hohelied 1:15). Die Taube ist treu; so war Israel dem Ewigen, gepriesen sei er, am Sinai treu. Denn sie sagten nicht, daß zehn Gebote, oder zwanzig oder dreißig genug für sie seien, vielmehr sagten sie: »Alles, was der Ewige geredet hat, wollen wir tun und darauf hören!« (Exod. 24:7). Die Taube ist unter allen anderen Vögeln erkennbar; so ist Israel erkennbar durch seine Taten. Die Taube ist bescheiden; auch Israel ist bescheiden... Die Taube verläßt ihr Nest nicht, selbst wenn ihr jemand die Brut genommen hätte; so besucht Israel weiterhin die Tempelstätte, selbst nachdem der Tempel zerstört worden ist. Die Taube wandert und kehrt zu ihrem Nest zurück; so wird Israel »begierig wie ein Vogel aus Mizraim und wie Tauben aus Assyrien zurückkehren« (Hos. 11:11). Andere werden von der Taube angelockt; so werden Bekehrte von Israel angelockt. Ungleich anderen Vögeln bietet die Taube dem Schlächter kampflos ihren Hals dar; so geben die Kinder Israels dem Ewigen, gepriesen sei er, ihr Leben. Die Taube verläßt ihren Gefährten nicht; so verläßt Israel nicht den Ewigen, gepriesen sei er. Die Taube büßt für ihre Sünde; so büßt Israel für die Nationen der Erde[25].

FÜNFTES KAPITEL

Der Bund mit allen Menschen

NOAH IST DER AHNHERR der ganzen Menschheit, und ihm versprach Gott, daß sie trotz aller Sünden, die sie begehen möge, nie mehr völlig zerstört werde, wie dies bei der Sintflut geschah. Doch auch hier schließt der Bund das Gesetz mit ein. Noahs Nachfahren müssen dem Sittengesetz gehorchen und dem Götzendienst entsagen. Erlösung ist nicht nur dem »auserwählten Volk« vorbehalten oder jenen, die sich ihm durch Bekehrung anschließen. Sie ist allen offen, so sie nur dem Gesetz der Rechtschaffenheit gehorchen.

Und Gott sprach zu Noah und zu seinen Söhnen bei ihm: »Ich aber, sieh, ich errichte meinen Bund mit euch und mit eurem Samen nach euch und mit allem lebenden Wesen, das bei euch ist, vom Vogelvolk, vom Vieh und allem Getier der Erde bei euch, von. allen, die aus der Arche gekommen aus allem Getier der Erde. Und ich errichte meinen Bund mit euch, daß nie wieder alles Fleisch vertilgt werde von den Wassern der Flut, und daß nie wieder eine Flut werde, die Erde zu verderben.« Und Gott sprach: »Dies ist das Zeichen des Bundes, das ich setze zwischen mir und euch und allen lebenden Wesen, die bei euch sind, für ewige Geschlechter. Meinen Bogen habe ich ins Gewölk gesetzt, und er soll Zeichen des Bundes sein zwischen mir und der Erde. Und es wird sein, wenn ich Gewölk banne über der Erde, so werde der Bogen sichtbar im Gewölk; dann gedenke ich meines Bundes, der zwischen mir besteht und euch und allem lebenden Wesen von allem Fleisch, daß nie wieder die Wasser zur Flut werden, um alles Fleisch zu verderben.«[26]

Den Söhnen Noahs wurden sieben Gebote gegeben, und diese untersagten ihnen Götzendienst, Ehebruch, Blutvergießen, Lästerung des Gottesnamens, Ungerechtigkeit, Raub und das Abschneiden von Fleisch oder Gliedmaßen von einem lebenden Tier[27].

Ich rufe Himmel und Erde als Zeugen: Der Geist der Heiligkeit ruht auf jedem Menschen, entsprechend der Taten, die ein jeder vollbringt, ob nun dieser Mensch Jude ist oder nicht, Mann oder Frau, Diener oder Dienerin[28].

Der Ewige, gepriesen sei er, schließt kein Geschöpf aus. Er nimmt ein jedes an. Die Tore stehen immer offen, und wer einzutreten wünscht, trete ein[29].

Rabbi Jeremia pflegte zu sagen: Wie wissen wir, daß auch ein Nichtjude, der die Thora erfüllt, als Hohepriester betrachtet wird? Die Schrift erklärt: »So wahrt meine Gesetze und meine Rechtssatzungen, die der Mensch üben soll, daß er durch sie lebe« (Lev. 18:5)… und er sagte: Die Schrift erklärt nicht: »Dies ist das Gesetz der Priester, Leviten und Israeliten«, vielmehr: »Dies ist das Gesetz des Menschen, o Ewiger« (II. Sam. 7:19). Und er sagte: Die Schrift erklärt nicht: »Öffnet die Tore, auf daß Priester, Leviten und Israeliten eintreten können«, vielmehr: »Öffnet die Tore, auf daß die rechtschaffene Nation, die die Treue hält, eintreten kann« (Jes. 26:2). Und er sagte: Die Schrift erklärt nicht: »Dies ist das Tor des Ewigen; die Priester, Leviten und Israeliten mögen eintreten«, vielmehr: »Dies ist das Tor des Ewigen; die Gerechten mögen eintreten« (Ps. 118:20)[30].

»… Was nun eure Frage nach den Nationen betrifft, so sage ich euch, daß der Ewige das Herz fordert, und daß die Absicht des Herzens das Maß aller Dinge ist. Daher sagen unsere Weisen: »Die Frommen unter den Nichtjuden haben Anteil an der künftigen Welt«, dann nämlich, wenn sie sich das Wissen um Gott angeeignet haben, soweit man es sich aneignen kann, und wenn sie ihre Seelen mit würdigen Eigenschaften geadelt haben. Es besteht kein Zweifel darüber, daß jeder Mensch, der seine Seele mit ausgezeichneten Tugenden und Weisheit schmückt, die auf dem Glauben an Gott begründet sind, gewiß zu den Menschen der kommenden Welt gehört. Daher sagen unsere Weisen: »Auch ein Nichtjude, der die Thora unseres Lehrers Mosche studiert, kann mit einem Hohepriester verglichen werden.«[31]

Das Judentum nimmt Konvertierte an. In Tat und Wahrheit sind sie Gott besonders wertvoll. Ihre Rechtschaffenheit ist nicht so sehr in der Tatsache zu suchen, daß sie den jüdischen Glauben angenommen haben, denn gute Menschen können Erlösung in ihren eigenen Religionen erlangen. Sie beruht vielmehr auf der Tatsache, daß sie die besondere Bürde jüdischen Schicksals und die Verpflichtung auf sich genommen haben, Teil eines Priestervolkes zu werden, »Kinder Abrahams« durch Wahl und Vorliebe.

»Eine Satzung soll euch sein für den Fremdling wie für den Volksgeborenen im Land« (Num. 9:14). (Für die Rabbiner bedeutet »Fremdling« soviel wie »Proselyt«.) Dieser Vers lehrt also, daß die Schrift den Proselyten dem volksgeborenen Juden gleichstellt, soweit es sich um die Gebote der Thora handelt[32].

Ein Proselyt, der aus eigenem Antrieb gekommen ist, ist Gott teurer als die Israeliten, die vor ihm am Berge Sinai standen. Hätten die Israeliten nicht selbst Donner, Blitze, bebende Berge und Trompetenschall erlebt, so hätten sie die Thora nicht angenommen. Der Proselyt, der nicht eines dieser Dinge sah, kam und lieferte sich dem Ewigen, gepriesen sei er, aus und nahm das Joch des Himmels auf sich. Wer könnte Gott teurer sein als solch ein Mensch?[33]

Wenn jemand den Wunsch hegt, ein Konvertit während diesen Zeiten (vermutlich eine Zeit der Verfolgung) zu sein, sollten sie zu ihm sagen: »Warum wollt Ihr Euch bekehren? Wißt Ihr nicht, daß die Israeliten heute gequält und unterdrückt, verfolgt und belästigt werden, und daß sie leiden?« Wenn er zur Antwort gibt: »Ich weiß es und bin dessen nicht würdig«, so wird er sofort aufgenommen, und sie erklären ihm etliche der leichteren und etliche der strengeren Gebote... Und wenn sie ihm von den Strafen bei Übertretung der Gebote erzählen, so erzählen sie ihm auch von den Belohnungen bei Einhaltung der Gebote... Jedoch sprechen sie nicht ausführlich mit ihm, noch gehen sie auf alle Einzelheiten ein. Wenn er einwilligt, alles anzunehmen, wird er sofort beschnitten... Nach seiner Genesung muß er sich dem rituellen Tauchbad unterziehen, und zwei Gelehrte stehen ihm bei und berichten ihm von etlichen leichteren und etlichen strengeren Geboten. Nach dem rituellen Tauchbad ist er in jeder Hinsicht ein Israelit[34].

Warum wurde Abraham im Alter von neunundneunzig Jahren beschnitten? Um zu lehren, daß ein Mann, der sich zu bekehren wünscht, nicht sagen sollte: »Ich bin zu alt; wie kann ich mich bekehren?« Dies ist der Grund, warum Abraham erst im Alter von neunundneunzig Jahren beschnitten wurde[35].

Der nun folgende Text ist eine rechtsgültige Entscheidung, die Maimonides in Beantwortung einer Frage traf, die ihm ein Bekehrter gestellt hatte.

... Ihr fragt mich, ob auch Ihr in den Segnungen und Gebeten, die Ihr allein oder in der Gemeinde darbringt, sagen dürfet: »*Unser* Gott und der Gott *unsrer* Väter«, »Du, der Du *uns* durch Deine Gebote geheiligt hast«, »Du, der Du *uns* abgesondert hast«, »Du, der Du *uns* erwählt hast... »Der Du *uns* aus dem Lande Mizraim herausgeführt hast«... und ähnliches.

Ja, Ihr dürfet all dies in der vorgeschriebenen Ordnung sagen, ohne irgendetwas daran zu ändern. In gleicher Weise wie jeder Jude durch Geburt seine Segnungen und Gebete ausspricht, sollt auch Ihr segnen und beten, ob Ihr nun allein seid oder in der Gemeinde betet. Der Grund hierfür ist, daß Abraham, unser Vater, das Volk lehrte, seinen Geist erschloß und ihm den wahren Glauben und die Einheit Gottes offenbarte; er verwarf die Götzen und schaffte ihre Anbetung ab; er brachte viele Kinder unter die Fittiche des Göttlichen Geistes; er gab ihnen Beistand und Rat, und er hieß seine Söhne und die Mitglieder seiner Familie nach ihm auf immer den Weg des Ewigen zu gehen, wie es geschrieben steht, »Denn ich habe ihn ausersehen, auf daß er seinen Kindern und seinem Hause nach ihm befehle, daß sie den Weg des Ewigen wahren, Gerechtigkeit und Recht zu üben« (Gen. 18:19). Seither gilt jeder, der das Judentum annimmt und sich zur Einheit des Göttlichen Namens bekennt, wie es in der Thora vorgeschrieben ist, als Schüler Abrahams, unseres Vaters, Friede sei mit ihm. Diese Menschen gehören zur Familie Abrahams, und er ist es, der sie zur Rechtschaffenheit bekehrte.

In gleicher Weise, wie er seine Zeitgenossen durch seine Worte und Lehre bekehrte, bekehrt er künftige Generationen durch das Testament, das er seinen Kindern und seiner Familie nach ihm hinterließ. So ist denn Abraham, unser Vater, Friede sei mit ihm, der Vater seiner gottesfürchtigen Nachkommenschaft, die an seinem Wege festhält, und der Vater seiner Schüler und aller Proselyten, die zum Judentum über- treten[36].

SECHSTES KAPITEL

Jüdische Identität heute

IN BIBLISCHER ZEIT wurden Fremde, die wie Rut aus Moab ins Land Israel kamen, um dort zu leben, allein auf Grund der Tatsache Juden, daß sie sich für ein Leben innerhalb der Gemeinschaft entschieden hatten. Die Heirat mit solchen Ankömmlingen, die sich dauerhaft im Land niederließen, war bis auf wenige Ausnahmen ausdrücklich gestattet. Dagegen forderte Esra, der im fünften Jahrhundert v. Z. nach Jerusalem kam, um den Wiederaufbau des Tempels zu leiten, die Juden auf, sich vor den Ausländerinnen zu trennen, die sie geheiratet hatten. Vermutlich ist das dadurch zu erklären, daß in frühester Zeit eine sichere jüdische Mehrheit im Land gefahrlos ein Dutzend Fremde eingliedern konnte; nach der Zerstörung des ersten Tempels im Jahr 586 v. Z. wäre dagegen die Handvoll Juden, die aus der Babylonischen Gefangenschaft zurückkehrte, sonst ohne weiteres in der heidnischen Mehrheit untergegangen.

Als erste spalteten sich die Samariter ab, ein alter Stamm, [Anm. d. Übers.: Aber kein jüdischer, denn die Samariter wurden nach der gewaltsamen Verschleppung der 10 nördlichen Stämme nach Babylonien aus einem anderen Teil des Assyrischen Reichs ihrerseits gewaltsam in Judäa und Samaria angesiedelt und übernahmen lediglich einen Teil der jüdischen Bräuche.] der den Tempel in Jerusalem als zentrale Macht ablehnte und sich ein eigenes Heiligtum auf dem Berg Gerisim schuf. Im Laufe der Jahrhunderte veränderten sich ihre religiösen Praktiken, insbesondere ihre Gesetze über Heirat und Scheidung so stark, daß sie nach talmudischem Gesetz nicht mehr zum jüdischen Volk zugehörig betrachtet wurden. Die nächste Spaltung erfolgte knapp hundert Jahre nach der Entstehung des Christentums. Als sich immer mehr Nichtjuden als Juden der christlichen Sekte anschlossen, erklärten die Rabbiner die Christen zu einer neuen Gemeinschaft, die nicht als jüdisch zu betrachten sei. Die Christen befolgten nicht die im Talmud angeführten 613 Ge- und Verbote, und auch ethnisch waren sie keine Juden.

Im ausgehenden Altertum entwickelten sich zwischen der großen Mehrheit, für die der Talmud verbindlich war, und den Karäern, die sich nur der Bibel verpflichtet fühlten, starke Spannungen. Zu Beginn des zehnten Jahrhunderts exkommunizierte Rabbi Saadia Gaon, die größte Kapazität unter den Rabbinern jenes Zeitalters, die Karäer und untersagte wegen ihrer religiösen Anschauung jeden Kontakt mit ihnen. Trotzdem brach die Verbindung zwischen diesen beiden Gruppen jahrhundertelang nie völlig ab. Im zwölften Jahrhundert gebot Maimonides, die Karäer seien »mit Achtung zu behandeln« und man solle »ihre Kinder beschneiden, ihre Toten begraben und die Trauernden trösten«. Auch kam es bis zum sechzehnten Jahrhundert immer wieder zur Eheschließung zwischen beiden Gruppen, bis sie dann aber doch eingestellt wurde. Die Praktiken der Karäer waren mittlerweile so verschieden, daß ihre Nachkommen nach dem Talmud-Gesetz in den Verdacht gerieten, Bastarde zu sein. In der modernen Zeit unterschied sich das Schicksal der Karäer wesentlich vom Los der übrigen Juden. Im zaristischen Rußland waren die Karäer schon seit 1795 von der scharfen Diskriminierung ausgenommen, die gegen Juden bis zur Revolution 1917 in Kraft blieb. Für die Karäer war es schließlich noch von Vorteil, den Anschein zu stärken, sie seien nichtjüdischer Herkunft. Als 1941 drei jüdische Gelehrte einstimmig vor Nazi-Behörden, die die Juden in ganz Europa ermordeten, aussagten, die Karäer seien keine Juden, blieb ihnen die Massendeportation erspart. Andererseits schlossen sich einige Karäer dem Kampf um die Schaffung des Staates Israel an und kämpften auf der Seite der jüdischen Gemeinde.

Eine ähnlich komplizierte Frage zur jüdischen Identität stellte sich im Spätmittelalter auf der Iberischen Halbinsel. Im vierzehnten und fünfzehnten Jahrhundert verstärkte man den Druck auf die Juden, sich zum Christentum zu bekehren. Als die Juden 1492 dann aus Spanien und fünf Jahre später aus Portugal ausgewiesen wurden, traten rund hunderttausend über, um der Mühsal und den Gefahren zu entgehen, die der Ausgewiesenen harrten. Viele wurden Marranos, das heißt, sie blieben weiterhin heimlich der jüdischen Religion mit ihren Praktiken treu. Einige Familien hielten ihr Judentum über Generationen hinweg wach. In der Folgezeit gelang es einer großen Anzahl davon, aus Spanien und Portugal zu fliehen, im Anschluß wollten sie wieder als Juden akzeptiert werden. Unter den rabbinischen Behörden wurden die Auswirkungen ihres Abfalls diskutiert, wie auch die Gültigkeit ihrer Ehe, die nach Kirchengesetz und nicht in Übereinstimmung mit der Halacha geschlossen worden war. Alle Marranos, die an Orte flohen, in denen sie sich als Juden zu erkennen geben durften, wurden dessen ungeachtet in die jüdische Gemeinde aufgenommen. Ihre Kinder wurden beschnitten, und sie heirateten noch einmal nach rabbinischem Gesetz. Einige stöhnten, weil sie fortan die Last der 613 Ge- und Verbote tragen mußten, trotzdem blieb das grundsätzliche Kriterium, das die Rabbiner aufgestellt hatten, demzufolge jeder zur jüdischen Gemeinde gehörte, der sich der Halacha unterwarf, auch weiterhin gültig.

In den letzten zweihundert Jahren verschärfte sich die Frage nach der jüdischen Identität erneut, als Juden im Zeitalter der Aufklärung und Emanzipation von der allgemeinen Gesellschaft akzeptiert wurden. Per Gesetz wurde die isoliert lebende jüdische Gemeinde abgeschafft, die als freiwilliger Verband fortbestand, und damit verloren die jüdischen Behörden die Macht, rabbinische Entscheidungen durchzusetzen. In Europa und Amerika gehörten immer mehr Juden einfach zur Kultur der Mehrheit. Einige entschieden sich für Assilimation und Verlassen der jüdischen Gemeinde, andere bemühten sich um eine neue Definition ihres Judentums.

Als erster sprach Napoleon das Problem der jüdischen Identität im neuen Zeitalter der Emanzipation an, als er 1806 die »Assemblée des Notables«, eine konstituierende Versammlung wichtiger Vertreter der Juden, aus seinem Herrschaftsbereich in Frankreich und Italien einberief. Diesen Vertretern der Juden legte er eine Reihe von Fragen vor, von denen die ersten sechs hier wiedergegeben sind:

1. Darf ein Jude mehr als eine Frau heiraten?
2. Gestattet der jüdische Glaube die Scheidung? Und ist eine religiöse Scheidung ohne Bestätigung durch ein Zivilgericht gültig oder ist eine Scheidung nach dem Französischen Kodex gültig?
3. Darf eine Jüdin einen Christen oder eine Christin einen Juden heiraten? Oder besteht das jüdische Gesetz auf einer Verbindung nur zwischen Juden?
4. Sind die Franzosen für die Juden Brüder oder Feinde?
5. Welche Pflichten sieht das Gesetz für Juden gegenüber Franzosen nichtjüdischen Glaubens in jedem der beiden oben angeführten Fälle vor?
6. Betrachten Juden, die in Frankreich geboren sind und wie französische Bürger behandelt werden, Frankreich als ihre Heimat und fühlen sie sich verpflichtet, es zu verteidigen, seine Gesetze zu befolgen und sich allen Vorschriften des Zivilrechts zu unterwerfen?[37]

1808 wurde ein »Großer Sanhedrin« einberufen, in dem 120 Rabbiner und Laien vertreten waren, die in den von Napoleon beherrschten Ländern als Autoritäten galten. Nach angemessen leidenschaftlichen patriotischen Erklärungen entschied der Sanhedrin 1808 das folgende:

Wir erklären, daß das göttliche Gesetz, das kostbare Erbe unserer Vorväter, Forderungen im religiösen wie zivilen Bereich enthält;

daß die religiösen Anforderung von ihrer Natur her absolut und unabhängig von Umständen und Zeit sind;

daß nicht das gleiche für die zivilen Gebote zutrifft, das heißt, jene, die sich mit der Regierung befassen und die dazu bestimmt waren, über das Volk im Land Israel [Anm. d. Übers.: Als Israel noch Könige, Priester und Richter hatte, hieß das Land Israel bzw. Juda, unter römischer Besatzung Judäa; nach der Zerstörung Jerusalems im Jahr 135 u. Z. durch Hadrian wurde es in »Provincia palaestina« nach den Philistern, die es damals schon seit über 1000 Jahren nicht mehr gab, umbenannt; bei Juden hieß der Landstrich auch später weiterhin »Land Israel«, Land Israel wurde und wird kaum verwendet.] zu herrschen, als es seine Könige, seine Priester und seine Richter besaß;

daß diese zivilen Gebote nicht mehr angewendet werden konnten, als Israel aufhörte, als Nation zu bestehen;

der Große Sanhedrin erklärt in Anerkennung der Tatsache, daß keine Ehe im Französischen Reich und im Königreich Italien gültig ist, wenn ihr nicht eine zivile Eheschließung vor einem öffentlichen Beamten vorausgeht, auf Grund der ihm verliehenen Autorität;

daß es für jeden Juden in Frankreich wie auch im Königreich Italien fortan eine religiöse Pflicht ist, die Zivilehe als Bürgerpflicht zu betrachten, und er

untersagt deshalb jedem Rabbiner oder jeder anderen Person in den beiden Ländern, an einer religiösen Heirat teilzunehmen, wenn vorher nicht festgestellt wurde, daß die Eheschließung rechtmäßig vor einem Zivilbeamten stattgefunden hat.

Der Große Sanhedrin erklärt weiterhin, daß eine Ehe zwischen Juden und Christen, soweit sie nach bürgerlichem Recht geschlossen wurde, legal ist, und daß sie, auch wenn sie religiös nicht sanktioniert werden kann, nicht mit religiöser Verfolgung geahndet werden darf[38].

Napoleons Sanhedrin bewegte sich innerhalb der Grenzen von Tradition und Halacha. Seine Mitglieder mußten notgedrungen die zivile Gültigkeit von Mischehen hinnehmen, aber sie blieben weiterhin dem rabbinischen Gesetz verpflichtet, insofern solche

Ehen religiös nicht sanktioniert wurden und die Kinder aus Mischehen geborene Juden waren, wenn ihre Mutter Jüdin war. Diese Frage stellte sich erneut, als in den vierziger Jahren des neunzehnten Jahrhunderts Weltanschauung und Praktiken des Reformjudentums, einer neuen religiösen Bewegung, in Deutschland definiert wurden. Auf einer Konferenz in Braunschweig 1844 wurde die Frage von Mischehen angeschnitten. Es folgt ein Ausschnitt aus dieser Diskussion:

Schott: Wie integer der Sanhedrin war, erweist sich an der Art, wie er seine Antwort formuliert hat. Er sagte: »Die Ehe zwischen Juden und Christen ist nicht verboten«; er hat nicht gesagt: »Sie ist gestattet.« Darin liegt ein Unterschied. Zwar mag solch eine Ehe gestattet sein, trotzdem kann es praktische Schwierigkeiten geben, zum Beispiel bei der Heiratszeremonie, dem Verlobungsritual oder bei einer Scheidung. Da diese Probleme so breitgefächerte praktische Fragen berühren, bin ich dafür, diese ganze Angelegenheit vorläufig zu vertagen.

Der *Vorsitzende* fragt: Soll der Vorschlag des Ausschusses mit dem folgenden Wortlaut genehmigt werden? Die Ehe zwischen Juden und Christen, in der Tat, die Ehe mit Monotheisten im allgemeinen ist nicht untersagt.

Es wird abgestimmt. Die Mehrheit hat »Nein« gestimmt.

Philippson formuliert den Vorschlag wie folgt neu: Angehörigen monotheistischer Religionen im allgemeinen ist es nicht untersagt zu heiraten, wenn es den Eltern auf Grund der Staatsgesetze erlaubt ist, die Kinder aus solch einer Ehe in der jüdischen Religion aufzuziehen.

Die Mehrheit stimmt dem Vorschlag zu.

Jolowicz lehnt die Formulierung ab und besteht darauf, daß sein Einspruch festgehalten wird, weil die Entschließung dem widerspricht, was der Pariser Sanhedrin gesagt hat, wie auch den Talmud-Regeln zu diesem Punkt. Der zweite Punkt wurde nicht abgelehnt[39].

Das Problem mit der jüdischen Identität wurde wegen der Entscheidung, die Reformrabbiner auf einer Konferenz 1869 in Philadelphia in den Vereinigten Staaten trafen, weiter kompliziert. Sie schafften offiziell das *Get* ab, das von der Halacha vorgeschriebene Scheidungsritual:

Ein von einem Zivilgericht ausgesprochenes Scheidungsurteil ist auch im Judentum in seiner Gänze gültig, wenn die Gerichtsakten offenbaren, daß beide Ehepartner der Scheidung zugestimmt haben. Wenn dagegen das Zivilgericht gegen einen der beiden Ehepartner eine Scheidung angeordnet hat, erkennt das Judentum die Gültigkeit dieser Scheidung erst an, nachdem die Scheidungsgründe untersucht und gemäß der jüdischen Religion für ausreichend befunden wurden. Es wird empfohlen, daß der Rabbiner bei solch einer Entscheidung Rat bei Fachleuten einholt[40].

Offiziell hatte die Reformbewegung damit Ehepraktiken eingeführt, die sich von der rabbinischen Halacha genauso unterschieden, wie es bei den Karäern 1200 Jahre zuvor der Fall war. Diese Tendenz, sich von den halachischen Vorschriften abzuwenden, zeichnete sich beim Übertritt ebenso deutlich ab. Die Halacha schreibt als Ritual vor, daß eine Proselytin vollständig in die *Mikwe*, einem Ritualbad mit »lebendem Wasser«, eintaucht und ein Proselyt beschnitten wird und ebenfalls in die *Mikwe* eintaucht. Die einzelnen Behörden haben unterschiedliche Auffassungen, inwieweit ein Proselyt schon im voraus alle Gebote befolgen muß, aber über die Rituale selbst gab es keine Meinungsunterschiede. 1892 nahm die Zentralkonferenz amerikanischer Rabbiner, die in New York zusammentrat, die folgende Entschließung an:

Die am heutigen Tag in New York zusammengetretene Zentralkonferenz amerikanischer Rabbiner beschließt, daß ihrer Meinung nach jeder diensthabende Rabbiner, dem nicht weniger als zwei Gehilfen zur Seite stehen und der im Namen und mit Zustimmung seiner Gemeinde vorgeht, rechtmäßig und angemessen handelt, wenn er jeglichen ehrbaren und intelligenten Menschen, der einen derartigen Beitritt wünscht, ohne jedes Einführungsritual, Zeremonie oder Observanzen in den heiligen Bund Israels aufnimmt; *für jeglichen religiösen Zweck* zum vollen Mitglied der Gemeinde erklärt, vorausgesetzt, solch ein Mensch ist hinreichend mit Glauben, Lehre und den religiösen Bräuchen Israels bekannt; daß nichts Nachträgliches über die Moral solch eines Menschen und seinen Charakter vorliegt; daß es ihr oder sein freier Wille und freie Wahl ist, das Judentum auf sich zu nehmen, und daß er oder sie mündlich vor einem diensthabenden Rabbiner und seinen Gehilfen seine oder ihre Absicht und feste Entschlossenheit erklärt und in einem Dokument unterzeichnet und besiegelt:

1. den einzigen und ewigen Gott zu verehren und keinen anderen außer ihm;
2. sich bei seinen oder ihren Taten und Auslassungen im Leben bewußt von Gottes Gesetzen leiten zu lassen, dem Kind vom Vater und Schöpfer von allem anbefohlen, als der geheiligte Sohn oder die geheiligte Tochter des heiligen Bundes;
3. im Leben und im Tod die heilige Sache und Aufgabe Israels aktiv zu vertreten und ihr treu zu bleiben, wie in der Heiligen Schrift niedergelegt[41].

Diese Abweichungen der Reformbewegung erregten notgedrungen den Zorn orthodoxer Kreise. In Deutschland gehörten Orthodoxe und Reformjuden in den meisten Orten weiterhin dem gleichen religiösen Verband an, wie vom Kommunalgesetz vorgeschrieben. Für einige Orthodoxe war das unerträglich, und sie verließen die etablierte Gemeinde, um eine eigene zu gründen. Die meisten deutschen Juden blieben zusammen. Diese Einheit wurde ermöglicht, weil sich die Reformgruppe verpflichtet hatte, bei Eheschließung und Übertritt nicht von der orthodoxen Praxis abzuweichen. Trotzdem gaben sich die strengsten orthodoxen Behörden damit nicht zufrieden. Rabbi Moses Schick aus Brezova schrieb Rabbi Isaak Beer Bamberger in Würzburg 1877 dazu das folgende:

Ich habe gehört, daß Sie eine Entscheidung getroffen haben, die es erlaubt, mit der Reformgemeinde von Frankfurt am Main in der gleichen Gemeinde zu sein, wenn sie vor der orthodoxen Gemeinde schwört (garantiert), sie wolle sich in allen Fragen im Hinblick auf die Thora nicht absondern.

Um aufrichtig zu sein, ich weiß nicht, warum Sie dieses gesagt haben. Meiner Meinung nach ist uns das klar von der Thora, den Hagiographen, unseren Weisen und vom Konsens her verboten. Und es wird auch durch Erfahrung gestützt. Moses hat anläßlich der Auflehnung des Korach gesagt: »Weichet doch von den Zelten dieser frevelhaften Männer und berühret nichts, was ihr ist; daß ihr nicht weggerafft werdet durch alle ihre Sünde...« (Numeri 16:26). Unsere Weisen haben aus diesem Vorfall gelernt, daß wir die Frevler entfernen und exkommunizieren müssen... Somit ist uns befohlen, uns von ihnen abzusondern... Und Korach hat keine Götzen angebetet. Er hat nur einige Teile der Thora abgelehnt, genau wie die Reformer heute. Ich bezweifle nicht, daß Sie sie exkommunizieren würden, wäre Exkommunikation heute möglich... Ich bin zutiefst überrascht, daß Sie es erlaubt haben, mit ihnen zusammen zu sein[42].

Im neunzehnten und zwanzigsten Jahrhundert stellte sich im Hinblick auf jüdische Gemeinden, die schon früh in der Geschichte von der Hauptrichtung des jüdischen Volks abgetrennt wurden und an weit entlegenen Orten lebten, eine ganz anders geartete Frage über die jüdische Identität. Eine solche Gruppe waren die Benei Israel, die seit dem Altertum in Indien leben. Ihre Herkunft ist ungewiß, und sie praktizierten eine Form des biblischen Judentums. 1944 bestand Rabbi Ben Zion Meir Hai Ouziel (1881–1953), damals sephardischer Oberrabbiner im Heiligen Land, in seiner Antwort auf einen Brief von einem Rabbiner in Bombay darauf, man dürfe die Benei Israel nicht ablehnen:

Mein Kollege, der Gaon und Oberrabbiner Herzog, möge ihm ein langes und glückliches Leben gewährt sein, hat mir die Frage seiner Eminenz über die *Benei Israel* genannte Sekte zugestellt, die in Ihrem Land lebt und die Gesetze Moses' und des Volkes Israel befolgt, aber weder die Gesetze über die religiöse Scheidung (*Get*), Ritualbad (*Mikwe*) noch die Vorschriften über die Leviratsehe [*Chalitza, Jibbum*

(Deuteronomium 25:9)] kennt und auch keine *Kohanim* oder *Leviten* hat, in dem er seinen Wunsch nach einer Antwort auf die Frage zum Ausdruck bringt, ob [Juden] Angehörige ihrer Familien heiraten dürfen und ob es gestattet ist, sie in einem *Minjan* mitzuzählen und sie zur Thora aufzurufen.

Und hier ist meine Antwort für ihn... Die Juden, die den Namen *Benei Israel* tragen, sind vom heiligen Samen des Judentums, gestützt auf das Responsum von Rabbi Hai Gaon (*Schaarei Teschuwa* 46:5) und auf den Brief von Maimonides an die Weisen von Lunel, der die Juden in Indien erwähnt, in dem es heißt, daß sie die schriftliche Lehre nicht kennen und daß sie nichts über den jüdischen Glauben wissen, obwohl sie beschnitten sind und am Sabbat ruhen. Und sie sprachen sicher von den Vorvätern jener, die unter Ihnen leben und die als Juden bekannt sind.

Was die Sache betrifft, ihnen zu erlauben, in die Gemeinde zu kommen... Darüber habe ich ausführlich in meinem Werk *Mischpetei Ouziel* (*Even ha-Eser*) geschrieben, in dem ich das Responsum von Rabbi Isaak ben Scheschet [1326–1408, Spanien und Nordafrika] und von Rabbi Schimon bar Zemach [1361–1444, Spanien und Nordafrika] und die Anmerkungen von Rabbi Moses Isserles [1520–1572, Polen] zu *Even ha-Eser* 4 über die Marranos zitiert habe, und ich bin zu dem Schluß gekommen, daß die Sekte der *Benei Israel* ein Zweig vom Stamm des Volkes Israel ist und sie nicht verurteilt werden darf wie die Karäer [verurteilt wurden], die das Joch von Thora und Geboten abwarfen, das wir von Moses im Sinai mit der mündlichen Lehre erhalten haben. Denn diese [von denen wir gerade sprechen] haben die Thora und ihre Gebote nicht willig abgeworfen, sondern die Thora wurde von ihnen vergessen, weil sie in der Ferne leben, abgeschnitten und isoliert und sich in einer strengen und bitteren Verbannung befinden. Da jedoch Gemeinden Israels den Kontakt zu ihnen aufgenommen haben und ihre guten und aufrechten Taten gesehen haben, denn sie klammern sich an die Thora und ihre Gebote, sollte ihnen [den Gemeinden] und ihren Kindern die Thora, die sie vergessen haben, wieder zurückgegeben werden. Da sie aber auf ihrem Vergessen beharrten, werden sie als Sünder bezeichnet, wie Rabbi Isaak ben Scheschet über die Marranos schrieb. Und da sie bis in die jüngsten Jahre weit entfernt von jeder organisierten jüdischen Gemeinde fortbestanden haben und ihre Eheschließungen nicht in Gegenwart geeigneter jüdischer Zeugen geschlossen haben, werden ihre Ehen annulliert, obwohl ihre Kinder keine Bastarde [*Mamserim*] sind...

Und ob sie in einem *Minjan* mitzuzählen und zur Thora [im Gottesdienst] aufzurufen sind, ist es auch meine Meinung, daß jene, die nicht die Nähe der Gläubigen von Israel suchen und das Joch der Thora und Gebote annehmen, weder zu einem *Minjan* gezählt, noch zur Thora aufgerufen werden sollten aus der Sorge heraus, wie von Raw Amram Gaon ausgedrückt, daß sie auf diese Weise in die jüdische Gemeinde einheiraten und sich somit [die Zahl von] Bastarden in der jüdischen Gemeinde erhöht. Aber für jene, die unsere Gesellschaft suchen und öffentlich das Joch der Gebote auf sich nehmen wie andere richtige Juden, ist es eine Mizwa [für uns], ihre Gesellschaft zu suchen und sie in jede heilige Tätigkeit einzubeziehen und sie zur Thora aufzurufen.

Und möge der Herr und Gott von Israel bald unsere Verbannten aus den vier Winkeln der Erde einsammeln und uns seine Zusicherung bestätigen, wie von seinem heiligen Propheten gesagt: »Und er erhebt ein Panier den Völkern, und sammelt die Verstoßenen Israel[s], und die Zerstreuten von Jehuda versammelt er von den vier Enden der Erde.«

Das ist meine bescheidene Meinung, wie ich sie dargelegt habe[43].

Kurz nach der Gründung des Staates Israel 1948 wanderte der Großteil der Benei Israel aus Indien in die jüdische Gemeinschaft ein, wo sie verhältnismäßig wenig Probleme mit ihrer jüdischen Identität hatten. Weitaus schwieriger sah die Lage bei den Falaschas aus, den schwarzen Juden aus Äthiopien. Nach Ansicht der meisten Gelehrten stammen sie ethnisch nicht von Juden ab, sondern sind Nachfahren einer Eingeborenenbevölkerung, von denen einige im späten Altertum von jüdischen Missionaren aus Ägypten oder, was wahrscheinlicher ist, aus dem Jemen zum Judentum bekehrt wurden. Ihre Praktiken unterscheiden sich stark von den im rabbinischen Judentum gebräuchlichen. Ihrem eigenen Verständnis zufolge sind die Falaschas Nachfahren der jüdischen Ehefrauen, die König

Salomo seinem Sohn Menelik schickte, der angeblich aus seiner Verbindung mit der Königin von Saba hervorgegangen war. Im sechzehnten Jahrhundert hielt Rabbi David ben Simra die Falaschas für Angehörige des Stammes Dan und bestimmte, sie seien als Juden anzuerkennen. Im neunzehnten und zwanzigsten Jahrhundert hat die eine oder andere jüdische Gruppe immer wieder den Standpunkt vertreten, den Falaschas müsse geholfen und sie müßten zu den Juden der Welt gezählt werden. Um 1970 ging ein Teil von ihnen nach Israel, und damit verschärfte sich die Diskussion um ihre jüdische Identität und wurde ernster. Beim israelischen Oberrabbinat herrschte die Ansicht vor, die Falaschas seien aus halachischer Sicht keine Juden. Anfang 1973 erklärte der sephardische Oberrabbiner Ovadiah Yosef, der sich dabei auf Rabbi David ben Simras Ansicht von vor vierhundert Jahren berief, die Falaschas müßten »vor Eingliederung und Assimilation gerettet werden« und, würden sie ins Heilige Land gebracht, werde sich Jesajas Prophezeiung von den »Verstoßenen Israels« und den »Zerstreuten Jehudas«, die »von den vier Enden der Erde«, gesammelt und versammelt würden, erfüllen. 1975 akzeptierte auch der aschkenasische Oberrabbiner Shlomo Goren diese Ansicht. Die Falaschas durften jetzt unter dem Heimkehrergesetz nach Israel kommen, als Juden hatten sie Anspruch auf die automatische Staatsangehörigkeit in der alten Heimat. Einige Behörden bestehen noch immer darauf, die Äthiopier müßten sich einem symbolischen Übertritt durch Eintauchen in die *Mikwe* unterziehen, aber die Falaschas haben das entschlossen abgelehnt, und sie haben diese Schlacht im wesentlichen gewonnen.

Nach 1970 kamen die meisten Einwanderer nach Israel aus der Sowjetunion. In den beiden Generationen seit der Bolschewistischen Revolution im Oktober 1917 hatte die Regierung eine antireligiöse Politik verfolgt. Kaum ein Paar heiratete nach dem jüdischen Religionsgesetz oder, was aus halachischer Sicht noch wichtiger ist, ließ sich danach scheiden. Die meisten Männer waren nicht beschnitten, und es gab unzählige Mischehen. In verschiedenen maßgebenden orthodoxen Kreisen wurde die jüdische Identität dieser Einwanderer in Frage gestellt, aber diese Einwände hatten keine einschneidenden Folgen. Russen, die eine jüdische Identität für sich beanspruchten, wurden bei der Auswanderung unterstützt. Ihr Status wurde innerhalb kürzester Zeit mit Beschneidung, religiöser Heirat und Übertritt »normalisiert«, besonders, wenn sie nach Israel gingen. Im Notfall griff man auch zu technischen Verfahren, um niemanden zum *Mamser* (Bastard) erklären zu müssen. Wie schon bei den Marranos nach 1492 beschloß das jüdische Volk, jeden wieder einzugliedern, der eine jüdische Identität für sich beanspruchte. Die halachischen Vorschriften waren ein notwendiger zweiter Schritt, um diese Entscheidung zu besiegeln, aber sie waren nicht ausschlaggebend.

Das war die Politik, die der Staat Israel von Anfang an seit 1948 verfolgt hat. In den ersten Jahren seiner Existenz nahm er über eine Million Neuankömmlinge auf, und nicht alle waren gemäß der Halacha Juden. Die Frage, wer ein Jude ist, weckte beträchtliche Besorgnis und war umstritten, so daß David Ben Gurion 1958 an beinahe hundert Rabbiner, Gelehrte und Philosophen aller Schattierungen ein Rundschreiben schickte, in dem er sie um Rat bat, wie der Staat ihrer Meinung nach mit diesen komplexen Fragen umgehen solle. Eine der interessantesten Antworten schrieb ein gelehrter amerikanischer Reformrabbiner, Solomon Freehof (1892–1990):

Darf ich vorschlagen, daß eine Lösung möglich ist? Der Staat kann klarstellen, daß er nicht entscheidet, wer gemäß der jüdischen *Religion* Jude ist. Er trifft lediglich eine Entscheidung auf bürgerlicher oder politischer Ebene, zu welcher der drei Gemeinschaften, der christlichen, muslimischen oder jüdischen, ein Bürger gehört. Die religiösen Prüfsteine bleiben unverändert. Wenn dieses Kind heranwächst und heiraten möchte, haben die religiösen Behörden die Pflicht, nachzuforschen, ob dieses Kind eine jüdische oder eine nichtjüdische Mutter hat. Solch einen Fragebogen sollte es für *alle* geben, die heiraten wollen. Stellen die religiösen Behörden fest, daß die Person eine christliche Mutter hatte, können sie das Einhalten gewisser Zeremonien zur Auflage machen, bevor die Eheschließung gestattet wird. Der Staat sagt im Augenblick lediglich, daß dieses Kind aus politischer oder bürgerlicher Sicht Jude ist. Ob die Anforderungen, nach denen jemand auch aus religiöser Sicht als Jude gilt, erfüllt werden, entscheiden die religiösen Behörden, wenn die Angelegenheit ihnen im Einzelfall wie bei einer Eheschließung oder Scheidung vorgelegt werden.

Dabei entsteht praktisch eine Gruppe sogenannter Halbproselyten zum Judentum. Diese Menschen haben als Bürger volle jüdische Rechte, im religiösen Bereich sind diese Rechte dagegen nur bedingt gültig. Ist das möglich? Gibt es dafür Präzedenzfälle? Tatsächlich hat es so etwas schon einmal gegeben! Neben den Vollproselyten [*Ger Zedek*], die von den jüdisch-orthodoxen Behörden jetzt gefordert werden, hat es zur Zeit des jüdisches Staates auch den Status eines Halbproselyten [*Ger Toschaw*] gegeben. Er geht auf den Talmud zurück (*Awoda Sara* 64b) und wurde von Maimonides kodifiziert (*Hilchot Issurei Bia* 15:7–8). Aber solche Halbproselyten konnten nur akzeptiert werden, solange der jüdische Staat existierte, technisch durch den Begriff, »wenn die Festtage eingehalten werden«, ausgedrückt. Aber nachdem der jüdische Staat zu existieren aufhörte, war es nicht sicher und deshalb nicht gestattet, solche Halbproselyten zu akzeptieren (vergl. Maimonides, *ebda.,* 8). Jetzt gibt es jedoch einen jüdischen Staat. Ohne auf die komplexe Frage einzugehen, welchen Status der Staat in der jüdischen Religion hat, scheint klar zu sein, wie Sie in Ihrem Brief ausführen, daß es eine Assimilierung, soweit vorhanden, *zum* Judentum *hin* und nicht fort davon gibt. Deshalb kann der *Ger Toschaw*, der Halbproselyt, wieder akzeptiert werden.

Genau das möchte die Regierung des Staates Israel. Die gegenwärtigen Probleme mit den religiösen Gruppen rühren vor allem daher, weil man den *Ger Zedek*, den Vollproselyten, mit dem *Ger Toschaw*, den Halbproselyten oder Proselyten auf Probe, miteinander verwechselt. Wenn der Staat beschließt, daß diese Kinder aus seiner Sicht keine *Gerim Zedekim* [Pl. von *Ger Zedek*] sind, (denn die Entscheidung in dieser Sache [d.h., *Gerut*] obliegt den religiösen Behörden, wenn sich das Problem, welchen Status das Kind nun hat, bei seiner Eheschließung oder bei anderer Gelegenheiten stellt) trifft er lediglich eine Entscheidung über ihn als *Ger Toschaw*, womit er sein Recht als Bürger bestätigt, der jüdischen Gemeinde anstelle der christlichen oder muslimischen Gemeinde angehören zu wollen. Meiner Ansicht nach ist auf Grund dieser deutlichen Unterscheidung eine Lösung möglich[44].

Die schärfste Schlacht um die jüdische Identität ist damit aber noch nicht entschieden. Das offiziell etablierte Rabbinat von Israel, das in bezug auf den Familienstand das letzte Wort hat, ist ausschließlich orthodox. Es hat sich stets geweigert, die Gültigkeit eines Übertritts zum Judentum anzuerkennen, wenn er von einem Rabbiner der konservativen oder der Reformbewegung vorgenommen wurde, und zwar gleichgültig, wo. Das Gesetz des Staates [Israel] ist weniger exklusiv, denn es erkennt einen Proselyten als Juden an, der das Gesetz des Rückkehrrechts beanspruchen kann, ohne zwischen den einzelnen Strömungen zu unterscheiden. In der israelischen Politik hat es bis in die achtziger Jahre hinein Anstrengungen gegeben, diese Politik zu ändern und ausdrücklich festzulegen, daß ein Übertritt nur »gemäß der Halacha« erfolgt sein darf, soll er akzeptiert werden, daß heißt, von orthodoxen Rabbinern, die sich an orthodoxe Maßstäbe halten. Solch eine Gesetzgebung würde bedeuten, daß jeder, der nicht unter orthodoxer Schirmherrschaft zum Judentum übergetreten ist, kein Jude ist. Bis zum heutigen Tag, d. h. 1991, wurde das Gesetz nicht geändert. Starke Kräfte in Israel und in der Diaspora geben diesem unklaren Status quo den Vorzug. Es gibt eine wachsende Zahl von Menschen, und wird es auch in Zukunft geben, die sich als Juden betrachten und wie Juden handeln und die in die jüdische Gemeinschaft eingegliedert sind, die andere jedoch nicht als Juden akzeptieren. Eine feste puristische Definition der jüdischen Identität kann es nicht mehr geben. In diesem Sinn habe ich 1971 unter dem Stichwort »jüdische Identität« in der *Encyclopedia Judaica* geschrieben:

Im letzten Drittel des zwanzigsten Jahrhunderts gibt es viele Juden, insbesondere eine über die ganze Welt zerstreute jüdische stark religiöse, traditionelle Minderheit, für die die Frage der jüdischen Identität an der *Halacha* gemessen wird. Die breiteren jüdischen Einrichtungen auf der ganzen Welt achten diese Ansicht zwar, aber sie orientieren ihre Politik je nach Geschichte und Lage an weiteren, weniger streng differenzierten Überlegungen. Als es 1968 zur großen Säuberungswelle in Polen kam, stellte die israelische Regierung den letzten verbliebenen Kommunisten jüdischer Abstammung, die dem Judentum völlig entfremdet und fast sämtlich mit nichtjüdischen Partnern verheiratet waren, die notwendigen Ausreisepapiere aus, obgleich nur wenige nach Israel gingen, und jüdische soziale Einrichtungen überall auf der Welt nahmen die überwiegende Mehrheit jener unter ihre Fittiche, die andere Länder wählten. Wer immer als Jude leidet, gleichgültig, wie er dieses Leid selbst betrachten mag, sowie jene, deren jüdisches Bewußtsein eines Tages möglicherweise wieder entzündet wird, bleiben Sache der Juden auf der ganzen Welt. In unserem Zeitalter haben bedeutende jüdische Kreise auf der ganzen Welt jüdische Identität im weitesten Sinn als eine Gemeinschaft von Geschichte und Schicksal jener definiert, die Zugehörigkeit zu dieser Gemeinschaft verspüren oder bei denen andere stark empfinden, daß diese Menschen zum Judentum gehören – und diese Definition gilt noch immer[45].

SIEBTES KAPITEL

Die moderne Auffassung über den Bund

BEGRIFFE WIE OFFENBARUNG, Gesetz und »auserwähltes Volk« sind für die modernen jüdischen Theologen problematisch geworden, wie wir bereits in der einleitenden Abhandlung hervorgehoben haben. Jeder der hier zitierten Denker gibt seine eigene Interpretation – einige in dem bewußten Wunsch, sie so zu formulieren, daß sie mit der allgemeinen Auffassung ihrer eigenen Generation vereinbar sind.

Kaufmann Kohler (1843–1926), führend in der amerikanisch-jüdischen Reformbewegung, setzte Religion mit moralischem Fortschritt und Auserwähltheit mit einer gemeinsamen Mission zu deren Verwirklichung gleich. In biblischen Zeiten war das Judentum der fortschrittlichste Glaube jener Epoche gewesen; dies würde es auch fortan sein, versicherte er, indem es sich fortwährend neugestaltete und läuterte, indem es überholte Gedanken und Praktiken im Namen höherer Ideale aufgäbe. Für Kohler ist Offenbarung somit fortschrittlich und nicht einmal mit dem Ereignis auf dem Sinai verknüpft.

Die Erwählung Israels kann nicht als ein einzelner göttlicher Akt betrachtet werden, der in einem bestimmten Augenblick der Offenbarung, oder auch im Laufe des biblischen Zeitraums beschlossen wurde. Stattdessen muß sie als göttlicher Ruf verstanden werden, der durch alle Zeiten hindurch fortdauert und alle Länder einschließt, als eine fortwährende Betätigung des Geistes, der immer neue Künder und Helden aufrief, um die Wahrheit, die Gerechtigkeit und den erhabenen Glauben in einer beispiellosen Verachtung des Todes zu bezeugen, und um durch Worte, durch Taten wie durch ihr ganzes Leben auf deren Verbreitung hinzuarbeiten. Das Judentum unterscheidet sich von allen anderen Religionen, indem es weder die Schöpfung eines einzigen großen Lehrmeisters und Predigers der Wahrheit ist, noch auch versucht, in einer einzigen Person, die dann in den Bereich des Übermenschlichen erhoben wird, die moralische und geistige Erhabenheit, deren Entwicklung sein Anliegen ist, zu versinnbildlichen. Das Judentum zählt seine Propheten, Weisen und Märtyrer nach Generationen; noch immer bezeugt es seine Fähigkeit, die Religion als lebendige Kraft neu zu formen und zu beleben. Darüberhinaus trennt das Judentum die Religion nicht vom Leben, indem nur ein Teil des normalen Lebens wie der nationalen Existenz als heilig erachtet wurde. Das ganze Volk, das ganze Leben muß den Stempel der Heiligkeit tragen und von priesterlicher Hingabe durchdrungen sein. Ob dieses erhabene Ziel je ganz erreicht werden kann, ist eine Frage, die nicht von einer kurzsichtigen Menschheit, sondern nur von Gott, dem Herrscher der Geschichte, entschieden werden kann. Es genügt, daß das Leben des Einzelnen wie das des Volkes diesem Ideal zustrebt.

Die Erwählung Israels setzt natürlich eine geheime Berufung voraus, eine besondere Eigenschaft der Seele wie einen besonderen Hang des Geistes, die es zu dieser göttlichen Aufgabe befähigen. Das Volk, das der Menschheit ihre großen Propheten und Psalmisten gegeben hat, seine kühnsten Denker und edelsten Märtyrer, das die drei großen Weltreligionen, die Kirche, die Moschee und – die Mutter beider – die Synagoge zur Reife gebracht hat, muß das religiöse Volk *par excellence* sein. Es muß in sich selbst jenen himmlischen Funken der Wahrheit und des Antriebes religiösen Genius haben, um fähig und bestrebt sein zu können, den geistigen Flug der Menschheit hin zum Höchsten und Heiligsten zu lenken, wann und wo immer sich die Gelegenheit als günstig erweist[46].

Mordecai Kaplan (geboren 1881) stand an der Spitze der jüdisch-religiösen Naturalismusbewegung, d. h. einer Spielart der Religion ohne Offenbarung. Den Begriff »Gott« benutzt der Mensch für die Summe seiner höchsten Ideale. In einem solchen System kann es natürlich kein »auserwähltes Volk« geben. Selbst hier, im kühnsten Antiklassizisten unter den zeitgenössischen jüdischen Theologen, vermag man einen Widerhall eines Teils – aber nur eines Teils – der Lehre Amos zu vernehmen, daß nämlich die Juden nicht besser seien als die Äthiopier. Doch

Amos glaubt auch, daß sie dem Bund mit dem lebendigen Gott angehörten, der sie erwählt hatte, mehr als andere zu vollbringen und zu erleiden.

Die Verteidiger der Doktrin von der Erwählung Israels machen sich nicht die Mühe, die Rolle der Religion in der menschlichen Zivilisation bis zu Ende durchzudenken. Früher behaupteten die Anhänger aller traditionellen Religionen der westlichen Welt, Religion sei eine auf übernatürlichem Wege geoffenbarte Wahrheit. Die Tatsache, daß eine solche Wahrheit nur durch das eigene Volk übermittelt wurde, war Beweis genug, daß nur dieses Volk erwählt sein konnte. Da angenommen wurde, daß Erlösung nur durch geoffenbarten Glauben zu erreichen sei, legte der Besitz dieser Wahrheit die Verpflichtung auf, sie an andere weiterzugeben und diese durch Bekehrung in die eigene, »erwählte« Gemeinschaft einzuführen.

Läßt man aber den Gedanken der übernatürlichen Offenbarung fallen, was wird dann aus der Religion? Wenn religiöse Wahrheit unabhängig von irgendwelcher historischen Selbstoffenbarung Gottes an ein besonderes Volk ist, so unterscheidet sie sich nicht von der wissenschaftlichen Wahrheit, die allen Menschen zugänglich ist. In der Tat ist denn auch eines der Hauptmerkmale der Wahrheit, daß sie sich auf die universelle Vernunft bezieht und mit dieser gleichzusetzen ist...

Eine Religion ist das methodische Trachten eines Volkes nach Erlösung, nach der Hilfe derer, die von der Zivilisation dieses Volkes leben, um ihr Schicksal als menschliche Wesen zu erfüllen. Im Verlauf dieses Trachtens entdeckt das Volk religiöse Wahrheit und beständige Werte. Diese Wahrheiten und Werte sind wie alle anderen allgemeingültig. Sie sind nicht das Monopol jener Gruppe, die sie entdeckt. Sie können genausogut von anderen Gruppen entdeckt werden. Religionen unterscheiden sich voneinander nicht so sehr vom Vorstellungsvermögen, als vielmehr vom Existentiellen her. Jede Religion verkörpert einen besonderen Bereich kollektiven Lebens, der durch die heiligen Dinge, die *Sancta* der Gruppe charakterisiert ist. Sie sind ein endgültiges Produkt der einmaligen historischen Erfahrung der Gruppe. Solche *Sancta* sind ihre Heiligen und Helden, ihre geistliche Literatur, ihre heiligen Stätten, ihre gemeinsamen Symbole, ihre Sitten und

Gebräuche sowie alle Gegenstände und Beziehungen, die wegen ihres Verhältnisses zum Trachten jenes Volkes nach Erlösung geheiligt worden sind. Es gibt keinen Grund, warum alle Welt die *Sancta* eines Volkes oder einer Kirche annehmen müßte, genausowenig, wie alle Welt ein bestimmtes Kleidungsstück tragen müßte. Wichtig ist indessen die Tatsache, daß die *Sancta* eines jeden Volkes oder einer jeden Kirche dazu beitragen, alle jene zu zivilisieren, die zu ihm oder ihr gehören, indem jene allgemeingültigen Werte erfüllt werden, die sie mit allen anderen Völkern und Kirchen teilen. *Eine Religion ist universal, wenn ihre Vorstellung von Gott dergestalt ist, daß sie ihren Anhängern Treue zu einem allgemeingültigen ethischen Kodex auferlegt. Allein in diesem Sinne ist die jüdische Religion universal*[47].

Martin Buber, der führende jüdische existentialistische Theologe, glaubt zutiefst an die Tatsache der Begegnung Gottes mit dem jüdischen Volk. Für ihn ist es ein Ereignis, das in der persönlichen Erfahrung eines jeden Juden wiederkehrt, solange er bekennt, ein Jude zu sein und die Stimme Gottes hört, die zu ihm spricht. Damit bestätigt Buber die klassischen Begriffe von Gott und Israel, doch fehlt der traditionelle Gedanke des Gesetzes. In der Begegnung mit Gott, wenn das Individuum Ihn im tiefsten Innern seines Wesens sprechen hört, hört jeder das, was er zu hören vermag – und befolgt das, was er persönlich gehört hat.

Was aber heißt das, ein Volk Gottes zu werden? Nicht der gemeinsame Gottesglaube und Gottesdienst machen ein Volk zum Volk Gottes, sondern daß es Gottes ihm offenbarte Eigenschaften, die Gerechtigkeit und Liebe, in seinem eigenen Leben, und das bedeutet in dem Leben seiner Mitglieder miteinander, verwirkliche, und zwar Gerechtigkeit in dieser Menschen mittelbaren, auf Sachen und Werk gerichteten gegenseitigen Beziehungen, Liebe in ihren unmittelbaren, auf ihr eigenes Sein gerichteten gegenseitigen Beziehungen. Von den beiden aber ist die Liebe das höhere, das entscheidende Prinzip. Das wird unüberbietbar deutlich daran, daß man gegen Gott nicht gerecht sein kann, wohl aber Gott lieben kann und soll. Und die Liebe zu Gott ist es, die sich auf den Menschen überträgt: »Gott liebt den Fremdling«, heißt es, »so sollst du ihn lieben«. Wer Gott liebt, liebt auch den, den Gott liebt[48].

Edmond Fleg (geboren 1876), der jüdisch-französische Gelehrte, ist ein historischer Mystiker. Die alte Tradition konnte nur einen einzigen Grund für die göttliche Erwählung finden, über die sich alle einig waren, nämlich den Verdienst Abrahams und die Tugenden jeder seiner Nachkommen, die ihm auf seinen mutigen und treuen Wegen folgten. Diese Bestätigung wird hier als der zentrale Wert herausgestellt, verbunden mit intellektuellem Liberalismus und leidenschaftlicher Liebe zur jüdischen Vergangenheit.

Die Leute fragen mich, warum ich ein Jude bin. Dir will ich die Antwort geben, mein Enkel, der du noch nicht geboren bist...

Ich bin Jude, weil ich, geboren aus Israel, das ich verloren habe, es in mir lebendiger als mich selbst habe wieder aufleben gespürt.

Ich bin Jude, weil ich, geboren aus Israel, das ich wiedergefunden habe, will, daß es nach mir weiterlebt, lebendiger als in mir.

Ich bin Jude, weil der Glaube Israels von meinem Geist keinerlei Verzicht fordert.

Ich bin Jude, weil der Glaube Israels von meinem Herzen alle Hingabe beansprucht.

Ich bin Jude, weil überall dort, wo ein Leiden trauert, der Jude trauert.

Ich bin Jude, weil zu aller Zeit, da Verzweiflung aufschreit, der Jude hofft.

Ich bin Jude, weil das Wort Israels das älteste und neueste zugleich ist.

Ich bin Jude, weil das Versprechen Israels das universale Versprechen ist.

Ich bin Jude, weil für Israel die Welt noch nicht vollendet ist; die Menschen vollenden sie.

Ich bin Jude, weil Israel über alle Nationen und Israel den Menschen und seine Göttlichkeit setzt.

Ich bin Jude, weil Israel über den Menschen, das Bildnis der göttlichen Einheit, die göttliche Einheit und ihre Einheit setzt...

Und ich sage zu mir selbst: Von diesem fernen Vater (Abraham) bis zu meinem eigenen Vater haben mir alle diese Väter eine Wahrheit übermittelt, die in ihrem Blute strömte, die in meinem Blute strömt; und soll ich sie denn nicht weitergeben, mit meinem Blute, jenen meines Blutes?

Wirst du sie von mir entgegennehmen, mein Kind? Wirst du sie weitergeben? Vielleicht wirst du sie verlassen wollen. Dann geschehe es für eine größere Wahrheit, wenn es eine solche gibt. Ich werde dich nicht tadeln. Es wird mein Fehler sein; dann werde ich sie dir nicht so weitergegeben haben, wie ich sie selbst empfangen hatte[49].

Samson Raphael Hirsch (1808–1888) war Rabbiner in Deutschland und der Begründer des neo-orthodoxen Judentums. Seine hier folgenden Worte unterscheiden sich nur durch die Rhetorik von dem, was wir in früheren Jahrhunderten vorgefunden haben.

Hatte man Gott aus dem Leben, ja, aus der Natur zurückgewiesen und des Lebens Grund im Besitz, des Lebens Ziel im Genuß gefunden, also, daß das Leben Produkt der Vielheit der Menschentriebe ward, wie die Natur als Produkt der Vielgötter dastand; sollte ein Volk eingeführt werden in der Völker Reihen, das durch Geschick und Leben den alleinigen Gott als des Lebens einzigen Grund, Erfüllung Seines Willens als des Lebens einziges Ziel darstellen sollte und den Anspruch dieses Willens, für den Kreis eines solchen Volkes verjüngt, durchtragen als alleinigen Mittelpunkt seiner Vereinigung. Dazu bedurfte es eines Volkes, arm an allem, worauf die übrige Menschheit ihre Größe und ihren Lebensbau aufführt; im Äußeren untergehend unter selbstständiggerüstete Völker, unmittelbar nur von Gott getragen; auf daß in Überwindung des Entgegenstehenden Gott sich als alleinigen Schöpfer, Richter und Herren in Natur und Geschichte unmittelbar offenbare...

»Ein Gott aller Wesen Schöpfer, Gesetzgeber, Richter und Lenker und Erhalter, Vater, alle Wesen seine Kinder, seine Diener, auch der

Mensch Ihm Kind und Diener, aus Seinen Händen ihm Alles, und dieses All nur der Erfüllung Seines Willens bestimmt, dies allein genüge zum Lebensbau, alles Übrige gebe Gott als Mittel für diese Berufserfüllung.«

Die Verkündigung dieser großen Wahrheiten mußte die hauptsächliche, wenn nicht die einzige Lebensaufgabe dieses Volkes sein[50].

Hat ja gerade Israel keine andere Bestimmung als den alle Menschen zu Seinem Dienste berufenden und erziehenden Alleinigen als seinen Gott anzuerkennen, Ihn als solchen durch Geschick und Leben zu verkünden! Heißt ja *Segula* nicht, daß Gott keinem anderen Volke, sondern, daß dies Volk keinem anderen Gott angehören, kein anderes Wesen als seinen Gott anerkennen solle! Findet Jissroeil nicht sein Ziel in Allverbrüderung der Menschheit?[51]

Der wichtigste geistige Vertreter des klassischen Judentums im 20. Jahrhundert war Abraham Isaac Kook (1865–1935), der 1921 Oberrabbiner Palästinas wurde. Kooks Mystizismus war eine neuerliche Bekräftigung der Heiligkeit jüdischen Glaubens und jüdischer Praktiken, des jüdischen Landes und Volkes und der göttlichen Bedeutung ihrer Wechselwirkung und Einheit. Die Auswahl aus seinen Schriften sollte man als eine Predigt zum Abschnitt über die vorgeschriebenen täglichen Morgengebete lesen, der dieses Kapitel abschließt, auch wenn er sie nicht als solche geschrieben hat.

Die Welt und alles, was sie enthält, wartet auf das Licht Israels, auf das erhabene Licht, das von Ihm strahlt, dessen Name gepriesen sei. Dieses Volk wurde von Gott geformt, um von Seinem Ruhme zu sprechen; es erhielt als Erbschaft den Segen Abrahams, auf daß es das Wissen um Gott verbreite, und ihm wurde befohlen, sein Leben abseits der Nationen der Welt zu leben. Gott erwählte es, um die ganze Welt von aller Unreinheit und Finsternis zu reinigen; dieses Volk ist mit einem geheimen Schatz ausgestattet, mit der Thora, wodurch Himmel und Erde erschaffen wurden.

Das Licht Israels ist kein utopischer Traum noch irgendeine abstrakte Moral, oder lediglich ein frommer Wunsch und eine edle Vision.

Ihm sind die materielle Welt und alle ihre Werte nicht gleichgültig, daß es das Fleisch, die Gesellschaft und die Regierung sich in ihrer Unreinheit wälzen ließe und Kräfte der Natur aufgäbe, die am Fall des Menschen teilhatten, um in ihrem tiefsten Zustand zu verharren. Vielmehr ist es eine Erhöhung allen Lebens...

Erlösung ist ununterbrochen. Die Erlösung aus Ägypten und die Letzte Erlösung sind Teil ein und desselben Prozesses, »der mächtigen Hand und des ausgestreckten Armes«, der in Ägypten begann und sich durch die ganze Geschichte hindurch offenbart. Moses und Elias gehören dem gleichen erlösenden Akt an; der eine vertritt seinen Beginn, der andere seinen Höhepunkt, so daß sie gemeinsam seinen Zweck erfüllen. Der Geist Israels ist auf den erlösenden Prozeß abgestimmt, auf den Ton seiner Mühsale, die erst in den Tagen des Erscheinens des Messias enden werden.

Es ist ein schwerwiegender Fehler, gegenüber der besonderen Einheit des jüdischen Geistes unempfindlich zu sein, sich vorzustellen, daß die göttliche Substanz, die allein Israel charakterisiert, dem geistigen Inhalt aller anderen nationalen Zivilisationen vergleichbar sei. Dieser Fehler ist die Quelle des Versuchs, im Judentum das nationale vom religiösen Element zu trennen. Eine solche Spaltung würde sowohl unseren Nationalismus als auch unsere Religion verfälschen, denn jedes Element eines Gedankens, Gefühls und Idealismus, das im jüdischen Volk gegenwärtig ist, gehört einer unteilbaren Einheit an, und erst das Ganze macht seinen spezifischen Charakter aus[52].

Auszug aus dem Gebetbuch

Mit reicher Liebe hast du uns geliebt, Ewiger unser Gott;
Mit großem, übergroßem Erbarmen hast du dich über uns
Unser Vater, unser König, um unserer Väter willen, erbarmt.
Die auf dich vertrauten, und die du Gesetze des Lebens lehrtest,

So sei auch uns gnädig und belehre uns.
Unser Vater, barmherziger Vater, der du Erbarmen übst,
Erbarme dich unser und gib in unser Herz
Zu verstehen und zu begreifen, zu hören, zu lernen und zu lehren,

Zu hüten, zu erfüllen und zu erhalten
Alle Worte der Überlieferung deiner Lehre in Liebe.
Erleuchte unsere Augen in deiner Lehre,
Laß unser Herz an deinen Geboten festhalten

Und einige unser Herz, deinen Namen zu lieben und zu fürchten,
Daß wir in Ewigkeit nie zu Schanden werden.
Denn auf deinen heiligen Namen,
Den großen und gefürchteten vertrauen wir,

Jauchzen und freuen uns deiner Hilfe.
Bringe uns zum Frieden heim von den vier Enden der Erde
Und führe uns aufrecht in unser Land.
Denn ein Gott, der Hilfe schafft, bist du,
Und uns hast du aus allen Völkern und Zungen erwählt

Und uns deinem großen Namen genähert, Sela!
In Wahrheit, um dir zu huldigen und deine Einheit
In Liebe zu bekennen. Gesegnet seist du,
Ewiger, der sein Volk Israel in Liebe erwählt[53].

II
Gott

ERSTES KAPITEL

Gott ist

DIE BIBEL ERACHTET die Existenz Gottes nicht als etwas, das bewiesen werden müßte. Sie zieht nicht einmal den Gedanken in Erwägung, daß das Universum sich selbst erschaffen haben oder ewig sein könnte; und wenn das Universum einen Anfang hatte, wer, außer Gott, hätte es erschaffen können? Gewiß hat Gott die Schöpfung nicht aufgegeben. Er kümmert sich um alle Menschen, in Tat und Wahrheit um alles, das existiert.

Im Anfang schuf Gott den Himmel und die Erde[1].

Wer hat die Wasser mit der hohlen Hand gemessen und die Himmel mit der Spanne abgegrenzt? Wer hat ins Hohlmaß gefaßt den Staub der Erde, wer die Berge gewogen mit der Waage und die Hügel mit Waagschalen? Wer hat den Geist des Ewigen gelenkt, und wer ist sein Ratgeber, der ihn unterwiese? Mit wem hat er sich beraten, daß der ihn belehrte und ihm den Pfad des Rechten zeigte, den Weg der Einsicht ihm wiese? Siehe, die Völker sind wie ein Tropfen am Eimer, sind wie ein Stäubchen auf der Waage geachtet. Siehe, Inseln wiegen nicht mehr als ein Sandkorn. Und der Libanon reicht nicht hin zum Brennholz, und sein Wild reicht nicht zum Opfer. Alle Völker sind vor Ihm wie nichts, für nichtig und wesenlos von Ihm geachtet. Wem wollt ihr da Gott vergleichen und was als Ebenbild ihm an die Seite stellen? Der Künstler gießt das Götterbild, und der Goldschmied beschlägt es mit Gold und schmelzt silberne Ketten daran. Wer nur ärmlich geben kann, wählt ein Holz, das nicht fault, und sucht sich einen geschickten Künstler, ein Bild zu fertigen, das nicht wackelt. Wißt ihr es nicht? hört ihr es nicht? Ist es euch nicht von Anfang her verkündet? Habt ihr es nicht begriffen von der Gründung der Erde her? Der da thront über dem Kreis der Erde, daß ihre Bewohner wie Heuschrecken sind, der den Himmel ausbreitet wie einen Flor und ihn ausspannt wie ein Zelt zum Wohnen, der da Fürsten zunichte macht und Richter der Erde wandelt zu nichts – kaum sind sie gepflanzt, kaum sind sie gesät, kaum wurzelt ihr Stamm in der Erde, so bläst er sie an, und sie verdorren, und wie Stoppeln trägt sie der Sturm davon – Wem wollt ihr mich vergleichen, daß ich wäre wie er? spricht der Ewige[2].

Gesegnet seist du, Ewiger, unser Gott,
König der Welt, Bildner des Lichtes und Schöpfer der
Finsternis, der Frieden stiftet und schafft das All.
Der der Erde und denen, die auf ihr wohnen,
Mit Erbarmen Licht spendet, und mit seiner Güte
An jedem Tag stets das Werk des Weltanfangs erneut.
Wie viele sind deine Werke, Ewiger,
Alle hast du sie mit Weisheit gemacht,
Voll ist die Erde deines Besitzes[3].

Gott ist mein Hirte, mir wird nichts mangeln.
Auf grünen Auen läßt er mich lagern,
Zur Ruhstatt am Wasser führt er mich.
Er stillt mein Verlangen;
Er leitet mich auf rechtem Pfade
Um seines Namens willen.
Und ob ich schon wanderte im finstern Tal,
Ich fürchte kein Unglück; denn du bist bei mir,
Dein Stecken und Stab, der tröstet mich.
Du deckst mir den Tisch im Angesicht meiner Feinde;
Du salbst mein Haupt mit Öl und schenkst mir den Becher voll ein.

Lauter Glück und Gnade werden mir folgen
All meine Tage,
Und ich werde in des Ewigen Haus weilen mein Leben lang[4].

Des Menschen angemessene Antwort angesichts eines solchen Gottes ist Dankbarkeit und Verehrung. Der nun folgende Psalm und das Dankgebet sind im Gebetbuch für die Feste Pessach, Schawuot und Sukkot vorgeschrieben, ferner für den ersten Tag des Lunarmonats, der ein halber Feiertag ist, und für Chanukka, jenes Festes, das an den Sieg der Juden über ihre griechisch-syrischen Verfolger des 2. Jahrhunderts vor unserer Zeitrechnung erinnert.

Halalujah! preiset, Knechte des Ewigen,
Preiset den Namen des Herrn.

Der Name Gottes sei gepriesen von nun an bis in Ewigkeit.
Vom Aufgang der Sonne bis zu ihrem Untergang

Wird der Name Gottes gerühmt. Erhaben über allen Völkern
Thront der Ewige, über den Himmeln seiner Ehre.

Wer ist wie der Ewige, unser Gott, der so hoch thront;
Der in die Tiefe schaut, im Himmel und auf Erden!

Er richtet auf aus dem Staube den Armen,
Aus dem Schutt erhebt er den Dürftigen,

Setzt ihn zu den Vornehmen, zu den Vornehmen seines Volkes,
Macht die Kinderlose im Hause zu einer freudigen
Mutter von Kindern, Halalujah![5]

Es preisen dich, Ewiger, unser Gott,
Alle deine Werke, und deine Frommen,
Die Gerechten, die deinen Willen vollbringen,
Und dein ganzes Volk, das Haus Israel,
Mit Jubel danken sie, loben und preisen,
Verherrlichen, erheben, rühmen, heiligen
Und huldigen deinen Namen, unser König,
Denn dir ist gut zu danken und deinem Namen
Schön zu lobsingen, denn von Ewigkeit bis Ewigkeit
Bist du, o Gott. Gelobt seist du, Ewiger, König,
Gepriesen durch Lobgesänge[6].

Die Welt ist nicht Gott; anders gesagt: das Judentum ist nicht pantheistisch, doch Gott ist in der Welt. Die Sünden des Menschen mögen ihn entfernen, das ist aber des Menschen Fehler, denn Gott ist immer anwesend für »die, die ihn in Wahrheit anrufen«.

Bin ich denn ein Gott aus der Nähe, spricht der Ewige, und nicht ein Gott aus der Ferne? Kann sich einer so heimlich verbergen, daß ich ihn nicht sehe? Erfülle ich nicht den Himmel und die Erde?[7]

Nichts ist auf der Erde, das von der Schechina (Gottes Gegenwart) getrennt ist[8].

Gott erfüllt das Universum, so wie die Seele den Körper des Menschen erfüllt[9].

Ein Kaiser sprach zu Rabbi Josua ben Hananja: »Ich wünsche deinen Gott zu sehen.« Er antwortete: »Ihr könnt ihn nicht sehen.« »Gleichwohl«, sagte der Kaiser, »Ich wünsche ihn zu sehen!« Rabbi Josua führte ihn in die Sommersonne und sprach: »Seht die Sonne.« »Ich kann nicht«, antwortete der Kaiser. Rabbi Josua sprach: »Die Sonne ist nur einer der Diener, die in der Anwesenheit des Ewigen, gepriesen, sei er, bestehen, und Ihr könnt sie nicht ansehen. Ist es dann nicht erst recht wahr, daß Ihr Gottes Anwesenheit nicht sehen könnt?«[10]

Ursprünglich war die *Schechina* (die Gegenwart Gottes) auf Erden. Als Adam sündigte, erhob sie sich bis zum nächsten Himmelsgewölbe. Als Kain sündigte, erhob sie sich zum zweiten empor. Als die Generation von Enoch sündigte (im Götzendienst), erhob sie sich zum dritten. Als die Generation der Sintflut sündigte, erhob sie sich zum vierten. Als die Generation der Zerstreuung der Nationen (die versuchten, den Turm zu Babel zu errichten) sündigte, erhob sie sich zum fünften Himmelsgewölbe empor. Als die Menschen von Sodom sündigten, erhob sie sich zum sechsten. Die Schlechtigkeit der Ägypter zur Zeit Abrahams veranlaßte die *Schechina*, sich bis zum siebten und entferntesten Himmelsgewölbe zurückzuziehen.

Dem wirkte der Gerechte entgegen. Abraham brachte die *Schechina* zum sechsten Himmelsgewölbe herunter, Isaak brachte sie zum fünften, Jaakob brachte sie zum vierten, Levi zum dritten, Kehat zum zweiten und Amram zum ersten Himmelsgewölbe. Moses brachte sie vom Himmel auf die Erde zurück[11].

Die nun folgende Textstelle ist der *Sohar* (Buch des Glanzes) entnommen, dem Grundtext der *Kabbala*. In seiner vorliegenden Form stammt dieses Buch aus dem 13. Jahrhundert, als es durch den spanischen Mystiker Moses de León »herausgegeben« wurde. Er kündigte es als einen alten Text des 2. Jahrhunderts an. Dies dürfte wohl mit Sicherheit nicht zutreffen, doch spiegelt das Buch eine gut entwickelte ältere Tradition mystischer Spekulation wider. Die vorherrschende jüdische Tradition hat die Kabbala stets mit Vorsicht und einem gewissen Mißtrauen betrachtet. Mystische Spekulation vermag den Glauben zu bereichern, doch muß sie im Zügel gehalten werden, um nicht durch mystischen Taumel und gar Magie das den Gesetzen gehorsame Leben zu ersetzen.

Und Sara lauschte am Eingang des Zeltes, hinter ihm« (Gen. 18:10). Rabbi Jehuda begann eine Predigt mit dem Vers: »Ihr Mann ist in den Straßen geachtet, wenn er bei des Landes Ältesten sitzt« (Spr. 31:23).

Der Ewige, gepriesen sei er, ist überweltlich in seiner Herrlichkeit, er ist verborgen und weit über jeden Gesichtskreis entfernt; es gibt niemanden in der Welt, noch hat es je jemanden gegeben, der seine Weisheit und sein Wesen erfaßte, denn er ist tiefgründig und verborgen und allen Blicken entzogen, so daß weder die überirdischen noch die niederen Wesen mit ihm zu kommunizieren vermögen, bis sie nicht die Worte aussprechen: »Gesegnet ist die Herrlichkeit des Ewigen von Seinem Ort« (Ezech. 3:12).

Die irdischen Geschöpfe stellen sich Ihn als hoch oben seiend vor und sagen: »Seine Herrlichkeit ist über den Himmeln« (Ps. 113:4), während sich die himmlischen Geschöpfe Ihn als unten seiend vorstellen und sagen: »Seine Herrlichkeit ist über der ganzen Erde« (Ps. 57:12), bis sie beide, im Himmel und auf der Erde, übereinstimmend erklären: »Gesegnet sei die Herrlichkeit des Ewigen von Seinem Ort« (Ezech. 3:12), denn man kann ihn nicht kennen, und niemand kann ihn wirklich verstehen...

Denn Tür folgt neben Tür, Stufe hinter Stufe, durch die die Herrlichkeit des Ewigen bekanntgemacht wird. Es folgt, daß hier die »Zelttür« die Tür der Gerechtigkeit ist, auf die sich die Worte »Tut mir auf die Tore der Gerechtigkeit« (Ps. 118:12) beziehen, und dies ist die erste Eingangstür: durch diese Tür erblickt man alle anderen himmlischen Türen. Derjenige, dem es gelingt, durch diese Tür einzutreten, hat den Vorzug, diese und alle anderen Türen zu kennen, da alle auf dieser ruhen.

Gegenwärtig bleibt diese Tür unbekannt, weil Israel in der Verbannung ist; und daher sind auch alle anderen Türen weit von ihnen entfernt, so daß sie sie weder kennen noch mit ihnen kommunizieren können; wenn aber Israel aus der Verbannung zurückkehren wird, sind alle überirdischen Stufen wieder dazu bestimmt, harmonisch auf dieser einen zu ruhen. Dann werden die Menschen Kenntnis bekommen von der kostbaren überirdischen Weisheit, von der sie bisher nichts wußten. Wie es geschrieben steht: »Und der Geist des Ewigen wird auf ihm ruhen, der Geist der Weisheit und der Einsicht, der Geist des Rates und der Stärke, der Geist der Erkenntnis und der Furcht des Ewigen (Jes. 11:2)[12].

Unter der Herausforderung der aristotelischen Philosophie, wie sie die Araber nach dem 9. Jahrhundert interpretierten, fühlten sich jüdische Denker gedrängt, ihre eigene philosophische Apologetik zu entwickeln. Wir geben im folgenden zwei berühmte Beispiele als Erklärungen der Doktrin von Gott wieder. Das erste stammt von Saadia (882–942), der unter den mittelalterlichen jüdischen Gelehrten nur Maimonides nachsteht. Saadia wurde in Ägypten geboren und war Leiter *(Gaon)* der Akademie zu Sura in Babylonien. Sein *Buch der Glaubensbekenntnisse und Meinungen,* dem die folgende Textstelle entnommen ist, ist das erste wichtige Werk mittelalterlicher jüdisch-philosophischer Theologie.

Was die *Beziehung* betrifft, so sage ich, daß es unpassend wäre, mit dem Schöpfer irgendetwas in anthropomorpher Manier zu verknüpfen oder es mit Ihm in Zusammenhang zu bringen, denn Er hat seit Ewigkeit existiert, das ist eine Zeit, da keines der verschiedenen Dinge mit Ihm verknüpft oder mit Ihm in Zusammenhang gebracht wurde... Wenn wir daher Kenntnis davon nehmen, daß die Schriften Gott *König* nennen und menschliche Wesen als Seine Sklaven, die Engel als Seine Werkzeuge vorstellen... so ist dies alles lediglich ein Mittel, um Verehrung und Achtung auszudrücken. In der Tat sind die von uns am höchsten geschätzten menschlichen Wesen die Könige. Man nennt Gott auch »König« in dem Sinne, daß Er tun kann, was immer Er zu tun wünscht, und daß Sein Gebot immer ausgeführt wird...

Was die Kategorie des *Ortes* betrifft, so sage ich, daß es aus mehreren Gründen unbegreiflich ist, daß der Schöpfer das Bedürfnis haben sollte, sich an irgendeinem Ort aufzuhalten. Zunächst einmal ist Er selbst der Schöpfer allen Raumes. Auch existierte er ursprünglich allein, als es so etwas wie Ort noch gar nicht gab. Es ist daher undenkbar, daß Er als Ergebnis seines Schöpfungsaktes in den Raum befördert worden sein sollte. Außerdem bedarf nur ein stoffliches Objekt des Raumes...

Was die Behauptung der Propheten betrifft, daß Gott im Himmel wohne, so handelte es sich dabei lediglich um eine Form, um Gottes Größe und Seine Erhabenheit auszudrücken, da der Himmel für uns das höchste Ding ist, das wir kennen... Dasselbe trifft auf Behauptungen zu, daß Gott im Tempel wohne, wie etwa »und ich will wohnen unter den Kindern Israel« (Exod. 29:45), und »Der Ewige wohnt in Zion« (Joel 4:21). Zweck all dessen war, dem betreffenden Ort und Volk Ehre zuteil werden zu lassen...

Was die Kategorie der *Zeit* betrifft, so ist es undenkbar, daß der Begriff der Zeit auf den Schöpfer angewendet werden könnte, und zwar deshalb, weil Er selbst der Schöpfer aller Zeit ist. Außerdem existierte er ursprünglich allein, als es noch nichts dergleichen wie Zeit gab. Es ist daher undenkbar, daß Zeit in Ihm irgendeine Fortbewegung oder Veränderung hätte bewirken können. Überdies ist Zeit nichts anderes als das Messen der Dauer körperlicher Wesen. Er aber, der keinen Körper hat, ist weit entfernt von solchen Begriffen wie Zeit und Dauer. Wenn wir nichtsdestoweniger Gott als fortdauernd und immerwährend beschreiben, so tun wir dies auf dem Wege der Annäherung...

Was den Gedanken des *Besitzes* betrifft, insofern als alle Geschöpfe Gottes Schöpfung und Werk sind, so ziemt es uns nicht zu sagen, daß

Er ein Ding besitzt unter Ausschluß von einem anderen Ding, noch daß Er das eine in einem größeren Ausmaß als das andere besitzt. Wenn wir dennoch sehen, wie die Schriften erklären, daß ein gewisses Volk sein besonderer Besitz und sein Eigentum und Anteil sei, wie sie es mit der Behauptung »Des Ewigen Teil ist ja sein Volk, und Jaakob sein zugemessenes Erbe« (Deut. 32:9) tun, so ist dies lediglich in dem Sinne zu verstehen, daß damit Ehre und Auszeichnung ausgedrückt werden. Denn Ihm sind, wie es uns erscheint, eines jeden Menschen Anteil und Los teuer. Ja, die Schriften gehen sogar so weit, auch Gott im bildlichen Sinne als das Los der Frommen und als deren Anteil zu erklären, wie sie es mit ihrer Behauptung »Der Ewige ist mein Erbe und mein Teil« (Ps. 16:5) tun. Auch dies ist daher Ausdruck besonderer Verehrung und Achtung…

Was die Kategorie der *Stellung* betrifft, insofern als der Schöpfer kein physisches Wesen ist, so ziemt es sich nicht, von Ihm zu sprechen, als nehme er irgendeine solche Stellung ein, indem er etwa sitze oder stehe oder dergleichen. Dies ist in der Tat unmöglich, weil Er kein physisches Wesen ist, und weil ursprünglich außer ihm nichts existierte[13].

Im folgenden erläutert Maimonides die Doktrin von Gottes »negativen Attributen«, und das bedeutet, daß alles, was der Mensch Gott zuschreiben könnte, eine Beschränkung seines absoluten Seins ist. Diese Textstelle ist ein entscheidender Punkt in der Beweisführung des wichtigsten klassischen Werkes des jüdischen Philosophen, »Führer der Unschlüssigen«.

Es wäre für uns äußerst schwierig, in irgendeiner Sprache Worte zu finden, die diesem Gegenstand adäquat sind, und wir können uns lediglich einer inadäquaten Sprache bedienen. In unserem Bemühen, aufzuzeigen, daß Gott keine Pluralität darstellt, können wir nur sagen »Er ist Einer«, obwohl »Einer« und »Viele« beides Ausdrücke sind, die dazu dienen, verschiedene Mengen voneinander zu unterscheiden. Wir verdeutlichen daher den Gegenstand und weisen dem Verständigen den Weg der Wahrheit, wenn wir sagen, daß Er Einer ist, daß Er aber nicht das Attribut der Einheit besitzt.

Dasselbe ist der Fall, wenn wir sagen: Gott ist der Erste *(kadmon)*, um auszudrücken, daß er nicht erschaffen worden ist; die Bezeichnung *kadmon,* »Erster«, ist gewiß ungenau, denn sie kann in ihrem wahren Sinne nur auf ein Wesen Anwendung finden, das Gegenteil des Zeitbezugs ist; letzterer aber ist ein Vorfall der Bewegung, die wiederum mit einem Körper verknüpft ist. Übrigens ist das Attribut *kadmon* (»Erster« oder »Ewiger«) ein relativer Begriff, da es in bezug auf die Zeit dasselbe ist wie die Begriffe »lang« und »kurz« es in bezug auf eine Linie sind. Beide Ausdrücke »erschaffen« und »ewig« (oder »Erster«) sind gleichermaßen unzulässig, sofern sie sich auf ein Wesen beziehen, auf das das Attribut der Zeit nicht anwendbar ist, so wie wir auch nicht »gekrümmt« oder »gerade« sagen, wenn es um den Geschmack geht, »gesalzen« oder »fade«, wenn es um die Stimme geht. Diese Probleme sind jenen vertraut, die sich daran gewöhnt haben, ein wahres Verständnis der Dinge zu suchen und ihre Eigenschaften in Übereinstimmung mit den abstrakten Begriffen, die der Geist von ihnen geformt hat, und die nicht durch die Ungenauigkeit der benutzten Worte irregeführt worden sind, festzusetzen. Alle Attribute, wie etwa »Der Erste«, »Der Letzte«, die in den Schriften in bezug auf Gott vorkommen, sind ebenso metaphorisch wie die Ausdrücke »Ohr« und »Auge«. Sie bedeuten nichts weiter als daß Gott kein Gegenstand irgendwelcher Veränderung oder Neuerung ist; sie besagen nicht, daß Gott durch Zeit beschrieben werden kann, oder daß es, was die Zeit betrifft, irgendeinen Vergleich zwischen Ihm und irgendeinem anderen Wesen gibt, und daß Er deshalb »Der Erste« und »Der Letzte« genannt wird. Kurzum, alle ähnlichen Bezeichnungen sind der üblicherweise vom Volk benutzten Sprache entnommen. In gleicher Weise benutzen wir »Einer« *(Ehad)* in bezug auf Gott, um auszudrücken, daß Ihm nichts gleicht, aber wir wollen damit nicht sagen, daß ein Attribut der Einheit seinem Wesen hinzugefügt wird.

Da wir von Gott, er sei gesegnet, nicht mehr erkennen als sein Daß, nicht sein Was, ist es undenkbar, ihm ein positives Attribut zuzuschreiben. Vielmehr darf man sich allein der negativen Attribute bedienen, um das Denken zu den notwendigen Überzeugungen des Glaubens an Ihn, er sei erhoben, hinzuführen. Denn sie allein vermeiden jede Vorstellung der Vielheit und führen das Denken bis an die letzte Grenze der dem Menschen erreichbaren Gotteserkenntnis.

Zum Beispiel: Durch Beweis ist uns klar geworden, daß es notwendig ein Seiendes außer den durch die Sinne erfaßbaren oder mittels der Vernunft wißbaren Wesenheiten gibt. Wir sagen von ihm: es ist da, und meinen: es sei undenkbar, daß es nicht wahr wäre. Begreifen wir sodann, daß dieses Seiende nicht von der Seinsart etwa der Elemente ist, die tote Körper sind, so sagen wir: er ist lebendig, und meinen damit, daß Er nicht ohne Leben ist. Begreifen wir ferner, daß dieses Seiende auch nicht von der Seinsart des Himmels ist, der ein lebendiger Körper ist, so sagen wir: Er ist nicht körperliches Wesen.

Begreifen wir ferner, daß dieses Seiende nicht von der Seinsart der Vernunftgeister ist, die, obzwar körperlos und nicht tot, durch eine Ursache geworden sind, so sagen wir: Er, er ist erhoben, ist von urher da, keine Ursache hat Ihn ins Dasein gerufen. Begreifen wir schließlich, daß das mit seinem Wesen einsseiende Dasein dieses Seienden an seinem eigenen Dasein allein kein Genüge findet, vielmehr aus ihm zahlreiche Seinsformen ausstrahlen, die, von anderer Art als die Ausstrahlung der Wärme aus dem Feuer, des Lichts aus der Sonne, vermöge seiner Willenshandlung Bestand und Ordnung in planvoller Leitung empfangen, so sagen wir: Er hat Macht, Weisheit und Willen, und wir meinen damit, er ist nicht ohnmächtig, nicht nichtwissend, nicht unbesonnen oder freien Lauf lassend. Begreifen wir zuletzt, daß dieses Seiende unvergleichlich ist mit irgendeinem anderen, so sagen wir: Er ist einzig, und wollen damit die Mehrheit fernhalten.

Wenn wir sagen, daß es nicht nichtwissend ist, begreifen wir, daß es »wahrnimmt« oder »lebt« – denn alles, was wahrnimmt ist lebendig. Wenn wir sagen: nicht unbesonnen, läßt seine Geschöpfe nicht im Stich, begreifen wir, daß alle diese Geschöpfe eine gewisse Ordnung und Einrichtung bewahren; sie sind sich nicht selbst überlassen oder ziellos erschaffen; doch welche Bestimmung sie auch von diesem Wesen erhalten haben, auf jeden Fall ist sie ihnen absichtlich und vorsätzlich gegeben worden. Wir begreifen daher, daß es kein anderes Wesen gibt, das Gott vergleichbar wäre, und wir sagen, daß Er Einzig ist, d. h., es gibt nicht mehr Götter außer einem[14].

Die rabbinische Tradition war weitgehend antispekulativ.

Warum wurde die Welt mit dem Buchstaben *Beth* erschaffen? (*Beth* ist der erste Buchstabe des ersten Wortes der Thora, *Bereschith,* »am Anfang«). So wie die Form des Buchstabens *Beth* von drei Seiten her geschlossen und vorne geöffnet ist, so ist es dir nicht gestattet, dir Gedanken darüber zu machen, was unterhalb oder oberhalb der Erde ist, noch darüber, was geschah, bevor diese Welt war. Stattdessen solltest du dir darüber Gedanken machen, was seit Erschaffung der Welt geschah, mit dem, was vor dir auf der Erde liegt[15].

Es waren vier, die ins Paradies, eintraten (*Raschi* sagte: sie stiegen bis zum höchsten Himmelsgewölbe, demjenigen Gottes empor): Ben Asai, Ben Soma, Elisa ben Abuja und Rabbi Akiva. Ben Asai blickte in Richtung der *Schechina* und starb... Ben Soma blickte hin und wurde verrückt... Elisa ben Abuja wurde gottlos. Rabbi Akiva kam unversehrt heraus[16].

Maimonides wurde als höchste Autorität auf dem Gebiet des jüdischen Gesetzes anerkannt. Als Religionsphilosoph stieß sein Werk auf erbitterten Widerspruch. Die Frömmler waren weniger beeindruckt von seinen geistreichen Antworten, die er Zweiflern gab, als vielmehr bestürzt von der Klarheit, mit der er die Argumente der Ungläubigen auslegte. Sie zogen es vor, auf dieses Gebiet gar nicht einzugehen. Hajjim ibn Musa (1390–1460), ein spanischer Rabbi und Schriftsteller, drückte diese Auffassung wie folgt aus:

In meiner Jugend hörte ich einen Prediger, der in spekulativer Art, wie es die Philosophen tun, darüber predigte, daß Gott einzig und einmalig sei. Und er wiederholte mehrere Male, daß wenn es nicht ein einmaliger Gott sei, notwendigerweise dieses und jenes folgen würde. Daraufhin erhob sich ein Mann, einer von denen, die »vor den Worten des Ewigen erzittern« (Jes. 66:5) und sagte: »Unglück kam über mich und die Meinen bei der großen Katastrophe in Sevilla (Pogrom von 1391). Ich wurde geschlagen und verwundet, bis meine Verfolger von mir abließen, weil sie glaubten, ich sei tot. All dies habe ich erlitten für meinen Glauben an ›Höre, o Israel, der Ewige, unser Gott, ist der einzige Gott‹, und hier sind Sie und nehmen die Traditionen unserer Väter in der Weise eines spekulierenden Philosophen in Angriff und sagen: ›Wenn Er nicht ein einziger Gott wäre, so würde notwendigerweise dieses und jenes folgen‹. Ich habe größeres Vertrauen in die Tradition unserer Väter und ich habe nicht den Wunsch, dieser Predigt länger zuzuhören.« Und er verließ das Gebetshaus, und die meisten Leute gingen mit ihm[17].

Es folgen drei nichtphilosophische Ansichten über Gott, die für die rabbinische Frömmigkeit und deren Gefühl für die Vertrautheit mit Ihm recht charakteristisch sind.

Wie wissen wir, daß der Ewige, gepriesen sei er, betet? Es steht geschrieben »sie will ich zu meinem heiligen Berge bringen und in meinem Bethause erfreuen« (Jes. 56:7). Dieser Vers spricht nicht von *ihrem* Bethaus, vielmehr von »*meinem* Bethaus«, woraus wir schließen, daß der Ewige, gepriesen sei er, betet. Und welches ist sein Gebet? Raw Tuwia bar Sutra antwortete darauf, indem er Raw zitierte: »Möge es mein Wille sein, daß mein Erbarmen meinen Zorn überwindet, und daß es über mein Attribut strenger Gerechtigkeit die Oberhand gewinnt. Möge ich mit meinen Kindern entsprechend dem Attribut des Erbarmens umgehen, und nicht entsprechend dem strengen Grundsatz der Gerechtigkeit.«[18]

Rabbi Jehuda zitierte Raw und sagte: Der Tag besteht aus zwölf Stunden. Während der ersten drei Stunden versenkt sich der Ewige, gepriesen sei er, in das Studium der Thora. Während der folgenden drei Stunden sitzt er über seine ganze Welt zu Gericht. Wenn er feststellt, daß die Welt Zerstörung verdient, erhebt er sich von seinem Thron der Gerechtigkeit, um sich auf den Thron der Barmherzigkeit zu setzen. Während der dritten Folge von drei Stunden sieht er die Erhaltung der ganzen Welt vor, von den großen Tieren bis zu den Läusen. Während der vierten belustigt er sich mit dem Leviathan, wie geschrieben steht »der Leviathan, den Du gebildet hast, damit zu spielen« (Ps. 104:26)... Während der vierten Gruppe von drei Stunden (gemäß der Aussage anderer) lehrt er Schulkinder[19].

Rabbi Nehemia sagte: Als die Israeliten die böse Tat vollbrachten (d. h. als sie das Goldene Kalb schmiedeten und anbeteten), suchte Moses Gott, der ihnen zürnte, zu beschwichtigen. Er sagte: »Gott des Universums! Sie haben dir einen Helfer gemacht. Warum solltest du ihnen zürnen? Dieses Kalb wird dir helfen: Du wirst die Sonne scheinen lassen, und das Kalb wird den Mond scheinen lassen; du wirst dich um die Sterne kümmern, und das Kalb wird sich um die Planeten kümmern; du wirst den Tau fallen lassen, und das Kalb wird die Winde wehen lassen; du wirst den Regen fallen lassen, und das Kalb wird die Vegetation sprießen lassen.« Der Ewige, gepriesen sei er, sprach zu Moses: »Du machst denselben Fehler, den das Volk macht! Dieses Kalb ist nicht in Wirklichkeit!« Darauf antwortete Moses: »Wenn das so ist, warum solltest du dann deinen Kindern zürnen?«[20]

Rabbi Israel ben Elieser, der *Baal Schem Tow* (1698–1760), der Begründer des Chassidismus, faßt zusammen, was mit unterschiedlichem Nachdruck die Hauptströmung jüdischen Denkens über die Existenz Gottes gewesen ist. Wir wissen durch Vernunft, durch Glauben und durch Tradition, daß Gott ist. Wir bedürfen all dieser Quellen des Wissens. Übrigens ist dies genau der Standpunkt, den bereits Saadia mehr als acht Jahrhunderte zuvor in seinem *Buch der Glaubensbekenntnisse und Meinungen* (siehe unten, dritter Teil) ausgedrückt hat.

Warum sagen wir »unser Gott und der Gott unserer Väter«? (Einleitender Satz in vielen Gebeten.) Es gibt zwei Arten von Personen, die an Gott glauben. Die einen glauben, weil ihre Väter ihnen den Glauben überliefert haben; und ihr Glaube ist stark. Die anderen sind kraft suchender Gedanken zum Glauben gekommen. Und dies ist der Unterschied zwischen den beiden: jene haben den Vorzug, daß ihr Glaube nicht erschüttert werden kann, gleich welche Einwände gegen ihn erhoben werden mögen, denn ihr Glaube ist fest, weil sie ihn von ihren Vätern übernommen haben. Einen schwachen Punkt hat er allerdings: Er ist ein durch Menschen gegebenes Gebot und wurde ohne Überlegung oder Beweisführung erlernt. Der Vorteil der anderen besteht darin, daß sie durch eigene Kraft, durch mancherlei Suchen und Denken zum Glauben kamen. Doch auch ihr Glaube hat eine schwache Stelle: er ist leicht zu erschüttern, wenn ein ihm gegenteiliger Beweis erbracht wird. Derjenige aber, der beide Glaubensarten zu verbinden weiß, ist unverletzbar. Darum sagen wir »unser Gott« wegen unseres Suchens, und »der Gott unserer Väter« wegen unserer Tradition.

Und die gleiche Interpretation wird mit dem Wort »der Gott Abrahams, der Gott Isaaks und der Gott Jaakobs« (einleitender Satz des *Amida*-Gebetes) gegeben, denn es bedeutet: Isaak und Jaakob übernahmen nicht einfach die Tradition von Abraham, vielmehr suchten sie von sich aus das Göttliche[21].

ZWEITES KAPITEL

Die Einmaligkeit Gottes

IN DIESER FRAGE stimmen alle jüdischen Lehren durch die Zeiten hindurch überein. Für diesen Glauben sind in allen Jahrhunderten zahllose Märtyrer gestorben.

Höre, Israel! Der Ewige ist unser Gott; der Ewige ist Einer[22].

Du sollst keine anderen Götter haben vor mir! Du sollst dir kein Bildnis machen und keinerlei Gestalt dessen, was im Himmel oben und was auf Erden unten und was im Wasser unter der Erde ist. Du sollst dich vor ihnen nicht niederwerfen und ihnen nicht dienen, denn ich, der Ewige, dein Gott, bin ein eifernder Gott, der da bedenkt die Schuld der Väter an den Kindern am dritten und vierten Geschlecht, bei denen, die mich hassen; der aber Liebe erweist tausenden Geschlechtern, denen, die mich lieben und meine Gebote wahren[23].

Nicht um unsertwillen, Ewiger, nicht um unsertwillen,
Sondern deinem Namen verleihe Ehre,
Um deiner Gnade, um deiner Treue willen.
Warum sollen die Völker sprechen: Wo ist denn ihr Gott?

Unser Gott ist im Himmel,
Alles, was er will, vollbringt er!
Ihre Götzen sind Silber und Gold,
Das Werk von Menschenhänden.

Sie haben einen Mund und reden nicht,
Augen und sehen nicht,
Haben Ohren und hören nicht,
Haben eine Nase und riechen nicht.

Ihre Hände greifen nicht,
Ihre Füße gehen nicht,
Sie sprechen nicht mit ihrer Kehle.

Wie sie werden ihre Verfertiger sein,
Jeder, der auf sie vertraut.

Israel, vertraue auf den Ewigen!
Er ist ihre Hilfe und ihr Schild.
Haus Aarons, vertrauet auf den Ewigen!
Er ist ihre Hilfe und ihr Schild!
Gottesfürchtige, vertrauet auf den Ewigen!
Er ist ihre Hilfe und ihr Schild!

Der Ewige gedachte unser, er segnet,
Segnet das Haus Israel
Segnet das Haus Aaron.
Er segnet die Gottesfürchtigen,
Die Kleinen mit den Großen.

Vermehren wird euch der Ewige,
Euch und eure Kinder.
Gesegnet seid ihr dem Ewigen,
Dem Schöpfer von Himmel und Erde!
Der Himmel, der Himmel ist des Ewigen
Und die Erde, die er den Menschen gegeben.

Nicht die Toten rühmen Gott,
Alle nicht, die in die Gruft sinken.
Wir aber preisen Gott
Von nun an bis in Ewigkeit, Halalujah![24]

Das Gesetz gegen den Götzendienst ist die Grundlage aller Gebote der
Thora… Wer alle Gebote überschreitet, bricht das Joch der Thora, gibt
den Bund zwischen Gott und Israel auf und entstellt die Thora. Dies
trifft in gleicher Weise für den zu, der das Gebot wider den Götzendienst überschreitet[25].

Rabbi Hanina sagte: Die Wahrheit ist das Siegel des Ewigen, gepriesen sei er (im Hebräischen wird das Wort für *Wahrheit* mit drei Buchstaben geschrieben, nämlich אמת, dem ersten, mittleren und letzten
Buchstaben des Alphabets). Resch Lakisch sagte: Wahrheit *(Emet)*
wird mit dem ersten, dem mittleren und dem letzten Buchstaben des
Alphabets geschrieben, um zu lehren, »Ich bin der Erste, ich bin der

Letzte, und neben mir ist kein Gott« (Jes. 44:6). »Ich bin der Erste«, weil ich nichts von einem anderen erhielt, »und neben mir ist kein Gott«, weil ich ohne Teilhaber bin, »und bei den letzten derselbe bin« (Jes. 41:4). Ich werde meine Herrschaft niemals einem anderen übergeben[26].

An uns ist es, zu preisen den Herrn des All,
Huldigung darzubringen dem Schöpfer des Anbeginns,

Daß er uns nicht gemacht gleich den Völkern der Länder
Und uns nicht hingestellt gleich den Familien der Erde,

Daß er unseren Anteil nicht bestimmt hat gleich dem ihren
Und unser Los gleich dem ihrer Menge.

Wir knien nieder, bücken uns und danken
Dem König aller Könige, dem Heiligen, gelobt sei er.

Er wölbt den Himmel und gründet die Erde,
Der Sitz seiner Ehre ist im Himmel oben
Und die Stätte seiner Macht in den höchsten Höhen.
Er ist unser Gott, keiner sonst,
In Wahrheit unser König, keiner außer ihm,
Wie in seiner Lehre geschrieben:

Du wirst heute erkennen und deinem Herzen klar machen,
Daß der Ewige Gott ist im Himmel oben
Und auf der Erde unten, keiner sonst.

Darum hoffen wir, Ewiger, unser Gott,
Bald die Herrlichkeit deiner Macht zu schauen,
Daß die Greuel von der Erde schwinden
Und die Götzen vertilgt werden,

Die Welt gegründet wird auf das Reich des Allmächtigen
Und alle Menschenkinder deinen Namen anrufen,
Daß sich dir zuwenden alle Bösewichte der Erde,
Erkennen und einsehen alle Bewohner der Welt,

Daß sich vor dir jedes Knie beugt, jede Zunge schwört.
Vor dir, Ewiger, unser Gott, knien sie
Und werfen sich nieder
Und der Majestät deines Namens bringen sie Ehre dar,

Alle nehmen sie die Anerkennung deines Reiches auf sich,
Und du regierst bald über sie immer und ewig,
Denn das Reich ist dein,
Und in allen Ewigkeiten regierst du in Ehre.
Wie in deiner Lehre geschrieben:
Der Ewige regiert immer und ewig![27]

DRITTES KAPITEL

Die Moral Gottes

ER IST DER EWIGE der ganzen Welt, und Er erschafft das Böse wie das Gute, doch was er wünscht, ist das Gute. In den klassischen Zeitaltern des Judentums, in Bibel und Talmud, hat man sich in der Tat nicht die Frage gestellt oder sie auch nur als real betrachtet, ob das Gute das ist, was Gott immer will, oder ob Gott gezwungen ist, nur das Gute zu wollen. Natürlich wurde er in besonderer Weise mit dem Guten identifiziert und vom Wunsche geleitet, es im Verhalten des Menschen zu finden. Wie wir bereits sahen, besteht das Judentum nicht darauf, daß der Gläubige alle Attribute Gottes kennen kann oder auch nur sollte, oder daß er große Kenntnis von Gottes Handeln in der Welt hat. Etwas aber ist nicht zu bezweifeln, nämlich daß er vom Menschen rechtschaffenes Verhalten verlangt und ihn für seine Überschreitungen bestrafen wird.

Ewiger, Ewiger, Gott, barmherzig und gnädig, langmütig und reich an Liebe und Treue. Der Liebe bewahrt tausenden Geschlechtern, der vergibt Schuld und Missetat und Sünde, der aber nicht ungestraft läßt; der die Schuld der Väter bedenkt an den Kindern und Kindeskindern bis in das dritte und vierte Geschlecht[28].

So erkenne es denn in deinem Herzen, daß, wie ein Mann seinen Sohn, der Ewige, dein Gott, dich züchtigt[29].

Wenn ihr kommt, mein Angesicht zu schauen, wer hat das von euch verlangt, daß ihr meine Vorhöfe zertretet? Bringet nicht mehr unnütze Gaben, ein Greuelopfer ist es mir. Neumond und Sabbat, Versammlung berufen – ich mag nicht Frevel und Feiertag. Eure Neumonde und eure Feste haßt meine Seele; sie sind mir zur Last geworden, ich bin es müde, sie zu ertragen. Und wenn ihr eure Hände ausbreitet, verhülle ich meine Augen vor euch; auch wenn ihr noch so viel betet, ich höre es nicht. Eure Hände sind voll Blut; waschet, reiniget euch! Tut hinweg eure bösen Taten, mir aus den Augen! Höret auf Böses zu tun, lernet Gutes tun! Trachtet nach Recht, weiset in Schranken den Gewalttätigen; helfet der Waise zum Rechte, führet die Sache der Witwe!

Nun, wohlan, wir wollen miteinander rechten, spricht der Ewige. Wenn eure Sünden sind wie Scharlach, können sie dann weiß werden wie Schnee? Wenn sie rot sind wie Purpur, können sie dann werden wie Wolle? Wenn ihr willig seid und gehorsam, so sollt ihr das Beste des Landes kosten. Doch wenn ihr euch weigert und widerstrebt, so sollt ihr das Schwert kosten. Denn der Mund des Ewigen hat es geredet[30].

»… Er ist der Felsen, sein Werk ist vollkommen, denn alle seine Wege sind gerecht. Ein Gott der Treue ohne Trug, gerecht und gerade ist er« (Deut. 32:4). Sein Werk ist vollkommen in bezug auf alles, das in die Welt kommt, und man darf seine Wege nicht kritisieren. Ein Mensch sollte nicht grübeln und sagen: »Wenn ich drei Hände oder drei Füße hätte, wenn ich auf meinem Kopf laufen könnte, wenn ich an meinem Hinterkopf Augen hätte, wie schön wäre das.« Er ist ein Gott der Gerechtigkeit. Er beurteilt jedermann gerecht und gibt ihm, was er verdient. Er ist ein Gott der Treue. Er glaubte an die Welt, und also erschuf er sie. Er erschuf die Menschen nicht, daß sie böse sein sollten, sondern daß sie rechtschaffen sein sollten, wie geschrieben steht: »Gott machte den Menschen aufrecht, sie aber suchten viele bösen Absichten« (Eccles. 7:29)[31].

Rabbi Josua sagte: Wo immer ihr eine Beschreibung der Größe des Ewigen, gepriesen sei er, findet, findet ihr eine Beschreibung seiner Rücksicht auf das Niedere. Dies ist in der Thora niedergeschrieben, in den Propheten wiederholt worden und zum dritten Mal in den Schriften erwähnt. In der Thora steht geschrieben: »Denn der Ewige, euer Gott, ist Gott der Götter und Herr der Herren…« (Deut. 10:17) und im darauffolgenden Vers steht geschrieben: »Der Recht schafft der Waise und der Witwe« (Deut. 10:18). Es wird in den Propheten wiederholt: Denn so spricht der Erhabene, der in der Ewigkeit wohnt, dessen Name heilig ist: »In der Höhe und Heiligkeit wohne ich« (Jes. 57:15).

Und der Vers fährt fort: »Und auch bei den Zerschlagenen und Demütigen« (ebda.). Und dies wird zum dritten Mal in den Schriften erwähnt: »Erhebt Ihn, der über den Himmeln einherfährt, dessen Name der Ewige ist« (Ps. 68:5), und im darauffolgenden Vers steht geschrieben: »Ein Vater der Waisen, ein Beschützer der Witwen« (Ps. 68:6)[32].

»Da sprach Moses zu Gott: ›Wenn ich nun zu den Kindern Israel komme und ihnen sage: ›Der Gott eurer Väter sendet mich zu euch‹ und sie mir sagen werden: ›Wie ist sein Name?‹ – was soll ich ihnen dann sagen?‹« (Exod. 3:13). Moses bat den Ewigen, gepriesen sei er, ihm Seinen großen Namen zu nennen. »Da sprach Gott zu Moses: ›Ich bin, der ich sein mag‹« (Exod. 3:14). Rabbi Abba bar Mamal sagte: Der Ewige, gepriesen sei er, sagte zu Moses: »Du willst meinen Namen wissen. Ich werde gemäß meiner Taten genannt. Zu verschiedenen Zeiten nennt man mich den Allmächtigen, den Gott der Heere, Gott und Ewiger. Wenn ich meine Geschöpfe richte, nennt man mich Gott. Wenn ich den Bösen den Krieg erkläre, nennt man mich Gott der Heere. Wenn ich die Bestrafung für die Sünden des Menschen aufhebe, nennt man mich den Allmächtigen. Und wenn ich mit meiner Welt Mitleid habe, nennt man mich Ewiger. Daher erklärt die Schrift: ›Ich bin, der ich sein mag‹, ich werde gemäß meiner Taten genannt«.[33]

»Du aber, o Ewiger, bist der Höchste in Ewigkeit« (Ps. 92:8). Du bist immer gerecht. Wenn ein sterblicher König richtet, wird er von allen gepriesen, so er Vergebung gewährt. Niemand aber preist ihn, wenn er Bestrafung fordert, denn sie wissen, daß Leidenschaft eine Rolle bei seinem Urteil gespielt hat. So aber ist es nicht im Falle des Ewigen, gepriesen sei er. Ob er vergibt oder straft, »Du aber, o Ewiger, bist der Höchste in Ewigkeit«… Raw Huna sagte im Namen von Raw Aha: Es steht geschrieben: »Von Gnade und Recht will ich singen, dir, oh Ewiger, will ich singen« (Ps. 101:1). In diesem Psalm sagte David: Es sei wie es sei (ob Gott mir vergibt oder mich bestraft), dir, o Ewiger, will ich singen… Rabbi Jehuda bar Ilai sagte: Es steht geschrieben: »Der Ewige hat es gegeben, der Ewige hat es genommen; gesegnet sei der Name des Ewigen« (Hiob 1:21). Wenn er gibt, gibt er in Gnade; wenn er nimmt, nimmt er in Gnade[34].

»Da sprach der Ewige zu Kain (nachdem letzterer Abel getötet hatte): ›Wo ist dein Bruder Abel?‹ Der aber sprach: ›Ich weiß es nicht. Bin ich meines Bruders Hüter?‹« (Gen. 4:9). Kain sprach: »Du, o Ewiger, bist der Hüter, der Eine, der über alle Geschöpfe wachen sollte, und doch fragst du mich nach Abel.« Diese Situation ist mit der eines Diebes vergleichbar, der in der Nacht gestohlen hat, ohne gefaßt worden zu sein. Am nächsten Morgen entdeckte ihn der Wächter und fragte: Warum hast du gestohlen?« Der Dieb antwortete: »Ich bin ein Dieb und bin nur meinem Beruf nachgegangen. Dein Beruf aber erfordert es, daß du am Tor wachest. Warum hast du deinen Beruf im Stich gelassen? Und jetzt fragst du mich, warum ich gestohlen habe!« Und so sprach auch Kain zu Gott: »Ich tötete Abel; du aber hast in mich den Drang zum Bösen gelegt. Du bist der Hüter über alle, und doch erlaubst du mir, ihn zu töten. *Du* hast ihn getötet! Wenn du mein Opfer angenommen hättest, wie du seines angenommen hast, wäre ich nicht eifersüchtig auf ihn geworden.«[35]

So sprach der Ewige, gepriesen sei er: Wenn ich die Welt lediglich auf der Grundlage meines Attributs der Gnade erschaffen würde, so würden ihre Sünden zu zahlreich. Wenn ich sie gemäß meines Attributs strenger Gerechtigkeit erschaffen würde, wie könnte die Welt dann existieren? Daher werde ich sie mit beiden Attributen, dem der Gerechtigkeit und dem der Gnade erschaffen, und dann wird sie Bestand haben[36].

Franz Rosenzweig (1887–1929), der letzte große Theologe des deutschen Judentums, spricht hier für alle jüdischen Denker über Gott und seine moralische Natur.

Für sein Volk ist Gott, der Ewige, gleichzeitig der Gott der Vergeltung und der Gott der Liebe. Im gleichen Augenblick nennen sie ihn »unser Gott« und »König des Universums«, oder – um den gleichen Gegensatz in einem vertrauteren Bereich aufzuzeigen – »unser Vater« und »unser König«. Er will, daß man ihm mit Zittern diene, und doch freut es ihn, wenn seine Kinder vor seinen Wundern die Angst verlieren. Wenn immer die Schriften seine Majestät erwähnen, unterstreichen die darauffolgenden Verse mit Sicherheit seine Sanftmut. Er fordert die sichtbaren Zeichen des Opfers und Gebets, die in seinem Namen vollbracht werden, und das »Leiden unserer Seele« bei seinem Anblick. Und fast im gleichen Atemzug verwirft er beide und wünscht nur durch die geheime Glut des Herzens geehrt zu werden, in der Liebe zum Nächsten und in anonymen Taten der Gerechtigkeit, die niemand als Taten erkennen kann, die in seinem Namen vollbracht wurden. Er hat sein Volk erwählt, doch er erwählte es, um es für alle seine Sünden zu bestrafen. Jedes Knie soll sich vor ihm beugen, und doch thront er über den Lobgesängen Israels (Ps. 22:4). Israel verwendet sich bei ihm für die sündigen Völker der Erde, und er auferlegt Israel Krankheit, damit jene anderen Völker geheilt werden (Jes. 53). Beide stehen vor Gott: Israel, sein Diener, und die Könige der Völker; und die Stränge von Leid und Schuld, von Liebe und Strafe, von Sünde und Sühne sind so unentwirrbar verflochten, daß menschliche Hände sie nicht zu entwirren vermögen[37].

VIERTES KAPITEL

Der Mensch muß Gott lieben
und ihm dienen

WIE DIENT DER MENSCH GOTT? Indem er seinen Wegen nacheifert –
»so wie er gerecht und gnädig ist, so müßt auch ihr gerecht
und gnädig sein« – und ihm absolut ergeben ist, selbst bis in den
Tod.

Du sollst den Ewigen, deinen Gott, lieben mit ganzem Herzen, mit
ganzer Seele und mit deiner ganzen Kraft[38].

Und nun, Israel! Was fordert der Ewige, dein Gott, von dir, als daß du
den Ewigen, deinen Gott, fürchtest, daß du in allen seinen Wegen
wandelst und ihn liebst, und daß du dem Ewigen, deinem Gott, dienst
mit ganzem Herzen und mit ganzer Seele, daß du wahrst die Gebote
des Ewigen und seine Satzungen, die ich dir heute gebiete, dir zum
Heil! Sieh, des Ewigen, deines Gottes, sind die Himmel und der
Himmel Himmel, die Erde und alles was darauf ist! Doch nur deiner
Väter hatte der Ewige begehrt, daß er sie liebte; und er erwählte ihren
Samen nach ihnen, euch, aus allen Völkern, wie jetzt geschehen. So
beschneidet denn den Wildwuchs eures Herzens und steift nicht ferner euren Nacken. Denn der Ewige, euer Gott, ist Gott der Götter
und Herr der Herren, der große, mächtige und furchtbare Gott, der
nicht bevorzugt und nicht Bestechung nimmt; der Recht schafft der
Waise und der Witwe und liebt den Fremdling, ihm Brot und Kleid zu
geben. So liebet den Fremdling; denn Fremdlinge wart ihr im Lande
Mizraim. Den Ewigen, deinen Gott, sollst du fürchten, ihm sollst
du dienen, ihm sollst du anhangen und bei seinem Namen sollst du
schwören. Er ist dein Ruhm und er dein Gott, der an dir jene großen
und furchtbaren Dinge getan, die deine Augen geschaut. Mit siebzig
Seelen sind deine Väter nach Mizraim hinabgezogen, und nun hat der
Ewige, dein Gott, dich den Sternen des Himmels gleich gemacht an
Menge[39].

Preiset den Ewigen, alle Völker, lobet Ihn, alle Länder. Groß ist Seine Liebe zu uns; ewig Seine Wahrheit, Halalujah![40]

»Du sollst den Ewigen, deinen Gott, lieben mit ganzem Herzen, mit ganzer Seele und mit deiner ganzen Kraft« (Deut. 6:5)… Rabbi Elieser sprach: »Da dieser Vers erklärt ›mit ganzer Seele‹ (d. h. mit deinem ganzen Leben), warum erklärt er dann ›mit deiner ganzen Kraft‹ (d. h. mit deinem ganzen Wesen)? Und wenn er erklärt ›mit deiner ganzen Kraft‹, warum erklärt er dann ›mit deiner ganzen Seele‹? Der Grund hierfür ist, daß für einen Menschen, dem sein Leben kostbarer erscheint als sein Reichtum, geschrieben steht ›mit deiner ganzen Seele‹. Und für einen Menschen, dem sein Reichtum kostbarer erscheint als sein Leben, steht geschrieben ›mit deiner ganzen Kraft‹.« Rabbi Akiva sagte: »Mit deiner ganzen Seele, bedeutet, daß du ihn lieben sollst, selbst wenn er deine Seele fordert.«[41]

Rabbi Sabtai Hurwitz (1590–1660), ein osteuropäischer Gelehrter, ist der Verfasser eines Testaments, dem folgende Textstelle entnommen ist:

Mein Meister, mein Vater – gesegnet sei sein Andenken – schrieb in seinem Buch, daß wenn sich die Stunde des Todes nähert, Satan in der Nähe des Sterbenden steht und ihn mit den Worten versucht: »Verleugne den Gott Israels.« In diesem Zustand ist der Geist eines Menschen geschwächt – möge uns der einzig Gnadenvolle erretten. Daher erkläre ich von jetzt an vor Gott, gepriesen seien er und seine *Schechina*, vor dem himmlischen Gericht und dem irdischen Gericht, daß wenn ich, was Gott verhüten möge, irgendeine unziemliche Bemerkung in der Stunde meines Todes machen sollte, die Worte null und nichtig wären, ohne irgendwelche verbindliche Vollmacht. Was ich aber jetzt sage, hat Gültigkeit: Ich bekenne und bezeuge, daß der Ewige, gepriesen sei er, der Erste Grund, der Schöpfer aller Dinge, ewig, vor dem Ersten existierend und nach dem Letzten fortdauernd ist. »Höre, o Israel, der Ewige, unser Gott, der Ewige ist einzig.« »Gelobt sei sein glorreiches Königreich für immer und immer.« Dies sind die Satzungen, die ich bekenne jetzt und in Ewigkeit[42].

Moses Luzatto (1707–1747) war ein italienischer Dichter und Mystiker. Er ist der Verfasser eines berühmten ethischen Traktats, des *Mesilla Jescharim* (»Der Weg der Rechtschaffenen«), welches die Quelle der nun folgenden drei Abschnitte ist.

Es gibt mehrere Wege, den Namen zu entweihen, und es gilt, ständig des Ruhms seines Schöpfers eingedenk zu sein. Was immer man tut, man muß wachsam sein und darauf achten, daß es nichts zur Folge hat, das eine Entweihung des Ruhmes des Himmels sein könnte. Wir haben gelernt: »Wer den Namen des Himmels heimlich entweiht, wird öffentlich bestraft werden. Es spielt dabei keine Rolle, ob der Name unwillentlich oder absichtlich entweiht wurde« (Mischna *Awot* 4:4). Als die Weisen nach einem Beispiel der Entweihung des Namens fragten, antwortete Raw: »Wenn ein Mann meines Rufes Fleisch kaufen würde, ohne es sofort zu bezahlen« (*Joma* 86a). Rabbi Johanan sagte: »Wenn ein Mann meines Rufes eine Strecke von vier *Amot* zurücklegen würde, ohne über die Thora nachzudenken oder ohne *Tefillin*.« Jeder Mensch muß entsprechend seines Standes und der Meinung, die seine Zeitgenossen von ihm haben, darauf bedacht sein, nichts zu tun, was für einen Menschen seines Standes unpassend ist. Je geehrter und gelehrter einer ist, um so mehr muß er auf sein religiöses Verhalten bedacht sein. Wenn er nicht in der Weise handelt, wird der Name des Himmels durch ihn entweiht. Denn es ehrt die Thora, wenn jemand, der ihrem Studium viel Zeit widmet, auch der Tugendhaftigkeit und Selbstvervollkommnung viel Zeit widmet. Doch wem immer es an solcher Tugendhaftigkeit mangelt, wenngleich er viel studiert, entehrt er das Studium der Thora. Dies ist eine Entweihung des Namens Gottes, gepriesen sei er, der uns seine heilige Thora gab und uns gebot, uns ihrem Studium zu widmen, um dadurch unsere Vollkommenheit zu erreichen[43].

Ein wesentliches Element im Gottesdienst ist die Freude. David erklärt: »Dienet dem Ewigen mit Freuden, kommt vor sein Angesicht mit Frohlocken« (Ps. 100:2). »Doch die Gerechten freuen sich, frohlocken vor Gott und jauchzen in Wonne« (Ps. 68:4). Unsere Weisen sagten: »Die *Schechina* ruht nur auf dem, der ein Gebot freudigen Geistes erfüllt.« (Schabbat 30b.)[44]

Es gibt drei Elemente in der Liebe zu Gott: Freude, Verehrung und Eifer. Gott zu lieben heißt, Seine Nähe, gepriesen sei Er, leidenschaftlich zu wünschen und Seiner Heiligkeit nachzufolgen, wie man etwas nachfolgt, das man sehr begehrt, indem man Seinen Namen, gepriesen sei Er, erwähnt oder Sein Lob verkündet, oder Seine Thora studiert oder aus Seiner göttlichen Natur eine Quelle des Vergnügens und der Wonne zu machen weiß, ebenso real wie jemand, der die Frau seiner Jugend oder seinen einzigen Sohn sehr liebt. Im letzteren Falle ist es bereits eine Wonne, von ihnen zu sprechen. Die Schrift erklärt: »So oft ich von ihm rede, muß ich immerfort seiner gedenken; darum stürmt mein Herz ihm entgegen...« (Jer. 31:19). Gewiß wird jeder, der seinen Schöpfer wirklich liebt, nicht nachlassen, ihm auf jeden Fall zu dienen, es sei denn, er sei körperlich verhindert, dies zu tun. Man braucht ihm um dieses Dienstes willen nicht zu schmeicheln oder ihn zu verleiten. Im Gegenteil, wenn nicht irgendein großes Hindernis ihn abhält, wird sein Herz selbst ihn erheben. Dies ist die wünschenswerte Eigenschaft, deren Erreichung die frühen Heiligen, die Geliebten des Höchsten den Vorzug hatten...

Eine solche Liebe darf notwendigerweise kein anderes Motiv haben. Man soll den Schöpfer, gepriesen sei er, nicht lieben, weil er gut zu einem ist, oder weil er einem Gesundheit oder Erfolg zuteil werden läßt, vielmehr soll man ihn so natürlich und so verbindlich lieben wie ein Sohn seinen Vater liebt. So bemerkt denn auch die Schrift: »Ist er nicht dein Vater, der dich geschaffen hat?« (Deut. 32:6). Die Prüfung dieser Liebe ist eine Zeit der Mühsal und Bedrängnis... »Was der Himmel auch tun mag, es ist zum Besten« (*Brachot* 60d). Dies besagt, daß selbst Mühsal und Bedrängnis augenscheinlich sind, in Wirklichkeit aber gut sind... So sollte man sich vergegenwärtigen, daß alles, was der Ewige, gepriesen sei er, für uns tut, betreffe es nun unseren Körper oder unseren Besitz, zu unserem eigenen Guten ist, selbst wenn wir nicht verstehen, wie es zu unserem eigenen Guten sein könnte. So wird weder Mühsal noch Leiden unsere Liebe zu Gott mindern[45].

Auch hierzu können Rabbi Israel ben Eliesers Worte aus seinem »Testament« als eine Zusammenfassung der Ansicht des Judentums angeführt werden.

... Ein Mensch, der sich bemüht, Gott treu zu bleiben, hat keine Zeit, über unwichtige Dinge nachzudenken; wenn er ständig dem Schöpfer dient, hat er keine Zeit, eitel zu sein... Wenn sich ein Mann plötzlich einer schönen Frau oder irgendeinem anderen angenehmen und hübschen Gegenstand dieser Welt gegenübersieht, sollte er sofort bei sich denken: »Woher kommt diese Schönheit, wenn nicht von der göttlichen Macht, die die Welt durchdringt? Es folgt daraus, daß die Quelle dieser Schönheit vom Himmel ist. Warum also sollte ich mich zu einem Teil hingezogen fühlen? Es wäre besser für mich, wenn ich mich zu dem Ganzen, der Quelle und Wurzel aller teilweisen Schönheit hingezogen fühlte.« Wenn ein Mensch etwas Gutes und Süßes schmeckt, sollte er bedenken, daß die Süßigkeit von oben die Macht ist, die es nährt. Die Wahrnehmung jeglicher guten Qualität ist ein Erlebnis des Ewigen, gepriesen sei er... Wenn also ein Mensch etwas Lustiges hört, das ihm Freude bringt, sollte er bedenken, daß es nur ein Anteil der Welt der Liebe ist. Jeder Mensch muß Gott, gepriesen sei er, mit seiner ganzen Kraft dienen, denn all dies ist eine göttliche Notwendigkeit. Gott wünscht, daß der Mensch ihm in jeder Weise diene. Manchmal geht ein Mensch spazieren und spricht mit anderen Menschen, und dann ist er nicht in der Lage, die Thora zu studieren. Auch dann muß er an Gott festhalten und sich seiner Einzigkeit bewußt sein. Wenn ein Mensch verreist und weder in gewohnter Weise beten noch lernen kann, muß er ihm in anderer Weise dienen. Möge er deswegen nicht bekümmert sein, denn Gott, gepriesen sei er, wünscht, daß der Mensch ihm auf alle Art diene, manchmal auf diese Art, manchmal auf eine andere... Ein Hauptprinzip, dem Schöpfer zu dienen, ist es, so wenig wie möglich traurig zu sein. Weinen ist sehr schlecht, denn der Mensch muß Gott mit Freuden dienen. Wenn aber die Ursache des Weinens Freude ist, dann ist es sehr gut. Wir sollten nicht über jeden einzelnen unserer Akte nachgrübeln, denn eine solche Geistesverfassung könnte durch unsere Furcht, Böses zu tun, dazu führen, daß wir unsere Pflichten nicht erfüllen und darob traurig sind. Und Traurigkeit ist ein großes Hindernis, wenn man dem Schöpfer, gepriesen sei er, dienen will. Selbst wenn ein Mensch eine Sünde begangen hat, sollte er darüber nicht übermäßig traurig sein, denn sonst vernachlässigt er den Gottesdienst. Natürlich sollte er wegen der Sünde traurig sein, dann aber sollte er zur Freude am Schöpfer, gepriesen sei er, zurückkehren[46].

III
Die Thora:
Lehre und Vorschrift

ERSTES KAPITEL

Grundprinzip des Gebots

»DIE THORA WURDE lediglich als ein Mittel zur Reinigung des Menschen gegeben«, lautet eine berühmte rabbinische Maxime. Es handelt sich nicht um eine unmögliche Sammlung von Forderungen für Engel oder sehr wenige Menschen von erhabener Frömmigkeit. Ihre Weisheit und ihre Riten sind der Weg der Heiligkeit für alle Menschen, selbst den einfachsten unter ihnen. Durch Gehorsam widerstehen wir den Versuchungen, die jeden Tag auf uns zukommen – so erklärt Raschi, Rabbi Salomo ben Isaak (1040–1105), der klassische Kommentator der Bibel und des Talmud, den untenstehenden dritten Textabschnitt.

Wenn dich künftig dein Sohn fragt und spricht: »Was sollen die Bezeugungen, Gesetze und Rechtsvorschriften, die der Ewige, unser Gott, euch gegeben?« So sollst du zu deinem Sohn sprechen: »Knechte waren wir bei Par'o in Mizraim, und der Ewige führte uns aus Mizraim mit starker Hand. Und der Ewige brachte Zeichen und Wahrbeweise, groß und schlimm, über Mizraim, auf Par'o und sein ganzes Haus, vor unsern Augen. Uns aber führte er von dort heraus, um uns herzubringen und uns das Land zu geben, das er unsern Vätern zugeschworen. Da gebot uns der Ewige, alle diese Gesetze zu üben, den Ewigen, unsern Gott, zu fürchten, auf daß es uns wohlergehe allezeit, uns am Leben zu erhalten, wie an diesem Tag. Und als Tugend wird es uns gelten, wenn wir darauf bedacht sind, dieses ganze Gebot vor dem Ewigen, unserm Gott, zu üben, wie er uns befohlen.«[1]

Denn dieses Gebot, das ich dir heute gebiete – nicht entrückt ist es dir, und nicht fern ist es. Nicht im Himmel ist es, daß du sprechen müßtest: »Wer stiege für uns in den Himmel hinauf und holte es für uns, um es uns zu verkünden, daß wir es tun?« Und nicht jenseits des Meeres ist es, daß du sprechen müßtest: »Wer führe für uns übers Meer hinüber und holte es für uns, um es uns zu verkünden, daß wir es tun?« Sondern sehr nah ist dir das Wort, in deinem Mund und in deinem Herzen, daß du es tust[2].

Rabbi Simlai erläuterte: sechshundertdreizehn Gebote wurden Moses auf dem Berge Sinai übergeben. Dreihundertfünfundsechsig von ihnen sind negative Gebote (d. h. Verbote), entsprechend der Anzahl Tage des Sonnenjahrs. Die restlichen zweihundertachtundvierzig sind positive Gebote (d. h. ausdrückliche Befehle), entsprechend der Anzahl Glieder des menschlichen Körpers[3].

Nach Moses kam David und verringerte die sechshundertdreizehn Gebote auf elf, wie geschrieben steht: Ewiger, wer darf Gast sein in deinem Zelt? Wer darf weilen auf deinem heiligen Berge? Der unsträflich wandelt und Gerechtigkeit übt und die Wahrheit redet von Herzen; der nicht verleumdet mit seiner Zunge und seinem Nächsten kein Arges tut und keine Schmähung ausspricht wider den Nachbar; der den Verworfenen verachtet, aber die Gottesfürchtigen ehrt; der Wort hält, auch wenn er sich zum Schaden geschworen; der sein Geld nicht um Zins gibt und nicht Bestechung annimmt wider den Unschuldigen. Wer das tut, wird nimmer wanken (Ps. 15:1–5).
 Dann kam Jesaja und verminderte die Gebote auf sechs, wie geschrieben steht: »Wer in Gerechtigkeit wandelt und aufrichtig redet, wer erpreßten Gewinn verschmäht, wer seine Hände schüttelt, daß sie nicht Bestechung annehmen, wer sein Ohr verstopft, daß er nicht Blutschuld mitanhöre, wer seine Augen zudrückt, daß er an Bösem nicht seine Lust schaue« (Jes. 33:15)... Dann kam Micha und verringerte sie auf drei, wie geschrieben steht: »Es ist dir gesagt, o Mensch, was gut ist und was der Herr von dir fordert: Nichts als Recht üben und die Güte lieben und demütig wandeln vor deinem Gott« (Micha 6:8)... Dann kam wieder Jesaja und verringerte sie auf zwei. »So spricht der Ewige: Wahret das Recht und übet Gerechtigkeit« (Jes. 56:1). Amos kam und verringerte sie auf eines, wie geschrieben steht: »So spricht der Ewige zum Haus Israel: Suchet mich, auf daß ihr lebet« (Amos 5:4)... Habakkuk kam und verringerte sie gleichfalls auf eines, wie geschrieben steht: »Der Gerechte soll durch seinen Glauben leben« (Hab. 2:4)[4].

Rabbi Huna und Rabbi Jeremia sagten im Namen von Rabbi Hijja bar Abba: Es steht geschrieben: »Sie verließen mich und hielten mein Gesetz nicht« (Jer. 16:11). Das bedeutet: »Wenn sie mich auch verlassen, aber mein Gesetz gehalten hätten. Da sie dann damit beschäftigt gewesen waren, hätte das Licht, das in ihm ist, sie auf den rechten Pfad zurückgebracht.«[5]

»... daß ihr aller Gebote des Ewigen gedenkt und sie ausübt und nicht nachgeht eurem Herzen und euren Augen, denen ihr nachbuhlt« (Num. 15:40). Das Herz und die Augen sind die Verführer des Körpers; sie erregen die Sinne. »Damit ihr gedenkt aller meiner Gebote und sie ausübt und heilig seid eurem Gott« (Num. 15:41). Die menschliche Situation kann mit der eines Mannes verglichen werden, der ins Meer fiel. Der Steuermann warf ihm ein Seil zu und sagte: »Halte dich am Seil fest. Lasse es nicht los, denn solltest du es loslassen, wirst du dein Leben verlieren.« So sprach der Ewige, gepriesen sei er, zu Israel: »Wenn ihr euch an diese Gebote halten werdet, werdet ihr dem Ewigen, euerm Gott, treu bleiben und ihr werdet leben.« Und es steht geschrieben: »Halte fest an der Zucht, lasse nicht ab; bewahre sie, denn sie ist dein Leben« (Spr. 4:13)[6].

Die anerkannte jüdische Ansicht über die Thora als den Weg »normaler Heiligkeit« wird von einem modernen Verfechter erläutert, Rabbi Louis Finkelstein (geb. 1895), dem führenden Vertreter der Juden Amerikas.

Judentum ist eine Lebensart, die danach strebt, praktisch jede menschliche Handlung in ein Mittel der Kommunion mit Gott umzuformen. Durch diese Kommunion mit Gott vermag der Jude seinen Anteil zur Errichtung des Königreichs Gottes und der Brüderlichkeit des Menschen auf Erden zu leisten. Insofern es sich um seine Anhänger handelt, sucht das Judentum den Begriff von richtig und falsch auf jeden Aspekt ihres Verhaltens auszudehnen. Jüdische Verhaltensregeln beziehen sich nicht nur auf den Gottesdienst, das Zeremoniell und Gerechtigkeit zwischen den Menschen, vielmehr auch auf solche Themen wie Philanthropie, persönliche Freundschaften und Zuneigung, intellektuelles

Streben, künstlerische Schöpfung, Höflichkeit, die Erhaltung der Gesundheit und das Einhalten einer Diät.

Diese Disziplin, so wie sie im jüdischen Schrifttum als Ideal entwickelt wurde, ist so rigoros, daß sie mit jenen Disziplinen verglichen werden kann, die in anderen Glaubensbekenntnissen von Mitgliedern religiöser Orden festgesetzt worden sind. So kann etwa eine nachlässige Unterhaltung oder eine gedankenlose Bemerkung als schwerer Verstoß gegen das jüdische Gesetz gelten. Nicht nur der Form wegen, auch wegen des religiösen Gesetzes ist es verboten, unzüchtige Redensarten zu gebrauchen, jemanden in Zorn zu versetzen oder in Anwesenheit eines Behinderten ungewöhnliche Fähigkeiten zur Schau zu stellen. Die zeremoniellen Vorschriften sind gleichermaßen ausführlich. Das Zeremonialgesetz erwartet von jedem Juden, daß er täglich dreimal betet, wenn möglich in der Synagoge; daß er vor und nach jeder Mahlzeit einen Segensspruch spricht; daß er Gott für jedes besondere Vergnügen dankt, etwa für ein unerwartetes Schauspiel, den Duft einer Blume oder für gute Neuigkeiten; daß er ein Kleidungsstück mit Fransen auf sich trägt; daß er täglich gewisse Abschnitte aus den Schriften aufsagt und während der Morgengebete *Tefillin* anlegt (würfelförmige Behälter, die bestimmte biblische Texte enthalten)...

Wie jedes andere echte Erlebnis kann sich auch die Frömmigkeit nicht auf ihr eigenes Gebiet beschränken. Wäre Religion ausschließlich geistlich, würde sie bald aufhören, auch dies zu sein. Der Psalmist, zu dem man sagte: »Laßt uns zum Hause des Ewigen hinaufgehen«, frohlockte, weil in seinem eigenen Haus die Wirklichkeit Gottes nie vergessen worden war. Durch die ganze jüdische Geschichte hindurch hat das Bemühen, im eigenen Haus die Ordnung und Atmosphäre der Kultstätte nachzubilden, nie nachgelassen.

Die Wechselbeziehung von Heiligkeit und Heim war zumindest für zwei bezeichnende Ergebnisse verantwortlich. Einerseits wurde der Jude dem Zeremoniell und dem Zweck seiner geheiligten Institutionen nicht entfremdet. Andererseits wurden sein Heim und sein häusliches Leben verklärt. Seine Wohnstatt wurde eine von Gott bewohnte Stätte.

Diese Heiligung des Heims wurde durch eine religiöse Disziplin erreicht, deren Zweck es war, unaufhörlich die Erinnerung an Gott zu wecken. Der Jude, der beispielsweise den alten Tempel besuchte, begriff sehr rasch, daß die Einhaltung der Riten, Vorsichtsmaßregeln,

Genauigkeiten und Reinigungen der angemessene Ausdruck der Schönheit der Heiligkeit waren. »Wenn Ihr einem König aus Fleisch und Blut dienen müßtet«, erinnerte der fromme Hillel einst einen Gast, »würdet Ihr dann nicht lernen müssen, wie Ihr einzutreten, hinauszu-gehen und ihm zu gehorchen hättet? Wieviel mehr müßt Ihr es also tun, wenn Ihr dem König der Könige dient!«

Deshalb akzeptierte der Jude ohne weiteres alle diese Forderungen in Gottes Haus. Ihre Formen erinnerten ihn an Gott. Und weil sie dies taten, und weil Israels Lehrer versuchten, den Juden davon abzuhalten, Gott zu vergessen, auch wenn er sich nicht an der göttlichen Stätte befand, wurden entsprechende Riten im jüdischen Heim eingeführt. So wurde das jüdische Heim zu einem verkleinerten Heiligtum, sein Tisch ein Altar, seine Einrichtung Instrumente der Heiligkeit[7].

ZWEITES KAPITEL

Die Thora, Quelle der Weisheit

DIE THORA IST GEBOT, aber sie ist viel mehr als das. Im weitesten Sinne umfaßt ihre Idee mehr als die Lehre, die in der Bibel enthalten ist. Es ist die Ganzheit der geheiligten Tradition, wie sie besonders in allen Schriften des Glaubens, von der Bibel bis in die Gegenwart, ausgedrückt worden ist. Das Studium der Thora ist ein Gebot, das in der Bibel selbst mehrere Male wiederholt wird. Es ist unerläßlich zu wissen, daß ein solches Studium ein ebenso wichtiger Akt jüdischer Frömmigkeit wie das Gebet ist – in mancher Hinsicht sogar noch wichtiger –, will man die Juden und den Geist des Judentums wirklich begreifen. Daher war in früheren Zeitaltern, da nur wenige Menschen lesen konnten, das Analphabetentum unter Juden wenig verbreitet, und unter allen Fertigkeiten war das Lernen immer die am höchsten gepriesene.

Die Worte der Thora werden mit einer lebenspendenden Medizin verglichen. Ein König, der seinem Sohn eine schwere Wunde beibrachte, legte ein Pflaster auf die Wunde. Er sagte: »Mein Sohn, solange dieses Pflaster auf deiner Wunde ist, iß und trink, was du willst, wasche dich mit heißem oder kaltem Wasser, und es wird dir nichts Übles widerfahren. Wenn du aber dieses Pflaster abnehmen solltest, wirst du leiden.« So sprach der Ewige, gepriesen sei er, zu den Israeliten: »Ich schuf in euch den Drang zum Bösen, aber ich schuf die Thora als eine Medizin. Solange ihr euch mit der Thora beschäftigt, wird der Drang zum Bösen in euch nicht übermächtig werden. Wenn ihr euch aber nicht mit der Thora beschäftigt, werdet ihr der Macht des Dranges zum Bösen ausgeliefert sein.«[8]

Resch Lakisch sagte: »Das Gebot Gottes ist rein« (Ps. 19:9). Wenn die Absicht eines Menschen rein ist, so wird für ihn die Thora zu einer lebenspendenden Medizin, die ihn für das Leben reinigen wird. Ist aber die Absicht eines Menschen nicht rein, so wird sie zur todbringenden Droge und reinigt ihn für den Tod[9].

Rabbi Meir sagte: Wer sich dem Studium der Thora widmet, ohne ein anderes Motiv als das der Thora zu haben, verdient viele Dinge. Außerdem ist ihm die ganze Welt zu Dank verpflichtet. Er wird geliebter Freund (Gottes) genannt. Er liebt Gott und die Menschheit, und er gibt Gott wie der Menschheit Grund zur Freude. Die Thora kleidet ihn mit Bescheidenheit und Furcht vor dem Ewigen, und sie hilft ihm, gerecht, fromm, aufrecht und treu zu sein. Sie hält ihn von der Sünde fern und bringt ihn der Tugend nah. Bei ihm finden die Menschen Rat und Weisheit, Einsicht und Kraft, wie es geschrieben steht: »Ich habe Rat und Weisheit, ich habe Einsicht, ich habe Kraft« (Spr. 8:14). (In diesem Kapitel der Sprüche ist es die Weisheit, oder die Thora, die spricht.) Sie gibt ihm Überlegenheit und Stärke und ein klares Urteil. Die Geheimnisse der Thora werden ihm enthüllt; er wird gleich einer ewigen Quelle und einem Fluß, der niemals versiegt. Er wird bescheiden, geduldig und ist bereit, Beleidigungen zu vergeben; die Thora macht ihn größer und erhebt ihn über alle Werke der Schöpfung.

Rabbi Josua ben Levi sagte: Jeden Tag hallt eine himmlische Stimme vom Berge Horeb (Sinai, wo die Thora gegeben wurde) hernieder und verkündet: »Unheil über die Menschheit, die die Thora geringschätzt.«...

Dies ist der Weg, die Kenntnis der Thora zu erwerben: Dein Brot sollst du mit Salz essen, das Wasser sollst du abgemessen trinken (Ezech. 4:11), schlafe auf der Erde, führe ein Leben der Entsagung und versenke dich in die Thora. Wenn du dies tust, »wirst du gesegnet sein, und es wird dir wohlergehen« (Ps. 128:2). Du wirst in dieser Welt gesegnet sein, und es wird dir in der künftigen Welt wohlergehen. Suche keine Größe für dich selbst und begehre keine Ehren. Handle mehr als du lernst. Begehre nicht den Tisch der Könige, denn dein Tisch ist größer als der ihre, und dein Meister ist treu; Er wird dich für deine Mühe entlohnen...

Rabbi Jose ben Kisma sagte: Einst ging ich auf einer Landstraße spazieren, als mir ein Mann entgegen kam und mich grüßte: »Schalom!« Ich erwiderte seinen Gruß: »Schalom!« Er sagte: »Rabbi, woher

seid Ihr?« Ich sagte: »Aus einer großen Stadt der Weisen und Schriftgelehrten.« Er sagte: »Rabbi, wenn Ihr mit uns in unserem Ort leben
wolltet, würde ich Euch eine Million Golddinare, Edelsteine und Perlen geben.« Ich sagte: »Wolltet Ihr mir auch alles Silber, Gold, alle
Edelsteine und Perlen der Welt geben, so würde ich doch nur am Ort
der Thora leben. So steht es im Buch der Psalmen von David, dem
König Israels geschrieben: ›Das Gesetz (die Thora) Deines Mundes ist
für mich besser als Tausende von Gold- und Silberstücken‹ (Ps. 119:72).
Außerdem begleiten den Menschen, wenn er stirbt, weder Silber, Gold,
Edelsteine noch Perlen; nur die Thora und seine guten Taten, wie es
geschrieben steht: ›Wenn du einhergehst, wird sie dich geleiten, wird
über dir wachen, wenn du schläfst, und wenn du erwachst, wird sie zu
dir reden‹ (Sprüche 6:22). ›Wenn du einhergehst, wird sie dich geleiten‹
in dieser Welt. ›Wird über dir wachen, wenn du schläfst, im Grab. ›Und
wenn du erwachst, wird sie zu dir reden‹ in der künftigen Welt...«

Rabbi Hananja ben Akaschja sagte: Der Ewige, gepriesen sei er,
wollte Israel seine Gunst zuteil werden lassen. Daher erhöhte er die
Thora und die Gebote für sie, wie es geschrieben steht: »Dem Ewigen
gefiel es um seiner Treue willen große und herrliche Lehre zu geben«
(Jes. 42:21)[10].

Am dritten Neumond nach dem Auszug der Kinder Israel aus dem
Land Mizraim, an diesem Tag kamen sie in die Wüste Sinai« (Exod.
19:1). Ben Soma sagte: Dieser Vers sagt nicht »an jenem Tag«, sondern
»an diesem Tag«, um zu sagen, daß sie an *diesem* Tag in die Wüste Sinai
(die Stätte der Offenharung) gekommen sind. Jedesmal, wenn ihr euch
dem Studium der Thora widmet, könnt ihr sagen: »Es ist als hätte ich
an *diesem* Tag die Thora am Sinai empfangen.« Außerdem steht geschrieben: »Am heutigen Tag gebietet dir der Ewige, dein Gott, diese
Gesetze und Rechtsvorschriften zu üben...« (Deut. 26:11)[11].

Rabbi Jehuda entsandte Rabbi Assi und Rabbi Ammi, um in den
Städten des Landes Israel die religiöse Erziehung zu organisieren.
Wenn sie in eine Stadt kamen, sagten sie zu den Leuten: »Bringt die
Hüter der Stadt zu uns.« Man brachte ihnen den Anführer der Wache
und den Gouverneur. Die Rabbis sagten: »Dies sind nicht die Hüter der
Stadt. Dies sind ihre Zerstörer!« Als die Leute fragten: »Wer sind die

Hüter der Stadt?« antworteten die Rabbis: »Die Schriftgelehrten und die Lehrer, die Tag und Nacht über die Thora nachdenken, sie lehren und bewahren.« Dies stimmt mit dem überein, was geschrieben steht: »Du sollst Tag und Nacht darüber nachdenken« (Josua 1:8). Und es steht geschrieben: »Wenn nicht der Ewige das Haus baut, arbeiten die, die es erbauen, vergeblich« (Ps. 127:1)... Rabbi Huna sagte: »Studiere die Thora, selbst wenn du es nicht um ihrer selbst willen tust. Selbst wenn sie zunächst nicht um ihrer selbst willen studiert wird, so wird es dazu führen, daß man sie um ihrer selbst willen studiert.«[12]

Damit ihr nicht sagt: »Ich will die Thora studieren, damit ich weise genannt werde oder in der Akademie sitze oder mit vielen Tagen in der künftigen Welt belohnt werde«, steht geschrieben: »Du sollst den Ewigen, deinen Gott lieben« (Deut. 6:5). (Die Tat darf nur durch die Liebe zu Gott motiviert werden.)[13]

Rabbi Elieser sagte: Wenn die Macht des Bösen den Menschen verführen will, so soll er sie vor die Thora schleppen und sich so von der Macht des Bösen befreien. Kommt und seht, was wir gelernt haben: Wenn die Macht des Bösen vor dem Ewigen, gepriesen sei er, steht und die Welt ob ihrer bösen Taten anklagt, so zeigt der Ewige, gepriesen sei er, mit der Welt Mitleid und gibt der Menschheit Rat, mit dessen Hilfe sie der Macht des Bösen entfliehen kann, so daß sie weder die Menschen noch ihre Taten zu beherrschen vermag. Worin besteht dieser Rat? – Mit der Thora beschäftigt zu sein. Wie wissen wir das? Es steht geschrieben: »Das Gebot ist eine Leuchte, und die Thora ist ein Licht, Rüge und Zucht sind der Weg des Lebens« (Sprüche 6:23). Welche Worte folgen diesem Vers? »Um dich vor dem bösen Weib, vor der glatten Zunge der Fremden zu beschützen« (Sprüche 6:24). Der letzte Vers bezieht sich auf die Unreinheit in der Welt, die »andere Kraft«, die fortwährend vor dem Ewigen, gepriesen sei er, steht, um die Menschheit ob ihrer Sünden anzuklagen[14].

Die Thora erklärt: »Ich war das Instrument des Ewigen, gepriesen sei er.« Es ist der Lauf der Welt, daß ein sterblicher König, der einen Palast baut, diesen nicht nach seinen eigenen Plänen« erbaut, sondern nach dem Rat eines Architekten. Und der Architekt hat seinerseits Entwürfe und Tabellen, um ihn anzuleiten, wie die Zimmer und Kammern zu bauen sind. So ließ sich auch der Ewige, gepriesen sei er, von der Thora leiten, als er die Welt erschuf[15].

Die Thora wurde öffentlich und unter freiem Himmel gegeben, an einer Stelle, auf die niemand einen Anspruch hatte. Wäre sie im Lande Israel gegeben worden, so hätten die Nationen der Erde sagen können: »Wir haben keinen Anteil daran.« Darum wurde sie in der Wildnis, öffentlich und unter freiem Himmel gegeben, an einer Stelle, auf die niemand einen Anspruch hatte. Jeder, der sie annehmen möchte, komme und nehme sie an[16].

Die nächste Textstelle ist dem Gebetbuch entnommen. Daß Gott Israel die Thora gegeben hat, ist das sicherste Zeichen seiner Liebe.

Mit ewiger Liebe liebst du dein Volk, das Haus Israel. Lehre, Gebote, Satzungen und Rechte hast du uns gelehrt, darum wollen wir, Ewiger, unser Gott, bei unserem Niederlegen und unserem Aufstehen von deinen Satzungen sprechen. Wir freuen uns mit den Worten deiner Lehre und deinen Geboten immer und ewig, denn sie sind unser Leben und die Länge unserer Tage, und in ihnen wollen wir bei Tag und Nacht forschen. Deine Liebe laß nicht von uns weichen in Ewigkeit.

Gegrüßt seist du, o Ewiger, unser Gott, der sein Volk Israel liebt[17].

DRITTES KAPITEL

Anfechtungen des Glaubens
und die Thora

VERFOLGUNG MACHT ES SCHWER, ein Leben zu leben, wie es in der Thora vorgeschrieben ist. Angesichts der römischen Tyrannei nach der Zerstörung des Zweiten Tempels in Jahre 70 mußten die Rabbiner zwischen jenen Gesetzen unterscheiden, für die der Mensch den Märtyrertod auf sich nehmen sollte und jenen, die er mißachten konnte, statt sein Leben aufs Spiel zu setzen.

»So wahrt meine Gesetze und meine Rechtssatzungen, die der Mensch üben soll, daß er durch sie lebe« (Lev. 18:5). Rabbi Ismael sagte: Wenn man einem Israeliten während einer Zeit der Verfolgung privatim sagt: »Bete diesen Götzen an, dann wirst du nicht getötet«, so sollte er den Götzen anbeten. Wie wissen wir, daß dies so ist? Weil geschrieben steht: »Indem er es tut, wird er das Leben finden« und nicht: »Indem er es tut, wird er den Tod finden.« Wenn man ihm aber sagt, er solle dies öffentlich tun, muß er dann gehorchen? Nein, denn es steht geschrieben: »Und schändet nicht meinen heiligen Namen, auf daß ich geheiligt werde inmitten der Kinder Israel« (Lev. 22:32)[18]«.

In den oberen Kammern des Hauses des Nitja zu Lydda (in Südjudäa) wurde durch Mehrheitsvotum beschlossen, daß ein Mensch, der vor die Wahl gestellt wird, eines der Gebote der Thora zu übertreten oder getötet zu werden, es übertreten darf, mit Ausnahme der Gesetze wider Götzendienst, Inzest (einschließlich Ehebruch) und Mord[19].

Zweifel ist die andere Gefahr für das von der Thora gewollte Leben. Saadia versucht, in den unten zitierten drei Abschnitten dieses Problem anzugehen.

Es mag manche Menschen geben, die ihr Festhalten an der Bibel aufgeben möchten, weil viele der Gebote in ihr nicht deutlich erklärt sind. Meine Antwort an sie lautet, daß die Bibel nicht die einzige Grundlage unserer Religion ist, denn außer ihr haben wir noch zwei andere Grundlagen. Eine davon war vorher da; nämlich die Quelle der Vernunft. Die zweite kam nachher; nämlich die Quelle der Tradition. Was wir daher nicht in der Bibel finden sollten, das können wir in den beiden anderen Quellen finden. So sind die Gebote sowohl quantitativ wie auch qualitativ ausgefüllt[20].

»Hätte Gott seinen Geschöpfen nicht vollkommene Glückseligkeit und fortdauernde Freude schenken können, ohne ihnen Gebote und Verbote aufzuerlegen? Dann hätte seine Güte sogar noch mehr zu ihrem Wohlergehen beigetragen, wären sie doch von aller Anstrengung zur Erreichung ihrer Glückseligkeit befreit gewesen.«

Gestattet mir denn zu erklären, daß Gott, ganz im Gegenteil, den bestmöglichen Weg gewählt hat, damit seine Geschöpfe fortwährende Glückseligkeit erlangen, indem sie nämlich seine Gebote gewissenhaft befolgen. Denn gemäß dem Urteil der Vernunft erlangt der Mensch durch die Anstrengung, die er zur Erreichung des Guten geleistet hat, doppelt so viel Gewinn wie jener, der dieses Gute ohne irgendwelche Anstrengung, vielmehr allein als Ergebnis der ihm von Gott entgegengebrachten Güte erreicht. In Tat und Wahrheit erkennt die Vernunft keine Gleichheit zwischen diesen beiden. Da dies aber so ist, hat der Schöpfer es vorgezogen, uns den größeren Anteil zuzumessen, auf daß unsere Belohnung uns einen doppelten Nutzen abwerfe und nicht einfach einen Entgelt, der genau unserer Bemühung entspricht, wie dies denn auch die Schrift sagt: »Siehe, der Ewige, euer Gott, er zieht einher in Kraft, und sein Arm schafft ihm den Sieg. Siehe, die er gewonnen, kommen mit ihm; die er sich erworben, gehen vor ihm her« (Jes. 40:10)[21].

Bei Samson Raphael Hirsch findet sich eine rationale Erklärung des Gesetzes. Hier ein Beispiel:

»Und diese Lehre Hemmschuh aller Lebensfreude, versagend alle Genüsse? Gehen Sie sie durch diese Lehre, welchen natürlichen Genuß sie ausmerzen will, von welchem natürlichen Trieb sie Ertödtung verlangt? Welchen natürlichen Genuß sie nicht adelt, welchen natürlichen Trieb sie nicht in weiser Anwendung auf den vom Schöpfer bestimmten Zweck heiligt? Gerechtigkeit ist ihr Typus, Genuß und Triebbefriedigung, nie Ziel und darum höherem Gesetz untergeordnet, und darum von des Schöpfers Weisheit nach seiner Weisung Zweck beschränkt; aber Mittel, und wenn als solches dem höheren Gesetz sich unterordnend, und als solches nur seinem Zweck geweiht, heilig und rein menschlich, wie jede Erfüllung menschlichen Berufs. Nur gegen Besitz- und Genußvergötterung als Ziel unseres Lebens kämpft sie an; aber sie als Mittel und in den von Gottes Weisung gesetzten Schranken zu erstreben, erlaubt sie nicht nur, sondern ist ihr gleich den übrigen heilige, Menschenberuf erfüllende Pflicht; und als Sünde stempelt sie zweckloses, willkürliches Sichversagen erlaubter Genüsse…

Und diese Lehre absondernd? Allerdings! Sonst wäre längst schon Jissroëil Jissroëil nicht mehr.«[22]

Salomon Schechter (1847–1915), die hervorragendste Gestalt des konservativen Judentums, war vielleicht der beredteste »Verteidiger des Glaubens«, der je in englischer Sprache geschrieben hat.

Es ist illusorisch, von der Bürde zu sprechen, die eine strikte Einhaltung von sechshundertdreizehn Geboten einem Juden auferlegt haben muß. Selbst eine oberflächliche Analyse wird aufdecken, daß zu Lebzeiten Christi viele dieser Gebote bereits überholt waren (wie zum Beispiel jene, die sich auf die Stiftshütte und die Eroberung Palästinas beziehen), während andere nur bestimmte Klassen angingen, wie etwa die Priester, die Richter, die Soldaten, die Mönche (Nesirim) oder die Vertreter der gesamten Bevölkerung wie den König oder den Hohepriester. Wieder andere beschäftigten sich mit unvorhergesehenen Fällen, die nur wenige angingen, wie etwa die Gesetze über Scheidung oder Leviratsehe, während viele – wie jene, die Götzenanbetung und Inzest sowie das dem Moloch dargebrachte Kinderopfer betrafen – wohl kaum eine praktische Rolle für den Juden in vorchristlicher Zeit gespielt haben konnten; genausowenig, wie wir behaupten können, daß Engländer unter der Last jener Gesetze leiden, die ihnen verbieten,

Witwen zu verbrennen oder ihre Großmütter zu heiraten, obwohl solche Taten gewiß als Verbrechen angesehen würden. Wenn man sich also die Liste genauer ansieht, bleiben kaum hundert Gesetze, die wirklich das allgemeine Leben der meisten Menschen betrafen. Wenn wir uns vergegenwärtigen, daß selbst diese noch Gesetze in sich schließen wie jene über den Glauben an die Einheit Gottes, die Notwendigkeit, Ihn zu lieben und zu fürchten und Seinen Namen zu heiligen, seinen Nachbarn und den Fremdling zu lieben, für den Armen zu sorgen, den Sünder zu ermahnen, seine Eltern zu ehren und viele andere ähnlichen Charakters, so kann man wohl kaum behaupten, daß die zeremonielle Seite der Religion des Volkes nicht durch einen beträchtlichen Anteil geistiger und sozialer Elemente in schönster Weise ausgeglichen gewesen ist. Außerdem will es scheinen, daß die Linie zwischen dem Zeremoniell und dem Geistigen allzu oft nur willkürlich gezogen wird. Bei vielen Geboten ist es reine Ansichtssache, ob man sie der einen oder anderen Kategorie zuordnen soll.

So ist das Tragen der *Tefillin* oder Phylakterien einerseits immer wieder als sinnloser Aberglaube, als Vorwand für Formalismus und Heuchelei verurteilt worden. Andererseits aber beschrieb Maimonides, den man gewiß nicht des Aberglaubens oder Mystizismus bezichtigen kann, ihre Bedeutung mit folgenden Worten: »Groß ist die Heiligkeit der *Tefillin*; denn solange sie auf Arm und Kopf eines Mannes angebracht sind, ist er demütig und gottesfürchtig und fühlt sich nicht zu frivolen oder nutzlosen Dingen hingezogen, noch hat er irgendwelche bösen Gedanken, sondern wendet sein Herz den Worten der Wahrheit und Gerechtigkeit zu.« Die Gedanken, die sich Rabbi Johanan, ein Priester im Land Israel im 3. Jahrhundert u. Z., über die Erfüllung des Gesetzes machte, werden vermutlich vernünftiger erscheinen als diejenigen so mancher Rationalisten unserer Zeit. Auf der Grundlage des letzten Verses aus Hosea: »Die Wege des Ewigen sind gerade, und Gerechte wandeln darauf, Frevler aber kommen auf ihnen zu Fall«, erklärt er, daß ein Mensch zum Beispiel sein Pessachlamm ißt, um dem Willen Gottes zu entsprechen, der solches gebot, und dadurch einen Akt der Rechtschaffenheit vollbringt, während ein anderer nur daran denkt, mit dem Lamm seinen Appetit zu stillen, und es so, indem er es ißt (und gleichzeitig auch noch erklärt, einen religiösen Ritus zu vollziehen), ein Stein des Anstoßes für ihn wird. In gleicher Weise haben alle Gesetze kraft ihrer göttlichen Quelle – und darüber bestand im 1. Jahrhundert keine Meinungsverschiedenheit zwischen Juden und Christen – ihre geistige Seite, und sie zu mißachten bedeutet, zumindest vom Standpunkt des Individuums aus, einen moralischen Verstoß.

Die legalistische Haltung kann summarisch als ein Versuch beschrieben werden, im Einklang mit dem Willen Gottes zu leben, wobei es weniger darauf ankommt zu wissen, was Gott ist, als vielmehr darauf wie wir seinem Willen entsprechend sein sollen. Dennoch ist, im ganzen gesehen, dieses Leben nie in einen religiösen Formalismus entartet. Abgesehen von der Tatsache, daß sich zur Zeit des Zweiten Tempels Gesetze und sogar Glaubensrichtungen entfalteten, die eine deutliche Tendenz zum Fortschritt und zur Entwicklung zeigten, gab es auch Zeremonien, die bei den Massen populär waren und andere, die mißachtet wurden. Die Menschen waren also nicht etwa seelenlose Sklaven des Gesetzes; auch persönliche Sympathien und Abneigungen spielten in ihrer Religion eine Rolle. Auch befanden sich durchaus nicht alle Gesetze auf dem gleichen Niveau. Mit glücklicher Inkonsequenz sprachen die Menschen immer von schwereren und leichteren Sünden, und unter letzteren verstanden sie vor allem die Übertretungen des Zeremoniells – vielleicht mit Ausnahme der Entweihung des Sabbats[23].

Im nun folgenden Abschnitt legt Kohler die reformistische Lehre über das Gesetz dar – oder besser gesagt die Gründe, sich von ihm zu entfernen. Er befindet sich in dem offensichtlichen Dilemma, Israel gleichzeitig als »Priestervolk« absondern und es dennoch als Teil der Gesellschaft als ganzes sehen zu wollen; gleichzeitig ein Leben in Gehorsam und die Befreiung von den alten Banden zu wünschen.

Zweifellos hat das Gesetz, indem es die Ganzheit des Lebens mit seiner Macht umschließt, das jüdische Pflichtgefühl gestärkt und dem Juden als Eiserner Vorhang der Verteidigung gegen weltliche Versuchungen, Abweichungen und Verlockungen gedient. Sobald aber der moderne Jude den Versuch unternahm, sich von der Vormundschaft blinder Anerkennung der Autorität zu befreien und nach dem Zweck aller ihm vom Gesetz auferlegten Einschränkungen zu fragen, zerbrach seine alte Treue zu ihm, und die Säulen des Judentums schienen erschüttert zu sein. Dann aber erachteten es die vom prophetischen Geist durchdrungenen führenden Vertreter der Reformbewegung als ihre unumgängliche Pflicht, die wesentlichen Gedanken des priesterlichen Gesetzes über die Heiligkeit ausfindig zu machen, und dementsprechend lernten sie, den Kern von der Schale zu trennen. Im Gegensatz zur orthodoxen Tendenz, sich strikt an den Buchstaben zu halten, bestanden sie auf der Tatsache, daß Israels Absonderung von der Welt – die es letztlich um der göttlichen Wahrheit willen zu erlangen gilt – als solche nicht Ende und Ziel sein kann, und daß blinder Gehorsam dem Gesetz gegenüber keine wahre Frömmigkeit ausmacht. Allein der fundamentale Gedanke, daß Israel als »Erstgeborener« unter den Nationen als ein Priestervolk erwählt worden ist, muß unsere unvergängliche Wahrheit bleiben, eine Wahrheit, von der die Jahrhunderte der Geschichte Zeugnis ablegen, indem sie aufzeigen, daß es als Lösegeld für die Menschheit sein Herzblut gegeben hat und immer wieder neue Opfer für seine gute Sache bringt. Nur weil es sich als Priestervolk unter den Nationen abgesondert gehalten hat, vermochte es in der Geschichte seine große Aufgabe zu leisten; und nur wen es sich seiner priesterlichen Berufung bewußt bleibt und sich somit als das Volk Gottes erhält, vermag es seine Mission zu erfüllen. Bis ans Ende der Zeiten, bevor nicht alle Kinder Gottes das Königreich Gottes betreten haben werden, darf Israel, der Hohepriester unter den Völkern, sein Priesteramt nicht aufgeben[24].

Der größte unter den modernen hebräischen Dichtern, Haim Nahman Bialik (1873–1934), spricht im folgenden begeisterten Abriß über die Bedeutung der Thora innerhalb des jüdischen Volkes.

Der Begriff der »Thora« erlangte in der Wertschätzung des (jüdischen) Volkes eine allumfassende Verherrlichung. Für es war die Thora fast eine zweite Existenz, ein geistiger und erhabener Zustand, der zur weltlichen Existenz hinzukam oder diese gar ersetzte. Die Thora wurde zum Zentrum des Geheimnisses dieses Volkes und rechtfertigte während dessen Verbannung Bestrebungen und Wünsche. Der Ausspruch »Israel und die Thora sind eins«, war keine bloße Phrase; der Nichtjude vermag ihn nicht einzusehen, da der Begriff der »Thora« in seiner vollen nationalen Bedeutung nicht hinreichend in irgendeine andere Sprache übersetzt werden kann. Ihr Inhalt und ihre Begriffe umfassen mehr als nur »Religion« oder »Glaubensbekenntnis«, mehr als nur »Ethik« oder »Vorschriften« oder nur »Lernen«, und sie ist auch nicht einfach eine Kombination all dieser Begriffe, vielmehr etwas, das sie alle weit übersteigt. Es ist ein mystischer, fast kosmischer Begriff. Die Thora ist das Werkzeug des Schöpfers; mit ihr und für sie hat er das Universum erschaffen. Die Thora ist älter als die Schöpfung. Sie ist der erhabene Gedanke und die lebendige Seele der Welt. Ohne sie könnte die Welt nicht bestehen und hätte kein Recht zu bestehen. »Das Studium der Thora ist wichtiger als der Bau des Tempels.« »Die Kenntnis der Thora nimmt einen höheren Rang ein als Priesterschaft oder Königtum.« »Nur der ist frei, der sich mit dem Studium der Thora befaßt.« »Die Thora ist es, die den Menschen über alle Geschöpfe erhebt und ihn größer macht.« »Selbst ein Heide, der sich mit dem Studium der Thora beschäftigt, ist nicht weniger wert als ein Hohepriester.« »Ein in das Studium der Thora vertiefter Bastard (Mamser = Kind aus einer unerlaubten Ehe. Erkl. des Übers.) hat vor einem unwissenden Hohepriester den Vorzug.« (Die Zitate wurden der rabbinischen Literatur entnommen.)

In dieser Weltanschauung sind nahezu siebzig Generationen Juden erzogen worden. Nach ihr ausgerichtet wurde ihr geistiges Leben für die Dauer der Verbannung behelfsmäßig organisiert. Für sie erlitten sie den Märtyrertod, und sie gab ihnen die Kraft zu leben. Die jüdische Grundschule wurde kurz vor der Zerstörung Jerusalems gegründet und hat bis zum heutigen Tage überlebt. Als Ergebnis einer solch anhaltenden Schulung hat das Volk so etwas wie einen sechsten Sinn für alles, was mit den Bedürfnissen des Geistes zusammenhängt, entwickelt, einen äußerst empfindlichen Sinn, der immer als erster betroffen wird, und den so gut wie jedes Individuum sein eigen nennt. Es gibt keinen Juden, der nicht bei einer grausamen Verordnung, die besagt, »daß sich die Juden nicht mit der Thora beschäftigen dürfen«, mit Entsetzen erfüllt wäre. Selbst der ärmste und unbedeutendste Mann in Israel bringt für die Erziehung seiner Kinder Opfer und gibt dafür manchmal die Hälfte seines Einkommens, wenn nicht mehr aus. Bevor der Jude an die Befriedigung seiner materiellen Bedürfnisse denkt, betet er täglich: »Und schenke uns gnädigst Wissen, Verständnis und Einsicht.« Und welches war die erste Bitte unserer frommen Mütter vor den Sabbatkerzen? »Möge es dein Wille sein, daß die Augen meiner Kinder vor der Thora erstrahlen.« Und wenn Gott einer dieser Mütter im Traum erschienen wäre, wie Er einst Salomon erschien, und gefragt hätte: »Was willst du, daß ich dir gebe?«, so zweifle ich nicht daran, daß sie wie Salomo geantwortet hätte: »Ich erbitte keine Reichtümer und keine Ehren für mich; doch, oh Ewiger des Universums, mögest du meinen Söhnen ein Herz geben, die Thora zu verstehen und Weisheit zu unterscheiden, was gut und böse ist« (nach I Könige 3:9–11)[25].

VIERTES KAPITEL

Die Beschneidung

DIE FOLGENDEN KAPITEL dieses Teils sind einigen charakteristischen Bräuchen und Gewohnheiten gewidmet, die der jüdische Glaube vorschreibt. Die Beschneidung ist der älteste der jüdischen Riten und blieb bis auf den heutigen Tag unverändert.

Und Gott sprach zu Abraham: »Auch du sollst meinen Bund wahren, du und dein Same nach dir, für ihre Geschlechter. Und das ist mein Bund, den ihr wahren sollt, zwischen mir und euch und deinem Samen nach dir: Beschneiden lasse sich unter euch alles Männliche. Und ihr sollt euch beschneiden lassen am Fleisch eurer Vorhaut, und dies sei das Zeichen des Bundes zwischen mir und euch. Acht Tage alt soll alles Männliche unter euch beschnitten werden für eure Geschlechter, der im Haus Geborene und der um Geld Gekaufte, von allem Fremdgeborenen, das nicht von deinem Samen ist. Beschnitten soll werden der in deinem Haus Geborene wie der um Geld Gekaufte, damit mein Bund an eurem Fleisch sei, zu ewigem Bund. Ein unbeschnittener Mann aber, der am Fleisch seiner Vorhaut nicht beschnitten ist, ein solches Wesen soll aus seinen Sippen getilgt werden; meinen Bund hat er gebrochen.«[26]

Wenn ein Kind krank ist, soll es erst beschnitten werden, wenn es wieder gesund sein wird[27].

Rabbi Ismael sagt: Groß ist die Beschneidung, durch welche der Bund dreizehnmal ausgesprochen wurde (das Wort »Bund« wird im 17. Kapitel der Genesis, eben diesem Kapitel über die Vorschrift der Beschneidung, dreizehnmal wiederholt). Rabbi Jose sagt: Groß ist die Beschneidung, denn sie hebt sogar die Strenge des Sabbats auf (die Beschneidung darf am Sabbat vorgenommen werden, wenn es der achte Tag nach der Geburt ist). Rabbi Josua ben Korha sagt: Groß ist die Beschneidung, denn sie wurde selbst um der Liebe Mose willen nicht mehr als eine Stunde aufgeschoben (siehe Exod. 4:24 ff.). Rabbi sagt: Groß ist die Beschneidung, denn trotz aller religiöser Pflichten, die Abraham erfüllte, wurde er nicht »untadelig« geheißen, bevor er nicht beschnitten war, wie geschrieben steht: »Wandle vor mir und sei untadelig. Und ich will meinen Bund, (d. h. die Beschneidung) setzen zwischen dir und mir« (Genesis 17:1–2). Groß ist die Beschneidung, denn der Ewige, gepriesen sei er, hat die Welt nur um ihrerwillen geschaffen, wie geschrieben steht: »So spricht der Ewige: So gewiß ich für meinen Bund (d. h. die Beschneidung) Tag und Nacht geschaffen und die Ordnungen des Himmels und der Erde festgesetzt habe«... (Jer. 33:25)[28].

Ein Mann, der seinen Sohn bringt, um ihn beschneiden zu lassen, ist mit einem Hohepriester zu vergleichen, der Speise- und Trankopfer zum Altar des Tempels bringt. In diesem Zusammenhang heißt es, daß ein Mann an dem Tag, da er die besondere Ehre hat, seinen Sohn zu beschneiden, verpflichtet ist, ein fröhliches Fest zu geben[29].

Die Israeliten, die aus Ägypten kamen, befolgten getreulich ein Gebot: sie beschnitten ihre kleinen Söhne. Die Ägypter sagten zu ihnen: Warum müßt ihr eure Söhne beschneiden? Laßt sie wie Ägypter aufwachsen, und vielleicht werdet ihr die schwere Last der Sklaverei von euren Schultern nehmen können. Die Israeliten antworteten: Haben Abraham, Isaak und Jakob ihren Vater im Himmel vergessen? Sollten denn ihre Kinder Ihn vergessen?[30]

FÜNFTES KAPITEL

Bar Mizwa, Konfirmation und Bat Mizwa

DIE BAR MIZWA als solche ist im rabbinischen Gesetz sehr alt, die Rituale dagegen nicht. Der Talmud (*Kidduschin* 16b) hat das Alter, in dem Jungen die Verantwortung für sich selbst übernehmen, auf dreizehn und für Mädchen auf zwölf Jahre festgelegt. Demnach waren beide Geschlechter von diesem Alter an verpflichtet, alle Rituale zu befolgen, die ihnen gemäß der Halacha obliegen. Diese neugewonnene Reife berechtigte die Jungen, zusammen mit jenen zur Thora aufgerufen zu werden, die Vollmitglieder der Gemeinde der Gläubigen waren. In den letzten Jahrhunderten wurde daraus eine immer festlichere Angelegenheit. Die Feier als solche besitzt keinerlei religiöse Bedeutung, denn es hängt vom Geburtsdatum ab, wann ein Junge oder Mädchen erwachsen wird.

Im neunzehnten Jahrhundert wurde diese halachische Norm aus zwei Blickwinkeln in Frage gestellt. Als erstes gab es abweichende Meinungen über das automatische Eintreten. Die Begründer des Reformjudentums führten eine Zeremonie für die Konfirmation ein, anfangs, um die Bar Mizwa ansprechender zu machen, bald aber, um sie zu ersetzen. In den Konfirmationsklassen wurden die Mädchen genau wie die Jungen behandelt. Man erwartete von allen jungen Juden, die Glaubensgrundsätze zu lernen, wie sie von den Reformern dargeboten wurden, und ihr Judentum zu bestätigen. Die erste Konfirmationszeremonie, nur für Jungen, fand 1810 in der Synagoge von Israel Jacobson in Seesen in Deutschland statt. In der Mitte des neunzehnten Jahrhunderts wurden Mädchen in dieses neue Ritual einbezogen. Salomo Herxheimer (1801–1884), der in Deutschland schrieb, erklärte und rechtfertigte die Konfirmation als ein Gebot der Zeit:

Es ist deshalb offensichtlich, daß gemäß Bibel und Tradition ein Treue-schwur im Hinblick auf individuelle Gesetze wie auch zum Gesamtge-halt unserer Religion nicht unzulässig ist, ebenso wenig ist er weder überflüssig, noch tadelnswert, sondern man sollte ihn im Interesse der Religion als erforderlich betrachten, so wie jeder Bund in der Bibel neu geformt und bestätigt wird, um Abfall vorzubeugen.

Damit eine Konfirmation tatsächlich die beabsichtigte Stärkung und Erhöhung des Judentums bewirkt, muß sie eine Form und einen Ablauf erhalten, der ihrem Zweck entspricht. Vor allem sollte damit eine Prüfung in Religionsfragen verbunden sein. Solch eine Prüfung sollte der Konfirmation unmittelbar vorausgehen und könnte am be-sten während des Gottesdienstes gleich nach der Thora-Lesung erfol-gen. Anscheinend besteht eine direkte Verbindung zwischen Prüfung und Konfirmation sowie dem Zweck der Thora-Lesung, »auf daß sie hören und auf daß sie lernen und fürchten den Ewigen, euren Gott« (Deuteronomium 31:12). Da solch ein Akt einen heiligen, verehrenden Charakter hat, gehört er in den öffentlichen Gottesdienst und in die religiöse Versammlung, damit alle Teilnehmer zu seiner Feierlichkeit beitragen. Er gehört deshalb nicht in irgendeine Schulaula, auch nicht in den Familienkreis, wo daraus so etwas wie eine »Frühstückskonfir-mation« wird[31].

Eine Generation später bestand Kaufmann Kohler, der in Ame-rika schrieb, darauf, die Bar Mizwa völlig zu ersetzen:

Ich möchte ein Thema anrühren, das den Grundstein der Reform an sich betrifft, wobei ich mir durchaus der Tatsache bewußt bin, daß wir lediglich diskutieren können, ob Bräuche innerhalb der Gemeinde korrekt sind, nicht aber Reform und Fortschritt vorschreiben. Wir sollten unsere Menschen aufklären und uns dabei für einen allmähli-chen Fortschritt einsetzen, *evolutionäre*, keine *revolutionäre* Metho-den verwenden, denn wir wollen ja aufbauen, nicht zerstören. Wir möchten Frieden und Harmonie, gleichzeitig streben wir wahren Fort-schritt an. Es ist unbestreitbar, daß das Union Prayer Book unseren fortschrittlichen amerikanischen Juden Einigkeit und Einheit bringen sollte. Jetzt frage ich: Entspricht das Aufrufen eines dreizehnjährigen Jungen, damit er ein Bar Mizwa wird, indem er die Thora liest oder indem er der Thora-Lesung lauscht, wie es in vielen Reformgemeinden üblich ist, überhaupt noch dem Geist unseres Reformgottesdienstes?

Da ... wir in der Reformsynagoge das Aufrufen von Gemeindemitgliedern für das Vorlesen aus der Gesetzesrolle abgeschafft haben, hat das ganze Ritual bei der Bar Mizwa seinen Sinn verloren, und das Aufrufen ist nicht mehr als Heuchelei. Nur im *Kindergottesdienst* an einer religiösen Schule, an der Hebräisch unterrichtet wird, hätte es noch irgendeine Bedeutung oder wäre von Wert. In unserem regulären Gemeindegottesdienst ist das ein *Anachronismus*.

Gleichgültig, ob die Behauptung, ein dreizehnjähriger Junge sei geistig reif und sich wirklich bewußt, daß er die heiligen Pflichten des Lebens auf sich nimmt, nun an sich falsch oder richtig ist, vertrete ich die Ansicht, daß das Ritual der Bar Mizwa von keinem Reformrabbiner gefördert werden sollte, weil es ein Überbleibsel aus dem Orient ist, genau wie eine Kopfbedeckung während des Gottesdienstes, während die Konfirmation – wenn sie, wie es sich gehört, von einem Rabbiner durchgeführt wird, ein eindrucksvoller Aufruf an die heiligsten Regungen der Seele und ein persönlicher Treueschwur zum Glauben der Vorväter ist – jedes Jahr aufs neue ein Quell der Erneuerung des Judentums, dessen Wert niemand, dem das geistige Wohl Israels am Herzen liegt, unterschätzen oder übersehen darf[32].

Die frühesten Reformrabbiner bestanden unmißverständlich auf dem Aufheben der Unterschiede, die die Halacha zwischen Mann und Frau macht. Auf einer Konferenz in Breslau in Deutschland 1846 wurde bestimmt, daß die Frau hinsichtlich ihrer Rechte und Pflichten dem Mann gleichgestellt sei. Frauen konnten fortan zu den zehn Personen gezählt werden, die einen *Minjan* [d. h. Quorum] für den öffentlichen Gottesdienst bildeten. In Frankreich gingen die offiziellen orthodoxen Synagogen nicht so weit, aber sie bewegten sich vor 1850 auf eine größere Rolle für die Frau zu. Sie folgten dem Vorbild der Reformer, indem sie eine Konfirmationsfeier für Jungen und Mädchen zusammen einführten. Es folgt ein Bericht über solch einen Ritus im Jahr 1852:

Die Konfirmationszeremonie, hier *initiation religieuse* genannt, findet jedes Jahr nach dem Schawuot-Fest statt. Obwohl es die Konfirmation erst seit wenigen Jahren gibt, hat sie schon einen festen Platz im Leben der französischen Juden erobert und sich als sehr segensreich erwiesen. An der Zeremonie beteiligen sich zwischen sechzig und achtzig Kinder. Sie sind, ob reich oder arm, hübsch gekleidet, und am heiligen Ort bestätigen sie nach einer sehr genauen Prüfung ihren Beitritt zur Synagoge.

Auf diese Weise bekommen die Kinder beiderlei Geschlechts aus Familien sehr unterschiedlicher Herkunft ein gründliches Wissen und Liebe zu ihrem Glauben mit. Durch Neuordnen und Umgestalten einer alten Form wurde ein Bedürfnis befriedigt, das unsere Zeit gefordert hat. Solch eine Reform ist günstig, und in absehbarer Zeit dürfte sie fest in der Gemeinde und in unserem Volk verwurzelt sein[33].

Diese Bewegung zur Gleichstellung der Geschlechter gab in einigen orthodoxen Kreisen in Europa den Anstoß, Wege zu finden, ebenfalls das Erwachsenwerden des Mädchens zu kennzeichnen. In einigen Gemeinden begann man, den Vater eines Mädchens, das zwölf Jahre alt wurde, im Gottesdienst in der Synagoge besonders zu erwähnen, und der Rabbiner hielt dazu eine Rede. Rabbi Jacob Etlinger, der bedeutendste orthodoxe Rabbiner in Deutschland im neunzehnten Jahrhundert, widersetzte sich anfangs diesen Veränderungen nicht, aber schon bald bezog er die entgegengesetzte Position. Da das Reformjudentum an Boden gewann, riet Etlinger zu Widerstand selbst gegen die kleinsten Änderungen orthodoxer Praktiken, und auch, wenn sie zulässig waren. Heute wird diese sehr viel strengere Ansicht nachdrücklich von Rabbi Moshe Feinstein (1892–1986) vertreten, der Autorität zu Fragen des jüdischen Gesetzes in Amerika. Die Bat Mizwa war von Konservativen wie Reformjuden eingeführt worden, und Feinstein gebot, sie in jeglicher Form zu vermeiden. Er ging sogar so weit, die zeitgenössische Form der Bar Mizwa zu bedauern, bei der seiner Ansicht nach der Nachdruck auf Feiern statt auf Frömmigkeit lag (*Iggerot*

Moshe, Or ha-Hayyim 104). Andererseits hat Rabbi Ovadiah Yosef, die führende zeitgenössische sephardische rabbinische Autorität, der Bat-Mizwa-Feier zugestimmt und sogar vorgeschlagen, der Vater möge die gleichen Segenssprüche sagen, die ihm bei der Bar Mizwa seines Sohns vorgeschrieben sind (*Jabia Omer* 29).

Jene orthodoxen Kreise, die die Bat Mizwa förderten, dachten an keine Rolle für das Mädchen im eigentlichen synagogalen Gottesdienst. Die Trennung der Geschlechter beim Gebet und bei vielen anderen öffentlichen Veranstaltungen ist weiterhin ein grundsätzliches Anliegen der orthodoxen Praxis. Trotzdem begehen selbst orthodoxe Kreise entweder in einer besonderen Zeremonie, getrennt vom regulären Gottesdienst, oder in Feiern zu Hause die Bat Mizwa, d. h. erkennen die Tatsache an, daß ein Mädchen religionsmündig geworden ist. Die am häufigsten zitierte Quelle, die dies gestattet, ist eine Entscheidung, die Rabbi Yehiel Weinberg (1885–1966) in den fünfziger Jahren getroffen hat:

… Und was die Sache betrifft, die erörtert wird, ob man eine Bat Mizwa feiern dürfe. Es gibt jene, die sie untersagen möchten, weil sie in die Kategorie fällt, Sitten der Nichtjuden nachzuäffen… Und nach meiner bescheidenen Meinung müßten wir, wenn wir sagen, die von Nichtjuden praktizierte Konfirmation sei Sache eines uns fremden Gottesdienstes, die deshalb untersagt werden müsse, logischerweise auch die Bar-Mizwa-Feier untersagen, denn es gibt die Konfirmation für Jungen wie für Mädchen… Und die [zur] Reform[bewegung gehörenden] unter unserem Volk feiern die Konfirmation nicht, um wie Nichtjuden zu sein, sondern um einer Familienfeier willen und um sich darüber zu freuen, daß ihre Kinder erwachsen geworden sind. Und jene unter unseren Brüdern, die die Bat-Mizwa-Feier eingeführt haben, erklären, sie hätten es getan, um im Herzen des jungen Mädchens, das das Alter erreicht hat, in dem es die Gebote erfüllen muß, ein Gefühl der Liebe für das Judentum und seine Gebote einzuflößen und in ihm ein Gefühl für sein Judentum und für seine Zugehörigkeit als Tochter eines großen und heiligen Volkes zu wecken. Und es geht uns nichts an, daß die Nichtjuden eine Konfirmation ihrer Söhne und Töchter feiern. Sie haben ihre Bräuche und wir die unseren...

Es gibt jene, die sich einer Bat-Mizwa-Feier auf Grund der Praktiken früherer Generationen widersetzen, bei denen es diesen Brauch nicht gab. Aber dies ist in Wirklichkeit überhaupt kein Argument, denn in früheren Generationen brauchte man sich nicht um die Erziehung junger Mädchen zu kümmern, weil jeder einzelne Jude voller Thora und Gottesfurcht war.

...Nun ist es unsere Pflicht, unsere Kraft auf die Bildung junger Mädchen zu richten. Es ist schmerzlich, daß sich die Erzieher bei der Allgemeinbildung wie Sprachen und weltliche Literatur, in Natur- wie Humanwissenschaften genauso viel um Mädchen wie um Jungen kümmern, während die Mädchen in jüdischer Erziehung, Bibelstudium und der ethischen Literatur der alten Rabbiner sowie dem Studium der praktischen Gebote, die Frauen befolgen müssen, völlig vernachlässigt werden. Wir haben das Glück, daß führende Autoritäten in unserem Volk in der vergangenen Generation gegen diese Schande eingeschritten sind und Thora-Einrichtungen gegründet haben, um jüdische Mädchen auf religiösem Gebiet zu stärken. Sie haben ein weitgespanntes Netz von *Beis-Yaakov*-Schulen [für Mädchen] gegründet, der schönste öffentliche Beweis unserer Anteilnahme heute. Die einfache Logik und die Pflicht, grundlegende pädagogische Prinzipien zu erfüllen, verpflichten uns beinahe schon dazu, den Zeitpunkt mit einer Feier zu begehen, in dem ein junges Mädchen alt genug wird, um die Verantwortung für das Einhalten der Gebote auf sich zu nehmen. Und diese Trennung zwischen Jungen und Mädchen, wenn es darum geht, die Tatsache zu feiern, daß sie die Pubertät erreicht haben, versetzt den menschlichen Gefühlen des aufwachsenden Mädchens, dem in anderen Bereichen schon die Rechte der Emanzipation eingeräumt wurden, einen ernsthaften Schlag...

[Einige vertreten die Ansicht, daß die Übernahme der Bat Mizwa] die Hand »der Zerstörer« unter uns stärken würde, die als erste diese neue Praxis einer Bat-Mizwa-Feier eingeführt haben... und dies ist wirklich ein Grund, die Bat Mizwa nicht in der Synagoge zu feiern..., weil eine Feier außerhalb der Synagoge deutlich zeigt, daß es nicht Absicht ist, die Bräuche von Abtrünnigen nachzuahmen. Und jedermann sieht dann, daß die Bat Mizwa nicht in der Synagoge gefeiert wird wie bei den anderen, sondern daß ihr sie um der Familienfreude und als erzieherische Stütze für das Mädchen begeht, das das Alter erreicht hat, in dem es für die Gebote verantwortlich ist...

In der Praxis hängt es von der Absicht jener ab, die diesen Brauch einführen möchten, ob sie es um der Erfüllung einer Mizwa willen tun oder um die Bräuche von Abtrünnigen nachzuahmen. Natürlich ist mir nicht entgangen, daß es unter den Frommen solche gibt, die [immer] verbieten und die auf Strenge bestehen, die bei religiösen Bräuchen weder logische Überlegungen noch halachische Erklärungen berücksichtigen; sie ziehen ihre Schlußfolgerungen lediglich auf Grund von Gefühlen, und dem jüdischen Herz, das an der Tradition von Eltern und Lehrern hängt, und die erschrocken vor jedem Wandel religiöser Praktiken zurückschrecken... Allerdings sollten sie nicht vergessen, daß jene, die für diese neue Praxis einer Bat-Mizwa-Feier eintreten, ebenfalls Herzen haben, die in Sorge um die Unterstützung der religiösen Erziehung für jüdische Mädchen schlagen. Ereignisse im zeitgenössischen Leben haben ein besonderes Bedürfnis für die geistige Stärkung und moralische Förderung von Mädchen geschaffen, wenn sie das Alter erreichen, in dem sie die Pflicht, die Gebote zu erfüllen, auf sich nehmen müssen...[34]

Als eigene Zeremonie für ein Mädchen allein, so wie die Bar-Mizwa-Zeremonie für den einzelnen Jungen stattfindet, fand die Bat Mizwa 1922 zum ersten Mal statt. Der Vater des Mädchens war Mordecai M. Kaplan, Begründer der rekonstruktionistischen Bewegung, der beschloß, für seine Tochter Judith solch eine Zeremonie einzuführen. Viele Jahre später hat sie einige Erinnerungen an diese Feier festgehalten:

Es war ein sonniger Tag Anfang Mai 1922. Meine beiden Großmütter, jede schaukelte leicht in dem Stuhl, den wir zu Hause speziell für sie gekauft hatten, unterhielten sich auf jiddisch. Ihre Unterhaltung war nicht für meine Ohren bestimmt, da Oma Rubin aber leicht schwerhörig war und weil beide stark gerührt waren, konnte ich mühelos ihrem Gespräch lauschen.

»Schwiegermutter«, sagte die Mutter meiner Mutter, »sprich mit deinem Sohn. Sag ihm, es nicht zu tun!« »*Mahateineste* [Schwiegermutter]«, sagte Oma Kaplan, »du weißt, daß ein Sohn nicht auf seine Mutter hört. Sprich du mit deiner Tochter. Sag ihr, ihm zu sagen, es nicht zu tun!«

Und was war das für eine schreckliche Tat, die mein Vater sich zu tun anschickte und die beide vergeblich zu verhindern suchten? Er beabsichtigte, mich in einer öffentlichen Zeremonie in der Synagoge als Bat Mizwa vorzustellen...

[Am folgenden Morgen] verlief der Gottesdienst wie üblich, bis zum *Schacharit* [Morgengebet] und zur Thora-Lesung. Vater erhielt die Ehre, für das *Maftir* [abschließender Teil] aufgerufen zu werden. Als er die *Haftara* [Vorlesen aus den Propheten] beendet hatte, gab er mir ein Zeichen, nach vorn an einen Platz unterhalb der *Bima* in einer sehr korrekten Entfernung von der Thora-Rolle zu treten, die bereits aufgerollt und in ihren Mantel gehüllt war. Ich sagte den ersten Segensspruch und las aus meinem eigenen *Humasch* [fünf Bücher Moses'] die Textstellen vor, die Vater für mich ausgewählt hatte, fuhr mit dem Vorlesen der englischen Übersetzung fort und endete mit der abschließenden *Bracha* [Segensspruch]. Das war alles. Die Rolle wurde mit Gesang in einer Prozession zum Thora-Schrank zurückgetragen, und der Gottesdienst ging weiter. Kein Donner rollte, kein Blitz schlug ein. Die Einführung der Bat Mizwa war ohne Zwischenfälle verlaufen, und der Rest des Tages war die reinste Freude. Erst viele Jahre später wurde einem Mädchen das Privileg – und als ein solches galt es damals selbst in einer Gesellschaft für fortschrittliches Judentum – zuteil, zur Thora aufgerufen zu werden. Aber als meine Töchter ins Bat Mizwa-Alter kamen, war das schon eine Selbstverständlichkeit. Sie lernten beide, Thora und Haftara im Singsang vorzutragen, und jede las am *Schabbat Kedoschim* nicht nur den hohen ethischen Verhaltenskodex aus der Thora vor, sondern auch die Dichterworte im letzten Kapitel im Buch Amos[35].

SECHSTES KAPITEL

Die Heirat

DIE FAMILIE BILDET die Grundzelle der Gesellschaft. Ihre Unversehrtheit und Reinheit sind als geheiligte Verpflichtung zu bewahren. Im Rahmen der Familie haben Männer und Frauen bestimmte, im einzelnen festgesetzte Verpflichtungen dem Ehepartner gegenüber.

Es ist nicht gut, daß der Mensch allein sei, ich will ihm eine Hilfe machen, ihm zur Seite[36].

Darum läßt der Mann Vater und Mutter und hangt seinem Weib an, daß sie zu einem Leib werden[37].

Wenn ein Mann ein neues Weib genommen hat, so soll er nicht mit dem Heer ausziehn, und es soll ihm keinerlei Ding obliegen; frei sein soll er für sein Haus ein Jahr lang, daß er sein Weib erfreue, das er genommen[38].

An einem wackern Weibe – wer findet es?
hat man weit höhern Wert als an Korallen.
Bei ihr steht vertrauend des Gatten Herz,
des Gewinnes ermangelt er nicht.
Denn sie erweist ihm Gutes und nichts Böses
die ganze Zeit ihres Lebens…
Sie öffnet den Mund zu verständiger Rede,
und freundliche Weisung ist auf ihrer Zunge.
Tun und Treiben im Haus überwacht sie;
Brot des Müßiggangs ißt sie nicht.
Und ihre Söhne treten auf und preisen sie glücklich;
ihr Gatte ist voll ihres Lobes:
»Viele Töchter halten sich wacker,
doch du übertriffst sie alle.«

Wandelbar ist die Anmut, ein flüchtiger Hauch die Schönheit;
aber ein gottesfürchtiges Weib ist des Ruhmes wert.
Zollt ihr, was sie verdient hat!
Ihre Werke verkünden ihr Lob in den Toren[39].

Eine Frau muß folgendes für ihren Mann tun: das Mehl mahlen, das
Brot backen, die Kleider waschen, das Essen kochen, ihr Kind säugen,
das Bett ihres Mannes machen und Wolle spinnen. Wenn sie ihm eine
Dienerin (aus ihres Vaters Haus) mitgebracht hat, braucht sie weder zu
mahlen, noch zu backen oder zu waschen. Wenn sie zwei Dienerinnen
mitgebracht hat, braucht sie weder zu kochen noch ihr Kind zu säugen.
Wenn sie drei Dienerinnen mitgebracht hat, braucht sie das Bett ihres
Mannes nicht zu machen und keine Wolle zu spinnen. Wenn es vier
sind, darf sie den ganzen Tag dasitzen, ohne etwas zu tun. Rabbi Elieser
sagt: Selbst wenn sie hundert Dienerinnen mitgebracht hat, sollte er sie
zwingen, Wolle zu spinnen, denn Müßiggang führt zu Unkeuschheit[40].

Wenn ein Mann gelobt hat, keinen Verkehr mit seiner Frau zu haben,
so sagt die Schule Schammai dazu, sie könne für zwei Wochen darin
einwilligen; die Schule Hillels sagt, für eine Woche. Schüler der Weisen
dürfen, um die Thora zu studieren, dreißig Tage von ihren Frauen ohne
deren Einwilligung fortbleiben. Arbeiter (deren Arbeit sie zwingt, in
eine andere Stadt zu gehen) dürfen ohne Einwilligung ihrer Frauen eine
Woche wegbleiben. Die eheliche Pflicht, die den Ehemännern von der
Thora auferlegt wird (...er darf ihre ehelichen Rechte nicht schmä-
lern... Exod. 21:10) ist folgende: Täglich für diejenigen, die keine
Arbeit haben; zweimal pro Woche für Arbeiter; einmal pro Woche für
Eseltreiber (die Karawanen auf kurzen Strecken anführen); einmal alle
dreißig Tage für Kameltreiber (die Karawanen auf längeren Strecken
anführen), und einmal alle sechs Monate für Seeleute. So sagt Rabbi
Elieser[41].

Kein Mann darf sich der Erfüllung des Gebotes »seid fruchtbar und
mehret euch« (Gen. 1:28) entziehen, es sei denn, er habe bereits Kinder.
Nach der Schule von Schammai bedeutet »Kinder« hierbei zwei Söhne,
während die Schule von Hillel behauptet, es bedeute einen Sohn und
eine Tochter, da geschrieben steht: »Männlich und weiblich schuf Er

sie« (Gen. 5:2). Wenn er eine Frau heiratete und zehn Jahre mit ihr zusammenlebte und sie kein Kind gebar, darf er sich der Erfüllung des Gebotes nicht entziehen. Wenn er sich von ihr scheiden läßt, darf sie einen anderen heiraten, und der zweite Ehemann darf zehn Jahre mit ihr zusammenleben. Wenn sie eine Fehlgeburt hat, wird die Zeitspanne von zehn Jahren von dieser Fehlgeburt an gerechnet. Die Pflicht, fruchtbar zu sein und sich zu vermehren, obliegt dem Mann, nicht aber der Frau. Rabbi Johanan ben Baroka sagt: Was die beiden betrifft, so steht geschrieben: »Und Gott segnete sie und sprach zu ihnen: Seid fruchtbar und mehret euch« (Gen. 1:28)[42].

Rabbi Elieser sagte: Wer der Zeugungspflicht nicht nachkommt, ist mit einem Mörder zu vergleichen, so wie gesagt wird: »Wer Blut des Menschen vergießt, durch Menschen sei das Blut vergossen« (Gen. 9:6), und gleich danach steht geschrieben: »Ihr aber seid fruchtbar und mehrt euch« (Gen. 9:7). Rabbi Akiva sagte: Ein solcher Mann ist mit einem zu vergleichen, der das göttliche Bild herabsetzt, so wie gesagt wird: »Denn im Bild Gottes hat er den Menschen gemacht« (Gen. 9:6), und gleich darauf steht geschrieben: »Seid fruchtbar und mehrt euch« (Gen. 9:7). Ben Asai sagte: Es ist, wie wenn er beides getan hätte[43].

»Ich errichte meinen Bund zwischen dir und mir und deinen Nachkommen nach dir... Gott zu sein dir und deinen Nachkommen nach dir« (Gen. 17:7). Wenn du aber keine Nachkommen hast, auf wem wird dann die *Schechina* ruhen? Auf Bäumen und Steinen?[44]

Rabbi Hanilai sagte: Ein Mann, der keine Frau hat, lebt ohne Freude, ohne Segen, ohne Gutes. Ohne Freude, da geschrieben steht: »Du sollst dich freuen, du und dein Haus« (Deut. 14:26). Ohne Segen, da geschrieben steht: »Daß ein Segen auf deinem Haus ruhe« (Ezechiel 40:30). Ohne Gutes, weil geschrieben steht: »Es ist nicht gut, daß der Mensch allein sei« (Gen. 2:18)... Rabbi bar Ulla sagte: Er lebt ohne Frieden... Rabbi Josua ben Levi sagte: Ein Mann, der weiß, daß seine Frau Gott fürchtet und nicht seine eheliche Pflicht des Beischlafs erfüllt, muß als Sünder angesehen werden... Rabbi Eleasar sagte: Ein Mann, der keine Frau hat, ist nicht einmal ein Mann, wie angeführt ist:

»Männlich und weiblich schuf er sie, und er nannte ihren Namen ›Mensch‹« (Gen. 5:2)... »Ich will ihm eine Hilfe machen, ihm zur Seite« (Gen. 2:18). Wenn er sie verdient, wird sie eine Hilfe sein, wenn nicht, wird sie sich gegen ihn erheben[45].

Wenn im Land Israel ein Mann heiratet, wird er gefragt: »Findet er oder hat er gefunden?« »Findet er«, da geschrieben steht: »Derjenige, der eine Frau findet, findet etwas Gutes« (Spr. 18:22). »Gefunden«, da geschrieben steht: »Da fand ich: Bittrer als der Tod ist das Weib; sie ist ein Fangnetz, ihr Herz ein Garn, und ihre Hände sind Fesseln« (Pred. 7:26)[46].

Wenn ein Mann und seine Frau es verdienen, weilt die *Schechina* bei ihnen; wenn nicht, wird sie ein Feuer verzehren[47].

Es gibt keinen schlimmeren Ehebruch als den, da eine Frau an einen anderen denkt, während sie mit ihrem Mann allein ist[48].

Aus dem Gesagten geht klar hervor, daß die sexuelle Vereinigung für das Judentum kein Zugeständnis an die Fleischeslust ist, vielmehr ein reiner und geheiligter Akt. Das Fleisch braucht kein Feind des geistigen Lebens zu sein; wahre Geistigkeit erhöht das Fleisch und macht auch es zum Diener Gottes. Rabbi Nahman von Braslav (Rußland, 1772–1811), der Urenkel des *Rabbi Israel ben Elieser* und selbst eine bedeutende Persönlichkeit der chassidischen Bewegung, ist der Verfasser des nun folgenden Abschnitts.

Die ganze Welt hängt von der Heiligkeit der Vereinigung von Mann und Frau ab, denn die Welt wurde um Gottes Ruhm willen geschaffen, und die wesentliche Offenbarung Seines Ruhmes zeigt sich in der Vermehrung der Menschheit. Daher muß sich der Mensch heiligen, um der Welt ein heiliges Volk entstehen zu lassen, durch das Gottes Ruhm noch größer wird...

In Wahrheit hängt alle Erfahrung der göttlichen Einheit und Heiligkeit von der Vereinigung von Mann und Frau ab, denn die letztliche Bedeutung dieses Aktes ist sehr erhaben. Leider neigen aber Dunkelheit und Lüge dazu, stärker zu werden und soviel Finsternis zu verbreiten, daß wir die Wahrheit gar nicht mehr zu erkennen vermögen. Die Vereinigung von Mann und Frau wird so sehr von Unvollkommenheit besudelt, daß man fast an die Lüge zu glauben geneigt ist, in diesem Akt sei keine wirkliche Heiligkeit.

Die Vereinigung verkörpert den Zustand, da der Atem aussetzt. Sie ist damit dem Zustand der Langlebigkeit entgegengesetzt, denn wie man wohl weiß, sterben viele an dieser Leidenschaft. Sie ist auch das Gegenteil der Weisheit, denn viele Leute werden durch sie verrückt. Durch den Akt der Vereinigung in Heiligkeit und Reinheit indessen steigert sich das Leben, und die Anzahl der Jahre nimmt zu. Durch ihn »erkennt der Mann das Leben mit seiner Frau« und erlangt Weisheit und Erhabenheit des Geistes[49].

Eine charakteristische Form rabbinischer Gesetzesschriften seit ihrem Beginn vor zweitausend Jahren ist das *Responsum*. Dabei handelt es sich um eine das jüdische Gesetz betreffende Frage, die einem Sachverständigen vorgelegt wird, die dieser schriftlich beantwortet, indem er die Gründe für seine Ansicht darlegt. Die beiden folgenden dramatischen Fragen wurden von einem jungen Rabbiner namens Ephraim Oshry während der Nazizeit in Kovno, Litauen, gestellt. Die Tatsache, daß sie gestellt wurden, beweist überzeugend die Hartnäckigkeit jüdischer Frömmigkeit selbst unter den bedrohlichsten Umständen; daß sie überhaupt gestellt werden mußten, schreit geradezu ohrenbetäubend die Unmenschlichkeit des Menschen und das Leiden der Judenheit in alle Welt hinaus.

Frage: Am zwanzigsten Tag des Ijjar 5712 (1942) veröffentlichten die Bösen (d. h. die Deutschen) einen Erlaß, demzufolge sie jede schwangere jüdische Frau, die sie entdecken sollten, töten würden. Man fragte mich, ob es jüdischen Frauen, die im Getto eingeschlossen waren, erlaubt sei, empfängnisverhütende Mittel zu benutzen, um eine

Schwangerschaft zu verhindern und damit eine Gefahr für ihr Leben zu vermeiden.

Antwort: In den *Yebanoth* 12b lesen wir, daß es drei Kategorien von Frauen gibt, die empfängnisverhütende Mittel benutzen dürfen: eine Minderjährige (die das zwölfte Lebensjahr noch nicht erreicht hat), eine schwangere Frau und eine säugende Mutter. Eine Minderjährige könnte, falls sie schwanger wird, daran sterben. Eine schwangere Frau, die erneut befruchtet wird, könnte eine Fehlgeburt haben. Und eine säugende Mutter könnte schwanger und ihr Kind dadurch zu früh entwöhnt werden und sterben... In den *Tosafot* steht geschrieben, daß es Frauen, die zu keiner dieser Kategorien gehören, verboten ist, empfängnisverhütende Mittel zu benutzen und vorsätzlich Samen zu zerstören, auch wenn die Verpflichtung »seid fruchtbar und mehrt euch« den Männern obliegt und nicht den Frauen...

In dem uns vorliegenden Falle würde gewiß Lebensgefahr bestehen, denn wenn die unreinen Mörder, verflucht seien sie, herausbekommen würden, daß eine Frau schwanger ist, so würden sie sie töten. (Wie bereits früher Gewährsmänner es festgestellt haben.) Warum sollten wir ihnen die Benutzung von empfängnisverhütenden Mitteln verbieten, da doch in diesem Fall nicht das geschieht, was man vorsätzliche Zerstörung des Samens nennen könnte? Letztere Bezeichnung gilt nur dann, wenn es angebracht ist, diesen Samen zu säen. Da dies nicht der Platz ist, an dem es angebracht wäre, es zu tun, kann die Bezeichnung »Zerstörung des Samens« nicht angewandt werden. Unter diesen Umständen ist eine Frau verpflichtet, empfängnisverhütende Mittel zu benutzen, da eine Schwangerschaft das Leben gefährden würde. Es ist somit in diesem Falle nicht verboten, den Samen zu zerstören... Außerdem kann (die Entdeckung schwangerer jüdischer Frauen durch die Deutschen, welche darin eine Mißachtung ihres Erlasses sehen) böse Folgen für die ganze Gemeinde haben. Es muß daher jedermann zugeben, daß es in diesem Fall zulässig ist, während des Verkehrs empfängnisverhütende Mittel zu benutzen[50].

Frage: Kaum waren wir aus dem Getto befreit, legte man mir eine wichtige und schreckliche Frage vor, die sich nicht allein auf die Person bezog, die zu mir kam, sondern zugleich auf viele andere jüdische Frauen, die die ihnen widerfahrenen Greueltaten überlebten, nachdem sich die Unterdrücker ihrer bemächtigt und deutsche Offiziere, verflucht sei ihr Name, ihre Körper mißbraucht hatten.

Dies ist die Frage: Eine junge Frau aus guter Familie, einer der angesehensten Familien Kovnos, kam weinend zu mir. Sie war sehr unglücklich und untröstlich, denn sie, wie viele unserer armen Schwestern, war von den verfluchten Deutschen ergriffen und gedemütigt worden. Nicht nur hatten sie ihren Körper mißbraucht, sie hatten überdies auf ihren Arm die Worte »Hure für Hitlers Truppen« tätowiert.

Nach der Beifreiung war es ihr geglückt, ihren Mann wiederzufinden, und die beiden beschlossen, ihre Ehe zu erneuern und auf den Säulen der Reinheit und Heiligkeit einen anständigen jüdischen Hausstand aufzubauen. Sie wollten wieder eine Familie gründen, denn ihre Kinder waren ihnen von den Deutschen genommen worden. Als aber ihr Mann die schrecklichen Worte sah, die auf ihren Arm tätowiert worden waren, schreckte er zurück und meinte, sie müßten zunächst einmal klären, ob er sie noch zur Frau nehmen dürfe; denn als der Feind sie mißbraucht und mit ihr getan hatte, was ihm beliebte, war sie womöglich mehr oder weniger einverstanden damit gewesen. Daraufhin also kam sie zu mir, um meinen Rat einzuholen. Ihre Augen baten um Gnade.

Antwort: In den *Hilchot Na'ara betulla, Halacha 2*, unterscheidet Maimonides zwischen demjenigen, der verführt und jenem, der vergewaltigt. Er erklärt, daß ersterer mit Einwilligung der Frau handelt, während der letztere es gegen ihren Willen tut. Wenn es auf dem Feld geschieht, nehmen wir an, daß sie gezwungen wurde, wenn nicht Zeugen bestätigen, daß sie darin einwilligte. Wenn es in der Stadt geschah, nehmen wir an, daß sie verführt wurde, da sie nicht um Hilfe rief, wenn nicht Zeugen bestätigen, daß sie gezwungen wurde (d. h. daß er sie mit einem Schwert bedrohte und sagte, er würde sie töten, wenn sie schreie)…

Der uns vorliegende Fall geschah in der Stadt, und da sie nicht um Hilfe rief, könnte man annehmen, daß es mit ihrer Einwilligung geschah. Nun weiß aber jedermann, daß das Schwert der Unterdrücker immerzu jede einzelne dieser Frauen bedrohte. Es hätte keinen Sinn gehabt, um Hilfe zu rufen, denn wer hätte gewagt, sie an ihrem Tun zu hindern? Da es für diese unglücklichen Frauen kein Entkommen gab, ist dieser Fall gewiß komplizierter als jener, den Maimonides erwähnt (wenn er sagt, daß das Mädchen selbst in der Stadt als vergewaltigt anzusehen ist, wenn Zeugen erklären, daß es mit dem Schwert bedroht wurde), denn in dem uns vorliegenden Fall sind wir alle Zeugen, daß das Schwert beständig drohend über ihren Köpfen hing, und daß jede, die sich weigerte, getötet wurde. So ist denn diese arme Frau gewiß für ihren Mann erlaubt, und es besteht nicht der geringste Verdacht, daß sie in irgendeiner Weise eingewilligt haben könnte; sie sah sehr wohl, was jüdischen Männern, Frauen und Kindern angetan wurde, wie sie erbarmungslos abgeschlachtet wurden. Ganz gewiß waren diese Unterdrücker in ihren Augen abscheulich, und sie konnte keinesfalls in irgendeiner Weise eingewilligt haben, mit ihnen zu schlafen…

Dies aber führt zu der Schlußfolgerung, daß man ihr in unserem Falle uneingeschränkt glauben darf, wenn sie sagt, sie sei gezwungen worden. Darüber hinaus (zu dem oben Zitierten) sind viele Sachverständige der Ansicht, daß auch in der Stadt und in Abwesenheit von Zeugen einem Mädchen zu glauben ist, wenn es sagt, es sei vergewaltigt worden.

Niemand wage es, diese ehrenhaften jüdischen Frauen in irgendeiner Form zu verleumden. Es ist im Gegenteil unsere Pflicht, in aller Öffentlichkeit die Belohnung zu verkünden, die ihnen durch »den Einzigen, der die Bitten der Armen anhört« gewährt wird… Er wird ihren Schmerz heilen und ihnen die Segnungen zuteil werden lassen, die der Frau versprochen worden sind… Wir müssen ihnen Schmerz und Angst ersparen. Es gibt Beispiele, da sich Männer unter ähnlichen Umständen von ihren Frauen scheiden ließen. Weh uns, daß solches in unserer Zeit geschehen kann!

Nach meiner Meinung ist es nicht notwendig, die verächtlichen Worte von den Körpern der Frauen zu entfernen. Im Gegenteil, sie sollten erhalten bleiben. Sie sollten nicht als Zeichen der Schmach und Schande, wohl aber als ein Symbol der Ehre und des Mutes angesehen werden…und als eine bleibende Erinnerung an die Vernichtung der Unterdrücker, von deren Gesichtern jegliche Ähnlichkeit mit Menschlichem gewichen ist. Sie sind gleich wilden Tieren des Waldes und gefräßige Wölfe, die nach nichts anderem trachten, als das Blut Unschuldiger zu vergießen und die Frommen und Gerechten zu töten.

Diese Worte auf den Armen unschuldiger und reiner Seelen werden uns stets daran erinnern, was in der Thora des Moses, des Gottesmannes, geschrieben steht: »Drum jubelt, Nationen, seinem Volk! Denn seiner Diener Blut, er rächt es, und Rache zahlt er seinen Feinden« (Deut. 32:43)[51].

Es folgt der Text der Hochzeitszeremonie. Nach jüdischem Gesetz kann jeder eine Hochzeit vollziehen, denn das Wesentliche ist, daß die Juden mit ihrer Einwilligung verheiratet werden. Des Bräutigams Übergabe des Ringes oder irgendeines anderen Wertgegenstandes an die Braut stellt einen gültigen Vertrag dar, wenn zwei weitere erwachsene Juden männlichen Geschlechts als Zeugen zugegen sind. Die diesem Akt vorangehenden Gebete stellen die alten rituellen Verpflichtungen dar, und sieben Segenssprüche werden nachher namens der Gemeinde gesprochen, wenn ein *Minjan* (Quorum von zehn religionsmündigen Männern) zugegen ist. Es sei noch hinzugefügt, daß das Hochzeitsritual heutzutage üblicherweise von einem Rabbiner gelesen wird.

Gesegnet seid ihr, die ihr im Namen des Ewigen kommt. Möge er in seiner erhabenen Macht und in seinem Ruhme diesen Bräutigam und diese Braut segnen.

Der Vorbeter füllt ein Glas mit Wein, erhebt es und fährt fort:

Gelobt seiest du, Ewiger, unser Gott, König der Welt, der die Frucht des Weinstocks erschaffen hat.

Gelobt seiest du, Ewiger, unser Gott, König der Welt, der uns mit seinen Geboten geheiligt hat und uns über verbotene Heiraten Weisung gegeben hat, der uns jene verboten hat, mit denen wir nicht verheiratet sind und uns diejenigen erlaubt hat, die durch die Hochzeitszeremonie und den Hochzeitsbaldachin mit uns verheiratet sind. Gelobt seiest du, Ewiger, der sein Volk Israel durch die Hochzeitszeremonie unter dem Hochzeitsbaldachin geheiligt hat.

Das Weinglas wird erst dem Bräutigam, dann der Braut dargeboten.
Der Bräutigam steckt den Ring an den Finger seiner Braut und sagt:

Durch diesen Ring bist du mir geheiligt als meine Frau nach dem Gesetz von Moses und Israel.

Das Weinglas wird erneut gefüllt. Der Vorbeter hält es und spricht:

Gelobt seiest du, Ewiger, unser Gott, König der Welt, der die Frucht des Weinstocks erschaffen hat.

Gelobt seiest du, Ewiger, unser Gott, König der Welt, der alles zu seinem Ruhme erschaffen hat.

Gelobt seiest du, Ewiger, unser Gott, König der Welt, der den Menschen erschaffen hat.

Gelobt seiest du, Ewiger, unser Gott, König der Welt, der Mann und Frau in seinem Bild geschaffen hat, der die Frau ähnlich dem Manne erschaffen und dem Mann eine Gefährtin gegeben hat, auf daß sie gemeinsam das Leben verewigen mögen. Gelobt seiest du, o Ewiger, Erschaffer des Menschen.

Möge Zion frohlocken, da ihm seine Kinder in Freude wiedergegeben sind. Gelobt seiest du, Ewiger, der Zion mit der Rückkehr seiner Kinder Freude bereitet.

Gewähre diesen geliebten Gefährten große Freude, wie du sie dem ersten Mann und der ersten Frau im Garten Eden gewährt hast. Gelobt seiest du, Ewiger, der Bräutigam und Braut Freude gewährt.

Gelobt seiest du, o Ewiger, unser Gott, König der Welt, der Freude und Fröhlichkeit, Braut und Bräutigam, Heiterkeit, Gesang, Entzükken und Frohlocken, Liebe und Harmonie, Friede und Kameradschaft geschaffen hat. O Ewiger, unser Gott, mögen in den Städten Judas und in den Straßen Jerusalems Stimmen der Freude und Fröhlichkeit zu hören sein, die Stimmen der Braut und des Bräutigams, die jubelnden Stimmen jener, die unter dem Hochzeitsbaldachin durch die Hochzeit miteinander vereint worden sind, die Stimmen junger Leute, welche das Fest feiern und singen. Gelobt seiest du, o Ewiger, der es dem Bräutigam erlaubt, sich seiner Braut zu erfreuen[52].

SIEBTES KAPITEL

Geschlecht

IM RABBINISCHEN JUDENTUM unterscheidet das Gesetz (Halacha) grundsätzlich zwischen Mann und Frau. Der Mann hat die Pflicht, alle Gebote, die negativen wie die positiven, einzuhalten; die Frau muß die negativen Gebote befolgen, aber sie ist von allen positiven Geboten befreit, die zu einer festen Zeit auszuführen sind. So muß der Mann täglich morgens, nachmittags und abends Gebete sagen; die Frau kann sie sagen, wenn sie möchte, aber die geschäftige Gattin und Mutter muß es nicht, denn sie kann zu genau dem Zeitpunkt, zu dem das Gebet gesagt werden muß, nicht einfach mit ihrer Arbeit aufhören. Im Laufe der Jahrhunderte wirkte sich diese Unterscheidung so aus, daß auf die religiöse Erziehung von Jungen sehr viel Nachdruck gelegt wurde, auf die von Mädchen weitaus weniger. In jedem Jahrhundert hat es Frauen gegeben, die das Gesetz studiert haben, aber sie waren stets eine Ausnahme.

Ein zweites Element in der Definition des Status der Frau im Talmud und im Mittelalter war die Befürchtung, daß freier Umgang mit Männern zu sexuellen Ausschreitungen führen würde. Die Männer sollten ihr Denken auf das Thora-Studium richten; wäre der Umgang mit Frauen leicht, würden sie abgelenkt. Die Trennung der Geschlechter beim Gebet ist eine alte Einschränkung, selbst wenn es Beweise gibt, daß es im Tempel in Jerusalem im Hof der Israeliten nicht immer eine vollständige Abtrennung gegeben hat. Jeder in Europa erhaltene Synagogenbau, einschließlich im mittelalterlichen Spanien vor der Ausweisung, besaß eine eigene Frauenempore oder -abteilung.

Die vielleicht wichtigste Unterscheidung zwischen Mann und Frau betrifft ihre Stellung vor dem Gesetz. Mit ganz wenigen Ausnahmen kann eine Frau nicht als Zeugin aussagen. In der ehelichen Beziehung wurde dem Gatten zwar befohlen, seine Frau mehr als sich selbst zu lieben und zu ehren und sie zuvorkommend zu behandeln, aber im Grunde genommen waren seine Wünsche ausschlaggebend. Gemäß dem Talmud-Gesetz gehört das Einkommen aus der Arbeit der Frau und sogar aus ihrer Mitgift dem Ehemann. Das Scheidungsgesetz enthält die schmerzlichsten Einschränkungen für die Frau. Das *Get*, Scheidungsurkunde oder Scheidungsbrief, wird der Frau vom Ehemann überreicht und nicht umgekehrt. Selbst wenn eine Ehe zivilrechtlich geschieden wurde, kann die Ehefrau das *Get* nicht als ihr zustehend beanspruchen. Der Ehemann muß zustimmen, und lehnt er es ab, wird sie gemäß orthodoxer Halacha dauerhaft an einer Wiederheirat gehindert. In talmudischer Zeit und im Mittelalter, als die Rabbinergerichte bestimmte Vollmachten besaßen, etwas mit Gewalt durchzusetzen, konnten sie den Ehemann unter Umständen ins Gefängnis werfen, um ihn zu zwingen, ein *Get* zu geben. Heute greifen die Rabbinergerichte in Israel, die das letzte Wort über den Familienstand haben, manchmal zu derartigen Schritten. Aber in der Diaspora, in der Rabbinergerichte keinerlei Vollmacht haben, etwas durchzusetzen, bleibt die ungleiche Stellung der Frau bei einer Scheidung für alle, die die Halacha befolgen, ein akutes Problem.

In der modernen Zeit änderte sich die Rolle der Frau in der Gesellschaft allmählich, sogar bei den Orthodoxen. Die Mädchen besuchten eine öffentliche Schule, und die Frauen arbeiteten außerhalb des Hauses. Das fehlende Gleichgewicht zwischen zunehmender weltlicher Bildung und dem wenigen, das ein Mädchen über die jüdische Religion erfuhr, wurde problematisch, selbst für die orthodoxesten Gläubigen. Rabbi Yehiel Weinberg war, als er die Bat-Mizwa-Feier erlaubte (siehe oben im Abschnitt über Bar Mizwa, Konfirmation und Bat Mizwa), nicht die erste orthodoxe Autorität, die neues Handeln in einer

sich verändernden Welt rechtfertigte. Rabbi Issacher Dov Ro-
keah, Belzer Rebbe zu Begin dieses Jahrhunderts, hob sich sogar
von führenden religiösen Kreisen der polnischen Juden mit
seinem kompromißlosen Widerstand gegen jeden Wandel ab.
Trotzdem stimmte er der Initiative von Sarah Schenirer zu, die
Schulen gründen wollte, um Mädchen eine handfeste Bildung
zu vermitteln. Sie fing mit einer Schule in Krakau an, und daraus
entwickelte sich später das Netz der Beth-Jacob-Schulen:

1917 ging ich nach Krakau zurück und legte einer kleinen Gruppe
religiöser Frauen meinen Plan dar. Sie befürworteten ihn. Ich befürch-
tete, daß selbst wenn ich Erwachsene für meine Idee begeistern konnte,
die jüngere Generation darüber lachen würde. Aber ich blieb hartnäckig. An einem Samstagnachmittag hielt ich vor rund vierzig jungen
Mädchen einen Vortrag über *Pirke Awot* [»Sprüche der Väter«]. Dabei
konzentrierte ich mich auf die Textstelle »und mach eine Hecke um die
Thora«, um über die Hecken und Zäune zu sprechen, mit denen unsere
Weisen die Gebote umgeben hatten. Ich konnte sehen, daß die Mädchen belustigt waren. Ihr ironisches Lächeln entging mir nicht. Mein
Vortrag wurde kalt und spöttisch aufgenommen. Ich wußte, daß der
Weg, den ich mir vorgenommen hatte, mühsam sein würde, aber ich
gab nicht auf...

Aus Tagen wurden Wochen; mein Plan nahm Gestalt an. Der von
mir gegründete Mädchenverband fing an zu wachsen; trotzdem fürchtete ich, er werde nicht die erhofften Resultate bringen. War es möglich,
erwachsene Mädchen, die ihre eigenen Vorstellungen hatten, zu beeinflussen? Ich beschloß, in eine andere Richtung zu blicken. Man muß
mit kleinen Kindern anfangen. Ein junger Sproß beugt sich leichter.
Orthodoxe Schulen müßten gegründet werden, in denen Mädchen im
Geist des alten jüdischen Volkes erzogen werden konnten. Die Idee
beschäftigte mich. Ich schrieb meinem Bruder, um ihn um Rat zu
bitten. Anfangs warnte er mich, ich würde mich in Streits mit jüdischen
Parteien verwickeln, die schon ein eigenes Schulnetz unterhielten.
Aber er schlug vor, zu ihm nach Marienbad zu kommen, wo ich den
Belzer Rebbe aufsuchen und ihn um Rat fragen könne. Obwohl ich
mir die Reise kaum leisten konnte, war meine Freude so groß, daß ich

fuhr. Mein Bruder brachte mich zum Rebbe, dem er eine Mitteilung vorlegte, in der er erklärte: »Meine Schwester möchte jüdische Mädchen in die Bräuche des Judentums und der Thora einführen und unterrichten.« Daraufhin gab mir der Rebbe seinen Segen und wünschte mir Erfolg. Es war, als durchströmte mich neue Energie.

1917 hatte ich endlich meine eigene Schule. Wer kann nachempfinden, wie ich mich fühlte, als ich fünfundzwanzig strahlende kleine Gesichter vor mir sah? Einst hatte ich für viele von ihnen Kleider genäht. Jetzt gab ich ihnen geistige Gewänder. Die Schule wurde tagtäglich erweitert. Bald hatte ich vierzig Schülerinnen. Die Kinder waren erstklassig; sie hatten noch nicht von der Sünde gekostet. Sie lernten, daß der Mensch nicht von Brot allein lebt und daß alles von Gottes Mund kommt. Sie kamen, um zu erfahren, daß sie nur dann ein wirklich glückliches Leben führen konnten, wenn sie Gott aufrichtig dienten.

Was mich betrifft, so gehe ich dermaßen in meiner Arbeit auf, daß sonst nichts existiert. Ich bemerke nicht, wie die Stunden, die Tage, die Wochen vergehen. Aber das ist nur der Anfang[53].

Die Meinung des Belzer Rebbe wurde von den meisten führenden orthodoxen Juden übernommen. In Litauen hielt Rabbi Israel Meir Kagan, besser bekannt als der Hafez Hajjim, seine Stellungnahme zu der Frage, Frauen in jüdische Texte einzuführen, in einem 1933 (seinem letzten Lebensjahr) geschriebenen Brief fest:

Als ich hörte, daß sich fromme und gottesfürchtige Menschen zusammengeschlossen haben, um Beth-Jakob-Schulen zu gründen, in denen jüdischen Mädchen Thora, Gottesfurcht und gutes Verhalten nahegebracht werden sollen, sah ich mich veranlaßt, auf dieses gute Werk mit herzlichsten Glückwünschen und Gebeten, die Aufgabe möge erfolgreich sein, zu reagieren. Diese Mühe ist heutzutage ganz besonders wichtig, da überall Abtrünnigkeit, Gott bewahre uns, herrscht und alle Arten von weltlichen Ideologien die jüdische Seele einfangen. Jedem, der in seinem Herzen gottesfürchtig ist, wird empfohlen, seine Tochter auf diese neuen Schulen zu schicken. Alle Sorgen und angeblichen

Auswirkungen, die für ein Verbot, eine Tochter in die Thora einzuführen, ins Feld geführt werden, gelten in unserer Zeit nicht mehr... Aber das ist nicht der Ort, mehr darüber zu sagen. Unsere heutige Generation gleicht nicht vorhergehenden Generationen. In früheren Zeiten war jedes jüdische Heim von Tradition durchdrungen; Vater und Mutter wandelten auf dem Pfad der Thora und des Glaubens, und [die Frauen] lasen den *Z'enach u-R'nach* [die jiddische Übersetzung der Fünf Bücher Moses' mit frommen Zusätzen]. In dieser sündigen Zeit ist das leider nicht mehr so. Deshalb müssen wir alle unsere geistige Energie und Entschlossenheit für den Ausbau solcher Schulen einsetzen, um so viele wie möglich anzuziehen, damit sie gerettet werden[54].

In den fünfzig Jahren danach wurde in allen orthodoxen Kreisen eine intensive religiöse Erziehung der Mädchen die Norm. Einige lehnten es noch weiterhin ab, Mädchen das Talmud-Studium zu gestatten, denn sie waren nicht durch seine Gesetze gebunden, aber sogar diese Schranke wurde allmählich abgebaut. Rabbi Menahem Mendel Schneerson, der Lubawitscher Rebbe, vertritt die Ansicht, eine Frau müsse die klassischen Texte kennen, weil sich ihre Verpflichtungen nicht nur auf die Gebote erstrecken, die sie befolgen muß, sondern auch, und das ist das Grundsätzliche, auf das innere geistige Wesen der göttlichen Lehre.

Als G-tt Moses sagte, die Juden auf die Thora vorzubereiten, befahl er ihm: »Also sprich zum Hause Jaakob und verkünde den Kindern Israel« [Exodus 19:3]. Unsere Weisen erklären, daß sich das »Haus Jaakob« auf jüdische Frauen und »die Kinder Israel« auf Männer beziehe [*Mechilta*, von Raschi in seinem Kommentar zu dem o. a. Vers zitiert]; d. h., G-tt sagte Moses, als erstes zu den Frauen zu gehen.

Dieser Befehl beinhaltet ein gewisses Gefühl von Vorrang. Damit die Thora unter dem jüdischen Volk bewahrt bleibt, ist jüdischen Frauen der Vorrang zu geben. Frauen so in den Vordergrund zu stellen, mag angesichts einer Reihe traditioneller Einstellungen fragwürdig wirken. Denn diese Einstellungen sind eng und einschränkend, beurteilt man sie anhand der objektiven Norm des Thora-Gesetzes, und das sind sie sicher auch, wenn diese Normen im Hinblick auf ihre Anwendung in der zeitgenössischen Gesellschaft betrachtet werden.

Das Thora-Gesetz verlangt von einer Frau, alle Gesetze und Konzepte zu studieren, die sie braucht, damit sie die Mizwot [Pl. von Mizwa] befolgen kann, die ihr auferlegt sind [*Schulhan Aruch ha-Raw, Hilchot Talmud Thora* 1:14]. Das ist ein breites Wissensgebiet, zu dem die Gesetze über Sabbat, Kaschrut, *Taharat ha-Mischpacha* [rituelle Reinheitsgesetze für den Geschlechtsverkehr] und viele andere Bereiche des jüdischen Gesetzes gehören. Viele Männer wären in der Tat glücklich, wenn sie ein ebenso breites Thora-Wissen besäßen.

Außerdem gehört die *Penimijut ha-Thora*, die mystische Dimension der Thora, zu den Themen, die eine Frau kennen muß. Eine Frau muß die Mizwot, G-tt zu kennen, ihn zu lieben, ihn zu fürchten und ähnliches, einhalten. Die Verpflichtung, diese Mizwot zu befolgen, obliegt uns ständig, jeden Augenblick des Tags. [Siehe den Brief zu Beginn des *Sefer ha-Hinuch*]. Für die Befolgung dieser Mizwot wird die Kenntnis geistiger Konzepte vorausgesetzt, wie sie der Vers: »Erkenne den G-tt deines Vaters und diene ihm mit ganzem Herzen« [1. Chronik 28:9] beinhaltet. Um dieses Wissen zu erlangen, muß man die *Penimijut ha-Thora* studieren.

In jeder Generation hat es Frauen gegeben, die ein ungeheures Thora-Wissen besaßen. Der Talmud erwähnt Bruria, die Tochter von Rabbi Hanina ben Tradjon und Gemahlin von Rabbi Meir [*Pesachim* 62b]. Aus dem ganzen Mittelalter findet man immer wieder Berichte, wie viele Frauen die Thora-Texte ihres Ehemanns korrigierten [Briefe vom Rebbe Previous, Bd. 5, S. 336]. In seinen Erinnerungen beschreibt Rebbe Previous, wie die Familie von Rebbe Alter besonderen Nachdruck auf das Thora-Wissen bei der Frau legte und wie Rebbe Previous seine eigenen Töchter in diesem Sinn erzogen habe[55].

Die neue Haltung unter den Orthodoxen zur Bildung der Mädchen stellte einen Bruch mit den Sitten verangegangener Jahrhunderte dar. Aber damit wurden keine Anordnungen der Halacha aufgehoben. Die Situation nach dem jüdischen Gesetz blieb unverändert, auch für Frauen, von denen selbst die frommen ein sehr modernes Leben führten. Die Ungleichheit bei einer Scheidung wirkte besonders störend. Als erstes befaßten sich gemäßigte, traditionell eingestellte Kreise der konservativen Bewegung damit. Einer der gelehrtesten konservativen Rabbiner, Louis M. Epstein (1887–1949), ein hervorragender Talmudgelehrter, der seine Ordination als orthodoxer Rabbiner erhalten hatte, schlug ein Abkommen vor der Eheschließung vor, das die *Aguna*, die jüdische Frau, der ein *Get* vorenthalten wurde, schützen würde.

… Es ist nicht undenkbar, daß ein kühnes, fortschrittliches Rabbinat, das, auf Präzedenzfälle im Talmud gestützt, eines Tages erklärt, die Zeit der biblischen Eheschließung sei ein für alle Male vorbei, und es werde eine gut geregelte Eheschließung eingeführt, die frei von den Belastungen der gegenwärtigen jüdischen Eheschließung ist.

Aber wer kann auf diesen Tag warten? Die *Agunot* können es sich nicht leisten zu warten. Und sie warten ganz offensichtlich auch nicht. Sie trotzen dem jüdischen Gesetz, und es gibt Verstöße gegen die Reinheit der jüdischen Familie. Es erübrigt sich fast zu sagen, daß sofort etwas geschehen muß, damit wir nicht den letzten Rest von Achtung für das jüdische Gesetz verlieren.

Wir haben uns selbst mit diesem Problem befaßt, dabei haben wir uns ein Ziel vor Augen gehalten, nämlich einem Gericht die Macht zu geben, für eine Frau ohne die Zustimmung des Ehemanns und in seiner Abwesenheit die Scheidung auszusprechen. Wir finden, daß das auf der Grundlage der Halacha, wie sie existiert, möglich ist. Es ist möglich, wenn der Ehemann zum Zeitpunkt der Eheschließung ein Mittel schafft, das es dem Gericht erlaubt, für seine Frau in seiner Abwesenheit die Scheidung auszusprechen, und zu diesem Zweck die notwendigen Zeugen und Mittler einzusetzen.

Dazu ist eine kurze, einfache Zeremonie notwendig, die vor der Eheschließung stattfinden muß… Wenn die Frau zu irgendeinem späteren Zeitpunkt verlassen wird, wendet sie sich an das im Dokument genannte *Beth Din* (rabbinisches Gericht) und legt es vor, und das *Beth*

Din veranlaßt, daß sie die Scheidung erhält, ohne den Ehemann zu fragen, wenn der Fall solch eine Handlung verdient[56].

Epsteins Vorschlag wurde von praktisch allen orthodoxen Autoritäten abgelehnt, nicht, weil er in bezug auf das Talmud-Gesetz auf unsicheren Füßen stand, sondern weil ein Rabbinergericht von konservativen Rabbinern nach Ansicht der Orthodoxen keinen Stellenwert besitzt. Die konservativen Rabbiner befaßten sich auf einem Kongreß 1951, d. h., eine Generation später, erneut mit der Frage der *Aguna*. Rabbi David Aronson (1894–1988) trug einen radikaleren Vorschlag vor: Die Rabbinergerichte sollten die Macht nutzen, die der Talmud ihnen einst gegeben hatte, nämlich das Recht, eine Ehe aufzulösen. Er zitierte sogar einen Präzedenzfall aus dem Mittelalter, in einer Stellungnahme von Rabbi Isaak ben Schescht, die die Auflösung einer Eheschließung durch die Gemeindeältesten gestattete, wenn ein Paar ohne seine Zustimmung und gegen seinen Willen verheiratet worden war.

Es gibt ein rabbinisches Konzept, dem in bezug auf unser Problem höchste Bedeutung zukommt. Der Grundsatz, »wann immer jemand sich mit einer Frau verlobt, es in dem ausdrücklichen Verständnis geschieht, daß seine Handlung in Übereinstimmung mit rabbinischen Verfügungen erfolgt und von den Rabbinern akzeptiert werden kann«, wird angewandt, nicht um eine Ehe aufzuheben, indem ein Scheidungsbrief gültig gemacht wird. Er beinhaltet vielmehr, daß die rabbinische Autorität, die die Bedingungen für die Kidduschin, die Eheschließung regelt, auf Grund dieser Tatsache nachdrücklich die Autorität erhält, die Formen und Bedingungen für ein *Get* festzulegen...
   Wir müssen [dieses Prinzip] so interpretieren, daß es der akzeptierte Grundsatz der Rabbiner heutzutage ist, daß ein Mann, wenn er heiratet, der Frau gegenüber fair sein sollte und möchte, und daß er sich deshalb bereit erklärt, ihr die gleichen Rechte, Freiheit und Schutz einzuräumen, die er für sich selbst beansprucht. Mit anderen Worten,

wenn die Ehe nicht gut ist, unterwirft er sich der gleichen bindenden und losbindenden rabbinischen Autorität, und das *Beth Din* setzt die Frau unter den gleichen Bedingungen frei wie ihn. Dieser Punkt ist für Mann und Frau, die nach dem Gesetz Moses' und des Volkes Israel eine Ehe schließen, gleich auf zweierlei Arten bindend:

a) Er gilt als eine der Voraussetzungen für die Eheschließung, die dem *Beth Din* die Autorität gibt, die Ehe aufzulösen, wenn das seiner Ansicht nach unter den gegebenen Umständen das beste ist. (Weder dazu noch zu den Kindern wird hier Stellung bezogen.)

b) Gleichzeitig beinhaltet es, daß ein *Beth Din* die Vollmacht hat, das *Get* auszustellen, wenn dieses Verfahren das geeigneteste zu sein scheint[57].

Das erneute Interesse in der konservativen Bewegung an der *Aguna*-Frage veranlaßte Professor Saul Lieberman (1898 bis 1983), die leitende Talmud-Autorität an der Fakultät des Jewish Theological Seminary, seinerseits einen Vorschlag zu unterbreiten. Er schlug ein voreheliches Abkommen vor, in dem Braut und Bräutigam beschließen, sich den Beschlüssen eines Rabbinergerichts zu fügen. Dieses voreheliche Abkommen sollte dann im bürgerlichen Recht als ein Vertrag zwischen den Parteien durchzusetzen sein, wobei Zivilrichter die Einhaltung seiner Bedingungen anordnen könnten. Solch ein Zusatz zur alten *Ketuba*, dem vorehelichen Abkommen zwischen Braut und Bräutigam, das es schon seit talmudischer Zeit gibt (in dem der Bräutigam im wesentlichen verspricht, für den Lebensunterhalt der Braut aufzukommen und sich von ihr nicht ohne eine finanzielle Entschädigung zu trennen), wurde 1954 von der konservativen Bewegung übernommen:

Und in feierlicher Zustimmung zu ihren gegenseitigen Pflichten und gegenseitiger Liebe erklären Bräutigam und Braut: Als Beweis für unseren Wunsch, den anderen gemäß der jüdischen Ehegesetze leben zu lassen, solange wir leben, setzen wir, Braut und Bräutigam, unsere Unterschrift unter diese Ketuba und beschließen hiermit, das *Beth Din* der Rabbinical Assembly und des Jewish Theological Seminary of America oder seine rechtmäßig ernannten Vertreter als diejenigen anzuerkennen, die die Vollmacht besitzen, uns im Licht jüdischer Tradition zu beraten, die von Ehemann und Ehefrau fordert, sich gegenseitig vollkommene Liebe und Zuneigung zuteil werden zu lassen, und jede Partei auf Ersuchen der anderen vorzuladen, damit die beantragende Partei, die gemäß den Normen des jüdischen Ehegesetzes leben möchte, auch in seinem oder ihrem gesamten Leben so leben kann[58].

Innerhalb der orthodoxen Gemeinde hat es einige Bemühungen in Richtung auf eine vergleichbare Lösung für die Probleme gegeben, die wegen der Halacha bei einer Scheidung auftreten. Rabbi Eliezer Berkovits, aus Chicago und Jerusalem, übernahm dabei die Führung, indem er ein voreheliches Abkommen vorschlug, das sich nicht wesentlich von Liebermans Vorschlag unterscheidet, für dessen Einhaltung die orthodoxen rabbinischen Gerichte Sorge tragen würden, aber dieser Vorschlag wurde nicht angenommen. Das Unbehagen über die Stellung der Frau im jüdischen Gesetz ist jedoch auch in orthodoxen Kreisen zunehmend gewachsen, insbesondere dort, wo Frauen in allen Lebensbereichen einschließlich Politik und sogar religiösem Denken eine gleichberechtigte Rolle spielen. Berkovits trat auf einer Konferenz des fortschrittlichen Flügels der religiösen Zionisten in Israel 1983 neben anderen für diese Haltung ein:

Mir scheint, daß insbesondere zwei der Entscheidungen Maimonides' die Stellung der Frau in der Gesellschaft zur Zeit des Talmuds und danach im Mittelalter mehr oder weniger vollständig zusammenfassen. Im Teil über die Beziehungen zwischen den Geschlechtern schreibt er in seinem Rechtskodex: »Es ist unehrenhaft für eine Frau, sich immer wieder in der Öffentlichkeit zu zeigen, manchmal vor ihrer Tür und manchmal, indem sie auf der Straße geht. Ihr Mann muß ihr ein derartiges Verhalten verbieten und darf ihr nicht erlauben, das Haus mehr als ein- oder zweimal im Monat, je nach Bedarf, zu verlassen. Die wahre Schönheit der Frau liegt darin, in einer Ecke ihres Hauses zu sitzen, wie geschrieben steht: ›Alle Ehre der Königstochter liegt drinnen.‹« Maimonides' zweite Anordnung besagt folgendes: »Jede Frau muß ihrem Mann Gesicht, Hände und Füße waschen, ihm das Getränk einschütten und sein Bett richten. Sie muß ihrem Ehemann bei Aufgaben zur Seite stehen wie ihm Wasser oder Werkzeuge reichen oder sie ihm je nach Bedarf wieder abnehmen. Sie ist jedoch nicht gezwungen, seinem Vater oder dessen Sohn solche Handreichungen zu erbringen.«

Heutzutage bringen wir für derartige Anordnungen natürlich weder Sympathie noch Verständnis auf. Man sollte wissen, daß sich schon die Rabbiner des Talmuds der Tatsache bewußt waren, wie ungerecht diese Definition der Beziehungen zwischen den Geschlechtern war. Sie wußten, daß die Anordnung, eine Frau müsse im Haus bleiben, einer Gefangenschaft gleichkam und ihre Stellung damit nicht höher als die eines Sklaven ihres Mannes war. Die Rabbiner zur Zeit des Talmuds versuchten auf verschiedene Weise, ihr Los zu bessern, aber grundsätzlich hat sich die rabbinische Einstellung von »der oberflächlichen Frau« behauptet, ebenso wie ihre Meinung, man könne weder ihrem Wort, noch ihrem Urteil trauen.

Ich glaube, Rechtfertigungen helfen uns hier nicht. Wir haben den Punkt erreicht, an dem wir uns der Wahrheit stellen müssen: Diese [rabbinische] Haltung beruht nicht auf der Thora. Die Erzählungen [in der Bibel] von Sara und Rebekka beschreiben kluge, charakterstarke Frauen... Die negativen Urteile in Quellen wie Talmud und aus dem Mittelalter über die Natur der Frau wurzeln in gesellschaftlichen Realitäten, die sich von denen in unserer Zeit unterscheiden. Was wir für die Würde der Frau als beleidigend betrachten, hatte in talmudischer Zeit nicht den gleichen Stellenwert... Trotzdem muß man verstehen, daß diese Ansichten und die Gesetze, die darauf beruhten (wie die Entscheide von Maimonides), kein Urteil über die Frau und ihr Wesen sind, wie es von der Thora abgegeben wurde, sondern die Meinung vergangener Jahrhunderte widerspiegeln. Nun, da diese Zeiten vorüber sind, entbehren derartige negative Urteile jeder Grundlage, und die Einschränkungen, die auf überholten gesellschaftlichen Umständen beruhen, sind nichtig[59].

Trotzdem besteht man in orthodoxen Gemeinden allgemein noch immer darauf, die Geschlechter in der Synagoge zu trennen. Die orthodoxe Haltung ist in jüngster Zeit sogar noch fester und einstimmiger geworden. 1951 brach in einer Synagoge in Cincinnati, der Adath Israel, ein Streit aus. Wenigstens fünfzig Jahre lang hatte ein Gang Männer und Frauen beim Gebet getrennt, aber es gab keine Trennwand (*Mehiza*), wie von der orthodoxen Praxis vorgeschrieben. Eine große Mehrheit der Gemeinde stimmte dafür, eine gemischte Sitzordnung einzuführen, und die ursprüngliche, als orthodox definierte Satzung der Gemeinde wurde geändert. Eine Minderheit bestand darauf, die Gemeindetraditionen seien unveränderlich, und sie machte der Mehrheit vor einem Zivilgericht den Prozeß. Rabbinische Experten beider Parteien legten ein Gutachten vor. Rabbi Jacob Agus, der dafür eintrat, daß Familien zusammensitzen konnten, sagte: »In einer [mittelalterlichen] Gesellschaft, in der ein strenger Kodex [der Trennung] die gesellschaftlichen Beziehungen zwischen Männern und Frauen bestimmte, war es durchaus natürlich, daß eine Synagoge einen Balkon oder eine Trennwand aufweist; in gleicher Weise ist es aber unnatürlich, in der Synagoge eine solche Praxis beizubehalten, wenn die übrigen Bräuche, die ihren gesellschaftlichen Rahmen bilden, nicht mehr vorhanden sind.« Die Gegner des Wandels erfreuten sich der Unterstützung zweier bedeutender führender Rabbiner der orthodoxen Gemeinde, Rabbi Eliezer Silver und Rabbi Joseph Soloveitchik. Beide erklärten, die Vermischung der Geschlechter in der Synagoge stelle einen Verstoß gegen das jüdische Gesetz dar, obwohl sie eingestanden, daß das Fehlen einer greifbaren Schranke (*Mehiza*) zwischen den Geschlechtern Adath Israel nicht »in die Klasse eines Reformtempels« bringe.

Die Mehrheit von Adath Israel gewann den Prozeß und erhielt das Recht, die Praxis in der Gemeinde zu ändern. Aber die bei dieser Auseinandersetzung erörterten Fragen waren strittig. In orthodoxen Kreisen wurde immer seltener weniger als die völlige Trennung der Geschlechter durch eine *Mehiza* toleriert. Diese Ansicht vertrat Rabbi Moshe Feinstein, der 1949 erklärte, eine Synagoge mit einer unter 1,40 Meter hohen Trennwand sei für den orthodoxen Gottesdienst ungeeignet. Die Vereinigung orthodoxer Rabbiner in den Vereinigten Staaten und Kanada entschied in einem Flugblatt, das weite Verbreitung fand, wie folgt (wie in *Conservative Judaism* im Herbst 1956, S. 15–16, zitiert):

Eine Synagoge ohne eine richtige *Mehiza* ist keine koschere Synagoge, und es ist nicht gestattet, dort zu beten. Weiter ist es nicht erlaubt, eine Synagoge, die keine richtige *Mehiza* hat, moralisch oder finanziell zu unterstützen. Lebt jemand in einer Gegend, in der es nur eine Synagoge ohne *Mehiza* gibt, sollte er sich um einen *Minjan* in einem Privathaushalt bemühen, und wenn das unmöglich ist, sollte er eher ohne *Minjan* beten, als am Gottesdienst in einer nicht koscheren Synagoge teilzunehmen.

Nicht nur die Orthodoxen fanden sich in kleinen, privaten Gebetzirkeln zusammen, statt am Gottesdienst in einer für sie nicht akzeptablen Synagoge teilzunehmen. In den sechziger und siebziger Jahren dieses Jahrhunderts schloß sich eine wachsende Zahl junger Menschen in der konservativen Bewegung zu *Hawurot* (Verbänden) zum gemeinsamen Gebet und Studium außerhalb der offiziellen großen Synagogen zusammen. Es genügte ihnen nicht mehr, beim Gottesdienst zusammen zu sitzen, denn alle leitenden Rollen im Gottesdienst waren noch immer Männern vorbehalten. Fast alle *Hawurot* bestanden bei der Durchführung eines Gottesdienstes auf der völligen Gleichstellung beider Geschlechter. Diese Neuerungen spiegelten den Feminismus der sechziger und siebziger Jahre dieses Jahrhunderts wider, der viele jüdische Frauen beeinflußt hatte. Einige hatten dem Judentum als einer hoffnungslos patriarchischen

Religion einfach den Rücken zugekehrt; andere waren geblieben, um Judentum und die jüdische Gemeinde egalitärer zu gestalten. Diese Frauen waren sich bewußt, daß alle anderen religiösen Traditionen und die vorhandene weltliche Gesellschaft in ihren Grundstrukturen genauso patriarchisch waren. Die Feministinnen mußten ihren Kampf auf allen Fronten führen.

Einige der jüdischen Feministinnen wie Blu Greenberg versuchten, orthodox zu bleiben. Andere wie Susan Weidman Schneider kamen vom liberaleren Flügel des Judentums. Greenberg hoffte, das orthodoxe Judentum könne selbst Wege finden, um auf den Feminismus zu reagieren:

… Wie kann man denn nun Botschaften über die Identität der Geschlechter vermitteln, wenn es nicht über unterscheidbare Aufgaben geschieht? Als ich wieder einmal zu dem Schluß gelangt war, daß es schon an Obszönität grenzt, eine Frau nicht zum *Mesuman* (dem Quorum für den Segen nach der Mahlzeit) zu zählen – noch dazu die Frau, die für die Mahlzeit ihrer Familie gesorgt, sie gekocht und aufgetragen hatte –, widersprachen mir meine Söhne im Teenage-Alter, die (meistens) ein Vorbild an Kindesliebe und -achtung waren, heftig.

Das alles macht mich ziemlich verletzlich. Ja, es fällt mir schwer, zu widerstehen und meine eigene Kritik an dem Werk zu schreiben. Es ist eine an sich einfache Aufgabe angesichts der Ungereimtheiten: Gleichheit und Entscheidungsfreiheit zu fordern, gleichzeitig aber weiterhin daran festzuhalten, daß es primäre und sekundäre Verhaltensmodelle für Mann und Frau gibt; besondere Mizwot für Mann und Frau zu fordern, ohne sie zufriedenstellend auszugestalten; sich für Liebe von Halacha und Tradition einzusetzen, und doch gleichzeitig Teile ihrer komplizierten Struktur daraus zu entfernen und dabei vielleicht andere Elemente zu schwächen. Und doch…

Vielleicht ist das die einzige legitime Antwort, die man zu diesem Zeitpunkt geben kann: eine Folge zögernder Bemerkungen. Wenn Feminismus eine Revolution ist, was er meiner Meinung nach ist, und das Judentum der Urquell der Werte, Gedanken, Gefühle, Taten, Sitten, Gesetze und Lieben eines Juden ist und stets gewesen ist – wie kann man sonst auf diese ungestüme Begegnung reagieren und an ihr teilhaben als mit einem Stottern, einem Schritt nach vorn und einem halben Schritt rückwärts. Ich beneide jene, die sagen können: »Das ist Halacha. Das ist alles!« Oder: »Das sind die absoluten neuen Wahrheiten, und sonst kommt nichts anderes in Frage!« Ich neide ihnen ihre unkritische Selbstzufriedenheit, aber ich mißtraue ihr auch. Ich glaube, daß sie noch mehr Angst haben als ich; deshalb müssen sie den Deckel auch fester schrauben, dürfen keine Zweideutigkeit, keine Vorsicht und keine Verwirrung an den Tag legen...

...Frauen im Übergang wie ich nehmen alles weniger selbstverständlich hin, und jeder weitere Schritt kommt ihnen noch erregender vor[60].

Susan Weidman Schneider war in ihrer Kritik an der ererbten jüdischen Tradition bedeutend weniger zurückhaltend, aber auch sie blieb diesem Erbe unlösbar verhaftet:

Die Interpretation dieser Texte, ja, die Entscheide, wie ein jüdisches Leben tagtäglich zu führen sei, oblag bisher ausschließlich dem jüdischen Mann in einem Rahmen, aus dem die Frau im allgemeinen ausgeschlossen war: in einem Haus des Studiums, einem Gerichtshof, einer Synagoge oder in einem Sitzungssaal. Diese Interpretationen wirken sich mittelbar auf das Leben der Frau aus, trotzdem wurde uns systematisch das Recht auf Teilnahme vorenthalten, wenn Entscheidungen gefällt wurden. Nach Ansicht einiger Frauen dürften unsere Großmütter, starke jüdische Frauen, die sie gewesen sein müssen, zweifellos zu diesem Vorgang auf von männlichen Historikern nicht fest gehaltenen Wegen beigetragen haben, da sie Rabbiner oder Gelehrte oder Schreiber umsorgten, die ihr Vater oder Bruder oder Ehemann waren, denen sie zusammen mit der Hühnersuppe ganz sicher auch ein Stück von der Erfahrung einer Frau mitgaben. Wenn es diese inoffizielle Teilnahme gegeben hat, wurde uns das Wissen vorenthalten, wie der männliche und wie der weibliche Beitrag zum offiziellen Judentum, wie es überliefert ist, ausgesehen haben. Da uns dieses Wissen fehlt, ist anzunehmen, wie es die meisten Juden denn auch annehmen, daß die

Frau vom Schöpfungsvorgang, bei dem das uns heute bekannte Judentum entstanden ist, ausgeschlossen war, und deshalb stand sie auch der Partnerschaft mit dem Göttlichen fern, die nach dem Glauben der Juden einst die Wiederherstellung der Welt bewirkt...

Da im jüdischen Gesetz und seiner Praxis der Begriff vom Anderssein der Frau praktisch alles durchdringt, rührt die Spannung (ja, die Inspiration) für jene, die die Rolle der Frau bewerten, von dem Wunsch her, *nicht* alle Aspekte des Judentums zu verwerfen, sondern über seine begrenzte Sicht der Frau hinauszugehen, damit unser Leben und unser jüdisches Leben reicher und vollständiger werden. Es fällt uns nicht leicht, feministisches Streben nach Gleichheit mit dem patriarchischen historischen Kern des Judentums auf einen Nenner zu bringen. Eine Frau, die sich durch die Tradition gebunden fühlt, verleugnet möglicherweise ihren Feminismus, eine radikalere Feministin hat dagegen unter Umständen den Wunsch, sich ganz vom Judentum abzuwenden. Aber für eine Frau, die moralisch der Selbstbestimmung verpflichtet ist, sich aber gleichzeitig unabänderlich an etwas in genau der Tradition gebunden fühlt, die sie kritisiert, stellt die Neuinterpretation eben dieser Tradition eine Alternative zur selbstverleugnenden Akzeptanz oder globalen Ablehnung dar[61].

Der entscheidende Test für die Gleichberechtigung der Geschlechter ist die Ordination von Frauen zum Rabbiner. Die Reformbewegung hat seit ihren Anfängen in der Mitte des neunzehnten Jahrhunderts auf der Gleichberechtigung von Männern und Frauen in der Synagoge bestanden. Die Frage einer Ordination von Frauen wurde 1922 zum ersten Mal auf einem Treffen der Central Conference of American Rabbis diskutiert. Das Ergebnis war negativ. Im folgenden kommt ein Vertreter jeder Seite der Diskussion, Rabbi Jacob Z. Lauterbach bzw. Rabbi David Neumark, in Form eines Auszugs zu Wort:

... traditionelle Grundsätze, die Frauen vom Rabbinat ausgeschlossen haben, wurden nicht wegen einer wenig liberalen Einstellung der Rabbiner in früheren Zeiten oder wegen fehlender Wertschätzung der Talente und des Könnens der Frauen formuliert. Im Gegenteil, die

Rabbiner haben in der Vergangenheit eine hohe Meinung von der Frau gehabt und häufig ihre Bewunderung für die Fähigkeit der Frau ausgedrückt, sowie ihren großen Nutzen für die religiöse Arbeit zu würdigen gewußt. So sagen sie zum Beispiel: »Gott hat dem Weib mehr Verstand gegeben als dem Mann« (Nidda 45b);… »Nur dank der frommen Frauen in jener Generation geschah es, daß die Israeliten aus Ägypten erlöst wurden« (Sota)… Diese und viele andere Sprüche könnte man aus der rabbinischen Literatur zum Lob der Frau, ihrer Gleichstellung mit dem Mann und in gewisser Hinsicht ihrer Überlegenheit über ihn anführen… Aber obwohl die Rabbiner von früher die schönen Talente und edlen Eigenschaften der Frau zu schätzen wußten, haben sie auch erkannt, daß Mann und Frau in der Thora bestimmte Tätigkeitsbereiche zugewiesen bekamen, in denen sie besondere Pflichten hatten…

[Die Tatsache, daß die Frau] bestimmter Verpflichtungen und religiöser Pflichten entbunden war, hat sie notgedrungen von dem Privileg ausgeschlossen, eine führende Rolle in Religionsfragen zu übernehmen oder als Vertreterin der Gemeinde *(Schaliah Zibur)* zu handeln. Sie konnte die Gemeinde bei bestimmten religiösen Aufgaben nicht vertreten, weil nach dem rabbinischen Grundsatz jemand, der nicht persönlich verpflichtet ist, eine gewisse Pflicht zu erfüllen, dieser Pflicht auch nicht im Namen anderer nachkommen kann, und noch viel weniger kann er demnach die Gemeinde beim Ausüben solcher Pflichten vertreten…

Sollen wir an dieser Tradition festhalten, oder sollen wir uns vom wahren Israel trennen und eine radikale Neuerung einführen, die notgedrungen einen Unterschied zwischen dem Titel Rabbiner schafft, wie er für einen Reformrabbiner gilt, und der Bezeichnung Rabbiner im allgemeinen?… Wir üben immer noch die gleiche Tätigkeit wie die Rabbiner früher aus, die ihre Autorität dank einer ununterbrochenen Tradition zurück bis zu Moses und den Ältesten um ihn verfolgen, obwohl wir unser Judentum in vielen Punkten auf eine Art interpretieren, die sich stark von ihrer unterscheidet… Der Ordination, die wir unseren Schülern geben, wohnt für unsere Zeit und Generation vom Inhalt her die gleiche Autorität inne wie die Ordination, die [Rabbi] Juda Hanasi Abba Areka gegeben hat, oder die Ordination, die jeder Lehrer in Israel in der gesamten Geschichte des Judentums seinen

Schülern gab. Wir sollten deshalb die bisher unbestrittene Autorität unserer Ordination nicht aufs Spiel setzen...

Man hat zu Recht gesagt, daß die Frau, die sich einem Beruf zuwendet, zwischen dem gewählten Beruf und ihrer Berufung als Mutter und Hausfrau entscheiden muß...

Für [die] wichtige Tätigkeit des Rabbiners – der einen gesunden Einfluß auf die Gemeinde ausübt – wäre eine Frau als Rabbiner unzulänglich. Die Frau, die das Amt eines Rabbiners bekleidet, könnte von dem ihr angetrauten Mann nicht verlangen, ihr lediglich als Gehilfe zur Seite zu stehen und sie bei ihrer Tätigkeit als Rabbiner zu unterstützen. Und selbst wenn sie einen Mann fände, der bereit ist, in der Familie eine untergeordnete Stellung auf sich zu nehmen, wäre der Einfluß solch einer Regelung im Haus und im Familienleben des Rabbiners auf die Familien der Gemeinde nicht gerade gesund... Und deshalb geschieht der Frau meiner Ansicht nach kein Unrecht, wenn man sie von diesem Amt ausschließt. Ihr stehen viele Möglichkeiten offen, entscheidet sie sich für eine religiöse oder erzieherische Tätigkeit. Ich sehe keinen Grund, warum wir uns so radikal von der herkömmlichen Praxis abwenden sollten, außer dem Scheinargument, daß wir als moderne Menschen die volle Gleichberechtigung der Frau mit dem Mann anerkennen...

(Neumark:) ...Die traditionellen Aufgaben des Rabbiners haben mit der Vertretung der Gemeinde beim Ausüben bestimmter religiöser Pflichten, von denen die Frauen befreit sind, nichts zu tun. Ebenso gibt es ja auch bestimmte Kategorien von Männern, zum Beispiel mit einer Mißbildung oder bestimmten körperlichen Mängeln, die nicht als Vorleser amtieren, wohl aber in rituellen wie juristischen Fragen durchaus als Rabbiner Entscheidungen treffen könnten...

...Frauen sind von den Pflichten des Gebets, dem Segen nach der Mahlzeit und dem Kiddusch nicht ausgenommen, und sie können für andere lesen (vergl. Mischna und Gemara, *Brachot* 20a–b)... Somit kann eine Frau selbst bei unserer modernen Auffassung über die Aufgaben eines Rabbiners, wozu auch das Vorlesen [beim Gottesdienst] gehört, als Vertreterin im Sinn des herkömmlichen Gesetzes tätig sein.

...Wenn eine Frau im orthodoxen Judentum vom Rabbinat ausgeschlossen wird, weil sie nicht als Vorleserin amtieren kann, ergibt sich daraus lediglich der logische Schluß, daß das Reformjudentum, das sich zugunsten der Frau als Vorleserin ausgesprochen hat, die orthodoxe Haltung übergeht und Frauen zum Rabbinat zuläßt...

Die gesamte Frage geht im Grunde genommen auf dies hinaus: Frauen üben bereits den größten Teil der Arbeit aus, die man von einer Frau als ordiniertem Rabbiner erwartet, allerdings, ohne daß sie vorbereitet wären oder die Autorität dazu besäßen. Ich betrachte es eher als eine Pflicht der Behörden, der vorherrschenden Anarchie ein Ende zu setzen, indem sie der Frau die Gelegenheit geben, eine angemessene Ausbildung zu erwerben und eine maßgebende Stellung in allen Bereichen der Religionsarbeit zu bekleiden. Man kann die praktischen Schwierigkeiten nicht leugnen. Aber es sollte möglich sein, sie in der gleichen Weise zu lösen wie in anderen Berufen, besonders in den erzieherischen Berufen vom Kindergarten bis zum Studium nach dem ersten akademischen Grad... Man kann das Reformrabbinat nicht durch eine orthodoxe Brille betrachten...[62]

Erst seit 1972 werden Frauen in der Reformbewegung ordiniert. Bald darauf begann auch in der konservativen Bewegung, in der Frauen immer häufiger alle anderen Aufgaben in der Synagoge wahrnehmen durften, eine Diskussion über diesen Punkt. 1984 wurde die Ordination von Frauen vom Jewish Theological Seminary akzeptiert. Die Haltung, die zu diesem Entschluß führte, hat Rabbi Simon Greenberg, ein leitendes Mitglied der Fakultät des Seminars, sehr gut zusammengefaßt:

Die konservative Einstellung bestätigt unter anderem, daß das jüdische Gesetz seine Wurzeln zwar im Himmel hat, seine Äste und Früchte aber auf der Erde wuchsen und immer noch wachsen, und ihre Form und ihre Beweggründe von den Weisen und Interpreten jeder Generation niedergelegt werden: »Jiphtah gleiche in seinem Zeitalter dem Samuel in seinem Zeitalter« (Rosch Haschana 25b). Sie werden von der Zeit und dem Ort beeinflußt, an dem sie wirken...

Wir leben in einer Zeit und in einer Umwelt, in denen Verallgemeinerungen wie »der Intellekt der Frau hat kaum Bedeutung« von der überwiegenden Mehrheit der Bevölkerung, die lesen und schreiben kann, nicht akzeptiert wird. Ich nehme an, daß sie auch in der Seminar-Fakultät von niemandem akzeptiert wird. Der Prozeß, die Rechte der Frau den Rechten des Mannes in allen Lebensbereichen der westlichen demokratischen Gesellschaft gleichzustellen, hat, soviel ich weiß, ein in der Menschheitsgeschichte beispielloses Niveau erreicht, und wir müssen entscheiden, ob unsere Tradition fähig ist, bei diesem Prozeß mitzuhalten, und ob wir seine Assimilation fördern, verlangsamen oder ablehnen wollen. In der Zeit und an dem Ort, in denen wir leben, ist die Trennwand, die Frauen von den vielfältigen Tätigkeiten unserer Gesellschaft ausschließt, fast vollkommen niedergeworfen. Zunächst einmal leben wir in einer Gesellschaft, in der Jungen und Mädchen und Männer und Frauen von frühester Kindheit an bis ins hohe Alter hinein beisammen sind: im Kindergarten, an der Universität, auf der Straße, bei der Arbeit, im Wirtschaftsleben und in der Politik, im Theater, im Urlaub, beim Sport und im Stadion und so fort. Die Geschichte hat keine Gesellschaft wie unsere erlebt, in der Frauen nicht nur in jedem Beruf anzutreffen sind, sondern auch eine Rolle als Gleiche unter Gleichen spielen... Die Gegenwart von Frauen unter vielfältigen Bedingungen und unter allen Umständen gehört zur natürlichsten Erfahrung unseres Lebens. Wenn auch ihr äußeres Erscheinungsbild als Rabbiner eine Zeitlang ungewöhnlich sein dürfte, ist ihre Anwesenheit als Frau unter Männern keineswegs ungewöhnlich. Ich nehme an, daß die Tradition den Prozeß assimilieren kann, denn seine Spuren finden wir schon von Anfang an in der Tradition, seit Gott Abraham die Worte sagte: »In allem was Sarah dir sagt, hör' auf ihre Stimme!« (Genesis 21:12) – bis hin zur Gründung der »Shulamis-« Schulen [für Mädchen]...

Mir scheint, daß nicht ein Mitglied der Seminar-Fakultät der Ansicht ist, die gegenwärtige Stellung der Frau im jüdischen Gesetz verleihe dem jüdischen Gesetz Ehre und Würde. Niemandem von ihnen fiele es ein, diese Gesetze als Beweis dafür anzuführen, daß wir ein »großes Volk« sind, »das Satzungen und Vorschriften hätte« (Deuteronomium 4:8). Ich meinerseits kann die Vorstellung nicht akzeptieren, daß die gegenwärtige rechtliche Stellung der Frau unverändert bleiben muß, bis Elias kommt. Weder mein Verstand noch mein Herz können ein Rechtssystem akzeptieren, das keine Möglichkeit sieht, offensichtliche eigene Mängel zu korrigieren[63].

Das letzte Wort in dieser Diskussion über die Geschlechter gebührt zu Recht der beredtesten aller zeitgenössischen Jüdinnen, der Schriftstellerin und Essayistin Anne Roiphe:

Es scheint, als hätten die Kräfte, die Mann und Frau trennen, die sie als unterschiedliche Geschöpfe kennzeichnen, die die gemeinsame Menschlichkeit beider verzerren, alte Siege gewonnen; erst jetzt, nach dem Holocaust, wenn die neue Bedrohung durch Assimilation vor der Haustür steht, wenn Ideen von Sozialisten und Zionisten und von Einzelgängern in der jüdischen wie nichtjüdischen Welt eindringen, zeichnen sich die Anfänge eines Kampfes ab, um die Stellung der Frau innerhalb der jüdischen Religion zu ändern. Der Verlust von Frauen als Gelehrten, der Verlust von Frauen als Dichterinnen und Verfasserinnen von Psalmen, eines weiblichen Raschi oder Maimonides kann nie wieder gutgemacht werden, aber vielleicht haben wir einen Punkt erreicht, an dem ein neuer Bund geschlossen werden kann... an dem Frauen Gerechtigkeit zuteil wird[64].

ACHTES KAPITEL

Homosexualität

JÜDISCHE TEXTE HABEN, angefangen mit der Bibel, homosexuelles Verhalten verboten. Homoerotisches Benehmen von Frauen galt als geringfügig und wurde nachsichtig als ein Verstoß gegen öffentliche Praktiken, aber nicht als Todsünde betrachtet. Deshalb befassen sich die Texte größtenteils mit Männern. Einige der spezifischen Entscheide wurden von Zeit zu Zeit abgeändert. So hat Rabbi Juda Hanasi in seinem Rechtskodex, der Mischna, verboten, daß zwei Junggesellen unter einer Decke schlafen [*Kidduschin* 4:14]. Trotzdem sieht die Gemara, die Interpretation dieses Kodex, keinen Grund, solch ein Verhalten zu untersagen, weil die »Israeliten weder der Päderastie noch der Bestialität verdächtigt« werden [*Kidduschin* 82a]. Beide widersprüchlichen Ansichten wurden von späteren Autoritäten im Mittelalter erneut bestätigt. Das erste bekannte moderne Responsum zur Stellung des Homosexuellen in der *Halacha* stammt von Rabbi Abraham Isaac Kook von ungefähr 1920 aus dem damaligen Palästina. Ein zum Schächter *(Schohet)* ernannter Mann lief Gefahr, wegen eines Gerüchts, er sei in einen homosexuellen Akt verwickelt gewesen, seine Stelle zu verlieren. In den Augen einiger hatte er sich damit disqualifiziert. Rabbi Kook erlaubte dem Mann, seine Stelle zu behalten, denn er meinte, Homosexualität hänge nicht mit den Qualifikationen zusammen, die von einem *Schohet* verlangt werden, und der Mann habe vermutlich die für ihn untypische Tat bereut.

Rabbi Norman Lamm (damals Rabbiner einer Gemeinde in New York, seither Präsident der Yeshiva University) schlug im Jahrbuch der *Encyclopedia Judaica* von 1974 vor, die Gemeinde solle es sich angewöhnen, einen Homosexuellen eher als Kranken statt als Verbrecher zu betrachten. Rabbi Lamm bat eindringlich, man solle »versuchen, dem Homosexuellen zu helfen«, obwohl »wir die Tat nicht dulden«. Er schlug vor, jenen, »deren Homosexualität Ausdruck einer Krankheit ist«, ärztliche und psychologische Unterstützung anzubieten, »...wenn sie willens sind, sich in Behandlung zu begeben.« Er bat auch eindringlich, die Gefängnisstrafe für alle Homosexuellen abzuschaffen, außer für jene, die sich »der Gewalt oder Verführung Jugendlicher schuldig machen oder aber öffentlich zur Unzucht auffordern«. Er erklärte, alle Gesetze gegen homosexuelles Verhalten sollten zwar beibehalten, aber nicht angewendet werden. Als Präzedenzfall verwies er auf gelegentliche Andeutungen in der talmudischen Literatur, daß bestimmte Verhaltensweisen zwar verboten sind, trotzdem aber nicht unbedingt bestraft werden müßten.

Rabbi Solomon Freehof wurde Anfang der siebziger Jahre dieses Jahrhunderts von Rabbi Alexander M. Schindler, dem Präsidenten der Union of American Hebrew Congregations, gefragt, ob sein Vertreter an der Westküste [der USA] recht handele, wenn er eine Gemeinde von Homosexuellen gründete. Er wollte wissen, ob solch eine Tat »dem Geist der jüdischen Tradition« entspreche. Es folgt die Antwort von Rabbi Freehof:

Es steht außer Frage, daß die Heilige Schrift Homosexualität als große Sünde betrachtet. Der Rabbiner, der diese Gemeinde schuf, rechtfertigte sich damit, als [Angehörige der] Reform[bewegung] seien wir nicht an die Halacha der Bibel gebunden. Es mag durchaus stimmen, daß wir uns nicht durch alle Gesetze für Rituale und Zeremonien in der Heiligen Schrift gebunden fühlen, aber wir ehren zweifellos die ethische Haltung in der Bibel und die Urteile darin. In der Schrift [Leviticus 18:22] wird Homosexualität als »Greuel« bezeichnet, und so sieht es auch Leviticus 20:13. Wenn die Schrift sie als Greuel bezeichnet, bedeutet es, daß wir es mit mehr als nur der Verletzung einer einfachen Rechtsvorschrift zu tun haben; sie offenbart eine tief verwurzelte ethische Abscheu. Wie tief verwurzelt diese Abscheu ist, kann man der

Tatsache entnehmen, daß das Judentum zwar im Nahen Osten entstanden ist, der für das Vorherrschen von Homosexualität notorisch ist, Juden sich aber derartiger Akte enthalten haben, wie aus dem Talmud [*Kidduschin* 82a] hervorgeht, in dem es heißt, daß die »Israeliten weder der Päderastie noch der Bestialität verdächtigt« werden. Mit anderen Worten, die Ablehnung der Homosexualität ist mehr als ein Bibelgesetz; es war ein tief verwurzelter Wesenszug des jüdischen Volkes, eine Lebensart inmitten einer Welt, in der Homosexualität weit verbreitet war. Deshalb kann man homosexuelles Tun nicht einfach unter den Teppich kehren, wie der Rabbi an der Westküste es getan haben soll, indem man sagt, man halte sich nicht an die Bibelvorschriften. Homosexualität widerspricht allem Heiligem im jüdischen Leben. Man kommt nicht um die Tatsache herum, daß Männer, die Homosexualität praktizieren, aus jüdischer Sicht Sünder sind.

Aber welche Schlußfolgerungen sind aus der Tatsache zu ziehen, daß homosexuelles Handeln Sünde ist? Bedeutet es, daß wir Homosexuelle aus der Gemeinde ausschließen sollen und sie damit zwingen, ihre eigene religiöse Gemeinschaft in Form von Gemeinden zu bilden? Nein! Genau das Gegenteil trifft zu. Es ist verboten, sie in einer eigenen Gemeinde abzutrennen. In der Mischna [*Megilla* IV, 9] heißt es, daß ein Mann, der in seinem Gebet sagt: »Laß gute Menschen dich segnen, o Herr«, zum Schweigen gebracht werden muß. Bertinoro erklärt, warum wir den Mann zum Schweigen bringen, der sagt: »Laß die *Guten* dich loben«. Er meint, es sei eine Sünde, dergleichen zu sagen, weil der Mann damit gleichzeitig ausdrückt, daß sich in der Gemeinde nur rechtschaffene Menschen befinden sollten. Das genaue Gegenteil treffe zu. Er fügt hinzu, daß der Stoff »Helbena« (Galbanum) einen unschönen Geruch besitze, und doch war er Bestandteil des Rezepts für den heiligen Weihrauch, der im Tempel in Jerusalem verbrannt wurde...

Um zusammenzufassen: In der jüdischen Tradition, nicht nur im Gesetz, sondern auch in der jüdischen Lebensart gilt Homosexualität als Sünde. Trotzdem würde es dem jüdischen Gesetz direkt widersprechen, Sünder aus der Gemeinde auszuschließen. Sie in einer eigenen Gemeinde zu isolieren und auf diese Weise ihre gegenseitige Erreichbarkeit zu vergrößern, ist sicher falsch. Es bedarf wohl kaum der Erwähnung, daß das Amtieren bei einer sogenannten »Heirat« von zwei Homosexuellen und die Bezeichnung ihrer Lebensweise als Kidduschin (d. h. heilig im Judentum) allem widerspricht, was im jüdischen Leben hochgehalten wird[65].

1983, d. h., einige Jahre später, betonte Rabbi David M. Feldman, ein konservativer Rabbi, der sich wegen seines Talmud-Wissens eines allgemeinen Ansehens erfreute, daß ein Segen nur für heterosexuelle Verbindungen in Frage käme:

Aus der Sicht des Judentums... diente die Bezeichnung »Krankheit« als willkommene Ausflucht, die es dem rabbinischen oder jüdischen Gesetz erlaubte, sich mitfühlend anstelle von wertend zu verhalten. Das entspricht der außerhalb der Halacha im Talmud verankerten Bemerkung, »ein Mensch sündigt nicht, es sei denn, er ist von einem Wahn besessen«. Aber die Theorie von einer Krankheit wurde von verschiedenen Seiten unter Beschuß genommen. Homosexuelle Aktivisten lehnen sie nicht nur als wissenschaftlich ungültig, sondern auch als unterdrückend und paternalistisch ab. Ihnen zufolge wird die fortgesetzte Unterdrückung von Homosexuellen durch die Psychiatrie legitimiert, um ein sexuelles Kastensystem aufrechtzuerhalten. Andererseits setzt sich Thomas Szasz seit Jahren aktiv dafür ein, die meisten Störungen nicht mehr als eine Krankheit zu erklären. Es gibt keine Geisteskrankheit, betont er nachdrücklich. »Wir sind alle mehr oder weniger gut als unser Nächster an bestimmte Normen angepaßt.« Der Begriff Geisteskrankheit ist ein bösartiges Konzept; danach betrachtet man uns wertend und von oben herab, und er erlaubt sogar, jene in Anstalten einzuweisen, die unserer Meinung nach...

Der jüdische Sexualkodex... verfolgt größtenteils den Zweck – insofern man bei einem Gesetz überhaupt von Zweck sprechen kann –, die Ehebande und die Einheit der Familie zu bewahren. In einem Zeitalter, in dem die Institution Familie ihre Bedeutung verliert, muß der Stand der Halacha gegen einen antithetischen Lebensstil durchgesetzt werden.

Angebracht ist hier ein weiterer Hinweis auf das Thema im Talmud in einer Textstelle, die das dekadente Heidentum der allgemeinen Gesellschaft bewerten wollte. Jene Heiden mögen sich zwar homosexuellen Verbindungen hingeben, sagt der Talmud, aber sie sind nicht so weit gegangen oder so zynisch, um zu diesem Zweck einen Ehevertrag aufzusetzen! *Mesillat Jescharim*, die großartige moralische Abhandlung aus dem 18. Jahrhundert, bezieht sich auf diese Anmerkung in bezug auf die Korruption: Selbst in der schlimmsten Degeneration ist ein Hoffnungsschimmer auszumachen, nämlich, daß moralische Fehltritte nicht als ehrbar anerkannt werden. Selbst wenn aufrichtige, ja, nicht überhebliche Einfühlung angebracht ist, eine stillschweigende Duldung der Homosexualität als alternativer Lebensweise ist es nicht[66].

Die Rabbinical Assembly, der Verband konservativer Rabbiner, brachte auf seiner Jahreskonferenz 1990 seine größte Sympathie für die Not von Homosexuellen und Lesbierinnen zum Ausdruck. Die Rabbiner plädierten für Verständnis und Hilfe, besonders für jene Unglücklichen, die mit AIDS infiziert waren:

Während das Judentum versichert, daß das göttliche Bild, das sich in jedem Menschen widerspiegelt, immer gehegt und bestätigt werden muß, und

während Juden stets empfindlich für den Einfluß offizieller und inoffizieller Vorurteile und Diskriminierung, gegen wen sie auch immer gerichtet sein mögen, waren und sind und

während homosexuelle und lesbische Juden nicht nur ständige Androhungen körperlicher Gewalttätigkeit und menschenfeindliche Ablehnung, sondern auch den Schmerz des Antisemitismus, wie sie jedem Juden bekannt sind, und darüber hinaus eine schmerzliche Entfremdung durch unsere eigenen religiösen Einrichtungen erfahren haben, und

während die übrige Familie von homosexuellen und lesbischen Juden häufig Mitglieder unserer Gemeinden sind, die sich um Sicherheit, Gesundheit und Wohlergehen ihrer Kinder sorgen, und

während die AIDS-Krise die Angst und das Leid dieser Gemeinschaft von Juden verschärft hat, die in ihrem Leben der von der jüdischen Tradition anbefohlenen mitfühlenden Sorge und Unterstützung bedürfen,

wird hiermit beschlossen, daß wir, die Rabbinical Assembly, während wir die Vorschriften unserer Tradition für Heterosexualität bestätigen, gleichzeitig aber auch:

1. in unserem nationalen Leben für die volle bürgerliche Gleichberechtigung von Homosexuellen und Lesbierinnen eintreten und
2. die Gewalt gegen Homosexuelle und Lesbierinnen in unserer Gesellschaft bedauern und
3. wiederholen, daß, da alle Juden sind, homosexuelle Männer und Lesbierinnen als Mitglieder unserer Gemeinden willkommen sind und
4. rufen unsere Synagogen und die Einrichtungen unserer Bewegung auf, sich um ein stärkeres Bewußtsein, Verständnis und Sorge für unsere jüdischen Nächsten, die Homosexuelle und Lesbierinnen sind, zu bemühen[67].

Die Rabbiner der Reformbewegung, die Central Conference of Rabbis [CCAR], diskutierte 1990 auf ihrem Jahreskongreß den vom Rabbinat und einem ad-hoc-Ausschuß über Homosexualität unterbreiteten Bericht. Eine Minderheit auf dem Kongreß wollte so weit gehen und Eheschließungen *(Kidduschin)* für feste homoerotische Beziehungen zulassen. Die Mehrheit erklärte sich dazu nicht bereit, aber sie identifizierte sich mit der Haltung des rabbinischen Reformseminars, dem Hebrew Union College, einen Homosexuellen oder eine Lesbierin nicht automatisch vom Rabbinat auszuschließen:

Der Ausschuß ist sich durchaus bewußt, daß es für die meisten homosexuellen und lesbischen Rabbiner äußerst schmerzlich ist, nicht offen als Homosexuelle leben zu können. Deshalb möchte sich der Ausschuß jeder Handlung enthalten, die unseren Kollegen weiteren Kummer verursacht. Demzufolge hat der Ausschuß beschlossen, daß ein umfassender Bericht im besten Interesse unserer Konferenz und der Reformbewegung im allgemeinen ist.

Sich öffentlich zu seiner Homosexualität zu bekennen, ist eine persönliche Entscheidung, die unter Umständen ernste berufliche Folgen nach sich zieht. Angesichts der begrenzten Fähigkeit des Vermittlungsausschusses oder der CCAR, die Anstellung homosexueller oder lesbischer Rabbiner, die »Farbe bekennen«, zu sichern, möchte der Ausschuß die Kollegen nicht ermutigen, ihre Laufbahn aufs Spiel zu setzen. Leider hat die Entscheidung, sich öffentlich zu erkennen zu geben, womöglich negative Auswirkungen auf die Fähigkeit eines Menschen, in einer bestimmten Gemeinde erfolgreich tätig zu sein. Darüber hinaus möchte der Ausschuß auf jeden Fall eine Situation vermeiden, in der ein Ausschuß in einem Auswahlverfahren Auskunft über die sexuelle Orientierung der Kandidaten verlangt. Der Ausschuß bittet dringend, den Rabbinern ungeachtet ihrer sexuellen Orientierung die Gelegenheit zu bieten, der heiligen Berufung nachzukommen, die sie gewählt haben.

Jeder Mensch wurde *be-Zelem Elohim* (»nach dem Bild Gottes«) erschaffen. Seiner Persönlichkeit steht deshalb die höchste Würde zu. Die sexuelle Orientierung spielt in bezug auf den Wert eines Menschen keine Rolle. Deshalb hat die Reformbewegung nachdrücklich alle Anstrengungen unterstützt, jede Diskriminierung in Wohnungswesen und Beschäftigung aus der Welt zu schaffen. Der Ausschuß verurteilt unmißverständlich jede verbale und körperliche Beleidigung von homosexuellen Männern und lesbischen Frauen oder jenen, die dafür gehalten werden. Wir lehnen jegliche Implikation ab, AIDS als eine Strafe Gottes für Homosexuelle zu betrachten. Wir begrüßen die ausgezeichnete Arbeit von Synagogen, die sich bemühen, Homosexuelle und Lesbierinnen anzuziehen, und zusammen mit dem UAHC fordern wir Rabbiner und Gemeinden auf, alle Juden mit Hochachtung zu behandeln und sie, ungeachtet ihrer sexuellen Orientierung, voll in das Gemeindeleben zu integrieren.

Die Aufgabe des Ausschusses war besonders mühsam, weil die spezifischen Ursprünge der sexuellen Identität und ihre Ätiologie noch immer nicht vollständig verstanden werden.

Es ist noch nicht abzusehen, wann sich die Gelehrten über die Ursachen der sexuellen Orientierung oder ihre Beschaffenheit einigen. Verschiedene Disziplinen betrachten die Sexualität auf unterschiedliche Art und setzen sich kaum mit den Vorstellungen der anderen auseinander... Da endgültige Beweise für jede bisher aufgestellte Theorie fehlen, hält die Unstimmigkeit vermutlich auch weiterhin an. Ein kognitiver und normativer Pluralismus dürfte noch auf eine unbestimmte Zeit vorherrschen.

Die fehlende Einstimmigkeit unter den Wissenschaftlern und die einstimmige Verurteilung homosexuellen Verhaltens durch die jüdische Tradition kompliziert die Frage weiter. Allerdings ist klar, daß die sexuelle Orientierung für viele Menschen nicht Sache einer bewußten Entscheidung, sondern der Veranlagung ist, die deshalb nicht geändert werden kann. Ebenso trifft zu, daß die sexuelle Orientierung von manchen bewußt gewählt wurde. Der Ausschuß hat verhältnismäßig lange die Bedeutung der bewußten Entscheidung als einem Kriterium diskutiert, um seine Stellungnahme, welchen Platz die Homosexualität in der Religion einnimmt, zu formulieren. Für die Mehrheit im Ausschuß ist die Frage der Wahl von entscheidender Bedeutung. Für einige Ausschußmitglieder hat diese Frage keine große Rolle gespielt.

In der jüdischen Tradition stellt die heterosexuelle, monogame Ehe mit Fortpflanzung die ideale menschliche Beziehung dar, um die Art zu erhalten, den Bund zu erfüllen und das jüdische Volk zu bewahren. Zwar erkennt die Mehrheit des Ausschusses die Existenz anderer menschlicher Beziehungen an, die einen ethischen und geistigen Wert besitzen, wie auch, daß es einige Menschen gibt, für die eine heterosexuelle, monogame Ehe mit Fortpflanzung keine Möglichkeit ist, die für sie in Frage kommt, trotzdem bekräftigt die Mehrheit aber unmißverständlich, daß dieses Ideal zusammen mit den *Kidduschin*, die eine Sonderstellung einnehmen, im Mittelpunkt steht. Insofern sexuelle Orientierung Sache einer Entscheidung ist, bestätigt die Mehrheit des Ausschusses, daß Heterosexualität die einzige angemessene Entscheidung eines Juden ist, seinen Verpflichtungen gemäß des Bundes nachzukommen.

Eine Minderheit des Ausschusses vertritt eine abweichende Meinung und sagt nachdrücklich, sowohl eine homosexuelle wie eine heterosexuelle Beziehung könne die Erfüllung des Bundes bedeuten. Die Beziehung, nicht das Geschlecht, solle ihren jüdischen Wert, *Kidduschin*, bestimmen.

Der Ausschuß bestätigt ausdrücklich die Ansicht, daß alle Juden aus religiöser Sicht gleich sind, ungeachtet ihrer sexuellen Orientierung. Wir sind uns der Existenz liebevoller und pflichtbewußter Beziehungen zwischen Menschen des gleichen Geschlechts bewußt. Fragen wie die religiöse Stellung dieser Beziehungen wie auch die Schaffung besonderer Zeremonien dürften auch weiterhin Gegenstand von Diskussionen und Meinungsverschiedenheiten bleiben...

Ein Thema unserer Diskussionen behandelte die Frage, inwieweit homosexuelle und lesbische Juden als Rabbiner von unseren Gemeinden akzeptiert werden. Wir wissen, daß Reformjuden in ihrer Mehrheit für die Bürgerrechte von Homosexuellen und Lesbierinnen eintreten, aber die einzigartige Stellung des Rabbiners als geistiges Vorbild und jüdisches Rollenmodell machen die Frage, ob und wie ein homosexueller oder lesbischer Rabbiner akzeptiert wird, zu einer sehr emotionsgeladenen Sache und einem potentiellen Herd für Zwistigkeiten. Zwar erkennen wir an, daß homosexuelle und lesbische Rabbiner durchaus erfolgreich, würdevoll, mitfühlend und integer in einer Gemeinde amtieren können, aber trotzdem glauben wir, daß in unseren Gemeinden noch viel an Aufklärungsarbeit geleistet werden muß, ebenso ist der Bedarf nach einem Dialog groß...

Den Anstoß zur Bildung des Ausschusses hat ursprünglich die Sorge um die Zulassungspolitik des College-Instituts gegeben. Präsident Alfred Gottschalk hat kürzlich die Zulassungspolitik des HUC-JIR [Hebrew Union College] formuliert. Die schriftlichen Richtlinien besagen, daß das HUC-JIR die sexuelle Orientierung eines Bewerbers nur im Rahmen der Gesamtwertung, ob ein Kandidat für das Rabbineramt geeignet ist, ob er oder sie die Fähigkeiten besitzt, einer jüdischen Gemeinde erfolgreich vorzustehen berücksichtigt und ob er oder sie im Rabbineramt seine oder ihre persönliche Erfüllung finden kann. Der Ausschuß stimmt dieser Zulassungspolitik unseres College-Instituts zu...

Die CCAR hat alle am HUC-JIR graduierten Rabbiner als Mitglied akzeptiert, wenn sie sich darum beworben haben. Der Ausschuß bestätigt erneut diese Politik, die HUC-JIR-Absolventen nach ihrer Bewerbung als Mitglied aufzunehmen...[68]

Zeitgenössische jüdische Einrichtungen sind sich demnach grundsätzlich einig, daß Homosexuelle mitfühlend zu behandeln seien. Sie sind sich in ihrer Ablehnung der Forderungen homosexueller und lesbischer Aktivisten einig, ihre sexuellen Wünsche als einen Lebensstil von gleichem Rang zu betrachten. Unter den Orthodoxen, wenigstens bei einem großen Teil davon, ist an die Stelle der pauschalen Verurteilung der Homosexualität, ein Strecken des Begriffs »Krankheit« getreten, um Nachsicht zu ermöglichen. Konservative Rabbiner bestehen auf Gleichberechtigung für Homosexuelle in der Gesellschaft, aber sie sind nicht bereit, die Möglichkeit, daß ein Homosexueller als Rabbiner amtiert, auch nur in Betracht zu ziehen. Die Reformbewegung schließt einen Homosexuellen oder eine Lesbierin nicht aus diesem einen Grund von der Ordinierung aus, obwohl die meisten Rabbiner der Bewegung weiterhin betonen, daß die heterosexuelle Ehe das Rollenmodell ist, das den Vorrang hat. Die Einstellung hat sich eindeutig geändert, aber gilt das auch für die Zukunft?

NEUNTES KAPITEL

Eltern und Kinder

ES IST UNBESTRITTEN, daß Kinder ihre Eltern lieben und ehren müssen. Doch heben die Quellen hervor, daß die alte jüdische Gesellschaft zwar patriarchalisch war, daß aber die Pflicht, die Eltern zu ehren, gleichermaßen für die Mutter wie für den Vater galt. Die Beziehung zwischen Eltern und Kindern war nicht einseitig, denn die Eltern hatten ihren Kindern gegenüber bestimmte Verpflichtungen.

Ehre deinen Vater und deine Mutter, auf daß du lange lebst auf dem Boden, den der Ewige, dein Gott, dir gibt![69]

Verflucht, wer seinen Vater oder seine Mutter verunehrt![70]

Drei Partner sind in einem Mann: Der heilige Gott, gepriesen sei er, sein Vater und seine Mutter. Wenn ein Mann seine Eltern ehrt, sagt der Heilige: Es ist, wie wenn ich unter ihnen wohnte und sie mich ehrten. Rabbi sagt: Er-der-mit-seinem-Wort-die-Welt-erschuf weiß, daß ein Kind seine Mutter mehr ehrt als seinen Vater. Daher spricht der Heilige, gelobt sei er, in Exodus 20:12 zuerst davon, den Vater zu ehren, bevor er die Mutter erwähnt. Er-der-mit-seinem-Wort-die-Welt-erschuf weiß, daß ein Kind seinen Vater mehr fürchtet als seine Mutter. Daher spricht der Heilige, gelobt sei er, in Lev. 19:3 zuerst davon, die Mutter zu fürchten, bevor er den Vater erwähnt. Wenn ein Mensch seinem Vater und seiner Mutter Schmerzen bereitet, sagt der Heilige, gelobt sei er: Ich tat wohl daran, nicht unter ihnen zu wohnen, denn hätte ich es getan, so hätten sie mir Schmerzen bereitet[71].

Man fragte Raw Ulla: Bis zu welchem Grad muß man seine Eltern ehren? Er sagte ihnen: Geht hin und seht, wie ein Nichtjude namens Dama ben Netina seinen Vater in Aschkelon behandelte. Die Weisen wollten eines Tages ein Geschäft mit ihm abschließen, durch welches er 600 000 Golddinare verdient hätte. Doch der Schlüssel zu seiner Stahlkammer lag unter dem Kissen seines schlafenden Vaters, und er weigerte sich, ihn zu stören[72].

Die Schüler des großen Rabbi Elieser baten ihn, ein Beispiel für dieses Gebot zu geben. Er sagte: Geht hin und seht, was Dama ben Netina in Aschkelon tat. Seine Mutter war geistesschwach und pflegte ihn in Gegenwart der Ratsversammlung, die er leitete, mit einem Schuh zu schlagen. Er aber sagte nie mehr als: »Das genügt jetzt, Mutter.« Als sie den Schuh fallen ließ, hob er ihn auf und gab ihn ihr zurück, um sie nicht zu verstimmen[73].

Rabbi Simon bar Johai sagte: Groß ist die Verpflichtung, seine Eltern zu ehren, denn der Heilige, gelobt sei er, gab ihr einen höheren Rang als der Verpflichtung, Ihn zu ehren. Was den Heiligen betrifft, so steht geschrieben: »Ehre den Ewigen mit deinen Gütern« (Sprüche 3:9). Wie macht man das? Indem man Getreide auf dem Feld liegenläßt, den Priestern und Armen die Zehnten gibt, die Gebote über *Sukka* und *Lulaw, Schofar, Tefillin* und *Zizit* befolgt, den Hungrigen speist, dem Dürstenden zu trinken gibt und den Nackten kleidet. Wenn ihr die Mittel habt, dies zu tun, so seid ihr verpflichtet dazu, wenn ihr aber nicht die Mittel habt, es zu tun, so seid ihr nicht dazu verpflichtet. Wenn es jedoch darum geht, eure Eltern zu ehren, so spielt es keine Rolle, ob ihr begütert seid oder nicht; ihr seid verpflichtet, »Vater und Mutter zu ehren« (Exod. 20:12) – selbst wenn ihr bettelnd von Tür zu Tür geht[74].

Es steht geschrieben: »Ehre deinen Vater und deine Mutter« (Exod. 20:12), und es steht geschrieben: »Ehre den Ewigen mit deinen Gütern« (Sprüche 3:9). Die Schrift vergleicht die Pflicht, seine Eltern zu ehren, mit der Pflicht, Gott zu ehren[75].

»Jedermann seine Mutter und seinen Vater sollt ihr ehrfürchten, und meine Sabbate sollt ihr wahren; ich bin der Ewige, euer Gott« (Lev. 19:3). Man könnte annehmen, daß die Ehrerbietung den Eltern gegenüber Vorrang vor der Einhaltung des Sabbats hat. Darum ist dieser Vers in dieser Form geschrieben, um zu bekräftigen, daß »ihr alle verpflichtet seid mich zu ehren.«[76]

Die Schrift spricht überall zuerst vom Vater und dann von der Mutter. Übersteigt die Ehrung des Vaters die der Mutter entgegengebrachte Ehrung? Daher sagt die Schrift: »Jedermann seine Mutter und seinen Vater sollt ihr erfürchten« (Lev. 19:3), um verständlich zu machen, daß beide gleich sind. Doch die Weisen haben gesagt: Überall spricht die Schrift zuerst vom Vater und dann von der Mutter, denn sowohl ein Mann als auch seine Mutter sind verpflichtet, den Vater zu ehren. Das gilt auch für das Studium der Thora. Wenn der Sohn große Weisheit erworben hat, während er vor seinem Lehrer saß, so kommt sein Lehrer vor seinem Vater, da sowohl er als auch sein Vater verpflichtet sind, den Lehrer zu ehren[77].

Ein Vater ist verpflichtet, dafür zu sorgen, daß sein Sohn beschnitten wird, er muß ihn loskaufen (wenn es sich um den Erstgeborenen handelt), ihn die Thora und einen Beruf lehren und eine Frau für ihn finden. Manche sagen auch, er müsse ihm das Schwimmen beibringen. Rabbi Jehuda sagte: Wer seinen Sohn keinen Beruf lehrt, gilt als einer, der ihn den Diebstahl lehrt[78].

Raw sagte: Ein Vater sollte niemals einen Sohn den anderen vorziehen, denn wegen eines kleinen überzähligen Stückes Seide, das Jakob dem Joseph gab, wurden seine Brüder eifersüchtig, verkauften ihn als Sklaven, und so kam es schließlich, daß unsere Vorfahren nach Ägypten zogen[79].

Jeder, der seinen Enkel einen Abschnitt aus der Thora vorlesen hört, glaubt ihn am Tage der Offenbarung am Berge Sinai zu hören, so wie geschrieben steht: »...du sollst sie kundtun deinen Kindern und Kindeskindern... Den Tag, da du vor dem Ewigen, deinem Gott, am Horeb standest« (Deut. 4:9–10)[80].

Rabbi Hijja bar Abba frühstückte erst, nachdem er mit dem Kind den Vers des vorangegangenen Tages noch einmal gelesen und es einen neuen Vers gelehrt hatte. Rabbi bar Raw Huna frühstückte erst, nachdem er das Kind zur Schule gebracht hatte[81].

...und lehrt sie eure Kinder, von ihnen zu reden« (Deut. 11:19). Hierüber wird gesagt: Wenn ein Kind anfängt zu sprechen, sollte sein Vater in der heiligen Sprache mit ihm sprechen und es die Thora lehren. Wenn er das nicht tut, so ist das, als begrabe er es[82].

ZEHNTES KAPITEL

Die Kaschrut
Speisegesetze

DIE ZWINGENDSTEN ALLER JÜDISCHEN RITEN sind die Gesetze der Kaschrut, die Vorschriften über verbotene und erlaubte Nahrungsmittel. Sie werden vom Gläubigen während des täglichen Aktes der Nahrungsaufnahme, mit dem er sein Leben aufrechterhält, befolgt. Man hat im Lauf der Jahrhunderte immer wieder versucht, diese Regeln zu »erklären«. In diesem Kapitel sind etliche dieser Anmerkungen wiedergegeben, die in den drei abschließenden Abschnitten des Maimonides gipfeln. Im wesentlichen haben die traditionellen Schriften zwei fundamentale Gründe für die Kaschrut vorgelegt: einmal, daß diese Gesetze die tierischen Instinkte des Menschen zügeln, und daß sie zum andern als Mittel angeordnet wurden, um die Juden in ihrem täglichen Leben abzusondern, auf daß sie sich ihrer Verantwortung als Mitglieder eines Priestervolkes bewußt bleiben. Das zeitgenössische Reformjudentum lehnt diese Gesetze ab, obwohl zumindest einer seiner Wortführer, Kaufmann Kohler, erkannte, daß sich damit das Problem ergab, »andere Methoden zu finden, um dem modernen Juden den Geist der Heiligkeit einzuschärfen, ihn sich seiner priesterlichen Mission bewußt werden zu lassen«. Letztlich ist es nicht möglich, die Kaschrut-Gesetze vernunftmäßig zu deuten. Der Gläubige akzeptiert sie als Teil eines ganzen Systems, als den Weg des Juden zur Heiligkeit, den Gott auferlegt hat. Der Ungläubige hält sich vielleicht aus gefühlsmäßigen Gründen oder aus Anhänglichkeit an eine kulturelle Vergangenheit daran, doch hat solche Anhänglichkeit nachweislich selten eine Generation des Unglaubens zu überdauern vermocht.

Darum essen die Kinder Israel das Spannband nicht, das über dem Schenkelknauf liegt, bis auf den heutigen Tag, denn er hatte den Schenkelknauf Jaakobs am Spannband berührt[83].

Und heilige Männer sollt ihr mir sein; und Fleisch auf dem Feld, Zerrissenes, sollt ihr nicht essen; dem Hund sollt ihr es vorwerfen[84].

Du sollst nicht kochen ein Böcklein in der Milch seiner Mutter[85].

Dies ist das Getier, das ihr essen dürft von allem Vieh, das auf dem Land ist: Alles, was gespaltene Klauen und die Klauen ganz durchgespalten hat und wiederkäuend ist unter dem Vieh, das dürft ihr essen. Jedoch folgende dürft ihr nicht essen von den Wiederkäuern und von denen, die gespaltene Klauen haben: Das Kamel, denn es ist ein Wiederkäuer, hat aber keine gespaltenen Klauen – unrein sei es euch. Und den Hasen, denn er ist ein Wiederkäuer, hat aber keine gespaltenen Klauen – unrein sei er euch. Und das Schwein, denn es hat gespaltene Klauen und die Klauen ganz durchgespalten, ist aber kein Wiederkäuer – unrein sei es euch. Von ihrem Fleisch sollt ihr nicht essen und ihr Aas sollt ihr nicht berühren – unrein seien sie euch[86].

Dies dürft ihr essen von allem, was im Wasser ist: alles, was Flossen und Schuppen hat im Wasser, in den Meeren wie in den Flüssen, die dürft ihr essen. Alles aber, was Flossen und Schuppen nicht hat, in den Meeren wie in den Flüssen...ein Abscheu sind sie euch... Von ihrem Fleisch sollt ihr nicht essen[87].

Und jedermann vom Haus Israel und von dem Fremdling, der unter ihnen weilt, der irgendwelches Blut ißt: Mein Angesicht werde ich richten gegen die Person, die das Blut ißt, und werde sie austilgen aus der Mitte ihres Volkes. Denn die Seele des Fleisches ist im Blut, und ich habe es für euch auf den Altar bestimmt, Sühne zu erwirken für eure Seelen; denn das Blut, es erwirkt Sühne an der Seele. Darum habe ich zu den Kindern Israel gesprochen: Keine Person von euch soll Blut essen; auch der Fremdling, der unter euch weilt, soll kein Blut essen. Und jedermann von den Kindern Israel und von dem Fremdling, der unter ihnen weilt, der ein Wild fängt, von Tier oder Vogel, das gegessen werden darf, der soll dessen Blut weggießen und mit Erde bedecken. Denn die Seele allen Fleisches ist sein Blut mit seiner Seele, darum habe ich zu den Kindern Israel gesprochen: Blut von allem Fleisch dürft ihr nicht essen; denn die Seele allen Fleisches ist sein Blut, alle, die es essen, sollen ausgetilgt werden[88].

Ihr sollt keinerlei Aas essen; dem Fremdling, der in deinen Toren ist, magst du es geben, daß er es esse, oder verkaufe es dem Landfremden; denn ein heilig Volk bist du dem Ewigen, deinem Gott[89].

Folgende Merkmale disqualifizieren das Rind (machen es *trefe* und damit zum Verzehr unbrauchbar): Wenn die Speiseröhre durchbohrt oder die Luftröhre zerrissen ist; wenn die Hirnhaut oder das Herz bis zu den Kammern durchbohrt ist; wenn die Wirbelsäule gebrochen und das Rückenmark beschädigt ist; wenn die Leber ganz fehlt; wenn die Lunge durchbohrt oder verletzt ist (Rabbi Simeon sagt, sie sei nicht *trefe*, wenn nicht ihre Bronchien durchbohrt sind); wenn der Labmagen oder die Gallenblase oder die Gedärme durchbohrt sind; wenn der innere Magen durchbohrt ist, oder wenn der größere Teil seiner Außenschicht zerrissen ist (Rabbi Jehuda sagt: eine Handbreite bei größerem Vieh oder der größere Teil bei kleinerem Vieh); wenn der dritte Magen oder der zweite Magen an ihrer äußersten Fläche durchbohrt sind; wenn das Tier von einem Dach gefallen ist oder fast alle Rippen gebrochen hat; wenn es von einem Wolf schwer beschädigt wurde (Rabbi Jehuda sagt: wenn Kleinvieh von einem Wolf, Großvieh von einem Löwen, kleine Vögel von einem Habicht und größere Vögel von einem Geier schwer beschädigt wurden). Die allgemeine Regel lautet: Wenn das Tier nicht zwölf Monate lang in einem solchen Zustand am Leben hätte bleiben können, ist es *trefe*[90].

Kein Fleisch darf in Milch gekocht werden (um die Möglichkeit auszuschließen, das Gesetz gegen das Kochen eines Jungen in der Milch seiner Mutter zu überschreiten: Exod. 23:19; 34:26; Deut. 14:21), mit Ausnahme des Fleisches von Fischen und Heuschrecken. Es darf kein Fleisch zusammen mit Käse auf den Tisch gebracht werden, mit Ausnahme des Fleisches von Fischen und Heuschrecken... Ein Mann darf Fleisch und Käse im selben Gewand unterbringen, vorausgesetzt sie berühren einander nicht... Wenn ein Tropfen Milch auf ein Stück Fleisch fiel, das in einem Topf kocht, und dies reichte aus, diesem Stück ihren Geschmack zu geben, so darf dieses Stück nicht gegessen werden. Wenn ein Mensch in dem Topf rührte und die Milch allem darin ihren Geschmack zu geben vermochte, so darf nichts davon gegessen werden[91].

»Dies ist das Getier, das ihr essen dürft« (Lev. 11:2)... »Gottes Weg ist vollkommen, das Wort des Ewigen ist lauter. Schild ist er allen, die auf ihn vertrauen« (2. Samuel 22:31; Ps. 18:31). Die Wege des Heiligen, gelobt sei er, sind vollkommen. Was kann es Ihm ausmachen, ob ein Tier dem vorgeschriebenen Ritus entsprechend geschlachtet worden ist, oder ob es einfach erstochen wurde, ohne Rücksicht auf das Ritual, bevor es gegessen wird? Nützt es Ihm etwas, oder schadet es Ihm in irgendeiner Weise? Was kann es Ihm ausmachen, ob jemand verbotene oder erlaubte Speisen zu sich nimmt? »Bist du weise, so bist du weise für dich, bist du ein Spötter, so hast du's allein zu tragen« (Sprüche 19:12). Die Gebote sind den Menschen gegeben worden, damit er sich durch sie reinige[92].

Das Gebot über das Töten von Tieren ist notwendig, da die natürliche Nahrung des Menschen aus Pflanzen und aus dem Fleisch von Tieren besteht... Da mithin der Wunsch, sich gute Nahrung zu beschaffen, das Schlachten von Tieren erfordert, schreibt das Gesetz vor, daß der Tod des Tieres so leicht wie möglich sein sollte. Es ist nicht erlaubt, das Tier zu quälen, indem man ihm auf ungeschickte Art und Weise die Kehle durchschneidet, es mit dem Schlächterbeil erschlägt oder ein Körperglied abschneidet, solange das Tier noch lebt.

Es ist auch verboten, ein Tier und sein Junges an ein und demselben Tag zu töten (Lev. 22:28), damit die Leute davon abgehalten und daran gehindert werden, die beiden zusammen so zu töten, daß das Junge vor seiner Mutter geschlachtet wird; denn unter solchen Umständen ist der Schmerz der Tiere sehr groß. Es gibt in diesem Fall keinen Unterschied zwischen dem Schmerz des Menschen und dem Schmerz irgendwelcher anderer Lebewesen...

Der gleiche Grund gilt auch für das Gesetz, welches uns auferlegt, die Vogelmutter davonfliegen zu lassen, wenn wir das Junge an uns nehmen... Wenn das Gesetz dafür sorgt, daß Vieh und Vögeln kein solcher Kummer bereitet wird, wieviel mehr müssen wir nicht dafür Sorge tragen, daß wir unseren Mitmenschen keinen Kummer bereiten[93].

ELFTES KAPITEL

Vegetarismus

IN EINER PERFEKTEN WELT, im Paradies vor dem Sündenfall, aßen Adam und Eva kein Fleisch. Nach dem Sündenfall begannen die nunmehr sündigen Menschen, Tiere zu schlachten, um sie zu essen. Der Talmud schreibt sogar Fleisch als einen Gang auf dem festtäglichen Tisch vor, um die »Freude« zu vervollkommnen, die jeder an allen wichtigen Festtagen empfinden soll. Trotzdem hat es im Laufe der Jahrhunderte immer wieder Juden gegeben, die als reine Vegetarier lebten. Der mittelalterliche Philosoph Joseph Albo hat sich für sie ausgesprochen:

... abgesehen von der Tatsache, daß [Äußerungen von] Grausamkeit, Zorn, Ärger und einer Ausbildung der schlechten Veranlagung, frei Blut zu vergießen, beim Schlachten von Tieren eine Rolle spielen, hat der Genuß vom Fleisch bestimmter Tiere Grobheit, Verderbtheit und Stumpfheit zur Folge... Obwohl das Fleisch anderer Tiere als gute Nahrung gilt und für den Genuß durch den Menschen geeignet ist, wollte Gott dem Menschen das wenige Gute vorenthalten, das dem Genuß von Fleisch innewohnt, um dem gewaltigen Bösen vorzubeugen, das sich daraus ergeben kann. Aus diesem Grund verbot Er Adam den Genuß von Fleisch. Um das [in seiner Ernährung] Fehlende wettzumachen, gebot Er Adam den Genuß passender, nahrhafter Nahrungsmittel wie Weizen und Gerste und aller anderen samentragenden Pflanzen, deren Samen gesät werden kann, und aller Bäume, deren Früchte Samen tragen. Den anderen Tieren gab Er alles grüne Gras, das keine Samen hat und das angepflanzt werden kann. Zweck dieser Regelung war es, den anderen Tieren die Überlegenheit des Tieres Mensch zu zeigen[94].

Rabbi Schneur Salman aus Liady (1745–1813), der sich mit dem gleichen Problem befaßt hat, rechtfertige den Genuß von Tierfleisch als eine Form des Zwiegesprächs mit Gott. Das Fleisch, das gegessen wird, kann heilig gemacht werden, wenn man es in frommer Absicht ißt:

Die gesamte Welt besteht zum Ruhm des Schöpfers. Wenn ein gottesfürchtiger Mensch... Fleisch ißt oder Wein trinkt..., um sein Herz für Gott und seine Thora aufnahmebereit zu machen oder um die Mizwa, sich am Sabbat und an den Festtagen zu freuen, zu erfüllen..., beeinflußt eine gewisse Strahlung das Fleisch [das genossen wird], und es steigt als Opfer zum Allmächtigen auf[95].

Nach dem Jüngsten Gericht wird unsere Welt nach Ansicht des Mystikers Rabbi Abraham Isaac Kook (1865–1935) wieder ein Paradies. Dann wird kein Tier mehr zum Genuß weder geschädigt noch getötet.

In der zukünftigen Zeit breitet sich die Wirkung, die Wissen bringt, sogar bis auf die Tiere aus [auch sie nehmen dann Gott wahr, was mit dem Wissen kommt, und sie können sich Gott nähern]. »Sie schädigen nicht mehr meinen heiligen Berg, noch zerstören sie etwas darauf, denn das Land ist angefüllt mit dem Wissen des Herrn...« Die Opfer, die gebracht werden, beschränken sich auf ein Opfer von Körnern und Pflanzen, und sie gefallen Gott mehr als [die Tieropfer] in früherer Zeit[96].

ZWÖLFTES KAPITEL

Die Wohltätigkeit

SEINEM NÄCHSTEN BEIZUSTEHEN ist nicht einfach ein verallgemeinertes moralisches Gebot des Judentums. Es verzweigt sich in spezifische, gesetzlich verbindliche Verpflichtungen, die jeder Mensch zu beachten hat. Zu allen Zeiten waren sich die Juden in höchstem Maße der Notwendigkeit bewußt, einander zu helfen und beizustehen. Auf Grund der unzähligen Verfolgungen, die sie seit Beginn des Exils im Jahre 70 und weiter bis in unsere Generation, die Zeuge des Nationalsozialismus geworden ist, zu erleiden hatten, war diese Notwendigkeit gerade für sie besonders unterstrichen worden. Die ungeheuren Anstrengungen der heute lebenden Judenheit, durch Organe wie den *United Jewish Appeal* bedürftigen Juden in aller Welt zu helfen, stimmen mit dieser sehr alten Tradition überein.

Sechs Jahre sollst du dein Land besäen und seinen Ertrag einbringen; aber das siebente Jahr sollst du es unbenutzt und brach liegen lassen, und es sollen die Armen deines Volkes davon essen, und den Rest mag das Getier des Feldes verzehren; ebenso sollst du tun mit deinem Weinberg und mit deinem Ölgarten[97].

Und wenn ihr den Schnitt eures Landes schneidet, so sollst du das Ende deines Feldes nicht vollends abmähen, und die Nachlese deines Schnittes sollst du nicht auflesen. Und in deinem Weinberg sollst du keine Nachlese halten und den Abfall deines Weinbergs nicht auflesen; dem Armen und dem Fremdling sollst du sie überlassen; ich bin der Ewige, euer Gott[98].

Nach Verlauf von drei Jahren sollst du ausscheiden den ganzen Zehnten deines Ertrags von diesem Jahr und ihn in deinen Toren niederlegen. Dann soll der Lewite kommen, denn er hat nicht Anteil und

Erbbesitz bei dir, und der Fremdling, die Waise und die Witwe, die in deinen Toren sind, und sie sollen essen und satt werden, auf daß der Ewige, dein Gott, dich segne in allem Tun deiner Hand, das du unternimmst[99].

Wenn unter dir ein Armer sein wird, irgendeiner deiner Brüder in einem deiner Tore, in deinem Land, das der Ewige, dein Gott, dir gibt, so verhärte nicht dein Herz und verschließe nicht deine Hand vor deinem Bruder, dem Armen; sondern öffnen sollst du ihm deine Hand und sollst ihm leihen ausreichend für seinen Bedarf, so viel ihm fehlt. Hüte dich, daß nicht Ruchloses in deinem Herzen sei, zu sprechen: »Nah ist das siebente Jahr, das Erlaßjahr«, daß dein Auge böse blicke auf deinen Bruder, den Elenden, und du ihm nicht gibst; er aber würde über dich zum Ewigen schreien, und es wird Schuld auf dir sein. Geben sollst du ihm, und es soll dein Herz nicht verdrießen, wenn du ihm gibst; denn um deswillen wird der Ewige, dein Gott, dich segnen in all deinem Tun und in jeglichem Unternehmen deiner Hand. Denn nicht ausgehn wird der Arme im Land; darum gebiete ich dir und spreche: Öffnen sollst du deine Hand deinem Bruder, deinem Armen und Elenden in deinem Land[100].

Ja, hörte mich ein Ohr, so pries ich mich glücklich, und sah mich ein Auge, so gab es mir Beifall. Denn ich rettete den Armen, der um Hilfe schrie, die Waise, die sonst keinen Helfer hatte. Der Segen des Verlorenen kam über mich, und das Herz der Witwe machte ich jauchzen. Ich kleidete mich in Gerechtigkeit, sie ward mein Kleid, in das Recht wie in Mantel und Turban. Auge wurde ich dem Blinden, und Fuß war ich dem Lahmen. Ein Vater war ich für die Armen, und des Unbekannten Sache untersuchte ich. Die Kinnladen des Frevlers zerschmetterte ich und schlug ihm den Raub aus den Zähnen[101].

Es folgt ein Brief, den die Juden von Alexandria im 11. Jahrhundert an die Nachbargemeinde in Fostat geschrieben haben, um deren Hilfe beim Freikauf von Gefangenen zu erbitten.

Ihr seid die Helfer der Armen und die Stütze der Bedürftigen. Ihr studiert voller Eifer, und ihr ruft den guten gegen den bösen Instinkt wach. Ihr wandelt auf dem rechten Wege und übt Gerechtigkeit. Wir möchten euch sagen, daß wir immer für euch beten. Möge Gott euch Frieden und Sicherheit schenken.

Heute wenden wir uns wegen einer gefangengehaltenen Frau an euch, die aus Byzanz hierhergebracht worden ist. Wir kauften sie für 24 Denare los und hinterlegten überdies die Staatssteuer. Ihr schickt uns 12 Denare; wir haben den Rest und die Steuer bezahlt. Kurz darauf brachten Seeleute zwei weitere Gefangene. Einer davon ist ein schöner junger Mann, der die Thora kennt, der andere ein Junge von etwa zehn Jahren. Als wir sie in den Händen der Piraten sahen und wie sie sie schlugen und vor unseren Augen einschüchterten, hatten wir Mitleid mit ihnen und versprachen ihren Loskauf. Kaum hatten wir dies erledigt, als ein weiteres Schiff ankam, auf dem sich viele Gefangene befanden. Unter ihnen waren ein Arzt und seine Frau. So sind wir denn erneut in Schwierigkeiten und Sorge. Und unsere Kraft ist überbeansprucht, denn die Steuern sind hoch und die Zeiten kritisch...[102].

Maimonides faßte die gesetzliche Verpflichtung, Wohltätigkeit zu erweisen, in seinem Kodex über das jüdische Gesetz, der *Mischna Thora*, im Kapitel »Die Gesetze über Zuwendungen an den Armen« zusammen.

Wenn der Arme etwas von euch erbittet und ihr habt nichts zur Hand, das ihr ihm geben könntet, so besänftigt ihn mit Worten. Es ist verboten, einen Armen zurechtzuweisen oder die Stimme laut gegen ihn zu erheben, denn sein Herz ist zerrissen und bedrängt, und es steht geschrieben: »Ein zerschlagenes Herz wirst du, o Gott, nicht verachten« (Ps. 51:19), und es steht geschrieben: »Am hohen und heiligen Platz weile ich und auch bei dem Zerschlagenen und Demütigen, daß ich den Geist der Gebeugten belebe und das Herz der Zerschlagenen erquicke« (Jesaja 57:15). Wehe dem, der einen Armen gedemütigt hat, wehe ihm. Er sollte stattdessen wie ein Vater voller Mitleid sein, der mit ihm spricht, wie geschrieben steht: »Ein Vater war ich für die Armen« (Hiob 29:16)...

Es gibt acht Stufen der Ausübung der Wohltätigkeit, und jede ist höher zu bewerten als die ihr folgende:

1. Die höchste Stufe, die keiner zu überschreiten vermag, besteht darin, ihm ein Geschenk oder eine Leihgabe zu machen oder ihn als Teilhaber zu nehmen oder ihm eine Stellung zu finden, mit deren Hilfe er sich selbst zu erhalten vermag...

2. Einem Armen beizustehen, ohne zu wissen, wem man etwas gibt, und ohne daß der Empfänger weiß, wer der Spender ist, denn dies ist eine gute Tat von wirklichem Wert, um ihrer selbst willen getan. Als Beispiel hierfür sei die Halle der Geheimen Spenden genannt, die sich im Tempel befand. Der Gerechte spendete dort insgeheim, und der Arme wurde davon heimlich unterstützt. Denn nahe kommt solche Spende einer Wohlfahrtseinrichtung. Man sollte einer Wohlfahrtseinrichtung nur dann etwas geben, wenn man weiß, daß der Einnehmer vertrauenswürdig und weise ist und sich anständig aufführt, wie es bei Rabbi Hanania ben Tradjon der Fall war.

3. Jemandem etwas zu geben, den man kennt, obwohl der Empfänger den Spender nicht kennt. Ein Beispiel hierfür wäre die Tat jener großen Weisen, die heimlich umhergehen und Geldstücke vor die Türen der Armen werfen. Es ziemt sich solchen Brauch nachzuahmen, und wir erreichen dadurch fürwahr eine hohe Stufe, vorausgesetzt, daß der Einnehmer der Spende (durch den man sie unerkannt leisten kann) sich anständig aufführt.

4. Zu geben ohne zu wissen, wem man gibt, wenngleich der Empfänger weiß, wer sein Wohltäter ist. Ein Beispiel hierfür ist die Tat jener großen Weisen, die Geldstücke in ein Bündel schnüren und dieses über ihre Schulter werfen. Der Arme kann kommen und es aufheben, ohne in Verlegenheit kommen zu müssen.

5. Zu geben, bevor man darum gebeten wird.

6. Erst zu geben, nachdem man darum gebeten worden ist.

7. Unangemessen, jedoch mit Wohlwollen zu geben.

8. Widerwillig zu geben.

Die großen Weisen pflegten vor jedem Gottesdienst eine Münze für die Armen zu geben und dann zu beten, wie geschrieben steht: »Ich aber will in Gerechtigkeit dein Angesicht schauen« (Ps. 17:15). Schon größeren Kindern zu essen zu geben (obwohl man nicht dazu verpflichtet ist), um die Söhne die Thora zu lehren und die Töchter auf den rechten Weg zu führen, und ihren Eltern zu essen zu geben, gilt als Wohltätigkeit. Und es ist ein hoher Grad von Wohltätigkeit, denn die Verwandtschaft sollte Vorrecht haben…

Man sollte sich selbst immer einschränken und lieber leiden, als von anderen abhängig zu sein; man sollte der Gemeinde nicht zur Last fallen. Daher forderten die Weisen: »Eher soll dein Sabbat einem Werktag gleichen, als von anderen abhängig zu sein« (Pesachim 111a). Selbst wenn ein Mensch gelehrt und angesehen war und arm geworden ist, sollte er sich einem Beruf widmen, selbst einem niederen Beruf, statt von anderen abhängig zu sein. Es ist besser, das Fell toter Tiere abzuziehen als zu sagen: »Ich bin ein großer Weiser, ich bin ein Priester; unterstütze mich.« Unter den großen Weisen gab es Holzfäller, solche die Gärten wässerten und andere, die mit Eisen und Kohle arbeiteten. Sie baten die Gemeinde nicht um Geld und nahmen solches nicht an, wenn man es ihnen anbot[103].

Die nun folgenden Abschnitte sind Auszüge aus einem späteren jüdischen Gesetzbuch, dem *Schulchan Aruch*. Sein Verfasser war Rabbi Joseph Karo (1488–1575) aus Safed in Palästina, und das von ihm geschriebene Gesetzbuch ist bis zum heutigen Tage für die Anhänger des klassischen rabbinischen Judentums verbindlich.

Der Freikauf Gefangener hat Vorrang vor (der Tat) der Unterstützung und Kleidung des Armen, und es gibt kein Gebot, das so groß wäre wie jenes über den Freikauf Gefangener. Daher darf jeder religiöse Gegenstand zu Geld gemacht werden, um dieses für den Freikauf Gefangener zu verwenden, selbst wenn dadurch Geld benutzt wird, das für die Wiederherstellung des Tempels vorgesehen ist…

Wer zögert, Gefangene loszukaufen, obwohl er die Mittel dazu hat, gilt als einer, der Blut vergossen hat.

Man soll mit Rücksicht auf die Gesellschaftsordnung für den Freikauf von Gefangenen keine maßlosen Beträge bezahlen, damit der Feind sich nicht dem Geschäft der Gefangennahme verschreibe. Hingegen kann man sich selbst mit jeder beliebigen Summe freikaufen…

Mit Rücksicht auf die Gesellschaftsordnung sollten wir Gefangenen nicht helfen zu fliehen, damit nicht die Feinde ihnen das Leben noch schwerer machen und die Bestimmungen zu ihrer Bewachung verschärfen...

Man soll eine Frau vor einem Mann loskaufen; wenn am Ort der Gefangennahme Homosexualität praktiziert wird, sind die Männer als erste loszukaufen.

Wenn sich einer zusammen mit seinem Vater und seinem Lehrer in Gefangenschaft befindet, so ist er vor seinem Lehrer, und sein Lehrer vor seinem Vater freizukaufen. Ist aber auch seine Mutter dabei, so hat sie den Vorrang.

Wenn ein Mann und seine Frau zusammen in Gefangenschaft sind, ist der Fall der Frau als erster zu berücksichtigen, und ein Gericht kann den Besitz des Mannes an sich nehmen und verwalten, um damit die Frau freizukaufen, selbst wenn er sich heftig widersetzt und der Ansicht ist, sie sollte nicht mit seinem Besitz freigekauft werden. In einem solchen Fall braucht man ihm nicht zu gehorchen.

Wenn ein Mann sich in Gefangenschaft befindet und er hat Besitztum, will sich aber nicht mit diesem freikaufen, so wird er gegen seinen Willen freigekauft[104].

DREIZEHNTES KAPITEL

Gesundheit, Heilen und Menschenwürde

DIE THORA IST DA, um Leben zu ermöglichen, nicht, um es zu verkürzen oder zu zerstören. »Und gab ihnen meine Satzungen und meine Rechte tat ich ihnen kund, die der Mensch tue, daß er lebe durch sie« (Ezechiel 20:11). Dieses Gebot wird häufig zitiert. Jede Handlung, die das eigene Leben gefährdet oder verkürzt, ist untersagt. Maimonides hat den grundsätzlichen Leitgedanken zusammengefaßt:

Ob es nun das Dach oder sonst irgendetwas potentiell Gefährliches ist, das den Tod einer Person herbeiführen könnte – wenn man zum Beispiel einen Brunnen oder eine Grube mit oder ohne Wasser im Hof hat –, ist der Eigentümer verpflichtet, ein zehn Handbreit hohes Geländer darum zu bauen oder sonst für eine Abdeckung des Brunnens oder der Grube zu sorgen, die verhindert, daß eine Person hineinstürzt und getötet wird. Das gilt für jedes beliebige lebensgefährliche Hindernis – es gibt ein Gebot, es zu beseitigen und auf der Hut davor zu sein und sich davor besonders in acht zu nehmen, wie es in der Schrift heißt: »Nur hüte dich und hüte deine Seele sehr« (Deuteronomium 4:9). Wer potentiell gefährliche Hindernisse nicht beseitigt, sondern sie an ihrem Platz läßt, mißachtet ein Gebot und verstößt gegen das Verbot, keine Blutschuld über sein Haus zu bringen (Deuteronomium 22:8).

Die Weisen haben vieles untersagt, weil es lebensgefährlich ist. Wenn jemand das nicht beachtet und sagt: »Seht, was geht es die anderen an, wenn ich mich selbst gefährde?« oder: »Ich bin mit solchem nicht vorsichtig«, muß er wegen Widerspenstigkeit ausgepeitscht werden. Und dies sind die verbotenen Taten: Man darf seinen Mund nicht an ein Rohr, aus dem Wasser fließt, halten und daraus trinken, und man darf nachts nicht aus Flüssen oder Teichen trinken, damit man keinen Blutegel schluckt, weil er nicht zu sehen ist. Und man darf kein unbedecktes Wasser trinken, damit man nicht stirbt, weil eine Schlange oder ein anderes giftiges Wesen zuerst daraus getrunken hat... Man sollte bei einer Mahlzeit keine Schüssel mit Nahrung unter seinen Sitz stellen, damit nichts Schädliches unbemerkt hineinfallen kann. Ebenso sollte man kein Messer in einer Zitrone oder einem Radieschen stekkenlassen, damit niemand auf die Messerspitze fällt und getötet wird. Ebenso sollte man nicht an einer schrägen Wand entlang oder auf einer wackligen Brücke gehen, noch eine Ruine betreten oder irgendwelche derartig gefährlichen Orte durchqueren[105].

Rabbi Moses Isserles (1525?–1572) fügt in seiner Erläuterung zu einer Textstelle im *Schulhan Aruch* (*Jore Dea* 116:5) eine weitere Warnung hinzu:

… Man sollte vorsichtig sein bei allem was das Leben gefährden könnte… [Es folgt eine Liste von möglichen gefährlichen Situationen.]… Wer immer sich um sein Leben sorgt, meidet sie. Und es ist verboten, sich auf ein Wunder zu verlassen.

In einer Darlegung, in der Rabbi Israel Meir Kagan, besser bekannt als der Hafez Hajjim (1838–1933), die Menschen drängte, ihre Zeit nicht mit unwichtigen Dingen zu vergeuden, untersagte er das Rauchen von Tabak:

… Zusätzlich zur bekannten Tatsache, daß sie [Zigaretten und Pfeifen] dem Körper schaden, verursachen sie Schaden an der Seele, indem sie Zeit vergeuden, die besser mit dem Thora-Studium zugebracht werden sollte, denn der Raucher braucht mindestens eine halbe Stunde täglich, um sie vorzubereiten und sie zu rauchen, und wenn er sich einmal daran gewöhnt hat, fällt es ihm schwer, damit aufzuhören. Und manchmal geschieht es, daß ihm das Zigarettenpapier ausgeht, und dann verbringt er seine Zeit damit, von einem zum anderen zu laufen und ihn um Papier zu bitten, bis er es gefunden hat, und damit vergeudet er noch mehr Zeit. Und so kommt es, daß er im Laufe eines Jahres Hunderte von Stunden vergeudet, die er auf das Thora-Studium hätte anwenden sollen. Natürlich bin ich mir bewußt, daß viele vermutlich antworten: »Wir wurden dazu gezwungen; wir haben nicht die Kraft, damit aufzuhören.« Die Frage ist jedoch: Wer hat sie dazu gezwungen?

Tragen sie nicht selbst die Schuld daran? Hätten sie es überhaupt nicht erst begonnen, fiele es ihnen leicht, damit aufzuhören. Sie selbst müssen nun die Last tragen[106].

Eine Generation später untersagte Rabbi Moshe Feinstein, die eminente orthodoxe Kapazität, sogar das »passive Rauchen«:

… Das Gesetz ist klar und einfach… Niemand darf in einem Studienhaus rauchen, solange sich darin auch nur ein Nichtraucher befindet, den es stört, obwohl er deswegen keinen Schaden nimmt, noch daran erkrankt. Dies gilt umso mehr, wenn man sich um die Krankheit oder den Schaden sorgt, die dadurch verursacht werden, selbst wenn es Raucher gibt, die behaupten, daß sie wegen dieses Entscheids Zeit vergeuden, die beim Thora-Studium zugebracht werden sollte… Wo immer es Nichtraucher gibt, die sagen, Rauchen schade ihnen, ist es verboten, in einem Studienhaus zu rauchen, selbst wenn sich der Schaden auf ihre Angst beschränkt[107].

Autopsien

Der halachische Grundsatz, daß das Gesetz da sei, um Leben zu fördern, gibt keine unmißverständliche Antwort auf die Frage nach Autopsien. Diese Anordnung steht im Widerspruch zu einem beinahe absoluten Gebot in der Halacha, demzufolge die sterblichen Reste eines Toten geachtet werden müssen, daß sie unversehrt zu beerdigen sind und daß kein Nutzen daraus gezogen werden dürfe. Wie gleich zu lesen sein wird, hat Rabbi Ezekiel Landau vor zweihundert Jahren eine Entscheidung getroffen, derzufolge eine Autopsie nur erlaubt ist, wenn die aus solch einer Untersuchung gewonnene Information bei der sofortigen Behandlung eines anderen Patienten helfen würde. Sie war untersagt, nur um medizinisches Wissen zu erweitern, selbst bei seltenen Krankheiten. Diese Ansicht ist als eine Einschränkung zeitgenössischer medizinischer Forschung zunehmend unhaltbar geworden. Wissen, das über eine bestimmte Krankheit gewonnen wird, hilft, jetzt oder in der Zukunft, Patienten zu heilen, selbst wenn sich dadurch nur die statistischen Beweise für verschiedene Behandlungsarten erhöhen. In diesem Sinn hat Rabbi Ben-Zion Meir Hai Ouziel (1880–1953), sephardischer Oberrabbiner von Israel zwischen 1939 und 1953, eine Stellungnahme geschrieben:

Ich wurde von einem meiner Freunde gefragt, ob die Thora oder rabbinische Vorschriften Autopsien untersagen, die sorgfältig und exakt zu dem Zweck, Wissen über eine bestimmte Krankheit und die Art ihrer Heilung zu gewinnen, ausgeführt werden... Mir scheint, daß die Genehmigung dazu gegeben werden darf, und warum, erkläre ich sofort. Trotzdem dürfte, auch nachdem ich meinem Frager geantwortet habe, eine allgemeine Frage offenbleiben, die alle Juden auf der ganzen Welt angeht und wohl auch in Zukunft Gegenstand von Meinungsverschiedenheiten ist. Deshalb wäre es besser, diese Frage dem Oberrabbinat in Jerusalem zu stellen, denn dieses Amt gibt von den herausragenden Kapazitäten unserer Generation formulierte Anweisungen. Aber ich habe mir gedacht, daß ich meine Meinung zu diesem Thema sage, sozusagen als theoretische Übung, nicht als einen Rechtsentscheid...

... Rabbi Ezekiel Landau [1713–1793, Polen und Böhmen] wurde von den Ärzten eines Patienten, der gestorben war, um Erlaubnis gebeten, eine Autopsie durchführen zu dürfen, um die Ursache der Krankheit zu entdecken und um von diesem Fall über [das Heilen von] anderen zu lernen. Rabbi Landau erwiderte: »Im vorliegenden Fall, wenn es keinen Patienten [hier und jetzt] gibt, der [ihrer Untersuchung] bedarf, möchten sie einfach erfahren, was sie tun können, falls ein Patient auftaucht, der brauchen könnte [was sie erfahren]. Hier kann eine Erlaubnis für eine Autopsie ganz sicher nicht erteilt werden... Sogar nichtjüdische Ärzte, die nicht durch unsere Gesetze gebunden sind, führen solche Versuche nur am Leichnam jener aus, die von einem Gerichtshof hingerichtet wurden, oder jener, die ihren Körper noch zu ihren Lebzeiten zu diesem Zweck verkauft haben. Eine nachgiebigere Entscheidung öffnet, der Himmel verbiete es, Autopsien aller unserer Toten die Tür, nur um die Struktur und das Funktionieren der inneren Organe kennenzulernen...«

Meiner bescheidenen Ansicht zufolge habe ich bei keinem einzigen der angeführten Gründe eine Grundlage für das Verbot [von Autopsien] gefunden. Was das Argument betrifft, es gebe keinen Patienten, der der sofortigen Hilfe bedarf, und eine Autopsie dürfe nicht zugunsten irgendeines möglichen Patienten in der Zukunft durchgeführt werden, sage ich, daß... es stets viele Menschen geben wird, die an der gleichen Krankheit leiden. Wenn uns zu diesem Zeitpunkt keine bekannt sind, gibt es sie in der Zukunft... [Und der richtige Zeitpunkt ist wichtig.] Wenn die Autopsie nicht sofort durchgeführt wird, wird sie nie durchgeführt, und das Wissen, das man daraus hätte gewinnen können, ist für immer verloren. Dies wird sicher die Ursache vieler Todesfälle sein.

Wenn diese Entscheidung jedoch zur routinemäßigen Autopsie aller Toten führen sollte, würde ich mich gezwungen sehen, diese nachsichtige Stellungnahme zurückzuziehen. Die Toten dürfen nicht wie öffentliches Gut behandelt werden, dessen sich jeder bedienen kann, der Medizin studieren möchte. Aber wenn die Ärzte die Ursache für eine Krankheit nicht kennen und sie die Gelegenheit einer Autopsie nutzen möchten, um ihr Wissen zu erweitern... steht ein Leben auf dem Spiel, das gerettet werden muß. In solchen Fällen sollte man auf jeden Fall eine Autopsie gestatten, [vorausgesetzt, daß sie] mit besonderer Sorgfalt [ausgeführt wird], so daß dem Toten Demütigung oder Schande erspart bleiben.

Deshalb stimme ich nicht der noch größeren Strenge von Rabbi Moses Schreiber [1762–1839, Ungarn] zu, der über die Entscheidung von Rabbi Landau hinausging. Rabbi Schreiber schrieb, daß, selbst wenn man einen Patienten mit einer ähnlichen Erkrankung wie der, an der ein anderer soeben verstorben ist, vor sich hat, und eine Autopsie deshalb die Aussicht bieten würde, sein Leben zu retten, sei eine Autopsie untersagt wegen des Verbots, Nutzen aus dem Toten zu ziehen und gegen Entstellung... Ich pflichte meinem Zeitgenossen Rabbi Yehudah Leib Graubart, möge sein Schöpfer und Erlöser ihn schützen, bei, daß das Verbot, Nutzen aus dem Toten zu ziehen, keine Gültigkeit hat, wenn es um einen Lernprozeß geht...[108].

Rabbi Ouziel schrieb seine Stellungnahme, als im Staat Israel eine heftige Kontroverse über Autopsien ausgetragen wurde. Das Grundgesetz des Staates wurde 1953 verabschiedet, und es gestattet das Sezieren eines Leichnams, wenn der Verstorbene vor seinem Ableben schriftlich zugestimmt hat, daß sein Leichnam für solch einen Zweck verwendet werden darf. In allen anderen Fällen waren die Ärzte ermächtigt, eine Autopsie durchzuführen, um entweder die Todesursache festzustellen, wenn sie unbekannt war, oder um eines der Organe aus dem Leichnam für eine Transplantation zu entfernen, um jemandem, der hoffnungslos erkrankt war, zu helfen. Aus diesem Gesetz ging nicht klar hervor, ob die Ärzte oder die Familie das letzte Wort über die Durchführung einer Autopsie haben. Nach langjähriger Debatte hat man sich in Israel nicht einigen können, um die oft widersprüchlichen Wünsche der Familie und der Ärzte auf einen Nenner zu bringen. 1966 verbot das Oberrabbinat von Israel formell jede Autopsie in irgendeiner Form, »außer es besteht eine direkte Gefahr für das Leben, und dann auch nur, nachdem ein kompetenter Rabbiner, der den Auftrag hat, derartige Entscheidungen zu treffen, sie für den jeweiligen Fall genehmigt hat.« Als eine Folge des Streits wurden weniger Autopsien durchgeführt, weil viele Familien so weit gingen, Wache in den Krankenhäusern zu halten, um sicherzustellen, daß die sterblichen Überreste kürzlich verstorbener Familienangehöriger nicht angerührt würden. Und doch ist auch Rabbi Immanuel Jakobovits, der ehemalige Oberrabbiner der United Synagogue von England, der gleichen Meinung wie Rabbi Ouziel, die Erlaubnis für Autopsien zu erweitern, wo immer glaubhaft nachgewiesen werden kann, daß die Autopsie dazu beiträgt, ein Menschenleben zu retten. Unter den Orthodoxen ist man getrennter Ansicht, es gibt jene, die nicht mehr erlauben als Rabbi Ezekiel Landau vor zweihundert Jahren, und jene, die lediglich routinemäßig durchgeführte Autopsien verbieten möchten. Dazu sagt Rabbi Jakobovits:

> Zwar kann man keine allgemeine Erlaubnis, alle Leichname unkritisch für eine Untersuchung nach dem Tode freizugeben, erteilen, aber der Bereich, in dem sie gestattet sind, sollte erweitert werden, um Tests mit neuen Arzneimitteln und Fälle einzuschließen, bei denen ein begründeter Verdacht auf Falschdiagnose besteht; denn unter solchen Bedingungen kann eine Autopsie ebenfalls direkt zur Rettung von Leben beitragen...
>
> Jede Erlaubnis für eine Autopsie darf nur unter der Bedingung erteilt werden, daß sich die Operation auf ein Mindestmaß beschränkt, so schnell wie möglich in Gegenwart eines Rabbiners oder religiösen Inspektors, wenn von der Familie erbeten, stattfindet und mit der höchsten Achtung und der Zusicherung ausgeführt wird, daß alle Körperteile für die Beerdigung zurückgegeben werden.
>
> So wie es die Pflicht eines Rabbiners ist, Verwandte zu drängen, einer Autopsie nicht zuzustimmen, wenn das Gesetz sie nicht rechtfertigt, sind sie aus religiöser Sicht verpflichtet, für die Erlaubnis in solchen Fällen zu sorgen, in denen Menschenleben dadurch gerettet werden können, genau wie der Verstoß gegen die Sabbatgesetze bei Lebensgefahr nicht nur wünschenswert, sondern eine Pflicht ist[109].

Transplantationen

Bei der Transplantation von Organen wird der Tote in seiner Ruhe gestört, aber den wichtigsten zeitgenössischen orthodoxen Halacha-Interpreten fiel die Zustimmung nicht schwer, solch eine Handlung nicht nur zu gestatten, sondern sie sogar als lobenswert zu bezeichnen. Rabbi Isser Yehudah Unterman (1886–1976), aschkenasischer Oberrabbiner von Israel zwischen 1954 und 1976, erlaubte die Transplantation der Hornhaut. Die wesentliche Logik seiner Entscheidung gilt für alle anderen Transplantationen, mit deren Hilfe ein Leben verlängert wird. Die orthodoxen Halacha-Exegeten untersagen beinahe einstimmig kosmetische Operationen, weil das Risiko dabei ihrer Ansicht nach den psychologischen Nutzen für den Patienten überwiegt. Selbst wenn dem nicht so wäre, hätten die orthodoxen Halacha-Experten vermutlich etwas dagegen, sich nur aus Gründen der Eitelkeit an einem Leichnam zu schaffen zu machen. Liberaler eingestellte Kreise, d. h., fast alle konservativen und Reformrabbiner, gestatten solche Operationen, wenn der Patient unter der gegebenen Situation sehr leidet. Es folgt ein Ausschnitt aus dem Text, in dem Rabbi Unterman seine Entscheidung über Hornhauttransplantationen erläutert:

… Erlaubt das Gesetz die Transplantation … einer Hornhaut von einem Leichnam auf einen lebenden Menschen, die ein organischer Bestandteil jener Person wird?

Das ist eine fragwürdige Angelegenheit wegen des Gesetzes, das es uns verbietet, aus einem Leichnam Nutzen zu ziehen; auf Grund einer Transplantation zieht der Lebende Nutzen aus einem Leichnam. Ein anderes Problem liegt darin, daß es streng verboten ist, den Toten zu entstellen oder irgendetwas zu tun, was dem Toten gegenüber unehrenhaft ist… Mir ist klar, daß dieses Gebot nicht für Operationen gilt, die ein gefährdetes Leben retten, weil die strengen Verbote der Thora außer Kraft gesetzt werden, wenn es um ein Leben geht. Um ein Leben zu retten, ist eine Operation sicher gestattet…

Eine Hornhauttransplantation ist heute durchaus üblich. Bei dieser Operation wird die Hornhaut von einem Leichnam (kurz nach seinem Tod) entfernt und in das Auge eines Menschen einoperiert, der wegen einer defekten Hornhaut nicht sehen kann. Als eine Folge dieses Eingriffs kann er wieder sehen. Aber kann der Eingriff als eine lebensrettende Technik eingestuft werden? Das Leben eines Menschen ist eigentlich nicht gefährdet, wenn er nicht sehen kann… Und der [rabbinische] Satz, daß »ein Blinder wie ein Toter ist«, bedeutet [lediglich], daß einem Menschen, der die Sonne nicht sehen kann, die Freuden des Lebens vorenthalten werden. Das ist wie die Aussage, ein Kinderloser gleiche einem Toten…

Aber es ließe sich vielleicht anführen, daß Blindheit lebensgefährlich ist, weil der Blinde in eine Grube fallen könnte oder sich sonst ständig in Gefahr begibt, sobald er umhergeht... Der Blinde kann nicht immer im Haus bleiben, und überquert er eine Straße, lauern Gefahren auf ihn. Beim Betreten oder Verlassen der Wohnung oder beim Besuch eines Freundes muß er im allgemeinen Treppen hinauf- und hinuntersteigen, was gefährlich sein kann. Deshalb sollte Blindsein als etwas Lebensgefährliches betrachtet werden. Aber was sagt das Gesetz, wenn jemand nur auf einem Auge blind ist? Ist eine Hornhauttransplantation in einem derartigen Fall gestattet?

... Nach reiflicher Überlegung komme ich zu dem Schluß, daß alle Hornhauttransplantationen gestattet werden sollten. Das Fehlen von Präzedenzfällen in den rabbinischen Quellen dürfte auf die Tatsache zurückgehen, daß solche Operationen im Altertum unbekannt waren. Man sollte Wege suchen, um sie im Einklang mit halachischen Grundsätzen zu gestatten. Auf jeden Fall habe ich weder im Talmud noch in der späteren rabbinischen Literatur etwas gefunden, das solch einer Entscheidung widerspräche.

Daß [die Verwendung] eines Teils eines Leichnams nur solange verboten ist, wie es tot ist, bildet die Grundlage für diese Erlaubnis... Obwohl der Leichnam, dem das Teil entnommen wurde, tot bleibt, ist das nicht der entscheidende Punkt. Das Verbot, einen Leichnam zu nutzen, gilt nur dann, wenn das Teil selbst tot bleibt. Pflanzt man dagegen die Hornhaut in den Körper eines Lebenden ein und erhält sie dann Lebenskraft, sobald Blut durch sie strömt, lebt sie weiter...

Aber das Verbot, einen Toten zu entstellen, wirft sicher Probleme auf. Man könnte vorbringen, daß dieses Gebot nicht absolut ist. Sezieren (wenn vom Gesetz und unter ähnlichen Umständen erforderlich gemacht) wird nicht als Entstellung definiert, wenn man den sezierten Teil für Heilzwecke verwendet...

Da die Hornhaut von außen nicht sichtbar ist und da die Augen eines Toten immer geschlossen sind, könnte man meiner Meinung nach erklären, es liege keine Entstellung vor. Und ich kann mir vorstellen, daß ein (auf einem oder auf beiden Augen) Blinder mit einer gesunden Hornhaut, der gebeten wird [während er noch am Leben ist], seine Hornhaut, für die er keinerlei Bedarf hat, zu spenden, um die Blindheit eines anderen zu heilen, dessen Hornhaut defekt ist, und dem Ärzte versichern, daß der Eingriff weder gefährlich noch schmerzlich ist, direkt mit seinem Körper das Gebot erfüllen würde [mit seiner positiven Antwort], für andere eine freundliche Tat zu vollbringen, indem ein anderer mit einem Teil seines Körpers geheilt wird, für das er selbst keine Verwendung hat.

Ist das der Fall, darf man annehmen, daß auch der Tote über die Verwendung seiner Hornhaut erfreut wäre. Und selbst wenn geschrieben steht, daß die Toten von [den Verpflichtungen] befreit sind, die Gebote [zu erfüllen], wachsen der Seele des Toten, dessen Leichnam für solch eine großartige *Mizwa* verwendet wird, großes Verdienst und Zufriedenheit zu. Solche Überlegungen sollten nicht leichthin abgetan werden...

Und möge Gott uns die Wunder seiner Thora, einer lebensspendenden Thora, lehren und uns das Verdienst gewähren, auf der Grundlage der in unserer heiligen Thora festgelegten Grundsätze die richtige Anweisung zu geben[110].

In den letzten Jahren hat sich Rabbi Eliezer Waldenberg (geb. 1917), der dem Obersten Rabbinergericht in Jerusalem vorstand, eingehend mit der Frage von Transplantationen im allgemeinen befaßt. Er mußte über die Frage, ob Organe nicht von Toten, sondern Organe wie Nieren von einem lebenden Spender zur Transplantation verwendet werden dürfen, entscheiden. Er untersagte jedem, seine Organe freiwillig zur Verfügung zu stellen, wenn solch eine Tat sein eigenes Leben gefährdet. Waldenberg entschied, daß das Verbot gegen solch ein Verfahren auch für die Ärzte gelte, die die Operation durchführen. Er fügte hinzu, niemand könne zu einer derartigen Handlung gezwungen werden. Organtransplantationen seien, wenn sie das Leben des Spenders wesentlich gefährden, nur gestattet, um ein Leben von besonderem Wert zu retten, wie das eines sehr bedeutenden Gelehrten oder eines jungen Menschen, dem sein alternder Vater ein Organ spenden möchte. Diese Diskussion dreht sich um die Frage, ob es einem Freiwilligen überhaupt gestattet werden dürfe, ein Organ zu spenden. Aber Waldenberg war sich bewußt, daß Urteile über den verhältnismäßigen Wert eines Einzellebens jene, die sie abgaben, auf moralisch »unsicheren Boden« stellte. Die dringendste zeitgenössische Frage – »Anhand welcher Normen werden knappe medizinische Mittel zugeteilt?« – steht im Hintergrund dieser Entscheidung, aber damit hat sich noch niemand auseinandergesetzt (*Ziz Elieser*, Bd. 10; 25:7). In allen Richtungen des Judentums herrscht bisher die Ansicht vor, der Einsatz medizinischer Mittel dürfe nicht von irgendeiner Beurteilung des Wertes eines Lebens im Vergleich zu einem anderen abhängig gemacht werden. Das gelte ganz besonders für wirtschaftliche Unterschiede. Die Armen dürften nicht als letzte in der Schlange stehen. »Was beweist, daß unser Blut roter als das eines anderen ist?« ist ein grundlegendes Prinzip im rabbinischen Gesetz.

Schwangerschaftsabbruch

Schon im Talmud wird die Frage diskutiert, aus welchen Gründen der Abort eines Fetus in Frage kommt. Grundsätzlich heißt es im Talmud, ein Fetus, der das Leben der Mutter gefährdet, müsse zerstört werden; sonst sei es verboten, den Fetus mutwillig zu töten, selbst wenn er noch nicht als Mensch gelte. Und trotzdem sind sich die Fachleute uneinig, was unter einem triftigen Grund für einen Schwangerschaftsabbruch zu verstehen ist. Die strengste Ansicht vertritt Rabbi Moshe Feinstein, wie 1977 niedergeschrieben:

… Maimonides (*Gesetze über Mord* 1:9) sagt ausdrücklich, daß das Töten des Fetus ein regelrechter Mord ist… Es ist erlaubt, den Fetus im Schoß einer schwangeren Frau, die in Wehen ist, zu zerstückeln, um ihr Leben zu retten, denn [in diesem Fall] ist der Fetus wie ein Verfolger, der sie zu töten trachtet. Die Thora legt jedem Juden die Pflicht auf, den

Verfolgten zu retten, selbst wenn das bedeutet, dem Verfolger das Leben zu nehmen, selbst wenn der Verfolger ein Minderjähriger ist, sogar wenn der Verfolger selbst aus einem Zwang heraus handelt. Obwohl jemand, der dies tut [das Leben des Fetus nimmt], nicht bestraft wird, so ist es doch eine Form des Mords; der Verfolger darf getötet werden nur wegen der Verpflichtung, ein Leben zu retten, selbst auf Kosten des Lebens des Verfolgers...

... Es gibt ein Problem mit Maimonides' Stellungnahme, denn wenn der Fetus wie ein Verfolger zu betrachten ist, sollten wir gestatten [sein Leben zu nehmen], selbst wenn sein Kopf herausgekommen ist [und Maimonides erlaubt das nicht]. Raw Hisda hat dieses Problem im Talmud angeschnitten [dabei erinnert er an die Lehre, daß dem Fetus, sobald sein Kopf herausgekommen ist, kein Schaden zugefügt werden darf, da ein unabhängiges Leben nicht genommen werden darf, um ein anderes unabhängiges Leben zu retten] (*Sanhedrin* 72b). Wir sollten uns an die Erklärung von Raw Huna halten, daß der zweite Fall anders liegt, da die Mutter vom Himmel verfolgt wird und der Fetus [dessen Kopf herausgekommen ist] nicht als Verfolger [sondern als eigenständiges, unabhängiges Leben] zu betrachten ist...

... Die Mischna (*Ohalot* 7:6) drückt sich ganz genau aus, [denn sie lehrt], daß bei einer Frau, wenn sie in Wehen ist und ihr Leben ist gefährdet, der Fetus, während er sich noch im Schoß befindet, zerstückelt und Glied um Glied entfernt werden muß, da das Leben der Mutter Vorrang vor dem Leben des Fetus hat. Wenn der größere Teil des Kinds schon herausgekommen ist, darf ihm nichts geschehen, weil der Anspruch eines unabhängigen Lebens nicht Vorrang vor dem Anspruch eines anderen unabhängigen Lebens hat... Der Fetus [der herausgekommen ist] gilt als ein Lebewesen [dessen Leben gleichberechtigt neben dem Leben der Mutter steht], und es ist verboten, ihn zu töten... Aber es ist erlaubt, es zu tun [wenn er noch vollständig im Schoß ist], weil das Leben der Mutter Vorrang vor dem Leben des Fetus hat.

... Es ist verboten, den Fetus zu töten, bevor die Ärzte endgültig bestimmt haben, die Mutter werde sonst mit großer Sicherheit sterben... Es muß festgestellt werden, daß der Fetus ein Verfolger ist. Aber unter allen anderen Umständen darf man unter Feten keine Unterschiede machen. Feten mit einer von den Ärzten diagnostizierten [voraussichtlich] kurzen Lebenserwartung wie jenen, die mit der Tay-Sachs-Krankheit geboren werden, dürfen, selbst wenn Untersuchungen zeigen, daß das Kind, das geboren wird, solch ein Problem hat, nicht zerstört werden. Solch ein Fetus gefährdet das Leben der Mutter nicht; er ist kein »Verfolger«. Dieser Fetus darf nicht zerstört werden, obwohl er die Quelle großen Kummers für beide Eltern ist. Deshalb habe ich Ärzten, die die Gebote der Thora befolgen, Anweisung gegeben, keine derartigen Untersuchungen durchzuführen, weil sie keinem guten Zweck dienen. Da sie die Schwangerschaft bei solch einem Fetus nicht abbrechen dürfen, verursacht das Wissen, daß er die Tay-Sachs-Krankheit hat, den Eltern nichts als Qual. Außerdem beschließen die Eltern [auf Grund der Untersuchung] womöglich, zu einem nichtjüdischen Arzt zu gehen, der die Thora-Gesetze nicht befolgt, damit er die Schwangerschaft unterbricht...

Ich habe zu diesem schweren Verstoß auf der Welt ausführlich schriftlich Stellung bezogen, weil die herrschenden Mächte in vielen Ländern, darunter auch Ministerpräsidenten des Staates Israel, die Tötung von Feten zugelassen haben. Es ist nötig geworden, einen Zaun zu errichten, um die Thora zu schützen. Nachsichtige Entscheidungen müssen vermieden werden, besonders wenn sie an das ernsteste aller Verbote, das Töten, rühren. Deshalb war ich bestürzt über das Responsum, das ein Weiser im Land Israel an den Direktor des Schaare-Zedek-Krankenhauses [in Jerusalem] geschrieben hat, wie in der Fachzeitschrift *Assia* (Nr. 13) veröffentlicht, wonach der Abort eines über drei Monate alten Fetus erlaubt ist, wenn bei ihm die Tay-Sachs-Krankheit diagnostiziert wurde. Er stellte [seiner Entscheidung] die Erklärung voran, daß viele, die hier eine Entscheidung treffen, der Meinung seien, das Gesetz über die Tötung von Embryos sei auf die Rabbiner [und nicht auf die Thora und deshalb elastischer und weniger gewichtiger] zurückzuführen... Aber er zitiert die Responsa von Rabbi Joseph Treni [1500–1580] und Rabbi Jakob Emden [1697–1776] nicht korrekt... Es ist klar und einfach, wie ich geschrieben habe, daß die klare Halacha gemäß den frühen Rabbinern, Kommentatoren und jenen, die Entscheidungen treffen, die Tötung jedes Embryos untersagt, ob er nun rechtmäßig empfangen wurde oder ein *Mamser* ist, ob es ein gewöhnlicher Embryo sind oder ob man von ihm weiß, daß er die Tay-Sachs-Krankheit hat. Es ist verboten, ihn zu töten, und man darf sich nicht irren, indem man sich auf das Responsum jenes Weisen [den ich erwähnt habe] verläßt... Jeder ist verpflichtet, der Thora und dem wahren Urteil (*ve-Din emet*) Achtung zu zollen[111].

Die Stellungnahme, die Gegenstand von Feinsteins heftiger Verurteilung war, stammt von Rabbi Eliezer Waldenberg. Er hatte dem Abort eines Fetus, von dem man wußte, daß er die Tay-Sachs-Krankheit hat, zugestimmt, weil die Qual der Mutter unerträglich wäre. »In diesem spezifischen Fall, bei dem eine Geburt schreckliche Folgen hat, kann man eine Schwangerschaftsunterbrechung bis zum siebten Monat unter der Voraussetzung erlauben, daß sie die Mutter nicht gefährdet... Nach dem siebten Monat ist der Fetus in praktisch allen Bereichen nahezu vollständig ausgebildet.« Waldenberg wußte, daß er sich auf neues Gebiet vorwagte, denn die Tay-Sachs-Krankheit war nicht bekannt, als man sich in der frühen rabbinischen Literatur mit der Frage der Schwangerschaftsunterbrechung beschäftigte. Er untermauerte seine Ansicht mit einer Interpretation der älteren Quellen, die der von Rabbi Feinstein widersprach. Nach Waldenbergs Meinung ist das Töten eines Fetus kein Mord, denn der Fetus fällt nicht in die Kategorie von »Lebewesen« (*Ziz Elieser*, Bd. Nr. 13, 102). Waldenbergs Ansicht unterscheidet sich nicht wesentlich von Rabbi Solomon Freehofs Meinung, einer Kapazität der Reformbewegung. Ihm zufolge rechtfertigt die Qual der Mutter eine Schwangerschaftsunterbrechung:

Es ist ziemlich auffällig, daß die ganze Frage einer Schwangerschaftsunterbrechung im traditionellen Gesetz nicht sehr eingehend (anhand tatsächlicher Fälle) diskutiert wird... Das erste Responsum stammt von einer großen Kapazität, Yair Chaim Bachrach aus Worms im siebzehnten Jahrhundert. In seinem Responsum (»Chavos Yair« 31) wurde ihm die folgende Frage gestellt: Eine verheiratete Frau gestand einen Ehebruch ein und bat, da sie schwanger geworden war, um die Erlaubnis, die Schwangerschaft zu unterbrechen. Bachrach wurde gefragt, ob das jüdische Gesetz es gestatte, ihrer Bitte zu entsprechen... Er folgerte aus der Diskussion in den Tosfos zu[m Talmudtraktat] Chullin, daß es einem Juden nicht gestattet sei, einen Fetus zu zerstören, und daß es ihm verboten sei, dies zu tun, selbst wenn er dafür nicht bestraft würde.

Und doch wurde hundert Jahre später genau die entgegengesetzte Meinung vertreten, ebenfalls von einer großen Kapazität, nämlich Jakob Emden (»Jabez« I, 43). Er wird in bezug auf eine schwangere Ehebrecherin gefragt, ob sie die Schwangerschaft unterbrechen dürfe. Er bejahte es mit der eher eigenartigen Begründung, daß solch eine Frau, gäbe es noch unser Sanhedrin, das die Todesstrafe verhängen konnte, zum Tode verurteilt würde, und ihr Kind würde dann ohnehin mit ihr sterben. Danach setzt er kühn (wenn auch mit einigen Bedenken) hinzu, man dürfe unter Umständen einen Fetus zerstören, nur um einer Mutter außerordentliche körperliche Schmerzen zu ersparen.

Salomo Skola sagt in seinen Responsa »Beth Schlomo« (Lemberg 1878, Hoschen Mischpot 132), daß es in den ersten vierzig Tagen der Schwangerschaft keinen möglichen Einwand gegen einen Abbruch gebe; aber selbst zu einem späteren Zeitpunkt entscheide die Gefahr für das Leben und die Gesundheit der Mutter, ob ein Abort durchgeführt werden dürfe...

Eine sehr viel gründlichere, positivere und intelligente Stellungnahme stammt von Ben-Zion Ouziel, dem inzwischen verstorbenen sephardischen Oberrabbiner (in »Mischpetei Ouziel« III, 46 und 47). Nach einer allgemeinen Analyse des Themas schließt er, ein ungeborener Fetus sei noch keine *Nefesch* und besitze kein eigenständiges Leben. Er sei Teil seiner Mutter, und so wie ein Mensch ein Glied opfern dürfe, um von einer ernsten Krankheit geheilt zu werden, dürfe dieser Fetus zugunsten der Mutter zerstört werden. Natürlich berücksichtigt er die Stellungnahme der Tosfos zu Chullin 33a, wonach es einem Juden nicht erlaubt ist *(lo schari)*, einen Fetus zu zerstören, obwohl solch eine Tat nicht als Mord gilt. Selbstverständlich sagt Ouziel, man dürfe ihn nicht zerstören. Man darf grundlos nichts zerstören. Wenn es jedoch zu einem würdigen Zweck geschieht, ist es erlaubt. Man hatte ihm den besonderen Fall einer Frau unterbreitet, die von dauernder Taubheit bedroht war, wenn sie die Schwangerschaft vollendete. Ouziel entschied, da der Fetus keine eigenständige *Nefesch*, sondern nur Bestandteil der Mutter ist, sei es keine Sünde, ihn zu ihren Gunsten zu zerstören.

In dem Fall, der Ihnen vorliegt, würde ich deshalb sagen, daß, da das Kind gemäß der vorherrschenden ärztlichen Meinung körperlich und sogar geistig behindert geboren wird, die Mutter, um *ihrer selbst willen* (d. h. wegen ihrer geistigen Qual jetzt und in Zukunft) diesen Teil ihrer selbst opfern darf. Diese Entscheidung folgt den Stellungnahmen von Jakob Emden und Ben-Zion Ouziel entgegen der früheren Stellungnahme von Yair Chaim Bachrach[112].

In jüngerer Zeit hat sich die Reformbewegung aus ganzem Herzen und die konservative mit einigem Widerstreben auf die Ansicht zubewegt, ein unerwünschtes Baby als solches verursache der Mutter Qual; deshalb solle die Entscheidung über einen Schwangerschaftsabbruch ihr überlassen werden. Selbst die liberalsten Vertreter der orthodoxen Gemeinde bestehen weiterhin darauf, daß »ein Abort auf Verlangen« verboten ist. Zwar sei der Fetus noch kein Mensch, aber ihm dürfe das Leben nur dann vorenthalten werden, wenn er eindeutig das Leben der Mutter gefährdet. Solch eine Entscheidung könne nur von einer kompetenten Kapazität, d. h. Rabbinern, getroffen werden, nachdem sie die Stellungnahme von Ärzten gehört haben.

Tod und Lebenserhaltung

Die Halacha definiert Tod als das Aufhören von Atmen. Dank moderner medizinischer Technik kann ein Patient mit Hilfe von Maschinen atmen, und sein Herz kann schlagen, selbst nachdem sein Gehirn nicht mehr funktioniert. Rabbi Moshe Feinstein, im allgemeinen ein strenger Befürworter der Präzedenzfälle im Talmud, hat überraschend »liberale« Schlußfolgerungen zur Frage einer Definition des Todes gezogen. Unterstützt wurde er dabei von seinem Schwiegersohn Rabbi Moshe Tendler, einem Fachmann für Medizin und Talmud. 1976 folgerten beide zusammen, Tod könne mit dem Aufhören der Hirntätigkeit definiert werden, und eine Beatmung mit der Maschine sei dann nicht mehr nötig:

Wenn Trümmer von einem einstürzenden Haus auf jemanden gefallen sind [und es unbekannt ist, ob er noch lebt oder tot ist], muß der Schutt abgeräumt werden, bis man an seine Nase kommt, selbst am Sabbat, um ihn zu untersuchen (*Joma* 85). Diesen Entscheid findet man bei Maimonides (*Hilchot Schabbat* 2:19) und im *Schulhan Aruch* (329:4). Gibt es das geringste Anzeichen von Atem [das festgestellt wird, indem man ihm eine Feder oder ein dünnes Blatt Papier unter die Nase hält], gilt er noch als lebendig. Bewegt sich die Feder oder das Papier nicht, ist er als tot anzusehen. Dieses Verfahren muß allerdings mehrere Male wiederholt werden, wie ich anderenorts erklärt habe (*Igrot Mosche, Jore Dea*, Teil 2, *Siman* 174, Teil 2), als ich die Worte Maimonides' ausführte (4:5), der schrieb, man solle eine Zeitlang warten, möglicherweise sei der Mensch einfach in Ohnmacht gefallen, und zwar solange, wie ein Mensch, ohne zu atmen, leben kann, dabei müsse man ihn unablässig beobachten, ohne sich auch nur einen Augenblick ablenken zu lassen, und so kann man feststellen, daß er die ganze Zeit über nicht geatmet hat...

... Ich habe von meinem Schwiegersohn, dem hervorragenden Rabbi Moshe David Tendler [einem Wissenschaftler] gehört, daß die Ärzte Stoffe für eine Injektion in die Venen haben, anhand derer sie bestimmen können, ob die Verbindung zwischen dem Gehirn und dem restlichen Körper [einschließlich dem Blutstrom ins Gehirn] unterbrochen ist. Wenn diese Verbindung nicht mehr vorhanden ist und wenn ein Zerfall des Gehirns [d. h. seiner Zellen] eingesetzt hat, entspricht die Situation einer Enthauptung [und der Patient ist daher eindeutig tot]. Das führt uns dazu, streng zu sein bei der Beurteilung des Falls von jemandem in einem Koma, der nicht reagiert und nicht ohne einen Respirator atmen kann; er darf solange nicht für tot erachtet werden, bis dieser Test durchgeführt wurde. Wenn der Test offenbart, daß es zwischen Gehirn und restlichem Körper noch immer eine Verbindung gibt, obwohl er nicht selbständig atmet, sollte er weiterhin an einen

Respirator angeschlossen bleiben, selbst über einen längeren Zeitraum hinweg. Nur wenn der Test zeigt, daß zwischen Gehirn und restlichem Körper keine Verbindung mehr besteht, ist er als tot anzusehen.

Und mein Schwiegersohn hat auch festgestellt, daß bei Menschen, die Giftstoffe wie große Mengen von Schlaftabletten genommen haben, [in bezug auf den Tod] keine Entscheidung getroffen werden kann, solange die Giftstoffe noch im Körper sind, wie man anhand von Blutproben nachweisen kann. Solch ein Patient, der unfähig ist, selbständig zu atmen, muß an einen Respirator angeschlossen werden, bis Tests ergeben, daß keine Giftstoffe mehr im Körper sind. Wenn er dann nicht selbständig atmet, braucht der Respirator nicht mehr angestellt zu werden, denn er ist tot. Aber wenn er, selbst etwas mühsam, weiteratmet, lebt er noch und sollte erneut künstlich beatmet werden[113].

Obwohl Rabbi Feinstein bereit ist, Hirntod als das Ende eines Lebens zu akzeptieren, hat er trotzdem das aktive Abschalten des Respirators untersagt. Er hat geboten, daß man, wenn die Sauerstoffbehälter ausgetauscht werden müssen, damit fünfzehn Minuten warten solle, das heißt, lange genug, um festzustellen, ob der Patient von allein atmen kann, und im negativen Fall brauche man den Apparat nicht wieder anschließen. Rabbi Eliezer Waldenberg hat vorgeschlagen, einen Timer an den Respirator anzuschließen, damit der Patient regelmäßig überprüft werden könne und, falls der Patient nicht ohne einen Respirator auskommt, ihn nicht wieder einzuschalten:

Dies ist ein Responsum auf eine Frage von Dr. David Meir, dem damaligen Direktor des Krankenhauses Schaare Zedek in Jerusalem.
[Wir beginnen mit Rabbi Waldenbergs Zusammenfassung der Frage, die ihm der Arzt gestellt hatte.]... Nach einem schrecklichen Verkehrsunfall wird ein Mann in die Notaufnahme gebracht. Möglicherweise ist sein Schädel eingedrückt. Die Ärzte, die ihn zu retten versuchen, richten schnell ein Lebenserhaltungssystem ein und schließen ihn an einen künstlichen Respirator an, weil er nicht atmet, und möglicherweise ist auch sein Herz nicht in der Lage, von allein zu schlagen.

Mehrere Stunden oder Tage später wird deutlich, daß der Patient keinerlei eigenständige Lebensanzeichen aufweist. Es erhebt sich die Frage, ob der lebenserhaltende Mechanismus in dieser Lage als ein Instrument zu betrachten ist, der [den Tod] des Patienten ›verhindert‹, in diesem Fall wäre es erlaubt, den Respirator zu entfernen. In der Notaufnahme betreut das medizinische Personal einen Patienten, aber es kann seinen Zustand nicht genau beurteilen; dort muß man sich die größte Mühe geben, ihn zu retten, und dazu wird die gesamte, zur Verfügung stehende medizinische Ausrüstung eingesetzt. Erst später, wenn sich im Verlauf der Behandlung herausstellt, daß zum Beispiel der Schädel des Patienten eingedrückt oder sein Rückenmark gebrochen ist, sieht sich der Arzt dem Problem gegenüber, eine aktive Behandlung einzustellen. Es wird unterstrichen, daß sich diese Frage nur stellt, wenn die ärztliche Bewertung zeigt, daß der Zustand des Patienten hoffnungslos unheilbar ist. Der Zweck [die aktive Behandlung einzustellen] wäre es, dem Patienten weiteres Leid zu ersparen: es ihm zu ermöglichen, friedlich zu sterben, den Tod mit Würde zu erleben, ohne die Erniedrigung, in eine an unzählige Röhren angeschlossene Kreatur verwandelt zu werden, so daß das göttliche Bild in ihm zerstört wird…

… Im *Buch der Frommen* (*Sefer Chassidim*, S. 723) heißt es, wenn der Lärm vom Holzhacken, den ein sterbender Mensch hört, die Seele daran hindert, den Körper zu verlassen, der Holzhacker aus seiner Umgebung entfernt werden müsse.

…Wir kommen jetzt zu meinem Responsum. Jeder leidende Mensch, der nach einem Unfall in die Notaufnahme gebracht wird, oder auch nach einer Vergiftung oder ähnlichem, sogar jene, deren Schädel eingedrückt wurde, müssen sofort mit der gesamten denkbaren lebensrettenden Ausrüstung und Behandlung betreut werden, wozu auch das Anschließen an alle zur Verfügung stehenden Apparate gehört. Diese Apparate sollten besondere Uhren mit Reglern ähnlich jenen, die am Sabbat verwendet werden, besitzen. Sie sollten auf eine kurze Zeitspanne, zum Beispiel zwölf oder vierundzwanzig Stunden, eingestellt werden. Während dieses Zeitraums können die Ärzte klinische Tests mit der zur Verfügung stehenden Ausrüstung durchführen, um zu entscheiden, ob der Patient irgendwelche Aussichten hat zu leben. Wenn das der Fall ist, muß die Ausrüstung, wenn sie aussetzt, sofort wieder eingeschaltet werden. Wenn jedoch zum Beispiel klar ist, daß das Gehirn eingedrückt wurde und keine Hoffnung auf Leben mehr für den Patienten besteht oder wenn das Rückgrat gebrochen ist und es zwischen Gehirn und Körper keine Verbindung gibt, ist der Arzt nicht verpflichtet, den Respirator wieder einzuschalten...

... Ja, es ist dem Arzt verboten, dies zu tun, denn indem er den Patienten wieder an ein Lebenserhaltungssystem anschließt, führt das höchstens zu [mechanischen] Körperbewegungen, aber wiederbeleben kann er ihn nicht. Schaltet er den Respirator wieder ein, verursacht er nur unsägliches Leid und Qual...

... Es sollte hinzugefügt werden, daß man nicht den zusätzlichen Faktor außer acht lassen sollte, den Sie [der Fragesteller, der Arzt] erwähnt haben, nämlich die hohen Kosten, die der Familie entstehen, so daß viele Familien an den Rand der Armut getrieben werden, noch dazu für keinen guten Zweck.

Und mögen die Worte, wie sie in der Schrift stehen, auf uns Anwendung finden: »Rette mein Leben... vor den Leuten – deine Hand – o Ewiger, vor den Leuten von der Zeitlichkeit, deren Anteil ist das Leben« (Ps. 17:13–14), was wie im Kommentar von Raschi als eine Bitte zu verstehen ist, daß wir zu jenen zählen mögen, deren Tod im Bett das Ergebnis Deiner Hand ist, weil die ihnen zugemessene Zeit dank eines fortgeschrittenen Alters zu Ende gegangen ist, sowie zu jenen, die Anteil haben am Leben in der künftigen Welt[114].

Hinweis: An anderer Stelle (Bd. 14, Nr. 80) besteht Waldenberg darauf, daß ein unheilbarer Kranker unvermindert Blutübertragungen, Sauerstoff, Antibiotika, intravenöse Flüssigkeiten, Ernährung und schmerzlindernde Medikamente bekommen müsse.

Orthodoxe Halacha-Experten haben sich geweigert, die Schranke zwischen dem Nichtwiedereinschalten des Respirators und dem aktiven Abschalten zu überschreiten. Jüdischen Gelehrten aller Schattierungen widerstrebt es, einem Leben durch menschliches Eingreifen ein Ende zu setzen, selbst aus den gnadenvollsten Gründen: Der Mensch darf nicht Gott spielen. Dieses Gefühl ist besonders in diesem Jahrhundert akut, das soviel Mord erlebt hat, vor allem den Mord an Juden durch die

Nazis im Namen einer Säuberung der Menschenrasse. Und doch enthält die Halacha einen fest etablierten Grundsatz, daß man das Leid mildern muß, besonders das eines *Gossess*, also von jemandem, der im Sterben liegt. Rabbi Waldenbergs Zitat aus dem *Buch der Frommen*, in dem es heißt, einem Holzhacker könne befohlen werden, seine Arbeit einzustellen, wenn der Lärm die Seele eines Sterbenden hindert, ihn zu verlassen, soll hier mit einer Anekdote ergänzt werden, die sich um den Tod von Juda Hanasi rankt. Seine Schüler beteten für ihn, und damit hinderten sie ihn am Sterben. Sein Diener störte sie in ihrem Gebet, um dem Leiden von Rabbi Juda ein Ende zu setzen (*Ketubot* 104a).

Die zeitgenössische halachische Meinung neigt sich überwiegend der Ansicht zu, daß Medikamente verabreicht werden können, um in extremen Situationen Leiden abzuschwächen, selbst wenn sie als Nebenwirkung das Leben verkürzen, vor allem dann, wenn auch nur die geringste Aussicht darauf besteht, daß das Medikament tatsächlich hilft, die Krankheit zu mildern. Euthanasie ist verboten. In einer aussichtslosen Situation Medikamente vorzuenthalten, »damit die Natur ihren Gang nehmen kann«, liegt durchaus innerhalb der Grenzen des jüdischen religiösen Gesetzes. Aber wie steht es mit der Bestimmung, Nahrung vorzuenthalten? Zweifellos muß ein Patient, der noch durch den Mund gefüttert werden kann, gefüttert werden. Bei intravenös ernährten Patienten sieht die Lage anders aus. Einige Fachleute in zeitgenössischer ärztlicher Ethik, darunter Ärzte und Moralphilosophen, die fromme Juden sind, vertreten die Ansicht, daß intravenöse Lösungen von Nahrung und Wasser genau wie die Medikamente, die dem Patienten intravenös verabreicht werden, Medizin sind. Deshalb dürfen sie aus dem gleichen Grund eingestellt werden wie Medikamente, die nicht mehr gegeben zu werden brauchen. Rabbiner beziehen, gleichgültig welcher Richtung, dagegen die entgegengesetzte Stellung. Nahrungs- und Wasserentzug, selbst wenn künstlich verabreicht, sind nicht das gleiche – darauf bestehen die meisten Fachleute – wie das Einstellen der ärztlichen Behandlung.

Mit dem Fortschritt der medizinischen Technologie dürften die Fragen, die in diesem Teil besprochen wurden, sowie neue, die zukünftige Fortschritte noch mit sich bringen, auch weiterhin aktuell bleiben. Die grundlegenden Prinzipien des Judentums über Leben und Tod erfahren eine neue Auslegung, und zwar von Gelehrten mit anderen Ansichten. Die Grundlage dürfte dabei jedoch immer die gleiche bleiben: Die jüdische Tradition fordert eindringlich zur Achtung des Lebens auf; was immer das Leben fördert, hat Vorrang. Man darf sich auf keinen Fall an Euthanasie beteiligen, aber dem Menschen muß geholfen werden, in Frieden zu sterben. Maimonides entschied, das Wesen des Menschen liege in seinem Intellekt, was beinhaltet, es müsse dem Leben gestattet werden, zu Ende zu gehen, sobald die intellektuelle Fähigkeit dahin ist (*Mischne Thora, Hilchot Jessodei ha-Thora* 4:8). Von diesem Gedanken ließ sich Rabbi Seymor Siegel (1927–1988) von der konservativen Bewegung leiten, als er einem »Lebenstestament« zustimmte, in dem ein Patient Anweisungen hinterläßt, die festlegen, inwieweit er in extremen Situationen behandelt werden möchte:

Es ist klar, daß es für den Einzelnen, wenn der Tod unmittelbar bevorsteht und in Fällen, in denen die Behandlung keine Heilung, ja, nicht einmal eine erwähnenswerte Linderung der Schmerzen bringt, nichts Besseres gibt (besonders, wenn er seine Meinung dazu in einem Testament bekanntgegeben hat), als ihn eines natürlichen Todes sterben zu lassen… Das Lebenstestament macht es möglich, dem Patienten das Vorrecht einzuräumen, die Einstellung all jener Dinge anzuordnen, »die die Seele daran hindern, den Körper zu verlassen«. Die Fortschritte in der medizinischen Technik haben Probleme aufgeworfen, die unsere Vorfahren kaum voraussehen konnten. Wir dürfen bei all unserer Treue zur Tradition nicht das Wohl des leidenden Patienten vergessen, dem es, wenn der Lebensspender das Ende seines Erdendaseins bestimmt hat, trotz unserer Apparate gestattet sein muß, sterben zu dürfen[115].

VIERZEHNTES KAPITEL

Liebe deinen Nächsten

DAS BEKANNTE ZITAT aus der rabbinischen Lehre, mit dem dieses Kapitel beginnt, ist der Reihe nach von Samuel Naniado, einem Rabbiner aus Aleppo aus der zweiten Hälfte des 16. Jahrhunderts, von Moses Luzatto und von vier chassidischen Lehrern des 18. und 19. Jahrhunderts kommentiert worden.

Einst kam ein Heide zu Schammai und sprach: »Ich möchte ein Proselyt werden unter der Bedingung, daß du mich die ganze Thora lehrst, während ich auf einem Fuß stehe.« Schammai jagte ihn mit einem Maurermeßstock davon. Als er mit dem gleichen Anliegen vor Hillel erschien, sagte Hillel: »Füge deinem Nachbarn nicht zu, was dir selbst zuwider ist. Das ist die ganze Thora. Der Rest ist Kommentar. Geh und lerne das.«[116]

»... du sollst deinen Nächsten lieben wie dich selbst; ich bin der Ewige...« (Lev. 19:18).

»Ich bin der Ewige.« Dies erklärt zwei Dinge. Erstens, wenn die Seelen so sind, wie sie sein sollten, so sind sie alle ein Teil Gottes, und da die Seele eines Menschen und die Seele seines Nächsten beide aus dem gleichen Thron der Pracht geschnitzt sind, darum ist das Gebot »du sollst deinen Nächsten lieben wie dich selbst« wörtlich zu verstehen, denn der Nächste ist wie du. Und zweitens, wenn deine Liebe zu deinem Nächsten der Liebe zu dir selbst gleich ist, so erachte ich das als Liebe zu Mir, denn »ich bin der Ewige«. Da Liebe zu ihm der Liebe zu dir selbst gleicht, und er doch nur ein unendlich kleiner Teil von Mir ist – um wieviel mehr wirst du Mich lieben! Denn die Liebe zu deinem Nächsten gilt im gleichen Maße wie wenn ich, dein Gott, sie empfangen hätte[117].

Die Ausübung der Barmherzigkeit ist ein wesentlicher Bestandteil der Frömmigkeit. Das (hebräische) Wort für Frömmigkeit oder Heiligkeit wird von derselben Wurzel abgeleitet wie das Wort für Güte. Nach unseren Weisen ruht die Welt auf drei Dingen, und eines dieser Dinge ist die Ausübung der Barmherzigkeit... Raba predigte, daß jeder, der die folgenden drei Eigenschaften besitzt, zweifelsohne ein Nachkomme unseres Vaters Abraham sei: Mitleid, Bescheidenheit und die Ausübung der Barmherzigkeit... Unsere Weisen sagten: »In dreierlei Hinsieht ist Barmherzigkeit der Wohltätigkeit überlegen. Wohltätigkeit erfordert die Spende eigenen Besitztums, während die Ausübung der Barmherzigkeit die Spende seiner selbst erfordert. Wohltätigkeit wird nur dem Armen gegenüber ausgeübt, während Barmherzigkeit dem Armen wie dem Reichen gegenüber ausgeübt werden kann. Wohltätigkeit kann nur Lebenden gegenüber erwiesen werden, während Barmherzigkeit den Lebenden wie den Toten gegenüber ausgeübt werden kann.« (*Sukka* 49b)... Barmherzigkeit erfordert, daß wir keinem menschlichen Wesen und nicht einmal einem Tier Schmerz zufügen. Tieren gegenüber müssen wir barmherzig und mitleidvoll sein. Denn es steht geschrieben: »Der Gerechte hat Verständnis für das Leben seines Viehs« (Sprüche 12:10)[118].

Ein kleinerer Heiliger ist fähig, kleinere Sünder zu lieben. Ein großer Heiliger liebt große Sünder. Der Messias wird das Verdienst eines jeden Juden zu sehen wissen[119].

Die Unwahrheit ahmt die Wahrheit so sehr nach, daß es unmöglich scheint, die eine von der anderen zu unterscheiden. Was ist denn der Unterschied zwischen den Verteidigern der Wahrheit und den Meistern der Unwahrheit? Dies ist ein untrügliches Zeichen: Männer der Wahrheit widmen sich in besonderem Maße der Aufgabe, Gefangene freizukaufen. Die Sklaverei ist ihnen verhaßt. Dies ist der Prüfstein, mit dessen Hilfe ihr den Unterschied erkennen könnt[120].

Ein Schüler des Rabbi Mendel von Kotzk, ein erfolgreicher Geschäftsmann, kam einst zu ihm und klagte, so sehr in seine Geschäfte verwickelt zu sein, daß er keine Zeit fände, auch nur ein Stück der Thora zu lernen. Der Meister fragte ihn: »Wieviele Leute beschäftigst du in deinem Unternehmen?« »Hundertundfünfzig«, lautete die Antwort. »So. Du sorgst also für den Lebensunterhalt von hundertundfünfzig

Familien. Dies ist wahrlich der Mühe wert, dafür in dieser und in der künftigen Welt zu leiden.«[121]

Über Josephs Brüder steht geschrieben: »Da sahen sie ihn von ferne; und bevor er noch zu ihnen herangekommen war, sannen sie gegen ihn Ränke, ihn zu töten« (Gen. 37:18). Der Grund, warum die Brüder Joseph töten wollten ist der, daß sie ihn nur von fern sahen. Hätten sie ihn ganz nah gesehen, so hätten sie sein Wesen erkannt und ihn geliebt.

In jedem Menschen ist ein Funke der Göttlichen Seele. Die Macht des Bösen im Menschen verdunkelt diese Flamme und erstickt sie beinahe. Brüderliche Liebe unter den Menschen entzündet die Seele von neuem und bringt sie ihrer Quelle näher[122].

IV
Der Ablauf des Jahres

ERSTES KAPITEL

Der Sabbat

DER MENSCH IST, einer zentralen rabbinischen Vorstellung entsprechend, der Partner Gottes im Werk der Schöpfung. Gott arbeitete, dann ruhte er; der Mensch arbeitet, um seine schöpferischen Arbeiten zu vollbringen, und auch er muß ruhen. Die fünf Bücher Moses ordnen absolute Enthaltsamkeit von jeglicher Arbeit an. Die Propheten betonen nachdrücklich, daß die rituellen Einschränkungen notwendig sind, um jenen Geisteszustand zu erlangen, der Zweck des Sabbats ist und diesem seinen Sinn gibt.

So wurden vollendet der Himmel und die Erde und ihr ganzes Heer. Und Gott vollendete am siebenten Tag sein Werk, das er gemacht, und er ruhte am siebenten Tag von all seinem Werk, das er gemacht. Da segnete Gott den siebenten Tag und heiligte ihn; denn an ihm ruhte er von all seinem Werk, das Gott zu wirken geschaffen[1].

Gedenke des Sabbattages, ihn zu heiligen! Sechs Tage sollst du arbeiten und all dein Werk verrichten; aber der siebente Tag ist ein Sabbat dem Ewigen, deinem Gott. Da sollst du keinerlei Werk verrichten, du und dein Sohn und deine Tochter, dein Knecht und deine Magd und dein Vieh, und dein Fremdling, der in deinen Toren ist. Denn in sechs Tagen hat der Ewige den Himmel und die Erde geschaffen, das Meer und alles, was darin ist; aber am siebenten Tag hat er geruht; darum hat der Ewige den Sabbattag gesegnet und ihn geheiligt[2].

So sollen die Kinder Israel den Sabbat wahren, daß sie den Sabbat begehen für ihre Geschlechter als ewigen Bund. Zwischen mir und den Kindern Israel ist er ein Zeichen für ewig; denn in sechs Tagen hat der Ewige den Himmel und die Erde geschaffen, aber am siebenten Tag hat er geruht und gefeiert[3].

Wahre den Sabbattag, ihn zu heiligen, wie der Ewige, dein Gott, dir geboten hat. Sechs Tage sollst du arbeiten und all dein Werk verrichten; aber der siebente Tag ist ein Sabbat dem Ewigen, deinem Gott. Da sollst du keinerlei Werk verrichten, du und dein Sohn und deine Tochter, dein Knecht und deine Magd, dein Ochs und dein Esel und all dein Vieh, und dein Fremdling, der in deinen Toren ist, auf daß ruhe dein Knecht und deine Magd wie du. Und du sollst gedenken, daß du Knecht warst im Land Ägypten, und daß der Ewige, dein Gott, dich von dort herausgeführt hat mit starker Hand und mit ausgestrecktem Arm; darum hat der Ewige, dein Gott, dir geboten, den Sabbattag zu halten[4].

So hat er gesprochen: Wahret Gerechtigkeit, machet Bewährung zur Tat, denn nah ist meine Befreiung am Kommen, meine Bewährung am Sichoffenbaren. Gesegnet der Mensch, der dieses tut, der Adamssohn, der daran festhält, den Sabbat vor Preisgabe wahrend, vor allem bösen Tun wahrend seine Hand. Und nimmer spreche der Sohn der Fremde, der Ihm Anhangende, solche Sprache: »Er trennt mich gewiß von seinem Volke ab«... Und die Söhne der Fremde, die Ihm Anhangenden, ihm zu amten und Seinen Namen zu lieben, ihm Knechte zu werden, jeder der den Sabbat vor Preisgabe wahrt, und der an Meinem Bund festhält, die lasse ich kommen zum Berg meines Heiligtums, die heiße ich sich freuen in meinem Haus des Gebets. Ihre Opfer und ihre Schlachtmahle seien zur Begnadigung auf meinem Altar: Denn mein Haus, das Haus des Gebets wird es gerufen werden bei allen Völkern[5].

Hältst du zurück deinen Fuß wegen des Sabbats, vom Tun nach deinen Gelüsten am Tag meiner Heiligung, und nennst den Sabbat selber eine Wonne, die Mir heilig ist: Ehrwürdiger, und ehrst ihn, statt deine Wege zu tun, statt zu finden dein Gelüst und Gerede zu reden, dann wirst du Wonne haben an Mir, ich fahre dich über Kuppen des Landes, ich atze dich mit dem Erbe Jakobs, deines Vaters. Ja, geredet hat es Sein Mund[6].

Und es wird geschehen, hört ihr gehorsam auf Mich, sagt der Ewige, es zu lassen, Traglast zu bringen durch die Tore dieser Stadt am Tag des Sabbat, zu heiligen den Tag des Sabbat, es zu lassen, an ihm allerart Arbeit zu machen, dann werden kommen durch die Tore dieser Stadt Könige und Fürsten, die auf Davids Stuhl sitzen, mit Fahrzeug und

Rossen fahren, sie und ihre Fürsten, die Männer Jehudas und die Bewohner Jerusalems, und besiedelt bleibt diese Stadt auf Weltzeit... Gehorcht ihr mir aber nicht, zu heiligen den Tag des Sabbat, es zu lassen, Traglast zu tragen durch die Tore Jerusalems kommend am Tag des Sabbat, dann entfache ich einen Brand in seinen Toren, der frißt Jerusalems Paläste und lischt nicht[7].

In jenen Tagen sah ich in Jehuda welche Keltern treten am Sabbat, Garben einbringen und auf die Esel verladen, auch Wein, Trauben, Feigen und allerhand Last, es nach Jerusalem bringen am Tag des Sabbat. Und ich warnte sie an dem Tag, da sie den Fang verkauften. Da brachten die Tyrer, die auch darin siedelten, Fisch und allerlei Verkaufszeug und verkauften es am Sabbat den Söhnen Jehudas, und das in Jerusalem. Ich stritt wider die Edlen Jehudas und sprach zu ihnen: »Was ist das für ein arges Ding, das ihr tut und damit den Tag des Sabbat preisstellt? Haben nicht so eure Väter getan und unser Gott hat über uns all dies Arge gebracht und über diese Stadt? Ihr aber fügt noch dazu Entflammen über Israel, da ihr den Sabbat preisstellt.«[8]

Die Mischna, der Kodex des jüdischen Gesetzes, den Rabbi Juda ha-Nasi im 2. Jahrhundert herausgab, ist nach der Bibel der heiligste Test der Juden. Er bildet den Kern des Talmuds, der seinerseits die Niederschrift aus drei Jahrhunderten der Mischna-Auslegung ist. Die im folgenden aufgeführten Vorschriften für den Sabbat entstammen vor allem der Mischna, mit dem einen oder anderen Kommentar über ihre Auslegung im Talmud (der *Gemara*).

Die den Sabbat, die Festtagsopfer und die Entweihung betreffenden Vorschriften sind wie Berge, die an einem Haar hängen, denn spärlich wird über sie in der Schrift gelehrt, wenngleich diese Vorschriften zahlreich sind[9].

Die Hauptkategorien der Arbeiten (die am Sabbat verboten sind) sind vierzig weniger eine: Säen, Pflügen, Mähen, Garbenbinden, Dreschen, Getreide schwingen, Reinigen der Ernte, Mahlen, Sieben, Kneten,

Backen, Scheren, Waschen, Klopfen oder Färben der Wolle, Spinnen, Weben, zwei Schleifen machen, zwei Fäden flechten, zwei Fäden voneinander trennen, einen Knoten binden, einen Knoten lösen, zwei Stiche nähen, Auftrennen, um zwei Stiche zu nähen, das Jagen einer Gazelle (oder eines ähnlichen Tieres), sie zu schlachten, die Haut abzuziehen oder sie zu salzen oder ihr Fell zu trocknen, es zu schaben oder aufzuschneiden, zwei Buchstaben zu schreiben, etwas auszuradieren, um zwei Buchstaben zu schreiben, Bauen, Niederreißen, ein Feuer löschen, ein Feuer entfachen, mit einem Hammer schlagen und irgendetwas von einem Ort zum anderen zu tragen (zum Beispiel von einem privaten in einen öffentlichen Bereich oder umgekehrt). Dies sind die Hauptkategorien der Arbeiten: vierzig weniger eine[10].

Sie setzten sich und überlegten: wir haben gelernt, daß die Hauptkategorien der Arbeiten (die am Sabbat verboten sind) vierzig weniger eine sind. Wem entsprechen diese Kategorien (d. h. auf welcher Grundlage sind sie ausgewählt worden)? Rabbi Hanina bar Hama sagte ihnen, daß sie den Kategorien der Arbeiten im Zusammenhang mit dem Erstellen der Stiftshütte entsprächen (*Anmerkung:* Aus der Nebeneinanderstellung der Gebote, die die Arbeit am Sabbat verbieten (Ex. 35:1–3) und der Beschreibung der Arbeit, welche der Bau der Stiftshütte erforderte (Ex. 35:4ff.), wurde abgeleitet, daß jegliche Art Arbeit, die der Bau der Stiftshütte erforderte, den am Sabbat verbotenen Arbeiten entspricht. Das hebräische Wort für »Arbeit« ist in beiden Abschnitten dasselbe: *Melacha...*). Es ist gelehrt worden: Verantwortlichkeit (wenn man am Sabbat arbeitet) besteht nur für solche Arbeit, die unter eine jener Kategorien fällt, welche beim Erstellen der Stiftshütte beteiligt waren. Sie säten; darum dürft ihr am Sabbat nicht säen. Sie ernteten; darum dürft ihr am Sabbat nicht ernten (*Anmerkung:* Gewisse Pflanzen mußten gesät und geerntet werden, um bestimmte Farbstoffe für die Wandbehänge in der Stiftshütte herstellen zu können). Sie hoben Bretter vom Boden (öffentlicher Bereich) auf einen Wagen (privater Bereich); darum dürft ihr am Sabbat nichts aus einem öffentlichen in einen privaten Bereich tragen. Sie trugen Bretter vom Wagen auf den Boden; darum dürft ihr am Sabbat nichts aus einem privaten in einen öffentlichen Bereich tragen. Sie brachten Bretter von einem Wagen zum anderen; darum dürft ihr am Sabbat nichts von einem privaten in einen anderen privaten Bereich bringen. Aber, so könntet ihr euch fragen, was ist damit Unrechtes geschehen? Abaje und Rawa, manche fügen auch noch Raw Adda bar Ahawa hinzu, erklärten, daß man dabei durch einen öffentlichen Bereich käme (der Luftraum zwischen den Wagen gilt als öffentlicher Bereich)[11].

Wenn der Verdacht besteht, daß ein Leben in Gefahr sein könnte, dürfen die Gesetze des Sabbats zeitweilig aufgehoben werden[12].

Man darf am Sabbat Wasser für einen Kranken wärmen... Wir warten nicht, bis der Sabbat vorüber ist, in der Annahme, daß es ihm bis dahin besser gehe, sondern wärmen das Wasser sofort für ihn, denn wenn der Verdacht besteht, daß ein Leben in Gefahr sein könnte, dürfen die Gesetze des Sabbats zeitweilig aufgehoben werden... Und dies (die Übertretung der Sabbat-Gesetze, gleich, welche davon betroffen sein mögen) geschieht nicht durch Nichtjuden oder Minderjährige (die ohnehin nicht verpflichtet sind, die Sabbatgesetze einzuhalten), sondern nur durch jüdische Erwachsene[13].

»Nenne den Sabbat eine Wonne« (Jes. 58:13). Wie könnt ihr ihn zu einer Wonne machen? Raw Juda, Sohn des Raw Samuel bar Schilat, sagte im Namen des Raw: Mit einer Schüssel Gemüse (Spinat oder Mangold), einem großen Fisch und Knoblauch. Raw Hijja ben Aschai sagte, indem er Raw zitierte: Selbst etwas sehr kleines, so es extra zu Ehren des Sabbats bereitet wurde, ist eine Wonne. Gibt es hierfür ein Beispiel? Raw Papa sagte: Eine Pastete aus gehacktem Fisch und Mehl[14].

»Gott segnete den siebenten Tag und heiligte Ihn« (Gen. 2:3). Er segnete ihn mit dem Verhalten des Menschen, denn das Verhalten des Menschen am Sabbat ist anders als das an irgendeinem anderen Tag der Woche[15].

Der Kaiser fragte Rabbi Josua ben Hanania: »Was ist es, das deinem Sabbat-Mahl solche Würze gibt?« Er antwortete: »Wir haben ein Gewürz namens Sabbat, das wir jeder Speise hinzufügen, die wir auftragen.« Der Kaiser sagte: »Gib mir ein wenig von diesem Gewürz.« Rabbi Josua antwortete: »Wenn Ihr den Sabbat einhaltet, so wirkt das Gewürz; haltet Ihr ihn aber nicht ein, so wirkt das Gewürz nicht.«[16]

Rabbi Levi sagte: Wenn das jüdische Volk den Sabbat auch nur einmal richtig einhalten würde, so würde Davids Sohn (der Messias) kommen. Warum? Weil seine Bedeutung allen anderen Geboten an Bedeutung nicht nachsteht[17].

Der folgende kurze Auszug aus Jehuda ha-Levis *Kusari* faßt die klassischen Themen des Sabbats zusammen.

Gott befahl die Einstellung der Arbeit am Sabbat und an den Feiertagen wie auch der Bebauung des Bodens, all dies »als Erinnerung an den Auszug aus Ägypten« und als »Erinnerung an das Werk der Schöpfung«. Diese beiden Dinge gehören zusammen, denn sie sind die Folge des absoluten göttlichen Willens und nicht etwa das Ergebnis zufälliger oder natürlicher Phänomene. Es heißt: »Denn frage doch nach den früheren Zeiten…ob so Großes je geschehen, oder ob dergleichen je gehört worden. Ob ein Volk die Stimme Gottes hat reden hören mitten aus dem Feuer, wie du sie gehört hast und leben bliebst, oder ob ein Gott versucht hat hinzugehn, um sich ein Volk mitten aus einem andern herauszuholen…« (Deut. 4:32f). Die Einhaltung des Sabbats ist in sich selbst ein Bekenntnis zu seiner Allmacht, und gleichzeitig ein Bekenntnis zur Schöpfung durch das göttliche Wort. Wer den Sabbat hält, weil an ihm das Werk der Schöpfung vollendet wurde, der bekennt sich zu eben dieser Schöpfung. Wer an die Schöpfung glaubt, glaubt an den Schöpfer. Derjenige aber, der nicht daran glaubt, fällt den Zweifeln an Gottes Ewigkeit und den Zweifeln an der Existenz des Schöpfers der Welt zum Opfer. Die Einhaltung des Sabbats ist daher Gott näher als klösterliche Zurückgezogenheit und Askese[18].

Rabbi Juda der Fromme (1150–1207), eine der heiligsten Gestalten der mittelalterlichen deutschen Judenheit, ist der Verfasser des *Sefer Chassidim* (»Das Buch der Frommen«), eines Handbuchs der geistigen Übungen und Erzählungen. Die beiden folgenden Abschnitte sind seiner Diskussion über den Sabbat entnommen.

»Gedenket des Sabbattages, ihn zu heiligen« (Ex. 20:8). Ist man aber in Gefahr, den Sabbat zu vergessen? Denn er kehrt jeden siebenten Tag wieder. Der Vers will besagen, daß man daran denken muß, jene Dinge zu entfernen, die einen den Sabbat vergessen lassen könnten. Zum Beispiel sollte man am Sabbat nicht traurig sein... An jedem Sabbat sollte man jene Dinge tun, die einen daran erinnern, daß Sabbat ist: Man sollte am Vorabend des Sabbats baden und seine besten Kleider anziehen, Vorkehrungen zu einer *Oneg Schabbat* (»Freude des Sabbats«)-Feier treffen und solche Dinge lesen, die für den Sabbattag geeignet sind...

»Am sechsten Tag sollen sie zubereiten« (Ex. 16:5). Man muß im voraus sehr gewissenhaft alles für den Sabbat vorbereiten. Man muß sich dieser Aufgabe geschickt und rasch widmen, als habe man gehört, die Königin gedenke bei einem zu wohnen, oder als habe man gehört, eine Braut und ihre ganze Gesellschaft komme zu einem nach Hause. Was würde man unter solchen Umständen tun? Man wäre höchst erfreut und würde sagen: »Sie erweisen mir große Ehre, indem sie unter meinem Dach weilen.« Man würde zu seinen Bediensteten sagen: »Macht das Haus bereit, bringt es in Ordnung, fegt es aus und macht die Betten zu Ehren der Kommenden. Ich werde zu ihren Ehren soviel Brot, Fleisch und Fisch kaufen wie ich kann.« Was ist für uns größer als der Sabbat? Der Sabbat ist eine Braut, eine Königin; der Sabbat wird eine Wonne genannt. Daher müssen wir gewiß die Mühe auf uns nehmen, alles für den Sabbat vorzubereiten; jedermann muß selbst an der Vorbereitung teilhaben, auch wenn er hundert Bedienstete haben sollte[19].

Der zeitgenössische amerikanische Religionsphilosoph Abraham Josua Heschel ist der Verfasser des folgenden Prosagedichtes über den Sabbat.

Die Bibel handelt mehr von der Zeit als vom Raum. Sie sieht die Welt in der Dimension der Zeit. Sie kümmert sich mehr um Generationen und Geschehnisse als um Länder, um Dinge; sie handelt mehr von der

Geschichte als von der Geographie. Um die Lehren der Bibel zu verstehen, muß man ihre Voraussetzung akzeptieren, daß die Zeit einen Sinn hat, der dem des Raumes zumindest ebenbürtig ist; daß die Zeit eine ihr eigene Bedeutung und Souveränität hat.

Das Judentum lehrt uns, an der *Heiligkeit in der Zeit* festzuhalten, an geheiligten Geschehnissen festzuhalten, zu lernen, wie Heiligtümer, die aus dem prachtvollen Strom eines Jahres emportauchen, zu weihen sind. Die Sabbattage sind unsere großen Kathedralen, und unser Allerheiligstes ist ein Schrein, den weder die Römer noch die Deutschen zu verbrennen vermochten; ein Schrein, den nicht einmal der Abfall vom Glauben leicht zu tilgen vermag: Der Versöhnungstag. Nach den alten Rabbinern ist nicht die Einhaltung Des Versöhnungstages, sondern der Tag als solcher »das Wesen des Tages«, das mit der Reue des Menschen für die Sünden des Menschen büßt...

Eines der erhabensten Worte der Bibel ist das Wort *Kadosch*, heilig; ein Wort, das mehr als jedes andere für das Geheimnis und die Erhabenheit des Göttlichen kennzeichnend ist. Welches aber war der erste heilige Gegenstand in der Geschichte der Welt? War es ein Berg? War es ein Altar?

Es ist in der Tat eine einzige Gelegenheit, bei der das erhabene Wort *Kadosch* zum ersten Mal benutzt wird: Im Buch der Genesis, am Ende der Schöpfungsgeschichte. Wie äußerst bedeutsam ist doch die Tatsache, daß es mit dem Begriff der Zeit verknüpft wird: »Da segnete Gott den siebenten *Tag* und *heiligte* ihn« (Gen. 2:3). Im Schöpfungsbericht wird auf kein räumliches Objekt Bezug genommen, das mit der Qualität der Heiligkeit bedacht würde.

Dies ist eine drastische Abkehr vom gewohnten religiösen Denken. Der mystische Geist würde erwarten, daß Gott nach der Erschaffung von Himmel und Erde eine heilige Stätte errichten würde – einen heiligen Berg oder eine heilige Quelle –, auf der dann ein Heiligtum zu erstellen wäre. Und doch scheint es, daß es sich für die Bibel vor allem um die *Heiligkeit in der Zeit* handelt, um die des Sabbats...

Die Bedeutung des Sabbats liegt eher im Feiern der Zeit als des Raumes. Sechs Tage der Woche leben wir unter der Tyrannei der Dinge des Raumes; am Sabbat versuchen wir, uns mit der *Heiligkeit in der Zeit* in Einklang zu bringen. Es ist ein Tag, an dem wir aufgerufen sind, an dem, was in der Zeit ewig ist, teilzuhaben, uns von den Ergebnissen der Schöpfung zu deren Geheimnis hinzuwenden; von der Welt der Schöpfung zur Schöpfung der Welt[20].

Die Liturgie schreibt besondere Gebete für den Sabbat vor; einige von ihnen führen wir in unserem Buche an. Zunächst zitieren wir zwei Abschnitte aus den für den Sabbat vorgeschriebenen Gebeten; dann folgt das Gebet über den Wein, dem Symbol der Freude, mit dem am Freitag das Abendessen, das Fest des Sabbats, eingeleitet wird. Schließlich folgt die *Hawdala*, das Gebet über den Wein, die Gewürze und das Feuer, das den Sabbat beschließt – den Wein in Erinnerung an die Freude des Sabbats, der gerade ausklingt, die Gewürze, um den Geist zu beleben, den das Ende des Sabbats betrübt, und das Feuer, um zu betonen, daß nunmehr die Arbeitswoche beginnt und wieder Feuer entfacht werden darf.

Es freuen sich deiner Herrschaft, die den Sabbat hüten und ihn eine Wonne nennen. Das Volk, das den Siebenten heiligt, sie alle sättigen und ergötzen sich an deinem Gute. Und am Siebenten hattest du Wohlgefallen und heiligtest ihn, den Erstrebten der Tage hast du ihn genannt, zum Andenken an das Werk des Anfangs.

Unser Gott und Gott unserer Väter, habe Wohlgefallen an unserer Ruhe, heilige uns mit deinen Geboten und gib uns unseren Anteil an deiner Lehre, sättige uns mit deiner Güte und erfreue uns mit deiner Hilfe, reinige unser Herz, dir in Wahrheit zu dienen, und verleihe uns, Ewiger, unser Gott, in Liebe und Wohlgefallen deinen heiligen Sabbat, daß an ihm Israel ruhe, das deinen Namen heiligt. Gelobt seist du, Ewiger, der den Sabbat heiligt[21].

Gelobt seist du, o Herr unser Gott, König der Welt, Schöpfer der Frucht des Weinstocks.

Gelobt seist du, o Herr unser Gott, König der Welt, der uns durch seine Gebote geheiligt und an uns Gefallen gefunden, und seinen heiligen Sabbat uns in Liebe und Wohlgefallen zugeteilt hat, ein Denkmal an das Schöpfungswerk. Denn der Tag ist Anfang der Berufungen zur Heiligkeit, Gedenken an den Auszug aus Ägypten. Ja, uns hast du erwählt und uns geheiligt aus allen Völkern, und deinen heiligen Sabbat hast in Liebe und Wohlgefallen du uns zugeteilt. Gelobt seist du, o Herr, der den Sabbat heiligt[22].

Siehe, Gott ist meine Hilfe, ich vertraue und fürchte nichts,
Denn mein Sieg und Sang ist Gott, er ward mir zur Hilfe.

Und schöpfet Wasser in Wonne aus den Quellen der Hilfe.
Des Ewigen ist die Hilfe, über dein Volk deinen Segen.

Der Ewige der Heerscharen ist mit uns, eine Burg ist uns der Gott Jakobs. Den Juden ward Licht und Freude und Wonne und Ehre, so möge auch uns werden. Den Kelch des Heils erhebe ich, und den Namen des Ewigen rufe ich an.

Gesegnet seist du, Ewiger, unser Gott, König der Welt, der die Frucht des Weinstockes erschafft.

Gesegnet seist du, Ewiger, unser Gott, König der Welt, der die Gewürzarten erschafft.

Gesegnet seist du, Ewiger, unser Gott, König der Welt, der die Licht-flammen des Feuers erschafft.

Gesegnet seist du, Ewiger, unser Gott, König der Welt, der scheidet zwischen Heiligem und Unheiligem, zwischen Licht und Finsternis, zwischen Israel und den Völkern, zwischen dem siebenten Tag und den sechs Werktagen. Gesegnet seist du, Ewiger, der zwischen Heiligem und Unheiligem scheidet[23].

ZWEITES KAPITEL

Die Feste

DER SABBAT IST NATÜRLICH der häufigste Feiertag der Juden, doch gibt es auch andere. In biblischen Zeiten, als noch der Tempel in Jerusalem stand, gab es drei Wallfahrtsfeste, an denen alle Erwachsenen männlichen Geschlechts den Tempel aufsuchen sollten, »um vor dem Ewigen zu erscheinen«. Wie wir bald sehen werden, gibt die Bibel für diese Feste historische Erklärungen, d. h. jedes hat Bezug auf ein größeres Ereignis der jüdischen Geschichte. Für das biblische Judentum aber ist ihr landwirtschaftlicher Ursprung nicht weniger wichtig. Sie bezeichneten nämlich die Phasen der Ernte und wurden daher mit besonderer Freude gefeiert. Noch heute stoßen wir auf zahlreiche Erinnerungen an ihren landwirtschaftlichen Charakter.

Du sollst dich Deines Festes freuen, du und dein Sohn und deine Tochter, dein Knecht und deine Magd, sowie der Lewite und der Fremdling, die Waise und die Witwe, die in deinen Toren sind[24].

Dreimal im Jahr soll all dein Mannsvolk erscheinen vor dem Angesicht des Ewigen, deines Gottes, an dem Ort, den er erwählen wird: am Fest der ungesäuerten Brote, am Wochenfest und am Fest der Hütten. Man soll aber nicht leer erscheinen vor dem Angesicht des Ewigen; ein jeder nach dem, was er zu geben vermag, nach dem Segen des Ewigen, deines Gottes, den er dir gegeben[25].

Jeder ist gehalten, das Gebot zu erfüllen und vor dem Ewigen zu erscheinen (an den drei Festen des Jahres; siehe Ex. 23:14–17), mit Ausnahme von Taubstummen, Schwachsinnigen und Kindern (keiner von ihnen ist verpflichtet, irgendeines der Gebote zu erfüllen), Personen zweifelhaften Geschlechtes, Hermaphroditen, Frauen, Sklaven, die noch nicht ganz befreit worden sind und Männern, die lahm, blind, krank oder alt sind, ferner alle, die nicht zu Fuß nach Jerusalem hinaufgehen können[26].

Rabbi Elieser sagte: An einem Feiertag kann ein Mensch entweder essen und trinken oder dasitzen und studieren. Rabbi Josua sagte: Er sollte den Tag einteilen und die eine Hälfte dem Essen und Trinken, die andere Hälfte dem Schulhaus widmen. Und Rabbi Johanan sagte: Beide (Rabbi Elieser und Rabbi Josua) haben die Schrift ausgelegt. Ein Vers sagt: »Eine Festversammlung dem Ewigen, deinem Gott« (Deut. 16:8). Ein anderer Vers sagt: »Eine Festversammlung soll euch sein« (Num. 29:35). Rabbi Elieser befand, daß der Tag entweder ganz und gar »für den Ewigen« oder ganz und gar »für euch« sein sollte. Und Rabbi Josua befand, daß er unterteilt werden sollte, zur Hälfte »für den Ewigen« und zur anderen Hälfte »für euch«.[27]

Unsere Weisen lehrten: Ein Mann ist verpflichtet darauf zu achten, daß seine Frau und die anderen Mitglieder seines Haushalts an den Festen teilhaben, wie geschrieben steht: »Du sollst dich deines Festes freuen, du und dein Sohn und deine Tochter, dein Knecht und deine Magd...« (Deut. 16:14). Wie kannst du erkennen, daß sie sich des Festes erfreuen? Indem du ihnen Wein gibst. Doch Rabbi Juda sagte, man sollte jedem, Männern wie Frauen, das geben, was ihnen angemessen ist. Männer sollten Wein bekommen. Und die Frauen? Raw Joseph lehrte: In Babylon sollte man ihnen bunte Gewänder geben, und in Juda Gewänder aus feinem Linnen[28].

Ein Nichtjude fragte Rabbi Akiva aus Sepphoris (im oberen Galiläa): Warum feiert ihr die Feste, da doch Gott euch gesagt hat: »Eure Neumonde und eure Feste haßt meine Seele« (Jes. 1:14)? Rabbi Akiva antwortete ihm: Hätte er gesagt: »Meine Neumonde und meine Feste«, so müßte ich dir rechtgeben. Er hat aber gesagt: »Eure Neumonde und eure Feste« und bezog sich damit auf Feste, wie sie Jeroboam ben Nevat zu feiern pflegte, wie geschrieben steht: »Ferner setzte Jeroboam ein Fest an, auf den fünfzehnten Tag des achten Monats... den er sich selbst erdacht hatte; er veranstaltete nämlich dem Volk Israel ein Fest...« (1. Kön. 12:32–33). Die Feste und Neumonde aber, die in der Thora verfügt worden sind, werden niemals abgeschafft werden. Wie ich das weiß? Weil der Ewige, gepriesen sei er, ihre Quelle ist, so wie geschrieben steht: »Dies sind die Feste des Ewigen...« (Lev. 23:4)[29].

DRITTES KAPITEL

Pessach
Passahfest

DAS WUNDER DES AUSZUGS aus Ägypten ist ein Ereignis, an welches sich das Judentum ohne Unterlaß erinnert hat. Anspielungen darauf durchziehen das ganze Gebetbuch. Gott selbst, in eigener Person, und nicht durch die Vermittlung eines Engels, kaufte Sein Volk aus der Knechtschaft los. Im Augenblick des Loskaufs verließen die Juden Ägypten so schnell, daß sie nicht einmal mehr Zeit hatten, ihren Teig säuern zu lassen. Seither buken sie flache Kuchen, die Mazzot, die bis auf den heutigen Tag während der Pessachfeiertage als Erinnerung an den Auszug gegessen werden.

Und dieser Tag sei euch zum Gedächtnis, und ihr sollt ihn feiern als ein Fest für den Ewigen; für eure künftigen Geschlechter sollt ihr ihn feiern, als ewige Satzung. Sieben Tage sollt ihr ungesäuertes Brot essen, doch am ersten Tag müßt ihr den Sauerteig wegschaffen aus euren Häusern, denn alles, was Gesäuertes ißt vom ersten Tag bis zum siebenten Tag, des Leben soll vertilgt werden aus Israel. Und am ersten Tag sei heilige Berufung, und am siebenten Tag sollt ihr heilige Berufung halten. Keine Arbeit soll an ihnen verrichtet werden; nur was euch zur Speise dient, das allein darf von euch zubereitet werden. Und ihr sollt die ungesäuerten Brote wahren, denn an eben diesem Tag habe ich eure Scharen aus dem Land Ägypten herausgeführt; daher sollt ihr diesen Tag wahren für eure künftigen Geschlechter als ewige Satzung. Im ersten Monat, am vierzehnten Tag des Monats, am Abend, sollt ihr ungesäuertes Brot essen bis zum einundzwanzigsten Tag des Monats am Abend. Sieben Tage hindurch darf kein Sauerteig gefunden werden in euren Häusern, denn alles, was Säuerndes ißt, des Leben soll vertilgt werden aus der Gemeinde Israel, unter den Fremden wie unter den Volksgeborenen des Landes. Nichts Säuerndes dürft ihr essen, an allen euren Wohnsitzen sollt ihr Ungesäuertes essen.«[30]

In der dem vierzehnten Nissan (Pessach beginnt am fünfzehnten) vorausgehenden Nacht muß das *Hamez** im Schein einer Kerze ausfindig gemacht werden. Man braucht nicht an Stellen nachzusuchen, wo man nie *Hamez* hinzulegen pflegt[31].

Rabbi Meir sagt: *Hamez* darf während der fünften Stunde (elf Uhr vormittags) am 14. Nissan gegessen werden, doch sobald die sechste Stunde beginnt, muß es verbrannt werden. Rabbi Jehuda sagt: Es muß während der vierten Stunde gegessen, während der fünften Stunde aufgehoben (weder gegessen noch verbrannt) werden, und es muß zu Beginn der sechsten Stunde verbrannt werden[32].

Solange das *Hamez* gegessen werden darf, kann ein Mann es dem Vieh, wilden Tieren und Vögeln verfüttern oder es an einen Nichtjuden verkaufen, und es ist ihm erlaubt, in jeder Art und Weise Gewinn daraus zu ziehen. Ist aber die Zeit verstrichen (und das *Hamez* darf nicht mehr gegessen werden), so ist es ihm verboten, Gewinn daraus zu ziehen, und er darf auch keinen Ofen damit anzünden oder sich daran wärmen. Rabbi Juda sagt: Die Entfernung des *Hamez* (Ex. 12:15) kann dadurch geschehen, daß man es verbrennt. Doch die Weisen sagen: *Hamez* darf zerkrümelt und mit dem Wind verstreut oder ins Meer geworfen werden[33].

Wenn ein Mann (am vierzehnten Nissan) unterwegs war, um sein Pessachopfer zu schlachten oder seinen Sohn zu beschneiden oder um an der Hochzeitsfeier im Hause seines Schwiegervaters teilzunehmen und erinnert sich daran, daß er in seinem Hause *Hamez* gelassen hat, darf er zurückkehren, um es zu entfernen, wenn ihm dafür Zeit bleibt, und dennoch seine religiöse Verpflichtung erfüllen. Andernfalls darf er das *Hamez* in seinem Herzen tilgen (und damit erklären, es sei als Schmutz zu betrachten und als nicht in seinem Besitz befindlich). Wenn er unterwegs war, um jenen zu helfen, die von Soldaten, einer

---

* Mit *Hamez* bezeichnet man alles, ob eßbar oder nicht, das Körner, Mehl oder Kleie von Weizen, Gerste, Spelz, Roggen oder Hafer enthält oder daraus besteht, und das, bringt man es mit Wasser oder einer anderen, Wasser enthaltenden Flüssigkeit in Berührung, gegärt hat oder sich im Gärungsprozeß befindet. Ex. 12:19 verbietet *Hamez* während der sieben Pessachtage 15.–21. Nissan).

Überschwemmung, von Dieben, von einem Feuer oder vom Einsturz eines Gebäudes bedroht sind, so sollte er das *Hamez* in seinem Herzen tilgen (und nicht versuchen, unter allen Umständen zurückzukehren, da sein Handeln ein Leben retten könnte). Befand er sich hingegen auf dem Weg zu einer Pessachfeier an einem Platz seiner eigenen Wahl, so muß er sofort nach Hause zurückkehren und das *Hamez* entfernen[34].

Wo es üblich ist, am Tage vor Pessach bis Mittag zu arbeiten, darf man dies tun. Wo es üblich ist, nicht zu arbeiten, braucht man nicht zu arbeiten. Begibt sich jemand von einem Ort, wo gearbeitet wird, zu einem anderen Ort, wo nicht gearbeitet wird, oder aber von einem Ort, wo nicht gearbeitet wird, zu einem Ort, wo gearbeitet wird, so sollte er sich dem zwingenderen Brauch der beiden Orte fügen, desjenigen, den er verlassen hat (für den Fall, daß er vorhat, zurückzukehren) oder desjenigen, zu dem er sich begibt. Niemand sollte in einer vom lokalen Brauch abweichenden Art handeln, damit keine Konflikte verursacht werden[35].

Rabban Gamaliel pflegte zu sagen: Jeder, der nicht die Verse über die folgenden drei Dinge zu Pessach gesagt hat, hat seine Pflicht nicht erfüllt: »Pessach, ungesäuertes Brot und Bitterkräuter.« »Pessach«, weil Gott die Häuser unserer Väter in Ägypten überführte. »Ungesäuertes Brot«, weil unsere Väter von Ägypten losgekauft wurden. »Bitterkräuter«, weil die Ägypter das Leben unserer Väter in Ägypten verbitterten. Durch alle Generationen hindurch muß sich jedermann selbst als aus Ägypten herausgekommen betrachten, denn es steht geschrieben: »Und du sollst deinem Sohn an jenem Tag erzählen und sprechen: ›Um deswillen hat es der Ewige an mir getan, als ich aus Ägypten zog‹« (Ex. 13:8)[36].

Man findet (im Pentateuch) drei Hinweise, sich des Laubhüttenfestes zu erfreuen. »Du sollst dich deines Festes freuen« (Deut. 16:14) »...daß du ganz in Freuden sein sollst« (Deut.16:15) und »freut euch vor dem Ewigen, eurem Gott, sieben Tage« (Lev. 23:40). Jedoch ist kein solcher Hinweis für Pessach zu finden. Warum nicht?... Weil diese Jahreszeit für viele Ägypter eine Zeit des Todes war (als Israel der ägyptischen Sklaverei entkam, kamen viele Ägypter im Roten Meer um, und überdies waren die ägyptischen Erstgeborenen schon während der Plagen gestorben). So ist denn unser Brauch: Während aller sieben Tage von Sukkot sagen wir das Gebet von Hallel (fröhliches Loblied auf den Ewigen), doch an Pessach sagen wir das Gebet des Hallel nur am ersten Tag vollständig. Warum? Wegen des Verses: »Freue dich nicht über den Fall deines Feindes und dein Herz frohlocke nicht, wenn er strauchelt« (Sprüche 24:17)[37].

Sie gießen ihm den zweiten Becher ein (von den vier Bechern Wein, die an der Pessachtafel getrunken werden). Dann fragt der Sohn seinen Vater – und wenn der Sohn nicht zu fragen versteht, lehrt es ihn sein Vater –: »Warum ist diese Nacht anders als andere Nächte? In jeder anderen Nacht dürfen wir gesäuertes oder ungesäuertes Brot essen, aber in dieser Nacht nur ungesäuertes Brot. In jeder anderen Nacht dürfen wir allerlei Kräuter essen, aber in dieser Nacht essen wir nur Bitterkräuter. In jeder anderen Nacht dürfen wir gebratenes, gedämpftes oder gekochtes Fleich essen, aber in dieser Nacht essen wir nur gebratenes Fleisch. In jeder anderen Nacht tauchen wir überhaupt nicht ein, aber in dieser Nacht gleich zweimal.« Der Vater lehrt den Sohn entsprechend seiner Fähigkeit, es zu verstehen. Er beginnt mit der Schmach und endet mit dem Ruhm. Und er erläutert den Text, indem er anfängt mit dem Vers: »Ein umherirrender Aramäer war mein Vater...« (Deut. 26:5) und fährt damit bis zum Ende des ganzen Abschnittes fort[38].

Am Pessach-Abend nehmen die Juden an einem zeremoniellen Mahl teil, und man ißt die rituellen Bitterkräuter und Mazzot, als Akt symbolischer Erinnerung. Eine stilisierte Version der Geschichte des Auszugs wird erzählt; sie beginnt damit, daß das jüngste Familienmitglied die vier rituellen Fragen (wie oben zitiert) über die Bedeutung des Festes stellt. Es folgen nun einige Auszüge aus dem Pessach-Ritual (der Haggada) mit einigen »Antworten«, die ihm gegeben werden.

Einst waren wir Knechte in Ägypten, im Lande Pharaos, doch der Ewige, unser Gott, führte uns mit starker Hand und ausgestrecktem

Arm von dort hinaus. Und hätte der Ewige, gepriesen sei er, unsere Väter von dort nicht hinweggeführt, so wären wir, unsere Kinder und unsere Enkel noch immer in ägyptischer Knechtschaft bei Pharao. Und deshalb sollen wir von dem Auszug aus Ägypten immer wieder erzählen, auch wenn wir alt und klug und verständig sind und die Thora schon genau kennen, und je mehr man davon erzählt, desto besser...

Zuerst waren unsere Väter Götzendiener, doch dann hat uns Gott seinem Dienst geweiht, denn es steht geschrieben: »Josua sprach zu dem Volke: ›So sagt der Ewige, der Gott Israels: Jenseits des Stromes saßen eure Väter von altersher (Tharah, der Vater Abrahams und Nahors), und sie dienten fremden Göttern. Da nahm ich euren Vater Abraham von dort und führte ihn durch das ganze Land Kanaan und gab ihm viele Nachkommen. Ich gab ihm Isaak, und Isaak gab ich Jakob und Esau. Dem Esau gab ich als Erbe den Berg Seir, aber Jakob und seine Söhne zogen hinab nach Ägypten.‹«

Gelobt sei er, der seine Verheißung an Israel hält, gelobt sei er...

Zu jeder Zeit soll jeder von uns sich vorstellen, daß er selbst aus Ägypten gezogen ist, denn es steht geschrieben: »Du sollst deinem Sohn an diesem Tag sagen: um dessentwillen, was *mir* Gott getan, als ich auszog aus Ägypten.« Denn nicht allein unsere Väter hat der Ewige, gepriesen sei er, erlöst, sondern auch uns mit ihnen, und so heißt es: »Denn *uns* hat er von dort herausgeführt, um uns hinzubringen und uns das Land zu geben, das er unseren Vätern zugeschworen.«

Darum sind wir verpflichtet, dem zu danken, den zu loben, zu rühmen, zu preisen, zu erheben, zu verherrlichen, zu segnen und zu verehren, der unseren Vätern und uns all diese Wunder getan. Der uns aus der Knechtschaft zur Freiheit geführt, vom Kummer zur Freude, von der Trauer zum Festtag, aus der Finsternis ins helle Licht, aus der Sklaverei zur Erlösung. Und so singen wir ihm ein neues Lied: Hallelujah![39]

VIERTES KAPITEL

Schawuot
Wochenfest

IM ALTEN LANDWIRTSCHAFTLICHEN KALENDER war dieses Fest dadurch gekennzeichnet, daß die ersten Früchte der Ernte zum Tempel gebracht wurden. Im Zyklus jüdischer Geschichtserinnerung ist Schawuot der Tag der Begegnung am Sinai, als Gott sich Moses und dem jüdischen Volk offenbarte. Man hörte die Stimme, die die Zehn Gebote sprach. Jüdische Frömmigkeit hat die Bedeutung dieser Begegnung in mannigfacher Weise ausgeschmückt. Eine der geistvollsten und poetischsten unter den vielen ist der Gedanke, daß am Sinai Gott und Israel »heirateten« (wie wir früher gesehen haben, ist dies die wesentliche Vorstellung im rabbinischen Kommentar zum Lied der Lieder). Es gibt eine Reihe von Beispielen in der jüdischen Literatur über »Heiratsverträge« zwischen Gott und Israel, wobei Himmel und Erde als Zeugen »unterschrieben«.

Sieben Wochen sollst du dir zählen; vom Anheben der Sichel am Getreidestand sollst du beginnen, sieben Wochen zu zählen. Dann sollst du das Wochenfest feiern dem Ewigen, deinem Gott, gemäß der edelmütigen Gabe deiner Hand, die du geben magst, je nachdem der Ewige, dein Gott, dich segnen wird. Und du sollst dich freuen vor dem Ewigen, deinem Gott, du und dein Sohn und deine Tochter[40].

Ich bin der Ewige, dein Gott, der ich dich geführt habe aus dem Lande Ägypten, aus dem Sklavenhaus. Du sollst keine anderen Götter haben vor mir!

Du sollst dir kein Bildnis machen und keinerlei Gestalt dessen, was im Himmel oben und was auf Erden unten und was im Wasser unter der Erde ist. Du sollst dich vor ihnen nicht niederwerfen und ihnen nicht dienen, denn ich, der Ewige, dein Gott, bin ein eifernder Gott, der da bedenkt die Schuld der Väter an den Kindern an, dritten und vierten Geschlecht, bei denen, die mich hassen; der aber Liebe erweist tausenden Geschlechtern, denen, die mich lieben und meine Gebote wahren.

Du sollst den Namen des Ewigen, deines Gottes, nicht zur Unwahrheit aussprechen, denn der Ewige wird den nicht ungestraft lassen, der seinen Namen zur Unwahrheit ausspricht.

Gedenke des Sabbattages, ihn zu heiligen! Sechs Tage sollst du arbeiten und all dein Werk verrichten; aber der siebente Tag ist ein Sabbat dem Ewigen, deinem Gott. Da sollst du keinerlei Werk verrichten, du und dein Sohn und deine Tochter, dein Knecht und deine Magd und dein Vieh, und dein Fremdling, der in deinen Toren ist. Denn in sechs Tagen hat der Ewige den Himmel und die Erde geschaffen, das Meer und alles, was darin ist; aber am siebenten Tag hat er geruht; darum hat der Ewige den Sabbattag gesegnet und ihn geheiligt.

Ehre deinen Vater und deine Mutter, auf daß du lange lebst auf dem Boden, den der Ewige, dein Gott, dir gibt!

Du sollst nicht morden!

Du sollst nicht ehebrechen!

Du sollst nicht stehlen!

Du sollst nicht aussagen wider deinen Nächsten als falscher Zeuge!

Du sollst nicht begehren das Haus deines Nächsten!

Du soll nicht begehren das Weib deines Nächsten, noch seinen Knecht, seine Magd, seinen Ochsen, seinen Esel, noch alles, was deinem Nächsten gehört[41].

»Deine beiden Brüste sind gleich zwei Böcklein, Zwillinge der Gazelle...« (Lied der Lieder 4:5). Dies spielt auf die beiden Tafeln an, in welche die Zehn Gebote eingraviert wurden; jede Tafel der »Zwilling« der anderen. Die fünf Gebote auf der ersten Tafel entsprechen den fünf Geboten auf der zweiten Tafel. »Ich bin der Ewige, euer Gott« entspricht dem »Du sollst nicht töten«, denn der Mörder setzt das Bildnis des Ewigen, gepriesen sei er, herab (da der Mensch dem Bildnis Gottes entsprechend geschaffen wurde). »Du sollst keine anderen Götter haben« entspricht »Du sollst nicht ehebrechen«, denn jemand, der in götzendienerischer Anbetung Unzucht treibt, gleicht einem »ehebrecherischen Weib, das sich Fremde nimmt anstatt ihres Ehemannes« (Ezechiel 16:32). »Du sollst den Namen des Ewigen, deines Gottes, nicht zur Unwahrheit aussprechen« entspricht »Du sollst nicht stehlen«, denn der Dieb neigt dazu, einen falschen Eid zu schwören. »Gedenke des Sabbattages« entspricht »Du sollst nicht aussagen wider deinen Nächsten als falscher Zeuge«, denn derjenige, der den Sabbat entheiligt, sagt als falscher Zeuge wider den Schöpfer aus, indem er (durch seine Tat) erklärt, daß Er nach der Schöpfung am siebenten Tage nicht ruhte. »Du sollst deinen Vater und deine Mutter ehren« entspricht »Du sollst nicht begehren«, denn einer der begehrlich ist (nach seines Nächsten Weib), wird am Ende einen Sohn zeugen, der respektlos wider ihn ist und jemanden ehren wird, der nicht sein Vater ist[42].

FÜNFTES KAPITEL

Sukkot
Hüttenfest

DIE BESPRECHUNG DES Sukkot-Festes an dieser Stelle fällt etwas aus der chronologischen Reihenfolge, denn im Kalender des jüdischen Jahres kommt dieses Fest nach den hohen jüdischen Feiertagen, Rosch ha-Schana und Jom Kippur. Gleichwohl gehört Sukkot mit Pessach und Schawuot zusammen, denn es ist das letzte der drei »Wallfahrtsfeste«. Wie die beiden anderen hat auch Sukkot eine doppelte Bedeutung. Im alten landwirtschaftlichen Kalender in Juda bezeichnete es das Ende der Ernte, wenn jedermann aufs Feld hinausging und in Zelten wohnte, um die Arbeit abzuschließen, bevor die Winterregen einsetzten. Die Bibel nennt uns auch einen historischen Grund für die Vorschrift, warum man in einer provisorischen, speziell für das Fest errichteten Wohnung leben muß; es soll an die vierzig Jahre währende Wanderung der Juden in der Wüste auf ihrem Weg ins gelobte Land erinnern.

Am fünfzehnten Tag dieses siebenten Monats ist das Fest der Hütten, sieben Tage lang dem Ewigen. Am ersten Tag ist heilige Berufung, keinerlei Dienstarbeit dürft ihr verrichten. Sieben Tage lang sollt ihr dem Ewigen ein Feueropfer darbringen; am achten Tag soll euch heilige Berufung sein, und ihr sollt dem Ewigen ein Feueropfer darbringen, eine Festversammlung ist es, keinerlei Dienstarbeit dürft ihr verrichten[43].

Jedoch am fünfzehnten Tag des siebenten Monats, wenn ihr den Ertrag des Landes einbringt, sollt ihr das Fest des Ewigen feiern, sieben Tage lang; am ersten Tag ist Ruhefeier, und am achten Tag ist Ruhefeier. Und nehmet euch am ersten Tag: prächtige Baumfrucht, Palmenzweige und Zweige von dichtbelaubten Bäumen und Bachweiden, und freut euch vor dem Ewigen, eurem Gott, sieben Tage. Und feiert es als Fest des Ewigen, sieben Tage im Jahr; eine ewige Satzung für eure Geschlechter; im siebenten Monat sollt ihr es feiern. In den Hütten sollt ihr wohnen, damit eure künftigen Geschlechter wissen, daß ich in den Hütten weilen ließ die Kinder Israel, als ich sie aus dem Land Ägypten führte; ich bin der Ewige, euer Gott[44].

Eine *Sukka* (eine provisorische Schutzhütte, die für die Sukkot-Feiertage errichtet wurde), die höher als zwanzig Ellen ist, ist nicht gültig; doch Rabbi Juda erklärt sie für zulässig. Wenn sie keine zehn Handbreit hoch ist oder keine drei Seiten hat, oder wenn die unbeschattete Fläche größer ist als die beschattete Fläche, ist sie nicht gültig. Die Schule des Shammai erklärt eine alte *Sukka* für ungültig, und die Schule des Hillel erklärt sie für gültig. Was ist unter einer »alten« *Sukka* zu verstehen? Eine, die dreißig Tage vor den Feiertagen errichtet wurde. Wenn sie aber einzig für die Feiertage gemacht wurde, und sei es auch zu Beginn des Jahres (d. h. unmittelbar nach den letzten Sukkot-Feiertagen), so ist sie gültig[45].

Unsere Weisen lehrten: »In den Hütten sollt ihr wohnen sieben Tage lang« (Lev. 23:42). Dies bedeutet, daß man die Hütte für diese Tage als feste Wohnstatt betrachten soll. Diese Feststellung führte sie zu der Bemerkung, daß der Mensch seine *Sukka* (Hütte) für diese sieben Tage Sukkot als dauernd und sein Haus als provisorisch betrachten soll. Wie? Er soll seine besten Möbel und Betten in die *Sukka* bringen, in der *Sukka* essen und trinken und in der *Sukka* lernen[46].

Wenn ein Palmenzweig (für einen Lulaw*) durch Diebstahl erworben wurde oder verdorrte, ist er nicht zulässig. Wenn er von einem *Aschera* stammt (einem Baum, den Götzenanbeter verehren), oder aus einer Stadt, deren Bewohner vom Glauben abgefallen sind (Deut. 13:16), so ist er nicht zulässig. Wenn seine Spitze abgebrochen ist oder seine Blätter zerrissen sind, ist er nicht zulässig. Wenn seine Blätter ausein-

---

* Der Lulaw besteht aus zusammengebundenen Zweigen der Palme, Myrthe und Weide; man hebt sie während eines Teils der Liturgie hoch, zusammen mit einem Etrog (Zweig vom Zitronenbaum) während der Sukkot-Feiertage (Lev. 23:40).

andergebreitet sind, ist er zulässig. Rabbi Juda sagt: Er darf am Ende zusammengebunden sein. Die Dornenpalmen vom Oron-Berg (unweit Jerusalem) sind zulässig. Ein Palmenzweig von drei Handbreit Länge ist zulässig, wenn er lang genug ist, um ihn zu schütteln[47].

Rabbi Eleasar sagt: Warum wurden zu Sukkot siebzig Ochsen im Tempel geopfert? (Dies ist ein Kommentar zur Mischna *Sukka* 5:6. Das biblische Gesetz in Num. 29:13–32 verordnet, daß dreizehn Ochsen am ersten Tag Sukkot zu opfern sind. Während der restlichen sechs Tage wurde die Anzahl der Ochsen jeden Tag um einen verringert.) Siebzig wurden geopfert wegen der siebzig Nationen der Welt (um für sie zu sühnen). Warum wurde am achten Tag ein einziger Ochse geopfert? Für die einzige Nation (das heißt Israel... Rabbi Johanan sagt: Wehe den Götzenanbetern! Sie haben einen großen Verlust erlitten und wußten nicht einmal, was sie verloren haben! Während der Tempel stand, konnte der Altar für sie büßen; aber jetzt (da der Tempel zerstört worden ist), was wird da für sie büßen?[48]

Die Auslegung über die Bedeutung der »Vier Arten« entstammt dem *Sefer ha-Hinuch* (»Das Buch der Erziehung«), dem ersten im Mittelalter erschienenen Werk über jüdische Religionsunterweisung. Verfasser war Aaron Halevi aus Barcelona, ein spanischer Talmudist, der gegen Ende des 13. Jahrhunderts lebte.

... Da die Freude (am Sukkot-Fest) uns dazu verleiten könnte, die Furcht vor Gott zu vergessen, hat Er, gepriesen sei Er, uns befohlen, in dieser Zeit bestimmte Gegenstände in unseren Händen zu halten, die uns daran erinnern sollen, daß alle Freude unserer Herzen für Ihn und Seinen Ruhm ist. Es war Sein Wille, daß die vier Arten Mahner seien... denn sie alle sind herrlich anzusehen. Außerdem können die vier Arten mit vier wichtigen Teilen des Körpers verglichen werden. Der *Etrog* (Zitronenbaum) ist gleich dem Herzen, welches der Tempel des Verstandes ist. Damit wird angedeutet, daß der Mensch seinem Schöpfer mit dem Verstand dienen soll. Der *Lulaw* ist gleich der Wirbelsäule, die für den Körper außerordentlich wichtig ist. Damit wird angedeutet, daß der Mensch den ganzen Körper Seinem Dienst, gepriesen sei Er,

anheimgeben soll. Die Myrthe ist gleich den Augen und deutet damit
an, daß sich der Mensch nicht von seinen Augen ablenken lassen soll an
einem Tag, da sein Herz sich erfreut. Der Weidenzweig ist gleich
Lippen. Der Mensch vollendet seine Taten durch seine Worte, und so
deutet der Weidenzweig die Tatsache an, daß der Mensch seinen Mund
kontrollieren sollte, und daß die Worte, die ihm entströmen, Gott,
gepriesen sei Er, fürchten, selbst in der Zeit der Freude[49].

Jonathan Eibschutz (1690–1764) repräsentiert vor allem das
osteuropäische Judentum, wenngleich er Rabbiner in Metz
(Frankreich) und Hamburg (Deutschland) war. Er wurde vor
allem als Prediger bekannt und war auf allen Gebieten jüdischer
Gelehrsamkeit, zu der auch die Kabbala gehörte, beschlagen.

An den Sukkot-Feiertagen, die die Tage der Reue beschließen, rät uns
die Thora, die Verbannung anzunehmen und die ganze Welt als leer, als
einen Schatten zu betrachten. Daher werden wir aufgefordert, unsere
ständigen Wohnungen zu verlassen und eine provisorische zu beziehen, um zu verstehen, daß wir Fremdlinge auf Erden ohne Dauer sind,
und daß unsere Tage gleich einem Schatten sind, der nur eine Nacht
dauert und den der Wind hinwegfegt. Welchen Nutzen hat der Mensch
von all seiner Arbeit unter der Sonne? Daß seine Augen alle Tage auf
den Einzigen, der im Himmel wohnt, gerichtet sind. Daher muß man
Ruten und Zweige für das Dach der *Sukka* (Hütte) verwenden, damit
die Sterne vom Innern aus gut sichtbar sind und man sein Herz zum
Himmel erheben kann. Der Ewige, gepriesen sei er, wird Mitleid mit
dem Betrübten und Armen haben, denn er kennt das traurige Los des
Menschen... Welcher Mensch vermag den Betrübnissen und Veränderungen, die die Zeit bringt, zu entfliehen?... Es ist ein ernster Rat, die
sieben Tage des Sukkotfestes zu halten, denn das Urteil des Versöhnungstages wird erst an *Schemini Azeret* (am Ende der Sukkot-Feiertage) verkündet. Wir müssen uns daher freuen und der Barmherzigkeit
des Ewigen vertrauen, der sich unseres Falles annehmen wird. Dies gilt
für die sieben Tage des Festes. Doch der Mensch, der das Wort des
Königs der Welt fürchtet, wird seine *Sukka* nicht nur während der
Sukkot-Feiertage haben. Während des ganzen Jahres wird ihm alles

eine vergängliche Wohnstatt sein, und er wird im Schatten der *Sukka* schlafen und seine ständige Wohnstatt verlassen[50].

In einer zeitgenössischen Predigt wird ein ähnlicher Gedanke ausgesprochen.

Sukkot ist das Fest der Ernte. Am Ende der Erntezeit waren im alten Israel die Zehnten fällig. Der jüdische Bauer hatte dann seine Großzügigkeit unter Beweis zu stellen, indem er einen Teil der Ernte für die Priesterschaft und einen anderen Teil für die Unterstützung der Armen beiseitelegte. Es ist naheliegend, daß in dem Augenblick, da sich der Bauer dem Gebot gegenübergestellt sah, einen Teil seiner Ernte aus Gründen der Wohltätigkeit wegzugeben, die Gefahr bestand, daß der Geist der Verderbtheit in ihm laut wurde. Er mochte sich fragen: warum sollte ich das, wofür ich gearbeitet habe, das ich verdient habe, anderen geben? Daher wurde verfügt, daß die Menschen während dieses Festes in der *Sukka*, in einer provisorischen Wohnung leben sollen. Zweck dieser Verfügung war, daran zu erinnern, daß der Mensch selbst nichts als ein vorübergehender Gast in dieser Welt ist, daß ihm sein Zuhause nur einen Augenblick lang gehört, daß niemandem etwas wirklich und endgültig gehört, denn die Erde gehört dem Ewigen. Diese ernüchternde Tatsache setzt der Selbstsucht einen Riegel vor und ist Ansporn zur Mildtätigkeit[51].

Das Sukkot-Fest endet mit einem zusätzlichen Tag der »Festversammlung«. Das zeitgenössische Judentum begeht diesen Feiertag vor allem als Tag der Freude am Gesetz. Während des ganzen Jahres werden die fünf Bücher Moses im vorgeschriebenen Ritual in der Synagoge nacheinander als wöchentliche Bibelunterweisung gelesen. Dieser Lesezyklus endet an diesem Tag und beginnt wiederum an ihm. Kennzeichnend für ihn sind freudige Umzüge mit den Thorarollen, die man aus der Lade holt, in der sie sonst liegen. Außerdem wird jedermann in der Synagoge aufgerufen, einen Segensspruch am Lesepult auszusprechen, der sich auf einen Abschnitt der Thorarolle bezieht.

Sieben Tage (Sukkot) sollt ihr dem Ewigen ein Feueropfer darbringen. Am achten Tag soll euch heilige Berufung sein, und ihr sollt dem Ewigen ein Feueropfer darbringen. Eine Festversammlung ist es, keinerlei Dienstarbeit dürft ihr verrichten[52].

»Am fünfzehnten Tag des siebenten Monats soll euch heilige Berufung sein... Ihr sollt dem Ewigen ein Fest feiern sieben Tage lang... Am achten Tag soll euch eine Festversammlung sein... (Num. 29:12–35). Man könnte dies mit einem König vergleichen, der seine Kinder zu einem sieben Tage währenden Festessen eingeladen hat. Als dann die Zeit des Aufbruchs nahte, sagte er zu ihnen: Meine Kinder, bitte bleibt noch einen Tag bei mir. Es fällt mir schwer, mich von euch zu trennen[53].

SECHSTES KAPITEL

Das Neujahrsfest
Rosch ha-Schana

ROSCH HA-SCHANA, das Neue Jahr, bezeichnet den Beginn des jüdischen religiösen Jahreszyklus. Es fällt auf den ersten Mondmonat Tischri und damit im allgemeinen in den September. Die zehn Tage von Rosch ha-Schana (wörtlich: »Kopf des Jahres«) bis Jom Kippur (Tag der Versöhnung) sind als die »zehn Tage der Reue« bekannt. Es sind die erhabensten Tage des Jahres, handelt es sich doch um jene Zeitspanne, da in der traditionellen Vorstellung alle Welt vor Gottes himmlischem Thron gerichtet wird. Und obgleich Rosch ha-Schana feierlich und ernst ist, so ist es doch nicht düster. Es ist die Zeit der Reue – und des Glaubens, daß Gott das reuevolle Herz annimmt und ihm vergibt.

Im siebensten Monat, am Ersten des Monats, soll euch eine Ruhefeier sein, Mahnung des Posaunenschalls, heilige Berufung. Keinerlei Dienstarbeit dürft ihr verrichten, und ein Feueropfer sollt ihr dem Ewigen darbringen[54].

Und der Statthalter Nehemia sowie der Priester und Schriftgelehrte Esra und die Lewiten, die das Volk belehrten, sprachen zu ihnen allen: Dieser Tag ist dem Ewigen, euerm Gott, heilig. Seid nicht traurig und weinet nicht! Das ganze Volk weinte nämlich, als es die Worte des Gesetzes vernahm. Darum sprach er zu ihnen: »Geht und erlabt euch an gutem Essen und süßem Wein und sendet davon auch denen, die nichts haben, denn dieser Tag ist unserem Gott heilig. Seid daher nicht bekümmert; die Freude am Ewigen ist eure Zuflucht.« Und die Lewiten hielten das ganze Volk zum Schweigen an und sprachen: »Seid still, denn der Tag ist heilig, und seid nicht bekümmert.« Da ging alles Volk hin, zu essen und zu trinken und anderen davon zu senden und sich großer Festfreude hinzugeben; denn sie hatten die Worte verstanden, die er sie gelehrt hatte[55].

Rabbi Abbabu sagte: Warum wird an Rosch ha-Schana das Horn eines Widders geblasen? Der Ewige, gepriesen sei er, sagte: »Blaset vor mir das Horn eines Widders, damit ich an das Opfer Isaaks, Abrahams Sohn, erinnert werde und dadurch eurer Erfüllung dieses Gebotes (ein Horn zu blasen) gedenke, als hättet ihr euch selbst auf einen Altar gebunden (siehe Gen. 22, wo der Widder an Stelle Isaaks geopfert wird)[56].

Rabbi Kruspedai sagte, indem er Rabbi Johanan zitierte: An Rosch ha-Schana (wenn die Welt gerichtet wird) werden im himmlischen Gericht drei Bücher geöffnet: eines für den Sünder, eines für den Gerechten und eines für jene dazwischen. Das Schicksal des Gerechten wird darin eingetragen und dann versiegelt: es ist das Leben. Das Schicksal des Sünders wird darin eingetragen und dann versiegelt: es ist der Tod. Das Schicksal jener, die dazwischenstehen, bleibt von Rosch ha-Schana bis Jom Kippur in der Schwebe. Wenn sie während dieser Tage ihren Wert durch ihre Taten zeigen, werden sie für das Leben eingetragen und versiegelt; wenn nicht, werden sie für den Tod eingetragen und versiegelt[57].

Rabbi Pinhas und Rabbi Hilkia sagten im Namen des Rabbi Simon: Jedes Jahr erscheinen alle hilfreichen Engel vor dem Ewigen, gepriesen sei er, und fragen: »Herr der Welt! Wann wird dieses Jahr Rosch ha-Schana gehalten?« Und er antwortet ihnen: »Warum fragt ihr mich? Fragen wir den irdischen Gerichtshof« (in der Frühzeit setzte er das Datum eines jeden neuen Monats und somit den ganzen Kalender fest).

Rabbi Hoschaja lehrte: Wenn der irdische Gerichtshof anordnet: »Heute ist Rosch ha-Schana«, so sagt der Ewige, gepriesen sei er, zu den hilfreichen Engeln: »Bereitet den Gerichtsraum vor. Die Anwälte der Verteidigung und der Anklage sollen ihre Plätze einnehmen, denn meine Kinder haben beschlossen: ›Heute ist Rosch ha-Schana‹.« Sollte jedoch der irdische Gerichtshof die Angelegenheit neu überdacht haben und beschließen, daß der folgende Tag als erster des neuen Jahres erklärt werden soll, so sagt der Ewige, gepriesen sei er, zu den hilfreichen Engeln: »Bereitet den Gerichtsraum vor. Die Anwälte der Verteidigung und der Anklage sollen morgen ihre Plätze einnehmen, denn meine Kinder haben die Angelegenheit überdacht und beschlossen, daß der morgige Tag als der erste des Jahres gelten soll.«

Welches ist der Grund hierfür? »Denn das ist Satzung für Israel, ein Gesetz des Gottes Jakobs« (Ps. 81:5). Wenn es aber keine Satzung für Israel ist, so ist es kein Gesetz vom (für den) Gott Jakobs[58].

Ein reuiger Sünder soll nicht meinen, daß er vom Rang des Gerechten wegen seiner begangenen Sünden und Missetaten weit entfernt sei. Dies entspricht nicht der Wahrheit, denn er wird von Gott ebenso geliebt und ist ihm ebenso teuer, wie wenn er nie gesündigt hätte. Seine Belohnung ist in Wahrheit groß, denn er hat die Sünde gekostet und sich von ihr losgesagt, indem er seine böse Neigung besiegte. Im Talmud steht geschrieben, daß »an der Stelle, da reuige Sünder stehen, vollkommene Heilige nicht stehen können« (*Brachot* 34b); das heißt, ihr Rang ist höher als der Rang all jener, die nie gesündigt haben, weil sie heftiger gegen ihre böse Neigung anzukämpfen hatten[59].

Mit Gottes Hilfe am Vorabend des heiligen Sabbat 5591 (1831).
An meinen geliebten Sohn Isaak, möge sein Licht leuchten.
Ich erhielt soeben deinen Brief und habe gar keine Zeit, ihn gebührend zu beantworten. Möge der Allmächtige dein Herz stärken und dich am nahenden großen und furchtbaren Tag von Rosch ha-Schana bewegen, auf daß es inskünftig dein Ziel sei, dich täglich für das Gute zu erneuern. Lasse nicht einen Tag vorübergehen ohne einen Augenblick einsamer Andacht, während der du ein höchstes Ziel überdenkst. Erhasche an jedem Tag soviel Zeit für das Studium der Thora, für die Gebete und guten Taten wie es nur möglich ist, diesem vorübereilenden Schatten, dieser Eitelkeit der Eitelkeiten, dieser entschwindenden Wolke zu entreißen. Sei der Tatsache eingedenk, daß alle unsere Tage ein Nichts sind. Jeder vermag in ihnen ein Stückchen Ewigkeit auf irgendeiner Stufe zu erhaschen. Mehr Zeit, dir zu schreiben, habe ich jetzt nicht.

Die Worte deines Vaters, der deinen Frieden sucht und für dich betet.

Nathan von Nemirov[60]

Die nun folgenden Abschnitte als Abschluß des Kapitels über Rosch ha-Schana sind den vorgeschriebenen Gebeten der Rosch ha-Schana-Liturgie entnommen.

Wir wollen die Größe der Heiligkeit des Tages schildern, er ist furchtbar und ernst. An ihm wird sich dein Reich erheben und auf Gnade dein Thron gegründet sein, und du wirst auf ihm thronen in Wahrheit. In Wahrheit du bist der Richter, der zurechtweist, der weiß und Zeuge ist, der schreibt, besiegelt, zählt und berechnet und alles Vergessenen gedenkt; Du öffnest das Buch des Gedenkens, von selbst wird es vorgelesen, die eigene Unterschrift jedes Menscben ist darin.

In das große Schofar wird geblasen und leises Flüstern vernommen. Die Engel sind bestürzt, von Zittern und Beben ergriffen und sprechen: »Das ist der Tag des Gerichts!« Zu prüfen das Heer des Himmels im Gericht, denn sie sind in deinen Augen nicht lauter im Gericht, und alle Geschöpfe der Welt führst du vor dir vorbei wie Lämmer. Wie der Hirte seine Herde prüft, seine Schafe unter seinem Stabe hindurchgehen läßt, so lässest du vorbeiziehen, zählst und berechnest, prüfst die Seele alles Lebenden, bestimmst die Grenze jedem Geschöpfe und schreibst ihr Urteil.

Am Neujahrstage werden sie eingeschrieben und am Tage der Versöhnung besiegelt, wie viele dahinscheiden sollen und wie viele geboren werden, wer leben soll und wer sterben, wer zu seiner Zeit und wer vor seiner Zeit, wer durch Feuer und wer durch Wasser, wer durch Schwert und wer durch Hunger, wer durch den Sturm und wer durch die Seuche, wer Ruhe haben wird und wer Unruhe, wer Rast findet und wer umherirrt, wer frei von Sorgen und wer voll Schmerzen, wer hoch und wer niedrig, wer reich und wer arm sein soll.

Doch Reue, Gebet und Wohltun wenden das böse Verhängnis ab.

Denn wie dein Name, so ist dein Ruhm, schwer zu erzürnen, leicht zu besänftigen, du willst nicht den Tod des Todesschuldigen, sondern daß er von seinem Wandel ablasse und lebe, bis zu seinem Todestage wartest du auf ihn, wenn er umkehrt, nimmst du ihn sofort auf.

In Wahrheit, du bist ihr Schöpfer und kennst ihren Trieb, daß sie Fleisch und Blut. Der Mensch ist aus Staub gebildet, und er kehrt zum Staube zurück, mit Lebensgefahr erwirbt er sein Brot, gleich einer zerbrochenen Scherbe, trockenem Gras, einer welkenden Blume, vorüberziehendem Schatten, schwindender Wolke, verwehtem Hauch, dahinfliegendem Staube und dem flüchtigen Traume.

Du aber bist der ewige Gott und König.

Keine Grenze gibt es für deine Jahre und kein Ende für die Länge deiner Tage. Niemand vermag deinen Ruhm zu begreifen oder deine Geheimnisse zu ergründen. Dein Name entspricht dir und du entsprichst deinem Namen; unser Name sei für immer mit deinem Namen verknüpft[61].

Heute war die Welt vollendet; heute stellt er vor das Gericht alle Geschöpfe der Welten, gleich Kindern oder gleich Knechten. Wenn gleich Kindern, erbarme dich über uns, wie sich ein Vater über Kinder erbarmt. Wenn gleich Knechten, sind unsere Augen zu dir erhoben, bis du uns begnadigst und gleich dem Licht unser Recht erstrahlen lässest, Furchtbarer, Heiliger[62].

Und so lege denn die Furcht vor dir, Ewiger, unser Gott, auf alle deine Werke und die Angst vor dir auf alles, was du erschaffen, daß sich fürchten alle Werke und sich vor dir bücken alle Geschöpfe und alle eine Vereinigung bilden, deinen Willen mit ganzem Herzen zu vollziehen, so wie wir wissen, Ewiger, unser Gott, daß die Herrschaft vor dir, die Macht in deiner Hand, die Stärke in deiner Rechten und dein Name erhaben über alles, was du erschaffen.

Und so gib Ehre, Ewiger, deinem Volke, Ruhm denen, die dich fürchten, Hoffnung denen, die dich suchen, und freies Wort denen, die auf dich harren. Gib Freude deinem Lande, Wonne deiner Stadt, aufblühende Macht deinem Knechte David und strahlendes Licht dem Sohne Jischaias, deinem Gesalbten, bald in unseren Tagen.

Und so mögen die Gerechten es sehen und sich freuen und die Geraden jubeln und die Frommen mit Jauchzen frohlocken. Das Laster wird seinen Mund schließen, und alle Bosheit insgesamt wird wie Rauch vergehen, wenn du die Herrschaft des Frevelmuts von der Erde entfernst[63].

SIEBTES KAPITEL

Jom Kippur
Versöhnungstag

AN EINEM TAG IM JAHR bemüht sich der Mensch, Gott zu dienen, nicht so sehr als Mensch, vielmehr als sei er ein Engel. Die Engel essen und trinken nicht, und ihre einzige tägliche Aufgabe besteht darin, Gott zu preisen und vor seinem Antlitz zu leben. Daher ißt und trinkt der Jude am Jom Kippur überhaupt nichts; er fastet streng und verbringt alle Stunden, während derer er wacht, im Gebet. An diesem Tag, dem Abschluß der »Zehn Tage der Reue«, wird das Urteil über jedermann im Hinblick auf das kommende Jahr endgültig gefällt. Im alten jüdischen Gerichtshof verlief das Rechtsverfahren wie folgt: Der Angeklagte saß in trauernder Haltung auf der Anklagebank; diese Haltung ist am feierlichsten Tag des Jahres für alle Juden vorgeschrieben. Trotz seiner Feierlichkeit aber verliert der Jude selbst am Jom Kippur nicht das Gefühl der Zugehörigkeit zu Gott. In diesem Zusammenhang verweisen wir vor allem auf die im nächsten Kapitel erwähnte Geschichte eines der Begründer des Chassidismus, des Rabbi Elimelech von Lisensk (gest. 1787).

Am zehnten dieses siebenten Monats ist der Sühnungstag, Heilige Berufung soll euch sein, und ihr sollt euch katsteien und ein Feueropfer darbringen dem Ewigen. Und keinerlei Arbeit dürft ihr verrichten an eben diesem Tag; denn ein Tag der Sühnung ist er, um für euch Sühnung zu erwirken vor dem Ewigen, euerm Gott. Denn jede Person, die sich nicht kasteit an eben diesem Tag, soll ausgetilgt werden aus ihrem Volk. Und jede Person, die irgendeine Arbeit verrichtet an eben diesem Tag, jene Person werde ich vertilgen aus der Mitte ihres Volkes. Keinerlei Arbeit dürft ihr verrichten; eine ewige Satzung für eure Geschlechter an allen euren Wohnsitzen. Ein Sabbat vollkommener Ruhe ist er euch, und ihr sollt euch kasteien; am neunten des Monats, am Abend, von Abend zu Abend sollt ihr euren Sabbat begehen[64].

Sieben Tage vor Jom Kippur wurde der Hohepriester aus seiner Wohnung geholt und in einen besonderen Raum innerhalb des Tempelhofes gebracht. Ein anderer Priester wurde darauf vorbereitet, seinen Platz einzunehmen für den Fall, daß irgendetwas geschehen sollte, für das er sich in der Ausübung seiner Pflichten als ungeeignet erweisen könnte (z. B. durch eine rituelle Unreinheit oder gewisse körperliche Gebrechen)[65].

Der Hohepriester legte beide Hände auf den Stier und bekannte seine Sünden. Und so sprach er: O Ewiger, ich habe gesündigt, ich habe gefehlt, ich habe vor dir gefrevelt, ich und mein Haus. O Ewiger, sühne doch die Sünden, die Verfehlungen, die Frevel, die ich gesündigt, gefehlt und vor dir gefrevelt habe, ich und mein Haus, wie in der Thora deines Knechtes Moses geschrieben steht: »Denn an diesem Tag erwirkt man Sühne für euch, um euch zu reinigen; von allen euren Sünden sollt ihr vor dem Ewigen rein werden« (Lev. 16:30). Und das Volk antwortete ihm darauf: »Gelobt sei der Ruhm seines Reiches immer und ewig.«[66]

Anschließend verfuhr der Hohepriester in ähnlicher Weise im Namen des priesterlichen Hauses Aaron (Mischna Joma 4:2) und im Namen des ganzen Hauses Israel (Mischna Joma 6:2). Hsg.

Am Jom Kippur ist es verboten zu essen, zu trinken, zu waschen, mit Öl zu salben, Sandalen zu tragen oder Geschlechtsverkehr zu pflegen. Ein König oder eine Braut dürfen ihr Gesicht waschen und eine Frau, die ein Kind zur Welt gebracht hat, darf Sandalen tragen, sagt Rabbi Elieser. Doch die Weisen verboten dies[67].

Kleine Kinder brauchen am Jom Kippur nicht zu fasten. Doch ein oder zwei Jahre, bevor sie in das Alter (da sie fasten müssen) kommen, sollte man sie darin üben (indem man sie einen Teil des Tages fasten läßt), damit sie in der Ausübung der Gebote gut beschlagen sein werden[68].

Wenn eine schwangere Frau am Jom Kippur eine Speise riecht und ihr danach gelüstet, so darf sie davon bekommen, bis sie sich erholt hat. Auf den Rat von Sachverständigen hin (d. h. ärztlichen Ratgebern) darf ein Kranker gefüttert werden. Sind keine Sachverständigen zur Stelle, so darf er auf seinen eigenen Wunsch gefüttert werden, bis er »Genug!« sagt[69].

Der Zahlenwert der Buchstaben, aus denen das Wort »Satan« zusammengesetzt ist (hebräisch: ha-Satan), ist 364, die Gesamtzahl der Tage eines Jahres weniger einem. Satan kann das jüdische Volk anklagen und an jedem Tag des Jahres in die Irre führen, nur nicht am Jom Kippur. An jenem Tag sagt der Heilige, gepriesen sei er, zum Satan: »Heute hast du keine Macht über sie. Gehe aber dennoch hin und sieh nach, was sie tun.« Wenn Satan sie alle fastend und betend vorfindet, wie Engel in weiße Gewänder gekleidet, kehrt er sogleich beschämt und verwirrt zurück. Der Heilige fragt ihn: »Wie geht es meinen Kindern?« Und Satan antwortet: »Sie sind gleich Engeln, und ich habe keine Macht über sie.« Daraufhin legt der Heilige, gepriesen sei er, Satan in Ketten und erklärt seinem Volk: »Ich habe euch vergeben.«[70]

Derjenige, der sagt: »Ich werde sündigen und bereuen und aufs neue sündigen und wieder bereuen«, wird keinerlei Möglichkeit bekommen, zu bereuen. Wenn jemand sagt: »Ich werde sündigen, und Jom Kippur wird die Sühne erwirken«, so wird der Jom Kippur für ihn keinerlei Sühne erwirken. Der Jom Kippur erwirkt zwar Sühne für die Vergehen eines Menschen wider Gott; doch Sühne für die Vergehen eines Menschen wider seinen Nächsten erwirkt er nur, wenn er zuvor mit seinem Nächsten Frieden geschlossen hat[71].

Rabbi Simeon ben Gamliel sagte: Es gibt für das jüdische Volk keine glücklicheren Tage als den fünfzehnten Aw und den Jom Kippur, an denen die jungen Mädchen Jerusalems sich hervorwagen. Sie alle kleiden sich in einfache weiße Gewänder, die sie einander ausleihen, so daß nicht einmal die ärmsten unter ihnen sich zu schämen brauchen... Sie wagen sich hervor und tanzen in den Weinbergen. Und was singen sie während des Tanzes? »Hebe deine Augen, junger Mann, blicke dich um und triff deine Wahl. Sieh nicht nach Schönheit, denke stattdessen an die Familie. ›Wandelbar ist die Anmut, ein flüchtiger Hauch die Schönheit; aber ein gottesfürchtiges Weib ist des Ruhmes wert.‹ (Spr. 31:30).«[72]

Eines Tages schickte Rabbi Elimelech von Lisensk seine Schüler am Abend vor dem Versöhnungstag aus, das Verhalten eines Schneiders zu beobachten. »Von ihm«, sagte er, »werdet ihr lernen, was ein Mann an diesem heiligen Tag tun sollte.« Durch ein Fenster beobachteten sie, wie der Schneider ein Buch von seinem Regal nahm, in dem alle Sünden eingetragen waren, die er im Verlauf des ganzen Jahres begangen hatte. Mit dem Buch in der Hand sprach der Schneider zu Gott: »Heute, am Tag der Vergebung für ganz Israel, ist für uns der Augenblick gekommen – für Dich, mein Gott, und für mich selbst –, um unsere Schuld zu begleichen. Hier ist die Liste all meiner Sünden, doch hier ist auch ein anderes Buch, in welches ich alle Sünden eingetragen habe, welche Du begangen hast, die Sorgen, die Trauer und den Kummer, die Du mir und meiner Familie geschickt hast. Ewiger der Welt, wollten wir unsere Schulden genau zusammenzählen, so würdest Du mir mehr schulden als ich Dir! Doch es ist der Vorabend zum Versöhnungstag, da jedermann die Pflicht hat, mit seinem Nächsten Frieden zu schließen. Daher vergebe ich Dir Deine Sünden, wenn Du mir die meinen vergibst.« Daraufhin goß sich der Schneider selbst einen Becher Wein ein, sprach den Segensspruch darüber und rief: »*L'Chaim!* (Zum Leben!), Meister der Welt! Möge nunmehr Frieden und Freude zwischen uns sein, denn wir haben einander vergeben, und es ist, als seien unsere Sünden nie begangen worden.«

Die Schüler kehrten zu Rabbi Elimelech zurück, erzählten ihm, was sie gesehen und gehört hatten und beklagten sich, wie höchst unverschämt die Worte des Schneiders vor dem Himmel gewesen seien. Ihr Meister antwortete ihnen, daß Gott selbst und sein himmlischer Gerichtshof gekommen seien um zu hören, was der Schneider in seiner großen Einfalt gesagt habe, und daß des Schneiders Worte in allen himmlischen Sphären große Freude verursacht hätten[73].

In der Liturgie zu Rosch ha-Schana steht geschrieben: »Und die Engel sind bestürzt, von Zittern und Beben ergriffen und sprechen: Das ist der Tag des Gerichtes, zu prüfen das Heer des Himmels im Gericht.« Warum wird das Heer des Himmels erwähnt? Wenn Gott als Richter über Israel sitzt, richtet er auch über die Engel. Die Engel selbst wurden einzig dazu geschaffen, um die Gebete Israels emporzuheben. Der Allmächtige wünscht, daß sie an diesem Tage vor seinem Richterstuhl Israel verteidigen. Er unterzieht die Engel einer genauen Prüfung, um herauszufinden, ob sie dieser Verantwortung vollkommen gerecht werden. Wenn Rosch ha-Schana naht, beginnen die Engel zu zittern, aus Furcht, daß sie den Willen ihres Schöpfers nicht vollkommen ausgeführt haben[74].

Am Versöhnungstag ist es Brauch, ein Totenhemd zu tragen, also ein weißes, sauberes Gewand, wie es als letzte Kleidung des Toten benutzt wird. Dieser Brauch dient dazu, Demut und Unterwerfung unter den göttlichen Willen ins Herz des Menschen zu pflanzen (Kommentar von Rabbi Moses Isserlin, *Ora Chaim*, 510).

Rabbi Moses Teitelbaum erklärte am Abend des Jom Kippur diese Stelle wie folgt: »Brüder, achtet wohl darauf, daß diese Kleidung, die wir nun tragen, dasjenige Gewand sein wird, das wir tragen werden, wenn wir in die andere Welt gehen, um vor dem König der Könige Rechenschaft abzulegen. Stellen wir uns daher vor, daß wir in diesen Kleidern jetzt vor dem himmlischen Thron stehen. Wäre unsere Reue nicht vollkommen? Doch Reue nach dem Tode hilft uns nichts. Jetzt aber hilft sie; bereuen wir daher von ganzem Herzen unsere Sünden, und seien wir fest entschlossen, nicht mehr zu sündigen.«[75]

Das berühmteste jüdische Gebet ist das Kol Nidre, mit dem der Abendgottesdienst des Jom Kippur eingeleitet wird (alle jüdischen Feiertage sowie der Sabbat beginnen bei Sonnenuntergang, denn der »Tag« des religiösen Kalenders währt von Sonnenuntergang bis Sonnenuntergang). Es ist erklärte und unabänderliche Überzeugung des Judentums, daß die Gebete des Menschen selbst am Jom Kippur nur die Sünden, die er wider Gott begangen hat, zu sühnen vermögen; die Sünden, die er zum Schaden anderer Menschen begangen hat, können ihm nur durch jene, die er geschädigt hat, vergeben werden. Das Kol Nidre wurde im frühen Mittelalter in das Ritual aufgenommen, und zwar als eine Form, mit der jene Gelübde als nichtig erklärt werden, die der Mensch Gott gegenüber getan hat, ohne indessen irgendwelche Verpflichtungen zu tilgen, die ein Mensch einem anderen gegenüber auf sich genommen hat. Zufolge jüdischer Empfindung wurde das Kol Nidre mit den geheimen Synagogen der Marranen des mittelalterlichen Spaniens in Zusammenhang gebracht. Man nimmt an, daß die gezwungenermaßen zum Christentum Bekehrten sich selbst ermächtigten, guten Gewissens die Jom Kippur-Gebete zu sprechen, nachdem sie vorher die Gelübde, die sie unter Zwang für einen anderen Glauben geleistet hatten, für nichtig erklärten. Die eindringliche Melodie des Kol Nidre ist vielleicht die bekannteste der gesamten jüdischen Liturgie.

Nach dem Rate des Himmels und dem Rate hier unten, im Sinne des Allgegenwärtigen und im Sinne der Gemeinde, erlauben wir, mit den Gesetzesübertretern zu beten.

Alle Gelübde, Entsagungen, Bannsprüche, Umschreibungen oder Nebenbezeichnungen derselben, Strafen und Schwüre, die wir geloben, schwören, als Bann aussprechen, und als Verbot uns auferlegen, von diesem Versöhnungstage bis zum nächsten Versöhnungstage, der uns zu Gutem kommen möge, sie alle bereue ich, sie alle seien aufgelöst, erlassen, aufgehoben, ungültig und nichtig, ohne Geltung und ohne Bestand. Unsere Gelübde seien keine Gelübde, unsere Schwüre keine Schwüre[76].

Zehnmal schreibt die Liturgie des Jom Kippur die Aussprechung des »Geständnisses« vor. Charakteristisch für das Judentum ist die Tatsache, daß das Geständnis offensichtlich mehr Sünden enthält, als der größte Sünder vielleicht je begangen haben könnte, und daß es nicht in der Einzahl, vielmehr in der Mehrzahl ausgesprochen wird. Im tiefsten Sinne ist jeder von uns für die Sünden aller Menschen mitverantwortlich.

Unser Gott und Gott unserer Väter! Es komme vor dich unser Gebet, und entziehe dich nicht unserem Flehen, denn wir sind nicht frechen Angesichtes und harten Nackens, vor dir zu sagen, Ewiger, unser Gott und Gott unserer Väter; »Wir sind Gerechte und haben nicht gesündigt«; in Wahrheit, wir haben gesündigt.

Wir haben uns verschuldet, waren treulos, haben geraubt, haben Böses geredet, haben gefehlt und gefrevelt, waren übermütig, waren gewalttätig, haben Lüge erdichtet, haben schlechten Rat erteilt, haben gelogen, gespottet, haben uns empört, haben geschmäht, waren widerspenstig, handelten tückisch, waren frevelhaft, handelten feindselig, waren hartnäckig, waren Frevler, waren verderbt, verübten Greueltaten, gingen irre und haben irre geführt.

Wir sind von deinen Geboten gewichen und deinen guten Satzungen, doch es hat uns nicht gefrommt. Du aber bist gerecht in allem, was über uns gekommen, denn du übst Wahrheit, wir aber haben gefrevelt.

Was sollen wir vor dir sprechen, der du in der Höhe thronst, und was vor dir erzählen, der du im Himmel wohnst, fürwahr alle Geheimnisse und alles Offenkundige kennst du.

Du kennst die Geheimnisse der Welt und das Verborgenste und Verhüllteste alles dessen, was lebt. Du durchforschst alle Gemächer unseres Innern und prüfst Nieren und Herz. Nichts ist vor dir verborgen und nichts verhüllt deinen Augen gegenüber.

Und so sei es denn dein Wille, Ewiger, unser Gott und Gott unserer Väter, uns zu verzeihen alle unsere Sünden, uns zu vergehen alle unsere Missetaten und uns zu sühnen von all unseren Frevlen.[77]

An dieser Stelle seien auch noch die wichtigeren unter den kleineren Feier- und Fasttagen des jüdischen religiösen Kalenders erwähnt. Es sind zunächst die acht Tage Chanukka, die an die Befreiung der Makkabäer von ihren syrischen und griechischen Unterdrückern erinnern; das wesentliche Ritual dieses

Festes besteht darin, daß während der acht Tage Kerzen angezündet werden. Purim kennzeichnet den Sieg Mordechais und
Esters über den Bösewicht Haman in Persien. Die Geschichte
dieses Ereignisses wird so, wie sie im Buch Ester überliefert ist,
in der Synagoge gelesen. Der feierlichste aller nichtbiblischen
Fasttage ist der Neunte Aw, der von den Rabbinern zum Gedenken an die Zerstörung des Tempels festgesetzt wurde. Nach
rabbinischer Tradition wurden nämlich der Erste und der Zweite Tempel am Neunten Aw zerstört. Man fastet an ihm ebenso
streng wie am Jom Kippur. Es ist ein Trauertag, und als Lektüre
dient das Buch der Klagelieder. Doch am unmittelbar auf diesen
düsteren Fasttag folgenden Sabbat werden im synagogalen Gottesdienst die ekstatischen Worte Jesajas verlesen: »Tröstet es,
tröstet mein Volk... Sprecht zum Herzen Jerusalems und laßt
es ausrufen: ... daß seine Sünde ihm vergeben ist.«

ACHTES KAPITEL

Neue Gedenktage

IN DEN LETZTEN JAHRZEHNTEN hat es zahlreiche Anstrengungen gegeben, um der Ermordung der jüdischen Bevölkerung Europas im Zweiten Weltkrieg zu gedenken. Auf dem hebräischen Kalender steht der siebenundzwanzigste Nissan in Israel und in der Diaspora als Gedenktag des jüdischen Aufstands gegen die Nazis im Warschauer Getto 1943. An diesem Gedenktag werden im allgemeinen Kerzen angezündet und Gebete zum Andenken an die Toten gesagt, in den meisten Fällen allerdings eher auf öffentlichen Kundgebungen als in der Synagoge. In ultraorthodoxen, nichtzionistischen Kreisen gedenkt man dieser jüngsten »Vernichtung« während der Nazi-Jahre an dem feierlichen Fastentag, dem neunten Aw, der schon im Altertum eingeführt wurde, um der Zerstörung des ersten Tempels durch die Babylonier und des zweiten Tempels durch die Römer zu gedenken.

Die Gründung des Staates Israel wird in der Liturgie für die Synagoge als ein Festtag berücksichtigt. Sofort nach der Gründung Israels ordnete das Oberrabbinat an, in der Synagoge ein besonderes Gebet wie am Sabbat und an den Festtagen zu sagen, in dem dieses historische Ereignis als »das erste Sprießen unserer Erlösung« beschrieben wird. Diese theologische Lehrmeinung wurde von den ultraorthodoxen Juden in Frage gestellt, ebenso wie von zahlreichen liberalen zionistischen Gläubigen, weil man die göttliche Absicht nicht kennen könne; die Erlösung kommt, wenn Er sie möchte. Bald folgten in Israel verschiedene Vorschläge, den Unabhängigkeitstag, den fünften Ijjar, zu einem religiösen Festtag zu machen, komplett mit besonderen Gebeten ähnlich jenen, die für die in der Bibel vorgeschriebenen heiligen Tage gelten. Die religiöse Kibbuzbewegung hat ein Gebetbuch herausgegeben, in dem sich die folgenden Anweisungen befinden:

Am Vorabend des Unabhängigkeitstags hört man früh mit der Arbeit auf, noch vor Sonnenuntergang.

Man badet sich und zieht zu Ehren des Tages festtägliche Kleidung an.

Die Männer rasieren sich und lassen sich zu Ehren des Tages die Haare schneiden.

Am Unabhängigkeitstag werden keine Lobreden gehalten, noch fastet man.

Man versammelt sich für einen Gottesdienst in der Synagoge, der mit zwei Kapiteln aus dem Buch der Psalmen beginnt, um das Bewußtsein für den Feiertag zu beleben [nach dem Beschluß des Oberrabbinats].

Wer beim Gottesdienst als Vorsinger amtiert, beginnt ihn [mit dem *Barchu*, der formellen Aufforderung zum Gebet] in dem musikalischen Ton, der für einen Festtag angemessen ist... Einige sagen nach dem Stillen Gebet und dem Segen nach der Mahlzeit das [eigens für den Unabhängigkeitstag verfaßte] *al-ha-Nissim*-Gebet aus Dank für die Wunder.

Nach dem Stillen Gebet im abendlichen Gottesdienst wird das gesamte Hallel [das Gebet, das sich auf Wunder bezieht] gesagt, zusammen mit den entsprechenden formellen Segenssprüchen vorher und nachher. Das gleiche gilt für den morgendlichen Gottesdienst.

Nach dem Gebet [morgens] versammeln sich die Menschen, um die Nationalflagge zu hissen... Alle Anwesenden sollten eingangs: »Als der Ewige zurückführte die Weggeführten Zions, waren wir gleich Träumenden« (Ps. 126) singen. Nachdem die Flagge gehißt ist, wird sie für das Gedenkgebet auf halbmast gesetzt und danach noch einmal gehißt. Kapitel 62 von Jesaja wird laut vorgelesen, mit anderen zum Tag passenden Textstellen. Wir schließen mit *Ha-Tikwa*[78].

Dieser einleitende Teil endet dann, allerdings nicht, bevor er zu Ausflügen an bis dahin unbekannte Orte im ganzen Land sowie innerhalb der eigenen Ortschaft und Region aufgefordert hat. Besuche von Orten, an denen im Unabhängigkeitskrieg gekämpft wurde, werden ebenfalls empfohlen, »um die Größe des Wunders begreiflich zu machen«. Und das ist der Segen, der an solchen Orten gesagt werden soll: »Gelobt seist du, Ewiger, unser Gott, König der Welt, der uns ein Wunder an diesem Orte erwiesen.« In vielen Synagogen in Israel gibt es eine besondere, vielfältige Liturgie für den Unabhängigkeitstag, ebenso wie in einigen Synagogen in der Diaspora, aber derartige Gebete sind nicht die Norm. Praktisch jeder in der jüdischen Welt stimmt der Ansicht zu, daß die Existenz Israels eine Tatsache von überragender Bedeutung ist, aber es gibt noch immer politische und religiöse Meinungsverschiedenheiten, was dieses moderne »Wunder« bedeutet und wie man es mit einer Feier begeht.

V
Das Land

ERSTES KAPITEL

Die Heiligkeit des Landes

ES GIBT KAUM EINEN größeren Abschnitt in den fünf Büchern Moses, in dem nicht auf das Versprechen Gottes Bezug genommen wird, das er Abraham gab, und in dem es nicht wiederholt erwähnt wird; das Versprechen nämlich, daß das Land Kanaan sein und seiner Nachkommen Erbteil sei. Jehuda ha-Levi drückt die klassische Ansicht jüdischen Glaubens aus, daß das Volk Israel das Herz der Menschheit sei (siehe oben, Erster Teil). Wenige Abschnitte weiter unten in diesem Kapitel findet sich ein vergleichbares Bild aus der rabbinischen Literatur, daß das Heilige Land der Nabel der Welt sei. Dieses Land hat Gott für einen besonderen, ihm zu erweisenden Dienst erschaffen, auf daß seine Landschaft dazu beitrage, Charakter und Geist seines geliebten Volkes zu formen.

Schon die Bibel war sich des Problems bewußt, daß das Land von anderen bewohnt war und diese ihr Besitzerrecht anmelden könnten. Sie bietet zwei Antworten darauf: daß die Stämme, welche in dem Land lebten, viele Sünden begangen hatten und es somit entweihten, und daß kein Volk ein endgültiges Besitzerrecht auf irgendein Land anmelden könne, da die Erde Besitz des Ewigen ist. Raschis Kommentar über den ersten Vers der Genesis, mit dem wir dieses Kapitel beginnen, läßt sich über das zweite Argument aus, um zu »erklären«, warum die Bibel mit der Schöpfungsgeschichte beginnen mußte. Dieses Argument hat eine lange Geschichte; es kehrt bei einem so modernen Schriftsteller wie Martin Buber in einer etwa fünfundzwanzig Jahre zurückliegenden Antwort an Mahatma Gandhi wieder: »Mir will scheinen, daß Gott keinen Teil der Erde weggibt... Das eroberte Land ist meiner Meinung nach auch dem Eroberer, der sich darin niedergelassen hat, nur geliehen und Gott wartet ab, um zu sehen, was er daraus machen wird.«

Gott wohnt vor allem im Heiligen Land, und doch ist er überall gegenwärtig, denn die Himmel und die Himmel der Himmel können ihn nicht enthalten. Mit anderen Worten bezieht sich alles, was über die Lehre der Erwähltheit Israels gesagt werden kann, auf Seine Wahl des Landes. Sie ist letzten Endes ein Mysterium. Gleich der Lehre von der Erwähltheit des Volkes war und bleibt sie ein mächtiges und leidenschaftliches Motiv des jüdischen Glaubens.

»Im Anfang schuf Gott den Himmel und die Erde« (Gen. 1:1). Rabbi Jizchak sagte: Die Thora (das ist das Gesetzbuch für das jüdische Volk) hätte erst bei dem Abschnitt »Dieser Monat sei euch der Anfang der Monate« (Exod. 12:2) zu beginnen brauchen, weil dieser das erste Gebot enthält, das Israel aufgetragen wurde. Warum fängt sie aber mit der Schöpfung an? »Weil er seine Allmacht seinem Volke verkündete (d. h. ein Rechenschaftsbericht über die Schöpfung), ihm das Erbe der Nationen zu geben« (Ps. 111:6). Wenn die Völker der Welt zu Israel sprechen sollten: »Ihr seid Räuber, denn ihr habt die Länder der sieben Nationen Kanaans gewaltsam genommen«, so würden sie ihnen zur Antwort geben: »Die ganze Erde gehört dem Heiligen, gepriesen sei er. Er hat sie erschaffen und dem gegeben, der gerecht in seinen Augen. Nach seinem Willen hat er es (das Land) denen gegeben, und nach seinem Willen es ihnen genommen und uns gegeben.«[1]

Und ich will dir geben, dir und deinem Namen nach dir, das Land deines Aufenthalts, das ganze Land Kanaan, zum ewigen Besitz; und ich will ihnen Gott sein[2].

Als nun die Tage Israels (Jakobs) gezählt waren, ließ er seinen Sohn Joseph rufen und sprach zu ihm: »Wenn ich nur Gunst in deinen Augen gefunden, so lege doch deine Hand unter meine Hüfte und übe an mir Liebe und Treue. Begrabe mich nicht in Ägypten, sondern bei meinen Vätern will ich liegen. So trage mich denn hinweg aus Ägypten, und begrabe mich in ihrem Grab.«[3]

Es wird aber sein, wenn über dich kommen alle diese Worte, der Segen und der Fluch, die ich dir vorgelegt habe, und du es dir zu Herzen nimmst unter allen Völkern, dahin der Ewige, dein Gott, dich verstoßen hat, und du umkehrst zu dem Ewigen, deinem Gott, und seiner Stimme gehorchst, ganz so wie ich dir heute gebiete, du und deine Kinder, mit ganzem Herzen und mit ganzer Seele, dann wird der Ewige, dein Gott, dich wieder herstellen und sich deiner erbarmen und dich wieder sammeln aus allen Völkern, dahin der Ewige, dein Gott, dich zerstreut hat. Wenn deine Verstoßenen am Ende des Himmels wären, so wird der Ewige, dein Gott, dich von dort sammeln und von dort dich heimholen; und der Ewige, dein Gott, wird dich in das Land bringen, das deine Väter besessen, und du wirst es in Besitz nehmen, und er wird dich glücklicher und zahlreicher machen als deine Väter[4].

Aber sollte Gott denn wirklich auf Erden wohnen? Wenn der Himmel und aller Himmel Himmel dich nicht zu fassen vermögen, wieviel weniger dieses Haus, das ich gebaut habe. Doch wende dich zu dem Gebet und Flehen deines Knechtes, o Ewiger, mein Gott, daß du hörest auf das laute Flehen, mit dem dein Knecht dir heute naht, daß deine Augen offenstehen über diesem Hause Tag und Nacht, über der Stätte, von der du verheißen hast: »Mein Name soll daselbst wohnen«, daß du erhörest das Gebet, mit dem dir dein Knecht an dieser Stätte naht! Du wollest erhören das Flehen deines Knechtes und deines Volkes Israel, mit dem sie dir an dieser Stätte nahen! Ja, du wollest es hören an der Stätte, da du thronst, im Himmel, und wenn du es hörst, so wollest du vergeben![5]

So, wie sich der Nabel im Mittelpunkt eines Menschen befindet, so befindet sich das Land Israel im Mittelpunkt der Welt, wie geschrieben steht: »Das wohnt auf dem Nabel der Erde« (Ezech. 38:12), und es ist die Grundlage der Welt. Jerusalem befindet sich im Mittelpunkt des Landes Israel, der Tempel befindet sich im Mittelpunkt Jerusalems, das Allerheiligste ist im Mittelpunkt des Tempels, die Bundeslade befindet sich im Mittelpunkt des Allerheiligsten, und der Grundstein befindet sich vor der Bundeslade, und an seiner Stelle ist die Grundlage der Welt[6].

Selbst nach der Zerstörung des Tempels in Jerusalem und der Verbannung der Juden aus dem Land blieb dessen Heiligkeit bestehen. Die Rabbiner des Talmuds verliehen dieser Satzung Gesetzeskraft.

Jemand kann seinen gesamten Haushalt zwingen, mit ihm zum Lande Israel hinaufzugehen, doch kann man niemanden zwingen, es zu verlassen. Alle Angehörigen eines Haushalts können gezwungen werden, nach Jerusalem hinaufzugehen (von irgendeinem anderen Ort des Landes aus), doch niemand kann gezwungen werden, es zu verlassen[7].

Man sollte lieber im Land Israel wohnen, selbst in einer Stadt, deren meiste Bewohner keine Juden sind, als außerhalb des Landes, selbst in einer Stadt, deren meiste Bewohner Juden sind. Jeder, der im Land Israel lebt, wird als Gottesfürchtiger angesehen... Jeder, der außerhalb des Landes lebt, wird als denen zugehörig angesehen, die Götzendienst treiben... Jeder, der im Land Israel lebt, lebt ohne Sünde, wie geschrieben steht: »Dem Volk, das dort wohnt, werden seine Frevel verziehen« (Jes. 33:24)... Jeder, der im Land Israel begraben ist, wird als ein Mensch angesehen, der unter dem Altar begraben ist... Jedem, der eine Strecke von vier Ellen im Land Israel zurücklegt, ist ein Platz in der künftigen Welt sicher[8].

Im Land Israel zu leben ist ebenso wichtig wie das Einhalten aller Gebote der Thora[9].

Rabbi Seira sagte: Selbst die Unterhaltung jener, die im Land Israel leben, ist Thora[10].

Zehn Maße der Weisheit kamen in die Welt. Das Land Israel nahm davon neun, der Rest der Welt nahm eines[11].

Das Land Israel ist heiliger als alle anderen Länder[12].

Die Atmosphäre des Landes Israel macht die Menschen weise[13].

Der Heilige, gepriesen sei er, sagte: Eine kleine Gruppe Menschen im Land Israel ist mir lieber als der Große Sanhedrin außerhalb des Landes[14].

Ein Mann kann selbst am Sabbat einen Vertrag schließen (mündlich, mit einem Nichtjuden), um ein Haus im Land Israel zu erwerben (an diesem Tag ist ein solcher Geschäftsabschluß üblicherweise verboten)[15].

Jerusalem ist das Licht der Welt, wie geschrieben steht: Nationen werden in deinem Licht wandeln (Jes. 60:3). Wer ist das Licht Jerusalems? Der Heilige, gepriesen sei er, wie geschrieben steht: Der Ewige wird dein immerwährendes Licht sein (Jes. 60:19)[16].

Zehn Maße der Schönheit kamen in die Welt; neun für Jerusalem und eines für den Rest der Welt[17].

Zu allen Zeiten, selbst während der bedrohlichen Tage der Kreuzzüge, gab es Fromme, die dem Gebot, im Heiligen Land zu wohnen, Folge leisteten. Zahlenmäßig war die jüdische Gemeinde in Juda oftmals klein, aber es kamen immer wieder einige hinzu, sie zu ergänzen. Das Gebetbuch ist voll von Äußerungen über die Sehnsucht nach dem Land, doch durch die Jahrhunderte hindurch waren die Bande nicht ausschließlich gefühlsbetont. Selbst unter den unwahrscheinlichsten Verhältnissen erhielt sich stets der Bericht von den »Aufsteigenden« (denn ins Heilige Land zu gehen bedeutete für den Juden, in einen höheren Rang aufzusteigen). Es folgt nun ein Brief, den ein solcher Frommer geschrieben hat, der nach Juda ging, Isaja Hurwith (1555–1630), ein hervorragender Talmudist, der in Prag geboren wurde und seine Tage in Safed beendete.

Wenn auch Jerusalem jetzt in Schutt und Asche liegt, so ist es gleichwohl noch der Ruhm der ganzen Erde. Dort sind Friede und Sicherheit, gutes Essen und köstlicher Wein... Auch die Zahl der Sephardim in Jerusalem nimmt starkt zu, sie geht sogar in die Hunderte, und sie bauen hier große Häuser. Wir erachten all dies als ein Zeichen der Befreiung, möge sie bald kommen. Schon in kurzer Zeit werdet ihr mit der Hilfe des Ewigen vernehmen, daß die Gemeinde der Aschkenasim in der Tat groß und ehrwürdig ist. Denn ich weiß, daß viele, die den Wunsch hegen, sich mir anzuschließen, hierherkommen werden. Möge der Ewige mir Leben und Gesundheit gewähren. Ich werde eine wunderbare Aktivität entfalten, wie das Studium der Thora zu betreiben ist, das bisher ohne rechte Anleitung geblieben ist. Dies ist der Grund, weshalb die Trümmer auf uns kamen, um unserer Sünden willen. Ich möchte ihnen ein treuer Hirte werden. Auch habe ich die Absicht, den führenden Männern unseres Volkes in Polen, den Weisen unter den führenden Männern in Böhmen über den hiesigen Stand der Dinge Bericht zu erstatten und in jeder Hinsicht Wahrheit und Vertrauen zu verbreiten...

Meine geliebten Kinder, sagt jedem, der die Absicht hegt, ins Heilige Land zu gehen, er solle sich in Jerusalem niederlassen. Doch nehme niemand an, daß ich diesen Rat gebe, weil ich selbst mich dort niederlassen werde. In keiner Weise! Doch gebe ich diesen Rat in aller Aufrichtigkeit, weil dort alles gut ist und es an nichts mangelt. Die Stadt ist von einer Mauer umgeben und eingeschlossen. Sie ist so groß wie Lwow. Was aber am wichtigsten ist: sie ist besonders heilig und das Tor des Himmels. Ich vertraue fest darauf, daß der Ewige durch mich viel Kenntnis der Thora verbreiten lassen wird, so daß das Wort in Erfüllung gehen darf: von Zion wird das Gesetz ausstrahlen[18].

Einer der Chassidim, einer im 18. Jahrhundert begründeten Sekte, der Rabbi Israel ben Elieser, der *Baal Schem Tow*, versuchte selbst, ins Heilige Land zu gehen, doch scheiterte sein Plan. Die Legende erzählt, der Satan habe sich dem Plan widersetzt, da er fürchtete, die Begegnung des heiligsten Mannes der Generation mit dem heiligen Boden des Gelobten Landes könnte solche Heiligkeit erzeugen, daß der Messias am Ende kommen würde. Dem Urenkel des *Baal Schem Tow*, Rabbi Nahman von Braslav, gelang es, das Heilige Land zu erreichen, doch blieb er nur wenige Monate dort. Auch die Geschichte seines Aufenthaltes ist mit vielen Legenden umrankt worden. Nach seiner Rückkehr berichtete Rabbi Nahman seinen Schülern, er sei neu geboren worden, und seine wahre Lehre könne nur die sein, die er nach der Erquickung seiner Seele im Heiligen Land weitergebe. Die nun folgende Version ist dem glaubwürdigen Bericht über die Lehren Rabbi Nahmans entnommen, den sein gläubiger Schüler Rabbi Nathan von Nemerov niedergeschrieben hat.

Rabbi Nahman von Braslav lebte nur sechs Monate lang im Land und verbrachte die meiste Zeit in Tiberias, wo er sich dem Studium der *Kabbala* und der mystischen Disziplin widmete. Er beeilte sich, zu seinen Schülern zurückzukehren, um ihnen die Botschaft des Landes zu überbringen. Von dieser Zeit an war Rabbi Nahman ein anderer Mann.

Seine Schüler haben bezeugt, daß alles Leben, das in ihm war, allein aus seinem Aufenthalt im Lande Israel stammte. Jeder seiner Gedanken und jede seiner Auffassungen entstammten allein der Kraft, im Lande Israel gelebt zu haben, denn die Wurzel aller Kraft und Weisheit ist im Lande Israel. Es war sein Wille, daß alle Lehren, die er vor seinem Aufenthalt im Lande Israel verkündet hatte, nicht in seine Bücher aufgenommen werden sollten. Es durften darin nur jene neuen Lehren aufgenommen werden, die er nach seiner Rückkehr aus dem Lande Israel vortrug, von ihnen aber mußte jedes einzelne Wort niedergeschrieben werden[19].

ZWEITES KAPITEL

Galut
Das Exil

IN BIBLISCHER ZEIT wurde das jüdische Volk aus dem Heiligen Land in die babylonische Gefangenschaft verbannt. Warum geschah dies? Die Bibel hat darauf eine einfache Antwort: Es war die Bestrafung für die Sünden des Volkes. Weniger noch als die ursprünglichen Bewohner des Landes hatte das auserwählte Volk das Recht, den Boden zu entweihen, den Gott ihm gegeben hatte. Würde Gott es auf fremdem Boden ganz im Stich lassen? Nein, lautet die Antwort der Propheten und Psalmisten. Der Gott der ganzen Welt ist auch in Babylonien. Wenn die Zeit der Bestrafung des Volkes um ist, wird es zurückgeführt werden. Doch die Verbannung dauerte an, vor allem die zweite Verbannung nach dem Jahr 70, und auch die größten Selbstkritiker vermochten nicht mehr zu glauben, daß sein Leiden allein das Ergebnis seiner eigenen Sünden sein könne. Die Lehre des »leidenden Knechts« wurde zu Hilfe genommen und erweitert, daß nämlich nach Gottes geheimnisvollem Willen das Volk Israel nicht allein seine eigenen Sünden, sondern darüber hinaus die Sünden der anderen trage. Das Exil war eine Zeit der Prüfung, eine verlängerte gemeinsame Erprobung, gleich Abrahams Erprobung durch Gott. Aufgabe des Volkes war es, treu zu bleiben und Zions zu gedenken.

Wo ist der Mann, der so weise ist, daß er dies verstehe? So unterrichtet durch den Mund des Ewigen, daß er es erkläre? Warum ist das Land zugrunde gegangen, warum ist es verheert wie die Wüste, so daß niemand hindurchzieht? Und der Ewige sprach: Darum, weil sie mein Gesetz verlassen haben, das ich ihnen vorgelegt; weil sie meine Stimme nicht hörten und nicht danach wandelten, sondern der Verstocktheit ihres Herzens folgten und den Baalim, zu denen ihre Väter sie gewöhnt hatten. Darum spricht der Herr der Heerscharen, der Gott Israels: Siehe, ich will sie mit Wermut speisen und mit Giftwasser tränken. Und ich will sie unter die Völker zerstreuen, die weder ihnen noch ihren Vätern bekannt waren, und ich will das Schwert hinter ihnen herschicken, bis ich sie aufgerieben habe[20].

An den Strömen Babylons, da saßen wir und weinten,
Wenn wir Zions gedachten;
An die Weiden im Lande
Hängten wir unsere Harfen.
Denn dort hießen uns singen,
Die uns hinweggeführt,
Hießen uns fröhlich sein unsere Peiniger:
»Singt uns eines von den Zionsliedern!«

Wie könnten wir des Ewigen Lied singen
Auf fremder Erde?
Vergesse ich deiner, Jerusalem,
So müsse meine Rechte verdorren!
Die Zunge müsse mir am Gaumen kleben,
Wenn ich dein nicht gedenke,
Wenn ich nicht Jerusalem setze über meine höchste Freude![21]

Der böse Kaiser Hadrian, der Jerusalem eroberte, rühmte sich: »Ich habe Jerusalem mit großer Macht erobert.« Rabbi Johanan ben Sakkai sagte zu ihm: »Rühme dich dessen nicht. Wäre es nicht der Wille des Himmels gewesen, so hättest du es nicht einnehmen können.« Dann führte Rabbi Johanan den Kaiser in einen Keller und zeigte ihm die Leichen von Amoritern, die dort begraben waren. Eine von ihnen maß 18 Ellen (etwa 9 m). Er sagte: »Als wir es verdienten, vermochten wir solche Männer zu besiegen. Jetzt aber, wegen unserer Sünden, vermochtest du uns zu bezwingen.«[22]

Wann immer Israel versklavt ist, wird die *Schechina* sozusagen mit ihm versklavt... Denn es heißt: »In all ihrer Bedrängnis war er betrübt« (Jes. 63:9). Dies lehrt, daß er an der Bedrängnis des Volkes teilhat; wie aber verhält es sich bei der Bedrängnis des einzelnen? Die Schrift erklärt: »Er ruft mich an, und ich erhöre ihn; ich bin bei ihm in der Not« (Ps. 91:15)... Es steht geschrieben: »Vor deinem Volk, das du für dich aus Ägypten, der Nation und ihrem Gott loskauftest« (nach II. Sam. 7:23)... Rabbi Akiva sagte: Wäre es nicht in der Schrift geschrieben, so wäre es unmöglich, so etwas zu sagen. Israel sagte zu Gott: Du hast dich sozusagen selbst losgekauft. Und so schließt ihr, daß immer dann, wenn Israel in der Verbannung war, sozusagen auch die *Schechina* mit ihm in die Verbannung ging, wie geschrieben steht: »Ich ging selbst ins Haus deiner Väter in die Verbannung, als sie in Ägypten waren« (nach I. Sam. 2:27). Und als sie nach Babylon in die Verbannung gingen, da ging auch die *Schechina* mit ihnen in die Verbannung, wie geschrieben steht: »Um euretwillen wurde ich nach Babylon geschickt« (nach Jes. 43:14). Als sie nach Elam in die Verbannung gingen, da ging die *Schechina* mit ihnen in die Verbannung, wie geschrieben steht: »Ich werde meinen Richterstuhl in Elam aufstellen« (Jer. 49:38)... Und wenn sie in der Zukunft zurückkehren, wird die *Schechina* sozusagen mit ihnen zurückkehren, wie geschrieben steht: »Dann wird der Ewige, dein Gott, aus deiner Gefangenschaft mit zurückkommen« (Deut. 30:3). In diesem Vers steht nicht: »Der Ewige wird zurückbringen« (hebräisch *ve-heschiw*), sondern »er wird zurückkommen« (hebräisch *ve-schaw*)[23].

Jehuda ha-Levi lebte in Spanien und sehnte sich nach Zion. Dorthin begab er sich gegen Ende seines Lebens. Das nun folgende Gedicht ist Teil der Liturgie für den Fastentag des Neunten Aw, zum Andenken an die Zerstörung des Tempels.

Mein Herz ist im Osten, und ich bin im äußersten Westen.
Wie kann ich Speise genießen? Wie kann sie mir schmackhaft sein?
Wie soll ich meine Gelübde und Verpflichtungen erfüllen, da doch Zion
    in den Fesseln Edoms ist und ich in den Ketten der Araber liege?
Wie leicht erschiene es mir, alle guten Dinge Spaniens hinter mir zu
    lassen,
Und wie köstlich es meinen Augen wäre, den Staub des verwüsteten
    Heiligtums zu erblicken[24].

Hasdai ibn Schaprut (915–970) war Minister am Hofe des Kalifen von Cordoba und stand an der Spitze der Juden auf der iberischen Halbinsel. Der folgende Brief an den König der Chasaren ist bemerkenswert wegen der darin ausgedrückten Sehnsucht nach dem Heiligen Land, und nicht weniger bemerkenswert ist die Antwort, die er erhielt. Sie wird hier unmittelbar nach Hasdais Brief wiedergegeben.

Ich, Hasdai, Sohn Isaaks, seligen Angedenkens, Sohn Esras, seligen Angedenkens, Angehöriger der aus Jerusalem verbannten Juden aus Spanien, ein Diener des Königs, meines Gottes, beuge mich vor ihm zur Erde nieder und werfe mich vor dem Thron Eurer Majestät aus einem fernen Lande zu Boden. Ich freue mich über Euren Frieden und Eure Herrlichkeit und strecke meine Hände Gott im Himmel entgegen, auf daß er Euer Reich in Israel weiterwähren lasse... Wir, die wir in Tat und Wahrheit der letzte Rest der gefangenen Israeliten sind, Diener des Königs, meines Gottes, wohnen friedlich im Land unseres Aufenthalts, denn unser Gott hat uns nicht im Stich gelassen... Er, der das Herz erprobt und ausfragt, weiß, daß ich von all diesen Dingen (um zu versuchen, mich mit Euch in Verbindung zu setzen) nichts um meiner eigenen Ehre willen tat, sondern nur, um die Wahrheit herauszufinden, ob die israelitischen Verbannten irgendwo ein unabhängiges Königreich bilden und keinem fremden Herrscher unterstehen. Sollte ich allerdings erfahren dürfen, daß dies der Fall ist, dann würde ich all meinen Ruhm verachten, meine hohe Stellung aufgeben, meine Familie verlassen, ich würde über Berge und Hügel wandern, durch Meere und Länder, bis ich dorthin gelangte, wo der König, mein Gott, wohnt, damit ich nicht nur seinen Ruhm und seine Herrlichkeit und die seiner Diener und Geistlichen, sondern zugleich auch den Frieden der Israeliten sehen könnte. Bei diesem Anblick würden meine Augen strahlen, mein Herz würde frohlocken, meinen Lippen würden Lobpreisungen Gottes entströmen, der seine Gunst nicht den Seinen, die betrübt waren, entzogen hat. Und daher möge Eure Majestät, die ich nun anflehe, Einsicht mit den Wünschen Eures Dieners zu haben und Eure Schreiber, die verfügbar sind, anzuhalten, eine Antwort von Eurem fernen Land an Euren Diener zu entsenden und mir volle Auskunft über die Bedingungen der Israeliten zu geben, und aus welchen Gründen sie sich dort niederließen...

Noch etwas möchte ich meinen Herrn fragen, nämlich daß er mir sagen möge, ob es unter Euch irgendeine Schätzung über die endgültige Erlösung (d. h. die messianische Erlösung) gibt, auf die wir so viele Jahre gewartet haben, während wir von einer Gefangenschaft in die andere, von einer Verbannung in die andere gingen. Wie stark ist doch die Hoffnung desjenigen, der auf die Verwirklichung dieser Ereignisse wartet, und Oh! wie vermag ich friedvoll und ruhig zu bleiben angesichts der Verwüstung des Hauses unseres Ruhms und eingedenk derer, die auf der Flucht vor dem Schwert durch Feuer und Wasser hindurch mußten, so daß nur wenige zu überleben vermochten. Wir sind unseres Ruhmes beraubt worden, so daß wir keine Antwort zu geben wissen, wenn man täglich zu uns sagt: »Jedes andere Volk hat sein Königreich, von eurem aber ist keine Erinnerung auf Erden.« Als wir daher vom Ruhm des Königs, unseres Ewigen, von der Macht seiner Herrschaftsgebiete und der Vielzahl seiner Sreitkräfte hörten, waren wir verblüfft, wir erhoben unser Haupt, unser Geist belebte sich, und unsere Hände wurden stark, und das Königreich meines Herrn lieferte uns ein Argument, um auf diese Schmähungen zu antworten. Möge dieser Bericht begründet sein, denn dies würde unsere Größe mehren. Gesegnet sei der Herrscher Israels, der uns nicht ohne einen Verbündeten als Verteidiger gelassen noch gewollt hat, daß die Stämme Israels ohne ein unabhängiges Königreich sind. Möge mein Herr für immer gnädig sein[25].

Die Antwort:

Was Ihre Frage wegen des wunderbaren Endes der Tage angeht, so sind unsere Augen auf den Ewigen, unseren Gott, und auf die weisen Männer von Israel gerichtet, die in Jerusalem und Babylon wohnen. Zwar sind wir weit von Zion entfernt, doch haben wir gehört, daß wegen unserer Freveltaten die Berechnungen falsch sind, noch wissen wir irgendetwas darüber. Doch wenn es dem Ewigen gefällt, wird Er es um Seines großen Namens willen tun. Vor Ihm wird weder die Verwüstung Seines Hauses, noch die Beseitigung Seiner Liturgie oder alles Ungemach, das über uns gekommen ist, leicht genommen. Er wird Sein

Versprechen erfüllen, und »plötzlich kommt zu seinem Tempel der Ewige, nach dem ihr verlangt; und der Bundesengel, nach dem ihr begehrt, seht, er wird kommen, sagt der Herr der Heerscharen« (Mal. 3:1)... Möge Gott die Erlösung Israels beschleunigen, die Gefangenen und Zerstreuten zusammenführen, Euch und mich und ganz Israel, das Seinen Namen liebt, noch zu Lebzeiten von uns allen[26].

Jedes der nun folgenden Dokumente aus verschiedenen Jahrhunderten drückt das Thema der Trauer um Zion und des Wunsches nach Rückkehr aus. Das erste entstammt einem Brief des Rabbi Ovadia aus Bertinora, einem hervorragenden italienischen Talmudisten der zweiten Hälfte des 15. Jahrhunderts, der seine Heimat verließ, um sich im Heiligen Land niederzulassen. Er schreibt an seinen Vater nach Italien:

Am Dienstag morgen... verließen wir Hebron, das ist eine Tagesreise von Jerusalem entfernt, und kamen bis zu Rachels Grab, wo sich ein rundes, gewölbtes Gebäude auf offener Straße befindet. Wir stiegen von unseren Eseln und beteten am Grab, jeder nach seiner Art. Rechterhand von dem nach Jerusalem Reisenden liegt der Hügel, auf dem Bethlehem steht...

Von Bethlehem nach Jerusalem legt man etwa drei Meilen zurück. Der ganze Weg ist gesäumt mit Weinbergen und Obstgärten. Die Weinberge gleichen denen der Romagna, die Reben sind niedrig aber üppig. Etwa eine dreiviertel Meile von Jerusalem entfernt, an einer Stelle, von der aus der Berg auf Stufen erklommen wird, erblickten wir die berühmte Stadt unserer Wonne, und hier zerrissen wir unsere Kleider, wie es unsere Pflicht war. Ein Stück weiter wurde das Heiligtum, das zerstörte Haus unserer Pracht sichtbar, und bei dessen Anblick zerrissen wir unsere Kleider noch einmal[27].

Der folgende Ausschnitt stammt aus dem 11. Jahrhundert. Er ist Teil eines Empfehlungsbriefes, den die Gemeinde von Saloniki schrieb und an die jüdischen auf dem Weg nach Juda niedergelassenen Gemeinden richtete.

... Wir senden euch unsere Grüße und erachten es als unsere Pflicht, euch Mitteilung über die Bitte des Herrn N. N. zu machen. Er ist ein Jude aus Rußland und hielt sich bei uns hier in Saloniki auf, wo er seinen Verwandten, Herrn X. Y. traf, der kürzlich aus der heiligen Stadt Jerusalem, möge sie für immer vom Ewigen wiederhergestellt werden, zurückkehrte. Als er von der Pracht Juda sprechen hörte, bekam auch Herr N. N. den sehnlichen Wunsch, dorthin zu gehen und sich an der heiligen Stätte zu Boden zu werfen. Er bat uns, ihm diese wenigen Zeilen zu übergeben, so daß sie ihm als Einführung dienen könnten.

Bitte helft ihm, mit der Unterstützung zuverlässiger Männer auf dem richtigen Weg sein Ziel zu erreichen, von Stadt zu Stadt, von Insel zu Insel. Er kann nämlich weder Hebräisch noch Griechisch oder Arabisch, sondern allein Russisch, die Sprache seines Vaterlandes.

Zu allen Zeiten, unsere Brüder, hat das Haus Israel... sich in der Stärke der Rechtschaffenheit und in der Macht der Barmherzigkeit ausgezeichnet, und ihr kennt ihren Lohn[28].

Es folgt ein anderer Brief, den die Juden von Saloniki um das Jahr 1550 geschrieben haben.

Die zwei hebräischen Männer, die beiden guten Boten, die ihr geschickt habt, damit sie eine Zuflucht für euch suchen, sind hier eingetroffen, und wir freuten uns, als wir sie sahen. Doch waren wir tief betroffen, als wir von dem Joch hörten, das die Nationen euch aufzuerlegen gedenken, und von den Leiden der Verbannung, die aufgehäuft und auf euren Nacken gelegt wurden. Und selbst dies genügt den Nationen nicht ihre Hand ist ausgestreckt, um euch ein weiteres Mal zu schlagen, indem sie sagen: »Verjagen wir die Juden!« Darum ist unser Herz bekümmert, und ihr tut uns leid, weil der Feind die Oberhand gewonnen hat. Das einzige, das uns durch die Güte des Ewigen, des Meisters des Erbarmens, gepriesen seien Er und Seine barmherzigen Taten, zu trösten vermag, ist, daß Er uns hierher an diesen großen Platz kommen ließ, wo wir Brot essen, das nicht als Pfand gegeben ward, in ein Land, dessen sich der Ewige von Anbeginn des Jahres bis zu seinem Ende annimmt, und wo es an nichts fehlt...

Und darum, unsere geschätzten Brüder, die ihr Einsicht mit Energie zu verbinden versteht, zögert nicht, hierher zu kommen und das Beste dieses Landes zu genießen, und wartet nicht, bis der Pfalzgraf euch sagt: »Auf, zieht hinweg aus meinem Volk« (Ex. 12:31), damit nicht die Ägypter euch bedrängen und euch eilends aus dem Lande treiben. Ihr könntet nicht einmal Zeit genug haben, die Abreise vorzubereiten, und der Name des Ewigen könnte bedauerlicherweise entweiht werden, wie es bei der schmerzlichen Vertreibung der unglücklichen Juden, den Nachkommen Jakobs, aus Kastilien und Portugal geschah, die unter dem Druck der Zeit gezwungen waren, um unserer großen Sünden willen ihren Glauben zu wechseln.

Möge der erhabene Gott ganz Israel an der einen Stätte wieder zusammenführen, die von Anbeginn an emporgehoben war, die Stätte unseres Heiligtums; mögen eure und unsere Augen Zion sehen, die Wohnung des Friedens, wenn der Ewige die Gefangenen Jakobs zurückbringen wird, und wenn man wiederum sagen kann: »Der Ewige ist groß über die Grenzen Israels hinaus« (Mal. 1:5), denn er wird das Joch der Nationen brechen, das schwer auf eurem Nacken lastet, so wie euer Herz es wünscht, das voller Furcht vor dem Ewigen ist, und so wie wir es wünschen, die wir für euer Wohlergehen und eure Befreiung flehen und den Ewigen Tag für Tag zugunsten des restlichen Israel anrufen[29].

Dieses Gebet aus dem Exil ist sehr berühmt. Es wurde Ende des 18. Jahrhunderts von einem großen chassidischen Meister, Rabbi Levi Isaak aus Berditschew (1740–1810) verfaßt.

Gegrüßt seiest du, Ewiger der Welt!
Ich, Levi Isaak, Sohn der Sarah von Berditschew, komme zu dir, in einer
    rechtlichen Angelegenheit, die dein Volk Israel betrifft.
Was verlangst du von Israel?
Es heißt immer: Gebiete den Kindern Israel!
Es heißt immer: Sprich zu den Kindern Israel!
Gnädiger Vater! Wie viele Völker gibt es auf der Welt?
Perser, Babylonier, Edomiter!
Die Russen – was sagen sie?
    Unser Kaiser ist der Kaiser!

Die Deutschen – was sagen sie?
   Unser Königreich ist das Königreich!
Die Engländer – was sagen sie?
   Unser Königreich ist das Königreich!
Doch ich, Levi Isaac, Sohn der Sarah von Berditschew, sage:
   »Gepriesen und geheiligt sei Sein großer Name!«
Und ich, Levi Isaac, Sohn der Sarah von Berditschew, sage: Ich gehe
   nicht fort und rühre mich nicht von der Stelle, bis es ein Ende geben
   wird,
bis die Verbannung ein Ende haben wird –
   »Gepriesen und geheiligt sei Sein großer Name!«[30]

Warum diese Pein der Verbannung? Die spanische Judenheit des
15. Jahrhunderts, die Gemeinde, die äußerste Verfolgung und
1492 schließlich die Vertreibung zu erdulden hatte, vertiefte sich
ganz besonders in diese brennende Frage. Salomo ibn Verga, ein
spanischer Jude, der die Vertreibung mit erlitt, gibt der Stimmung jener Generation ergreifenden Ausdruck.

Gewiß bist Du von jeher mein heiliger Gott gewesen. Wir werden nicht
sterben, ob auch Feuer uns verzehrt. Unsere Leiden treten stets aufs
neue wieder auf, und die letzten lassen in ihrer Härte die früheren
vergessen. Der, der frohen Herzens war, stöhnt, und die Freude unserer
stolz Triumphierenden ist erloschen. In den kommenden Tagen wird
Jakob Wurzeln schlagen, alle unsere Feinde werden voranschreiten, um
uns zu zerstreuen; das Licht wird von den Wolken unserer Zeit verdunkelt; sie haben uns bis zum äußersten Rand getrieben; wir haben keine
Kräfte mehr, und unser Atem geht schwer.
   O Gott, Du hast mich Mal für Mal vertrieben, ich aber habe gesagt,
daß ich den Zorn des Ewigen ertragen werde, denn ich habe gesündigt.
Verteidige nun meinen Fall, bringe mich ins Licht zurück. Siehe, ich
verkünde neue Schmerzen; wir suchen die Klarheit und wandern doch
im Dunkel. Löwen brüllen uns an, grimmiger als des Abends die Wölfe.
   … antworte mir, o Ewiger, unser Gott; bewahre unseren kläglichen
Rest, denn so Du Dich uns entgegenstellst, welches kann dann unser
letztes Ende sein?…

Ich erinnere mich vergangener Tage. Du hattest unser Nest zwischen die Sterne gesetzt, und der Glanz Deines Ruhmes war über uns; nun aber hast Du uns von dort heruntergeholt...

Strecke uns aus der Höhe Deine Hand entgegen, o Ewiger, Gott, denn kein Wurm auf Erden ist so niedrig, wie wir es in unserer Erniedrigung sind, wie ein Verlassener unter den Toten... Wenn sie das Gewicht seines Grabsteins vergrößern, wird er es nicht wissen, und wenn sie versuchen, ihn zu peinigen, wird er es nicht verstehen. Der Lebende aber nimmt sich seine eigenen fortwährenden Plagen und Verwirrungen zu Herzen; seine Seele ist Tag und Nacht voller Bitterkeit, gleich der unseren in dieser Zeit. Wenn unsere Vergehen zugenommen haben... so bitte ich Dich, Deine Macht größer werden zu lassen, wie Du es versprochen hast, führe Dein Volk mit Deinem Stab; übergib nicht unsere Überlebenden dem tödlichen Stock, gnädiger und barmherziger Gott.

Wie kannst Du mehr zulassen, da Du doch Zeuge des Unheils gewesen bist, das über Dein Volk gekommen ist; wie kannst Du es, da Du Zeuge der Zerstörung der Heimat Deiner Diener, Deiner Kinder gewesen bist? Schätze unsere Leiden nicht gering; betrachte uns von Deiner heiligen Wohnstatt aus. Trotz aller Verfolgungen bekannten wir uns zu Dir. Umhülle Dich bald mit Barmherzigkeit und errette uns um Deinetwillen[31].

Rabbi Jacob Emden (1697–1776) und Rabbi Jonathan Eibschütz waren grimmige Gegner, doch einig waren sie sich in der Hoffnung auf die Heimkehr nach Zion als einem zentralen Thema jüdischer Frömmigkeit. Der nun folgende Abschnitt stammt von Emden, der zweite von Eibschütz.

Wir trauern nicht geziemend um Jerusalem. Hätten wir uns allein dieses Vergehens schuldig gemacht, so wäre dies Grund genug für die Verlängerung der Zeit unserer Verbannung. Meiner Meinung nach ist dies der wahrscheinlichste, einleuchtendste und stärkste Grund für alle schrecklichen, furchterregenden Verfolgungen, die während der Verbannung an allen Orten unserer Zerstreuung über uns gekommen sind. Wir sind wütend verfolgt worden. In unserer Erniedrigung, Heimsuchung und Heimatlosigkeit war uns unter den Nationen keine Ruhe gegönnt, weil dieses Gefühl der Trauer unsere Herzen verlassen hat. Während wir in einem Land, das nicht das unsere ist, gleichgültig waren, haben wir Jerusalem vergessen und uns sein Schicksal nicht zu Herzen genommen. Und darum »hat man uns vergessen wie einen, der tot ist«, von Generation zu Generation hat Kummer sich unserem Kummer und unserem Schmerz hinzugefügt[32].

Man muß bis zum Wiederaufbau Jerusalems und bis zur Wiederherstellung von König Davids Ruhm ohne Unterlaß weinen, denn das ist das Ziel menschlicher Vollkommenheit. Wenn wir Jerusalem und das Königreich des Hauses David nicht haben, warum sollten wir dann das Leben haben? ... Da unsere vielen Missetaten zur Zerstörung und Verwüstung unseres ruhmreichen Tempels und zum Verlust des Königreiches des Hauses David geführt haben, kennt jeder das Ausmaß unseres Leidens über das Nichtvorhandensein und den Mangel des Guten. Gewiß sind wir vom Leben zum Tod herabgestiegen. Und auch das Gegenteil ist wahr: »Wenn der Ewige die Gefangenen Zions zurückruft«, werden wir vom Tod zum Leben emporsteigen. In Wahrheit bricht das Herz eines jeden, der die Seele eines Juden sein eigen nennt, wenn er sich der Zerstörung Jerusalems erinnert[33].

DRITTES KAPITEL

Die Spannung zwischen
Exil und Rückkehr

NACH DER ZERSTÖRUNG des Ersten Tempels war Jeremia davon überzeugt, daß die Verbannung nicht sofort enden würde. Daher riet er dem jüdischen Volk, sich mit den Bedingungen abzufinden, die durch die Niederlassung im bürgerlichen Leben Babyloniens während etlicher Generationen bestehen würden. Sechs Jahrhunderte später, nach der Zerstörung des Zweiten Tempels, wurde Babylonien bald ein größeres Zentrum jüdischer Bevölkerung und jüdischer Gelehrsamkeit als Juda. So findet sich denn auch in den rabbinischen Schriften ein Widerhall jener Ansicht, daß ein Jude genauso gut in Babylonien wie in Juda leben könne. Rabbiner des Mittelalters beschwichtigten ihr Gewissen angesichts des nicht erfüllten Gebotes, ins Heilige Land zu gehen, indem sie die Schwierigkeiten der Reise sowie die Tatsache unterstrichen, daß Gesetze wie die Zahlung des Zehnten und ähnliche Verpflichtungen im Heiligen Land gar nicht mehr befolgt werden könnten.

So spricht der Herr der Heerscharen, der Gott Israels, zu allen Verbannten, die von Jerusalem nach Babylon in die Verbannung geschickt worden sind: Bauet Häuser und wohnet darin; pflanzet Gärten und esset ihre Frucht. Nehmet euch Frauen und zeuget Söhne und Töchter; nehmet Frauen für eure Söhne und gebt eure Töchter Männern, damit sie Söhne und Töchter gebären, daß ihr euch dort mehret und euer nicht weniger werden. Und sucht den Frieden der Stadt, in die ich euch verbannt habe, und betet für sie zum Ewigen, denn ihr Wohl ist auch euer Wohl...

Denn so spricht der Ewige: Erst wenn siebzig Jahre für Babylon um sind, will ich euch besuchen. Dann will ich meine Verheißung an euch erfüllen und euch wieder an diesen Ort bringen. Denn ich weiß, was für Gedanken ich über euch hege, spricht der Ewige, Gedanken des Friedens und nicht der Betrübnis, euch eine Zukunft und Hoffnung zu gewähren. Wenn ihr mich ruft, so will ich euch antworten; wenn ihr zu mir betet, will ich auf euch hören. Wenn ihr mich sucht, so sollt ihr mich finden, wenn ihr mich sucht von ganzem Herzen. Und ich werde mich von euch finden lassen, spricht der Ewige, und ich werde euer Geschick wenden und euch sammeln aus allen Völkern, und von allen Orten, dahin ich euch verstoßen habe, spricht der Ewige. Und ich werde euch wieder an den Ort bringen, von wo ich euch in die Verbannung geschickt[34].

Jeder, der in Babylon lebt, wird gleich einem erachtet, der im Lande Israel lebt[35].

Rabbi Berokia und Rabbi Elieser wanderten einst durch ein Tor aus Tiberias hinaus, als sie einen Sarg sahen, der von außerhalb des Landes nach Israel gebracht wurde. Rabbi Berokia sagte: Was soll das? Er lebte und starb außerhalb des Landes, und jetzt ist er gekommen, um darin begraben zu werden! Ich möchte ihm aus der Schrift anführen: Während eures Lebens »machtet ihr mein Eigentum zum Greuel« (Jer. 2:7), und in eurem Tode »seid ihr gekommen und entweihtet mein Land« (ebda.). Rabbi Elieser sagte zu ihm: Da er im Lande Israel begraben sein will, wird ihm der Heilige, gepriesen sei er, Sühne gewähren, wie geschrieben steht: »Er wirket Sühne für das Land Seines Volkes« (Deut. 32:43)[36].

Dieses Gesetz (das die Wichtigkeit, im Lande Israel zu leben, hervorhebt) ist wegen der Gefahren, die eine Reise ins Land Israel mit sich bringt, kein Zwang mehr. Rabbenu Haim bestätigt, daß es wegen der Schwierigkeit und Unmöglichkeit, viele Gebote zu erfüllen, die mit dem Boden des Landes verknüpft sind, keine religiöse Pflicht mehr ist, im Lande Israel zu leben[37].

Mordechai Kaplan legt eine weithin anerkannte zeitgenössische Ansicht vor. Er erklärt, daß diejenigen Juden, die in freien Ländern leben, nicht in der Verbannung sind, hebt aber zugleich die Tatsache hervor, daß der Staat Israel eine besondere Bedeutung für die gegenwärtige Wiederbelebung jüdischer Kultur und geistiger Werte habe. Für ihn ist Israel eine soziale, politische und kulturelle Notwendigkeit für das schöpferische Überleben seiner sehr weltlichen Version des Judentums. Seinem Denken ist das Geheimnis der göttlichen Auserwähltheit eines Volkes und eines für dieses Volk bestimmten Landes fremd. Friede, Freiheit und Überleben des Judentums sind sein Messias, und nicht der von der Tradition erwartete Messias, der als dramatischer Höhepunkt der menschlichen Geschichte in der Welt erscheinen wird.

Die Juden in der Diaspora werden weiterhin den Ländern, in welchen sie wohnen, eine ausschließlich politische Ergebenheit schulden. Das Band, das die jüdische Diaspora an Erez Israel bindet, ist ein kulturelles und religiöses Band. Kultur und sozial-wirtschaftliches Leben sind so eng ineinander verflochten, daß es für die Juden der Diaspora schwierig ist, neue jüdische Kulturwerte zu schaffen, da es in der Diaspora keine Möglichkeit für ein autonomes jüdisches Sozial- und Wirtschaftsleben gibt.

Das amerikanische Judentum wird heute und noch auf lange Zeit hinaus als eine Kraft benötigt, die unsere Beteiligung an der Errichtung eines jüdischen Commonwealth inspiriert und rechtfertigt...

Wir haben Anteil am sozialen, wirtschaftlichen und kulturellen Leben Amerikas, und wenn wir für das allgemeine Wohlergehen des amerikanischen Volkes nicht das Beste geben, das in unserer Macht steht, so erfüllen wir unserem Land gegenüber nicht unsere volle Pflicht. Als Juden aber finden wir das Beste, das wir zu geben haben, im Judentum wieder, dem Kern jahrhundertealter jüdischer geistiger Erfahrung. Als überzeugte Juden und loyale Amerikaner sollten wir versuchen, die universellen Werte des Judentums dem amerikanischen Leben einzuverleiben und uns der besonderen heiligen Dinge der jüdischen Religion als Anregung zu bedienen, um diese universellen Werte zu bewahren. Handelten wir nicht so, würden wir das Judentum seiner universellen Bedeutung berauben und machten aus der jüdischen Religion ein bloßes Stammesgefühl ohne jede Bedeutung für das Leben außerhalb der begrenzten Interessen der jüdischen Gesellschaft. Die Haltung jüdischer Isolationisten oder der Ablehner der Diaspora, die es am liebsten sähen, wenn die amerikanischen Juden unaufhörlich ihre Lenden zu einer eiligen Abreise nach Erez Israel gegürtet hätten, ist gewiß nicht geeignet, unseren Nachbarn Vertrauen in den Juden oder Respekt vor dem Judentum einzuflößen.

Diejenigen unserer jungen Leute, die die Fähigkeiten besitzen, derer man heute in Erez Israel bedarf, um dort eine gesunde Wirtschaft für das aufstrebende jüdische Gemeinwesen aufzubauen, eine Wirtschaft, die sich auf die verstaatlichte Ausnützung der Bodenschätze statt auf die Ausnützung des Schwachen durch den Starken stützt, sollten unter allen Umständen ermutigt werden, nach Erez Israel zu gehen. Das kolonisierende und konstruktive Bestreben in Erez Israel sollte jenen Teil unserer Jugend gewinnen, der im Besitz des für den Staatsaufbau wichtigen Pioniergeistes ist. Unsere jungen jüdischen Männer und Frauen sollten mit dem Gefühl vertraut gemacht werden, daß sie, indem sie nach Erez Israel gehen, um ihrem eigenen Volk zu dienen, ein nicht weniger berechtigtes und edles Abenteuer unternehmen als andere Amerikaner, die in missionarischer oder kultureller Figenschaft in den Fernen Osten gehen, um verschiedenen Völkern zu helfen. Studenten aber, die vorhaben, nach Erez Israel zu gehen, weil sie sich dort irgendeinen geistigen Beruf erwarten, würden dort keinen besonders benötigten Dienst leisten und nur das jüdisch-amerikanische Leben eines benötigten Dienstes berauben, den sie hier erweisen könnten. Wir amerikanischen Juden haben jede verfügbare Person, die die Fähigkeit hat, die kulturellen und religiösen Werte unserer Tradition in eine lebendige schöpferische Kraft zu verwandeln, bitter nötig.

... Jene, die die Hoffnung auf ein Überleben der Juden in der Diaspora aufgegeben haben und behaupten, daß nur in Erez Israel das Judentum überleben könne, weichen der dringenden Aufgabe aus, das Judentum in Amerika lebensfähig zu machen. Der Aufbau Erez Israels aus der Ferne ist nicht weniger wichtig als der Aufbau an Ort und Stelle; er kann jedoch nicht als Ersatz dafür dienen, hier ein jüdisches Leben zu leben. Bevor nicht die Juden erkennen, daß das jüdische Problem in der Diaspora und das jüdische Problem in Erez Israel ein und dasselbe ist, entfernen sie sich von der Realität und machen ihre eigenen Ziele zu nichte. Erst wenn wir die Verantwortung auf uns nehmen, Judentum überall dort, wo Juden leben dürfen, auszuleben, vermögen wir alle unsere jüdischen Unternehmungen zum Erfolg zu führen.

Es kann kein Zweifel darüber bestehen, daß es uns Juden in der Diaspora am Geist der Hingabe gebricht, wie ihn die Wiedergeburt unseres Volkes in Erez Israel verlangt. Wir sind ohne die magische Kraft, die an das gesprochene und schöpferische hebräische Wort geknüpft ist. Wir sind weit entfernt von dem Land, in dem der jüdische Geist neu geboren wird. Doch mit Hilfe des Willens, der Intelligenz und des Pflichteifers ist es möglich, innerhalb des Rahmens einer demokratischen amerikanischen Zivilisation die vitale und erregende Erfahrung unseres Volkes in Erez Israel mitzuerleben und in uns aufzunehmen, so daß wir am Ende auf unsere Weise einen ebenso großen und dauerhaften Beitrag zu den menschlichen Werten zu leisten vermögen, wie sie es auf ihre Weise tun[38].

VIERTES KAPITEL

Die Heimkehr

DIE ENDGÜLTIGE HEIMKEHR der Judenheit ins Heilige Land und das Messianische Zeitalter sind miteinander verknüpft. Der Glaube an Gottes Versprechen ist die Grundlage für die wirkliche und sichere Hoffnung, daß die Heimkehr stattfinden wird.

So spricht der Ewige: Wehre deiner Stimme das Weinen und deinen Augen die Tränen, denn deine Mühe soll belohnt werden, spricht der Ewige, und sie kehren heim aus dem Lande des Feindes. Es gibt noch eine Hoffnung für deine Zukunft, spricht der Ewige, und deine Kinder kehren heim in ihr eigenes Land[39].

Eine alte Tradition bestätigt, daß Jerusalem erst dann aufgebaut werden wird, wenn alle Verbannten gesammelt werden. Wenn dir irgendjemand erzählen sollte, daß alle Verbannten gesammelt wurden, doch Jerusalem nicht wieder aufgrbaut wurde, so glaube ihm nicht. Denn der Psalmist sagte zuerst: »Der Ewige baute Jerusalem auf«, und dann: »Er sammelt die Versprengten Israels« (Ps. 147:2)[40].

Was das Prinzip der Erlösung als solches betrifft, so ist dies etwas, das man aus mehreren Gründen annehmen muß. Dazu gehört unter anderem die Gültigkeit, die durch die von Moses vollbrachten Wunder, der als erster von solchen Dingen sprach, dargelegt worden ist. Dann sind es die Zeichen, die der Prophet Jesaja und andere Propheten gaben, als sie nicht nur die Erlösung voraussagten, sondern auch die Tatsache, daß Er, der sie geschickt hatte, unzweifelhaft sein Versprechen ausführen würde, wie es in der Schrift gesagt wird: »Dieser erfüllt das Wort seines Knechtes und vollführt den Plan seiner Boten« (Jes. 44:26).

Ein anderer (Grund, warum Israels endgültige Erlösung als selbstverständlich angenommen werden muß) ist der, daß Gott gerecht ist und keine Ungerechtigkeit kennt, und daß er diese Nation schon einer großen und langewährenden Prüfung unterwarf, die zweifelsohne zum Teil als Bestrafung, zum anderen Teil als eine Probe für uns dient. Was immer geschehen mag, so muß es gleichwohl eine zeitliche Begrenzung geben, denn (solche Geschehnisse) können nicht endlos weitergehen...

Ein dritter (Grund) ist der, daß Gott seinem Versprechen treu bleibt. Seine Äußerungen sind unerschütterlich, und sein Gebot dauert ewig fort, wie es die Schrift sagt: »Das Gras verdorrt, die Blume welkt, aber das Wort unseres Gottes bleibt in Ewigkeit« (Jes. 40:8).

Ein (vierter) Grund (an die endgültige Erlösung unseres Volkes zu glauben) ist die Parallele, die wir zwischen den Versprechungen ziehen können, die sie betreffen und Gottes erstem Versprechen, das Er uns gab, als wir noch in Ägypten waren. Damals hatte Er uns nur zwei Dinge versprochen: Sein Strafgericht wider unseren Unterdrücker zu vollstrecken und uns großen Reichtum zu gewähren. Dies ist die Bedeutung Seiner Erklärung: »Aber auch das Volk, dem sie dienen werden, will ich richten, und danach sollen sie ausziehen mit großer Habe« (Gen. 15:14). Unsere Augen haben schon gesehen, was Er sonst noch für uns getan hat; nämlich die Zerteilung des Roten Meeres, das Manna und die Wachtel, die Versammlung am Berge Sinai, das Anhalten der Sonne und andere Dinge mehr. Um so gewisser daher (muß die endgültige Erlösung sein). Denn Gott hat uns große und großzügige Versprechungen hinsichtlich Wohlergehen und Glückseligkeit und Größe und Macht und Ruhm gemacht, die Er uns doppelt (als Entschädigung) für die Demütigung und das Elend, die unser Los waren, gewähren will. So steht es in der Schrift geschrieben: »Dafür, daß meines Volkes zwiefältig war...sollen sie in ihrem Land Zwiefältiges besitzen« (Jes. 61:7).

Des weiteren wurde das, was uns widerfahren ist, von der Schrift mit einem kurzen Augenblick verglichen, während der Lohn, den uns Gott dafür geben wird, als Sein großes Erbarmen erwähnt wurde. Denn es heißt: »In kurzem Unmut habe ich dich verlassen, doch mit großem Erbarmen werde ich dich sammeln« (Jes. 54:7)...

Darum seht ihr uns geduldig auf das warten, was Gott uns versprochen hat, ohne daran irgendeinen Zweifel zu hegen, uns zu sorgen oder zu verzweifeln. Im Gegenteil unser Mut und unsere Ausdauer wachsen beständig, wie es in der Schrift ausgedrückt ist »Seid getrost und unverzagt, ihr alle, die ihr des Ewigen harrt« (Ps. 31:25)[41].

Jeder in Israel muß in seinem Herzen den unerschütterlichen Beschluß fassen, nach Erez Israel zu gehen und dort zu bleiben. Wenn er aber nicht selbst gehen kann, sollte er, so seine Umstände es erlauben – sei er nun ein Handwerker oder ein Kaufmann – irgendjemandem in jenem Land helfen und so seinen Anteil leisten am Wiederaufbau des Heiligen Landes, das verwüstet worden ist, indem er einen seiner aufrechten Bewohner unterstützt.

Er muß den Wunsch verspüren, dort vor dem Königspalast zu beten, mit dem die göttliche Gegenwart, selbst da er zerstört ist, noch immer verknüpft ist. Daher kann derjenige, der nicht in jenem Land lebt, Gott nicht vollkommen dienen.

Ihr sollt, Gott behüte, nicht etwa den Plan fassen, euch an einem Ort niederzulassen, der nicht in jenem Lande liegt. Der Fehler, den eure Eltern machten, war der, daß sie dieses köstliche Land nicht kannten, und dadurch verursachten sie den ihnen nachfolgenden Generationen viel Schmerzen. Der Gedanke an dieses Land war unser Trost in unserem bitteren Exil, als nicht nur einer allein sich gegen uns erhob, denn wir vermochten weder Frieden noch Ruhe zu finden. Als wir aber unsere Sehnsucht nach jenem Land vergaßen, wurden wir selbst gleich den Toten vergessen. Nicht einer von tausend machte sich auf, um sich dort niederzulassen, vielleicht nur einer aus einem ganzen Land und zwei aus einer ganzen Generation. Kein Herz sehnte sich nach seiner Liebe und sorgte sich um sein Wohlergehen, und niemanden verlangte es danach, es zu sehen. Immer, wenn wir ein wenig Ruhe fanden, wähnten wir, ein neues Land Israel und ein neues Jerusalem entdeckt zu haben. Und Unglück kam über uns, weil Israel in Frieden lebte und in Spanien und anderen Ländern während mehr als tausend Jahren nach der Zerstörung des Tempels Ansehen genoß, und kein Sohn Israels blieb im Heiligen Land. Gott ist gerecht. Sie waren sich nicht länger der Tatsache bewußt, daß Verbannung ihr Los ist, und sie vermischten sich mit dem Volk, in dessen Mitte sie lebten, und lernten dessen Lebensart. Kein einziger sehnte sich nach Zion, es war verlassen und vergessen. Wir dachten nicht daran, in unsere Heimat zurückzukehren. Die Stadt, in der sich die Gräber unserer Väter befanden, war nicht unser Ziel. Wir teilten die Freuden der anderen.

Wir fragten: »Wer ist so weise, daß er dies zu verstehen vermag? Warum ist das Land vernichtet und verödet gleich einer Wildnis?« Und der Ewige sagte: »Weil sie mein Gesetz im Stich gelassen haben« (Jer. 9:11–12). Denn Israel wird das Erbe Gottes genannt, und das Land ist sein Erbe, und die Thora (Gesetz) ist mit beiden verknüpft, mit dem Volk Gottes und dem Erbe Gottes, und wer sich von einem entfernt, hat auch das andere verlassen[42].

Erez Israel und die Thora sind eine und dieselbe Sache. Und wäre das Land früher nicht in den Händen der Kanaaniter gewesen, so hätte es Israel ausgespuckt, diejenigen, die sich gegen die Thora versündigten, und nie hätte man ihnen erlaubt, zurückzukehren. Darum mußte die Hülle vor dem Kern der Frucht da sein, und das Land mußte während vieler Jahre in den Händen der Kanaaniter bleiben. In Wirklichkeit aber war es auch zu dieser Zeit heilig, denn die Heiligkeit war ihm seit undenklichen Zeiten eigen, nur daß sie damals verborgen war und niemand um sie wußte, bis unser Vater Abraham kam und begann, die Heiligkeit des Landes zu offenbaren. Denn er war ein Mann der Liebe. Liebe, die keine Gegenleistung erwartete, war die Eigenschaft, mit der er die Welt aufrecht erhielt, bevor die Thora gegeben wurde, und eben diese Liebe war es, die in Erez Israel verborgen war: es war die verborgene Thora, denn Erez Israel und die Thora sind ein und dasselbe Ding. Als dann Israel die Thora erhielt und nach Erez Israel kam, vermochten sie die Offenbarung der Heiligkeit fortzusetzen und die verborgene Heiligkeit ans Licht zu heben. Und so, wenngleich sie später die Heiligkeit, die sichtbar geworden war, verletzten und es an der Erfüllung der Thora ermangeln ließen, konnten sie lange in Erez Israel ausharren auf Grund der Kraft jener Liebe, die keine Gegenleistungen fordert, und jener verborgenen Thora. Und selbst jetzt, da wir in der Verbannung leben wegen der großen Zahl unserer Missetaten, verbleibt Erez Israel noch immer in Heiligkeit wegen der Kraft der verborgenen Thora und der Liebe, die keine Gegenleistungen sucht, der Liebe, die im Land verborgen war, als dieses noch in den Händen der Kanaaniter war. Darum warten wir fortwährend auf die Rückkehr in unser Land, denn wir wissen, daß es insgeheim uns gehört[43].

Der moderne Zionismus zog seine Nahrung aus dem Boden der religiösen Lehre über das Heilige Land und die Rückkehr dorthin. In seinem zeitgenössischen Ausdruck stellt er jedoch an der Oberfläche eine Mischung aus drei anderen Elementen dar: aus dem Schmerz der Verbannung bei der modernen Ausprägung des Antisemitismus; aus dem Beispiel nationaler Erneuerungen in Europa und der ganzen Welt seit ungefähr einem Jahrhundert; und aus einer verweltlichten Version des messianischen Ideals, indem man der besonderen Situation der Juden in der Welt ein Ende machte und sie in einem eigenen Staat sammelte oder, nach der Gründung dieses Staates, ihm Aufgaben stellte, die für die Menschheit von größerer Bedeutung waren als solche, die sich ein kleines Volk normalerweise selbst stellen würde.

Die folgenden Abschnitte stammen von Leo Pinsker (1821–1891), einem frühen Vertreter des russischen Zionismus, von Theodor Herzl (1860–1904), der hervorragendsten Gestalt des modernen Zionismus, und von Salomon Schechter. Die beiden Erstgenannten waren vornehmlich weltliche Denker; der dritte ist ein moderner religiöser Denker konservativer Prägung.

Die Juden bilden keine lebendige Nation; sie sind überall Fremde, daher verachtet man sie. Die bürgerliche und politische Emanzipation der Juden reicht nicht aus, um ihnen das Ansehen der Volker zu gewinnen.

Das geeignete und einzige Mittel wäre die Schaffung einer jüdischen Nationalität, eines Volkes, das auf seinem eigenen Boden lebt, die Selbstemanzipation der Juden; ihre Emanzipation als eine Nation unter Nationen durch den Erwerb einer eigenen Heimat.

Wir sollten uns nicht einreden, daß Menschlichkeit und Aufklärung je radikale Mittel gegen die Krankheit unseres Volkes sein könnten. Das Fehlen eines nationalen Selbstrespekts und nationalen Selbstvertrauens, politischer Initiative und Einheit sind die Feinde unserer nationalen Wiedergeburt.

Um nicht gezwungen zu sein, von einem Exil ins andere zu wandern, benötigen wir einen genügend großen und ertragreichen Zufluchtsort, einen Sammelplatz, der unser eigen ist.

Der gegenwärtige Augenblick ist günstiger als jeder andere für die Verwirklichung des hier entfalteten Plans.

Die internationale jüdische Frage muß eine nationale Lösung erhalten. Natürlich kann unsere nationale Erneuerung nur langsam vonstatten gehen. *Wir* müssen den ersten Schritt tun. Unsere *Nachkommen* müssen uns maßvollen und ruhigen Schritts folgen.

Ein Weg für die nationale Erneuerung der Juden muß durch einen Kongreß jüdischer Persönlichkeiten eröffnet werden.

Kein Opfer wäre zu groß, um das Ziel zu erreichen, das die Zukunft unseres überall gefährdeten Volkes sichert.

Die finanzielle Durchführung des Unternehmens kann, der Natur der Lage entsprechend, keinen unüberwindlichen Schwierigkeiten begegnen.

Helft euch selbst, so wird euch Gott helfen![44]

Ich arbeite seit einiger Zeit an einem Werk, das von unendlicher Größe ist. Ich weiß heute nicht, ob ich es ausführen werde. Es sieht aus wie ein mächtiger Traum. Aber seit Tagen und Wochen füllt es mich aus bis in die Bewußtlosigkeit hinein, begleitet mich überall hin, schwebt über meinen gewöhnlichen Gesprächen, blickt mir über die Schulter in die komisch kleine Journalistenarbeit, stört mich und berauscht mich.

Was daraus wird, ist jetzt noch nicht zu ahnen. Nur sagt mir meine Erfahrung, daß es merkwürdig ist, schon als Traum, und daß ich es aufschreiben soll – wenn nicht als ein Denkmal für die Menschen, so doch für mein eigenes späteres Ergötzen oder Sinnen. Und vielleicht zwischen diesen beiden Möglichkeiten: für die Literatur. Wird aus dem Roman keine Tat – kann doch aus der Tat ein Roman werden.

Titel: Das Gelobte Land![45]

… Der Zionismus ist ein Ideal, und als solches ist er nicht definierbar. Er ist somit Gegenstand verschiedener Interpretationen und unterschiedlichen Aspekten zugänglich… Es ist ganz natürlich, daß jeder seiner Vertreter den besonderen Aspekt hervorhebt, der seiner Denkungsart am besten entspricht und für seine Handlungsweise am geeignetsten ist. In einem Punkt allerdings stimmen sie alle überein, nämlich dem, daß es nicht nur wünschenswert, sondern unbedingt notwendig ist, Palästina, das Land unserer Väter, zurückzugewinnen, um für wenigstens einen Teil der Juden, die dort ein unabhängiges, nationales Leben führen möchten, eine Heimat aufzubauen... Die Mehrzahl der Zionisten bleibt dem großen Gedanken von Zion und Jerusalem treu, auf die Geschichte und Tradition sowie das allgemeine Gefühl der Juden hinweisen. Es ist »Gottes Land« im vollsten und wahrsten Sinne des Wortes. Noch immer hat das »Gelobte Land« seinen Platz in jedem jüdischen Herzen, vielleicht mit Ausnahme derer, für die die jüdische Geschichte ums Jahr 1830 herum anfängt.

... Der Zionismus erklärt der Welt kühn, Judentum bedeute soviel wie sein Leben erhalten, indem man sein Leben *nicht* verliert. Es soll ein wahres und gesundes Leben sein, mit einer eigenen Politik, einer nur ihm gehörenden Religion, belebt von geheiligten Erinnerungen und geheiligten Stätten, und eine Säule der Stärke und Einheit nicht nur für die restlichen, innerhalb der Grenzen des Heiligen Landes Gesammelten, vielmehr auch für jene, die auf eigenen Wunsch oder aus irgendeiner Notwendigkeit heraus das vorziehen, was heute die Galut ausmacht.

... Ich gehöre zu jener Gruppe von Zionisten, die größeren Nachdruck auf die religiösen-nationalen Aspekte des Zionismus legen als auf jeden anderen ihm eigenen Gesichtspunkt. Die Wiedergeburt von Israels nationalem Bewußtsein und die Wiederbelebung von Israels Religion, oder, um es kürzer zu sagen, die Wiederbelebung des Judentums, sind nicht voneinander zu trennen. Als Israel sich selbst fand, fand es seinen Gott. Als Israel sich selbst verlor oder an seiner eigenen Auslöschung zu arbeiten begann, konnte es gar nicht anders als seinen Gott zu verleugnen. Die Erwählung Israels, die Unzerstörbarkeit von Gottes Bund mit Israel, die Unsterblichkeit Israels als Nation und die schließliche Wiedereinsetzung Israels in Palästina, wo die Nation ein heiliges Leben auf heiligem Boden leben kann, mit allen weitreichenden Konsequenzen der Bekehrung zur Menschlichkeit und der Errichtung des Königreichs Gottes auf Erden – dies alles sind die gemeinsamen Ideale und die gemeinsamen Ideen, welche die gesamte jüdische Literatur während fast viertausend Jahren durchdringen[48].

Die abschließende Auswahl stammt von Rabbi Abraham Isaac Kook. Er kannte sehr wohl die aufgezeigten weltlichen Ideale, in deren Namen ein Großteil des modernen Zionismus entwickelt wurde. Kook, der größte unter den zeitgenössischen jüdischen Denkern klassischer Prägung, war so sehr Gläubiger und radikaler Denker zugleich, um behaupten zu können, daß sich das jüdische Schicksal noch immer in den alten Kategorien der göttlichen Auserwähltheit, der Sünde, Verbannung und Erlösung erfüllte. Kook erschien es klar, daß das Wirken für Zion heilig und Teil des göttlichen Plans, der notwendigen menschlichen Vorbereitungen für das Kommen des Messias war. Die Menschen mochten denken, für den Sozialismus oder weltlichen Nationalismus zu wirken, und doch vollbrachten sie Gottes heiliges Werk, denn alles, was dazu beitrug, dem Exil ein Ende zu bereiten, war ein göttlich vorgeschriebener Auftakt für den Messias.

Erez Israel ist nicht etwas, das man von der Seele des jüdischen Volkes trennen kann; es ist nicht einfach nationaler Besitz, der dazu dient, unser Volk zu vereinen und sein materielles oder auch geistiges Überleben zu stärken. Erez Israel ist Teil der eigentlichen Substanz unseres Volkseins; es ist organisch mit seinem Leben und innerem Sein verbunden. Menschliche Vernunft, und mag sie noch so vollendet sein, vermag nicht einmal im Ansatz die einzigartige Heiligkeit von Erez Israel zu begreifen; sie vermag die Tiefen der Liebe für das Land, die in unserem Volk schlummern, nicht aufzurühren. Was Erez Israel für den Juden bedeutet, kann nur durch den Geist des Ewigen empfunden werden, der in unserem Volk als Ganzem wohnt, durch die Geistesart der jüdischen Seele, die ihren charakteristischen Einfluß in jeder gesunden Empfindung durchschimmern läßt. Dieses höhere Licht scheint so stark, daß der Geist der göttlichen Heiligkeit die Herzen der Heiligen und Weisen Israels mit himmlischem Leben und mit Glückseligkeit erfüllt.

Erez Israel allein als Werkzeug zum Aufbau unserer nationalen Einheit – oder auch zur Unterstützung unserer Religion in der Diaspora anzusehen, indem sie ihren eigenen Charakter und Glaube, Frömmigkeit und Vorschrift bewahrt – ist ein leerer Gedanke; er ist der Heiligkeit von Erez Israel unwürdig. Eine begründete Stärkung des Judentums in der Diaspora kann nur aus einer vertieften Zugehörigkeit zu Erez Israel erwachsen. Die Hoffnung auf die Rückkehr ins Heilige Land ist die fortwährende Quelle der besonderen Natur des Judentums. Die Hoffnung auf Erlösung ist die Kraft, die das Judentum in der Diaspora stützt; das Judentum von Erez Israel ist die eigentliche Erlösung.

Der ursprüngliche jüdische Schöpfergeist, äußere er sich nun im Bereich der Gedanken oder im Rahmen des täglichen Lebens und Tätigseins, vermag sich nur in Erez Israel zu entfalten. Was immer das jüdische Volk andererseits in Erez Israel verwirklicht, so wird das Universelle in die charakteristische und einzigartige jüdische Form aufgenommen – zum Nutzen des jüdischen Volkes und der Welt...

Tief im Herzen eines jeden Juden, in dessen reinsten und heiligsten Winkeln leuchtet das Feuer Israels. Es kann kein Zweifel über seinen Anspruch bestehen, ein organisches und unteilbares Band zwischen dem Leben und aller göttlichen Gebote zu sein; den Geist des Ewigen, den Geist Israels, der die Seele des Juden ganz durchdringt, in alle Gefäße auszugießen, die für diesen besonderen Zweck erschaffen wurde; und das Wort Israels in den Bereichen des Handelns und Denkens ganz und genau auszudrücken.

Ein Außenstehender mag sich fragen: wie können offensichtlich Ungläubige von dieser lebendigen Kraft nicht nur in die Nähe des universellen Gottes, sondern gar auf ein echtes jüdisches Leben hin bewegt werden – und die göttlichen Gebote konkret in Bild und Gedanken, in Gesang und Tat auszudrücken? Dies aber ist kein Geheimnis für jemanden, dessen Herz im Einklang mit der Seele des jüdischen Volkes ist, und der ihre erstaunliche Eigenart kennt. Die Quelle dieser Macht ist die Macht Gottes, im ewigen Ruhm des Lebens[47].

FÜNFTES KAPITEL

Das ganze Land?

IM JUNI 1967 gewann der Staat Israel den Sechstage-Krieg gegen seine arabischen Nachbarn. Plötzlich besaß es ganz Jerusalem mit dem Tempelberg und das gesamte Land zwischen Mittelmeer und Jordanfluß. Damals hieß es, der Krieg sei ein Wunder, ein eindeutiges Vorzeichen für messianische Zeiten. Einige Gläubige, die lange Hoffnung gehegt hatten, daß »das ungeteilte Land Israel« in jüdischen Besitz kommen würde, bestanden darauf, daß die soeben eroberten Gebiete nie wieder zurückgegeben werden dürften. Vom Mercaz Harav, einer *Jeschiwa* in Jerusalem, ging die Lehrmeinung aus, das gesamte Land Israel müsse erlöst werden, einem göttlich beschlossenen Zweck dürfe nichts im Weg stehen. Schon bald nach dem Sechstage-Krieg veröffentlichte Rabbi Tzvi Yehuda Kook, der Leiter und geistige Vater dieser Einrichtung, eine Erklärung, die die Rückgabe irgendeines Teils des Lands streng untersagte:

Es besteht nicht die geringste Möglichkeit, das zu erlauben, was die Thora immer wieder absolut verboten hat. Es ist verboten, irgendeinen Teil unseres Landes Nichtjuden auszuhändigen, und es widerspricht ganz sicher der Thora, ihnen dauerhaften Besitz zu gestatten. Deshalb ist allen Juden und besonders den Verantwortlichen, den Kabinettministern und den Männern der Armee, geboten, jede derartige Handlung [irgendetwas vom Land zurückzugeben] nach besten Kräften zu verhindern. Und jenen, die handeln, um eine Rückgabe des Lands zu verhindern, steht der Himmel bei... Was immer in dieser illegalen Sache [der Rückgabe der Gebiete] getan wird, widerspricht der wahren Thora-Lehre und gefährdet Israels Sicherheit – ob es nun wegen des Irrtums von Staatsmännern oder der Schwäche rabbinischer Gelehrter geschieht –, und es wird hiermit für jetzt und immer für nichtig erklärt.

Solches Handeln widerspricht dem historischen Zweck und der gegenwärtigen Lage des jüdischen Volkes... Weder im Gesetz noch im Leben hat solch eine Politik Gültigkeit[48].

Die Bibel verbietet aus zwei Gründen, irgendeinen Teil des Lands Israel in nichtjüdische Hände zu geben: um vorzubeugen, daß ein Nichtjude Fuß im Land faßt, und um zu verhindern, daß anschließend die Vorschriften über das Land aufgehoben werden. Dieses Verbot gilt zweifelsohne für den gesamten Boden des Lands Israel, denn es wurde dem jüdischen Volk versprochen und ist den *Mizwot* geweiht...

Es gibt keinerlei Grundlagen in der Bibel, die es erlauben würden, Gebiete unwiderruflich zugunsten einer ausländischen Nation abzutreten, wenn das Ergebnis die vollkommene Aufhebung der jüdischen Präsenz ist. Das Abtrennen unserer Bande von irgendeinem Teil des Heiligen Lands liegt keinesweg im »Interesse« der Juden, sondern gilt vielmehr als ein nationales Unglück größten Ausmaßes.

Weiteres Licht auf dieses biblische Verbot werfen die Schriften und Kommentare seines herausragenden Verteidigers und »Vaters Israels«, des Ramban (Nachmanides). Der Ramban, der sich auf den Jerusalemer Talmud bezieht, schreibt das folgende: »›Und das Land soll nicht (so) verkauft werden‹ (Leviticus 25:23) an jene, die es in Besitz nehmen, aber die Vorschriften über das Brach- oder Jobeljahr, das den Juden auferlegt ist, nicht erfüllen würden, das heißt, das Land kann nicht an Nichtjuden verkauft werden. Ja, wir müssen sicherstellen, daß alles verkaufte Land schließlich wieder in jüdischen Besitz zurückgelangt. Auf keinen Fall dürfen wir zulassen, daß irgendein Teil des Bodens im Land Israel in fremden Händen bleibt. Das Land gehört dem Herrn, und wir sind lediglich seine Bewohner und Pächter. Es ist Gottes Wille, daß das Land von niemand anderem als von uns bewohnt wird, daß wir dieses Land wiedergewinnen und es für immer behalten.«

Aus den Kommentaren der frühen rabbinischen Gelehrten, den *Rischonim*, geht deutlich hervor, daß, wenn ein Jude gegen das Gesetz verstößt, indem er irgendeinen Teil des Gebiets im Land Israel einem Nichtjuden aushändigt, seine Handlung jeglicher Rechtskraft entbehrt, weil er einer Auflage in der Thora zuwidergehandelt hat... Demnach ist es so, als habe die Transaktion nie stattgefunden[49].

Rabbi Tzvi Yehuda Kook und seine Anhänger betrachteten die Einnahme des Westufers [des Jordanflusses] und von Gasa als einen Ausdruck von Gottes Wille in der Geschichte, sicher, daß wir in messianischer Zeit leben und daß jüdischer Besitz des ganzen Lands Israel ein notwendiges Stadium auf dem Weg zur Erlösung ist. Es folgt eine kennzeichnende Textstelle aus den Schriften von Rabbi Shlomo Aviner, eine der führenden Gestalten unter diesen messianischen Gläubigen:

Die Empfindsamen sind wach für die Stimme des Göttlichen und reagieren natürlich und versammeln sich um der Sache des Gottes von Israel. Zuallererst muß es eine unbedingte Bereitschaft geben, für diese Sache Körper und Seele einzusetzen; wir müssen mit allen natürlichen Mitteln, die uns zur Verfügung stehen, reagieren. Wir dürfen dann erwarten, daß das Wunderbare unsere eigenen irdischen Anstrengungen stärkt, so daß das Natürliche und das Übernatürliche zu einer einzigen Machtquelle verschmelzen, die Licht ausstrahlt. Wir können uns auf die Autorität des Talmuds berufen (*Brachot* 20a), daß die Bereitschaft zum Opfer das Eingreifen des Himmels bewirkt. Man hat in Frage gestellt, ob es gestattet sei, auf einer halbnatürlichen und halbwunderbaren Grundlage zu planen, zu handeln und sich in Gefahr zu begeben, weil unsere Weisen es ausdrücklich abgelehnt haben, sich auf Wunder zu verlassen. Diese Frage hätte größere Kraft, wenn Passivität uns dem Messias näherbrächte. Man hat dieses Problem dem Verfasser von *Kol ha-Tor*, dem sogenannten »Handbuch der Erlösung« vorgelegt, das dem herausragenden Gaon von Wilna zugeschrieben wird. Seiner Antwort entnehmen wir, daß sich »die Fußstapfen des Messias« auf eine im wesentlichen veränderte Lage beziehen. Das heißt, daß jede Handlung in diesem Zusammenhang vom Himmel unterstützt würde, und zwar tausend Mal mehr als die sonst übliche Maß-für-Maß-Belohnung…

So wie das göttliche Gebot, das Land zu erobern, den Grundsatz aufhebt, »daß er lebe durch sie« (Leviticus 18:5), geht es auch über die Vorstellung des Menschen über nationale Rechte am Land hinaus. Das geht aus dem grundsätzlichen jüdischen Ideal hervor, wonach menschliche Ethik und universaler Gerechtigkeitssinn im Menschen ihr wirkliches Wesen ausschließlich vom Wort Gottes ableiten. Das ist die Botschaft, die der Welt mit dem Bericht von der Opferung Isaaks übermittelt wird, in dem die kategorische Überlegenheit des Göttlichen über die menschliche Moral dramatisch vor Augen geführt wird. Der Mensch hat, daran besteht kein Zweifel, die Anweisung, gerecht und aufrecht zu handeln, aber auch das hat keine andere Bedeutung, als daß es auf dem Willen des Schöpfers beruht. Somit besitzt der Mensch keine autonome Wertskala, die das Erzeugnis menschlicher Vernunft wäre, sondern eher eine heteronome oder, richtiger, »theonome« Skala, die im Willen des göttlichen Architekten des Universums und seiner moralischen Ordnung wurzelt.

Maimonides, dessen monumentaler Kodex alle Lebensaspekte umfaßt, hat uns eine klassische Definition von Königstum und messianischer Zeit geliefert, die jeder späteren Diskussion dieses Themas als Prototyp gedient hat. Dort finden wir den ausdrücklichen halachischen Entscheid, der die Forderung nach Wundern als Vorbedingung ausschließt, bevor wir den Messias akzeptieren. So, führt Maimonides an, hätten Rabbi Akiva und die Weisen seiner Zeit zu keinem Zeitpunkt von Bar Kochba gefordert, seinen Titel durch übernatürliche Beweise zu untermauern. Sie »erachteten« ihn für den »Gesalbten«, den »Vermuteten«, wenn auch nicht unbedingt für den »unbestrittenen« Messias, bis er getötet wurde, und dann war es offensichtlich, daß er nicht der Erwartete war. Daraus dürfen wir unbedingt ableiten, daß alle national-territorialen Entwicklungen, die einen messianischen Hauch haben, als solche erkannt werden sollten, selbst auf der Grundlage der reinen »Vermutung«, es sei denn, es lägen gegenteilige Beweise vor[50].

Die bedeutendste rabbinische Autorität, die Rabbi Tzvi Yehuda Kook und seine Anhänger immer wieder zitieren, ist Nachmanides (1194–1270). Beim Aufzählen der 613 Ge- und Verbote hat Nachmanides ausdrücklich gesagt, man müsse das Leben im Land Israel weiterhin als ein Gebot, das verpflichtet, betrachten, selbst nach der Vertreibung der Juden aus dem Heiligen Land. Für seine Person hatte Nachmanides diesem Gebot Folge geleistet: Er verließ Spanien, um seine letzten Lebensjahre im Heiligen Land zu verbringen. Demnach, wird das Argument vorgebracht, ist das Gebot, das den Besitz am gesamten Heiligen Land vorsieht, weiterhin gültig, und es muß befolgt werden, wann immer Juden genug Macht besitzen, um über das Land zu herrschen; ebenso gelte, daß der Verzicht auf irgendeinen Teil des Lands aus Gründen diplomatischer Vorsicht von den religiösen Behörden verboten ist. Diese Ansicht wurde vom ehemaligen sephardischen Oberrabbiner von Israel, Rabbi Ovadiah Yosef, grundsätzlich in Frage gestellt. Er vertrat die Ansicht, der Grundsatz, Menschenleben zu retten, indem man mögliches Blutvergießen verringert, habe Vorrang vor allen anderen Überlegungen:

Die Halacha (Gesetz) ist unanfechtbar, wenn sie sagt, die Rettung eines Lebens stehe über jedem Thora-Gebot außer dem Verbot von Götzendienst, verbotenen Geschlechtsbeziehungen und Mord. Im Jerusalemer Talmud (*Joma* 8:5) heißt es, daß, wer einhält, um einen Rabbiner zu fragen, ob er den Sabbat oder den Jom Kippur entweihen dürfe, um ein Leben zu retten, durch diese Verzögerung sozusagen einen Mord begehe. Während er damit beschäftigt ist, die Frage zu stellen, stirbt der Patient womöglich. Wenn ein Leben auf dem Spiel steht, muß man sich beeilen. Auch Maimonides hat im *Mischne Thora* (*Hilchot Schabbat* 2:3) in diesem Sinn geschrieben, und er fügte hinzu, solch ein Gebot besage, daß die Thora-Gesetze nicht da seien, um Rache zu bringen, sondern um Gnade, Liebe und Frieden auf der Welt zu verbreiten...

[Was das Recht von Nichtjuden betrifft, im Land Israel zu leben] hat Nachmanides geschrieben... daß Götzenanbeter im Heiligen Land nicht leben dürfen, damit die Juden nicht durch ihre Bräuche verführt würden, aber es ist klar, daß sich dieses Verbot nur gegen Götzenanbeter richtet... In der Sicht der meisten frühen Autoritäten gilt dieses Verbot nicht für Muslims, die keine Götzenanbeter sind...

Aber wie steht es mit Nachmanides' Ansicht, daß uns geboten ist, das Land zu erben, daß jeder Krieg, es wiederzugewinnen und es in unserem Besitz zu behalten, ein göttliches Gebot ist und daß solch ein Krieg trotz der Gefahr für das Leben nicht vermieden werden dürfe? Selbst nach Meinung von Nachmanides erlegt uns keine religiöse

Pflicht auf, einen Krieg zu beginnen und Leben zu gefährden, um Gebiete zu behalten... die von uns erobert wurden. Heute haben wir weder einen König noch einen Sanhedrin, ebenso wenig verfügen wir über die *Urim we-Tumim*, ohne die ein göttlich vorgeschriebener Krieg nicht geführt werden kann. Nachmanides hat in seinem *Sefer ha-Mizwot* geschrieben, daß der König und der Sanhedrin nur dann Krieg erklären dürfen, wenn sie den *Urim we-Tumim*, den Orakelsteinen im Brustschild des Hohepriesters, die Frage vorgelegt und eine Antwort erhalten haben... Sollte sich uns die Frage stellen, ob es richtig ist, ein Leben zu opfern, um den Messias zu bringen, würden wir sicher entscheiden, der Messias könne nicht auf Kosten des Lebens auch nur eines einzigen Juden kommen. Die Rettung eines Lebens hat Vorrang vor allen anderen Geboten in der Thora, sogar vor dem Gebot, den Messias zu bringen und Erlösung zu erlangen... Deshalb steht einer Rückgabe von Gebieten nichts im Weg, wird dadurch ein möglicher Krieg vermieden[51].

Der heftigste Angriff auf den religiös-politischen Messianismus stammt von Professor Isaiah Leibovitz. Er spricht dem jüdischen Staat schon seit langem jede religiöse Bedeutung ab. Heiligkeit sei eine religiöse Kategorie, die nicht auf irgendwelche politischen oder gesellschaftlichen Zwecke, nicht einmal auf den zionistischen Staat angewendet werden könne:

Nur jemand, der in direkter Verbindung zum Himmel steht, darf etwas über den »Beginn der Erlösung« sagen... Wir haben keine solche Verbindung, und deshalb ist keiner von uns berechtigt zu sagen, wir näherten uns der Erlösung... Der Messias ist immer unterwegs... Der Messias, der tatsächlich kommt, ist ein falscher Messias...

Nationalismus und Patriotismus sind an sich keine religiösen Werte. Die Propheten Israels in der Zeit des Ersten Tempels und die Gelehrten zur Zeit des Zweiten Tempels waren aus der Sicht weltlicher Nationalisten und Patrioten größtenteils »Verräter«. Die Rabbiner, die heute fordern, die Gebiete »aus religiösen Gründen« zu behalten, setzen nicht die Tradition des Propheten Elias fort, sondern die der 850 Priester des Baal und der Ischtar, »die am Tisch Isebels aßen«.[52]

Die Formeln, die auf die Verwirklichung messianischer Absichten verweisen... sind in Wirklichkeit ein Deckmantel für weltlichen Ultra-Nationalismus. Unter bestehenden Bedingungen geht es den religiösen Interessen nicht um Gebiete, sondern darum, den jüdischen Charakter des Staates Israel zu bewahren und seine Beziehungen zum jüdischen Volk insgesamt aufrechtzuerhalten. Diese beiden Vorbedingungen unserer Existenz würden zerstört, wenn der Staat in ein Organ jüdischer Herrschaft über Araber, die beinahe in der Mehrheit sind, verwandelt würde... Unsere Sicherheit hängt nicht von bestimmten Grenzen ab... Wir selbst müssen in unserem jüdischen Staat Wurzeln schlagen... und weiterhin ein Leben universaler und jüdischer Werte führen[53].

Einen weiteren religiösen Gegenangriff auf Tzvi Yehuda Kook und Gusch Emunim hat auch der prominenteste der führenden ultraorthodoxen Nichtzionisten in Israel, Rabbi Eliezer Menahem Shach, geführt. Auf einer öffentlichen Veranstaltung 1979 in Rehovot hat Rabbi Shach den jüngsten Eroberungen jegliche messianische Bedeutung abgesprochen:

Das jüdische Volk ist nicht wie andere Völker... Während der meisten Jahre unserer Existenz hatten wir überhaupt kein Land, außer in der verhältnismäßig kurzen Zeit, in der wir das Land Israel besaßen... Selbst heute sind wir nicht ganz so unabhängig, wie wir vorgeben. Wir hängen noch immer vom guten Willen der Nationen ab, und wir haben keinen Grund, uns mit dem Gebiet zu brüsten, das wir kontrollieren. Es ist gleichgültig, ob wir mehr oder weniger Raum kontrollieren. Für uns sind »Brunnen lebendigen Wassers« wichtig, Orte, an denen die Thora gelehrt wird und man ihre Gebote befolgt. Wie hat sich unser Volk bis zum heutigen Tag lebendig erhalten? Was erklärt die Tatsache, daß wir ein Volk geblieben sind, obwohl wir über die vier Enden der Erde zerstreut waren? Wir sind nicht unter dem Volk verschwunden, sondern wir haben über unsere Einzigartigkeit gewacht. Wie haben wir dies getan? Was hat uns von ihnen getrennt? Nur unsere heilige Thora... Wir brauchen uns nicht um Gebiete zu kümmern, nicht darum, wieviel Land in unserer Hand bleibt, sondern nur um die wahre Quelle unserer Existenz[54].

Nicht alle, die für ein »ungeteiltes Land Israel« eintreten, sind religiös. Viele weltliche Nationalisten bestehen darauf, daß die Juden einen historischen Anspruch auf das gesamte Land haben, das ihre Vorfahren bewohnten. Andere weltliche Nationalisten unter den Zionisten bestehen darauf, daß ein Kompromiß mit den Arabern aus praktischer und moralischer Sicht wichtiger ist als jede Ideologie über die Unveräußerlichkeit der Gebiete. Über dieser jüdischen Diskussion schwebt unweigerlich die Frage der nationalen und religiösen Interessen anderer, besonders der Araber. Wenn der Messias bald kommt, noch dazu in unserer Zeit, sind die moralischen und politischen Probleme, die uns gegenwärtig plagen, gelöst – aber was geschieht, wenn er nicht so bald kommt? Weder die religiösen noch die politischen Denker haben bereits das letzte Wort zum Thema »ungeteiltes Land Israel« gesagt.

VI
Die Satzung
Doktrin

ALS GOTT BESCHLOSS, die Welt zu erschaffen, holte er sich bei der Thora – das ist die Göttliche Weisheit – Rat. Sie war skeptisch hinsichtlich des Wertes einer irdischen Welt wegen der Sündhaftigkeit des Menschen, der ihre Gebote mit Sicherheit mißachten würde. Doch Gott zerstreute ihre Zweifel. Er erklärte ihr, daß die Reue seit langem erschaffen sei und Sünder Gelegenheit haben würden, sich zu bessern. Außerdem würden gute Taten mit der Kraft der Versöhnung ausgestattet, und Paradies und Hölle seien erschaffen, um Belohnung und Strafe auszuteilen. Schließlich sei der Messias ausersehen, die Erlösung zu bringen, die aller Sündhaftigkeit ein Ende bereiten würde[1].

Obiges Zitat ist dem *Sefer Rasiel* entnommen, einem Werk mit geheimen mystischen Schriften unbekannten Datums. Auch den Autor kennen wir nicht. Die angeführten Themen sind der Schwerpunkt dogmatischer Bedeutung im Judentum. Es sollte an dieser Stelle noch einmal betont werden, daß das Judentum keinen allgemein anerkannten Katechismus kennt. Es wäre indessen unrichtig anzunehmen, daß die jüdische Religion aus einer Reihe gesetzlicher Vorschriften bestünde, die nichts mit dem Glauben zu tun haben. Mit westlichen theologischen Kategorien läßt sich der jüdische Glaube nicht definieren, denn sie sind seinem eigentlichen Wesen fremd, und er gestattet von seiner Eigenart her Abweichungen im Glauben. Es gibt allerdings eine ihm eigene immanente Logik, die der aufmerksame Leser dieses Buches und zumal der in diesem Kapitel ausgewählten Abschnitte zu erfassen vermag.

ERSTES KAPITEL

Der Mensch, seine Würde
und Möglichkeiten

DER MENSCH WURDE nach dem Bilde Gottes erschaffen – dies ist die grundlegende biblische Doktrin vom Menschen. Gott liebt Gerechtigkeit und Erbarmen; daher muß der Mensch seinem von Gott bestimmten Wesen treu bleiben, indem er diese Tugenden ausübt. Wie Gott zu sein bedeutet in jüdischer Sicht, beim Regieren der Welt und bei der Aufgabe, Ordnung zu machen, d. h. in der Welt eine gerechte Ordnung zu errichten, sein Partner zu sein. Der Mensch kann in große Tiefen hinuntersteigen, doch ist er von Natur aus nicht unrettbar sündig. Es gibt in der Welt Versuchungen zum Bösen, doch der Weg der Frömmigkeit besteht nicht in der Ablehnung der jetzigen, hiesigen Welt. Aufgabe des Menschen ist es, das Leben zu heiligen, die werktägliche Welt, in der er ißt, arbeitet und liebt, in ihren höchsten Rang zu erheben, so daß jede seiner Taten die göttliche Einheit alles Seienden widerspiegelt. Besonders beachtenswert sind die drei letzten Abschnitte dieses Kapitels aus der Feder Jehuda ha-Levis und Nahmans von Braslav.

Gott schuf den Menschen nach seinem eigenen Bild, nach dem Bild Gottes schuf er ihn[2].

So spricht der Ewige: »Der Weise rühme sich nicht seiner Weisheit, der Starke rühme sich nicht seiner Stärke, der Reiche rühme sich nicht seines Reichtums, sondern dessen rühme sich, wer sich rühmen will: einsichtig zu sein und mich zu erkennen, zu wissen, daß ich, der Ewige, es bin, der Gnade und Recht und Gerechtigkeit auf Erden übt; denn an solchen Dingen habe ich Wohlgefallen, spricht der Ewige.«[3]

Wenn ich schaue deinen Himmel, das Werk deiner Finger, den Mond und die Sterne, die du hingesetzt hast: was ist doch der Mensch, daß du seiner gedenkst? Und des Menschen Kind, daß du dich seiner annimmst? Du machtest ihn wenig geringer als Engel, mit Ehre und Hoheit kröntest du ihn. Du setztest ihn zum Herrscher über das Werk deiner Hände, alles hast du ihm unter die Füße gelegt...[4]

Vor langer Zeit, als es die Welt und ihre Bewohner noch nicht gab, kamst du auf den Gedanken und befahlst mit einem Wort, und sogleich standen die Werke der Schöpfung vor dir. Du sagtest, du wolltest den Menschen für die Welt zum Verwalter deiner Werke machen, so daß offenbar werde, daß er nicht um der Welt willen, vielmehr die Welt um seinetwillen geschaffen wurde[5].

Wie werden die Zeugen in Kriminalprozessen verwarnt? Man führt sie herein und warnt sie in folgender Weise: Vielleicht werdet ihr eine reine Vermutung oder ein Gerücht oder eine Mitteilung aus zweiter Hand vorbringen; oder ihr könntet euch sagen, daß ihr es von einem vertrauenswürdigen Mann gehört habt. Oder ihr wißt vielleicht nicht, daß wir eure Erklärungen nachher prüfen und Auskünfte einholen werden. Ihr sollt daher wissen, daß Kriminalfälle nicht mit Zivilprozessen zu vergleichen sind. In Zivilprozessen kann ein Mensch Sühne leisten, indem er einen Geldbetrag zahlt; in Kriminalprozessen aber bürgt der Zeuge für das Blut eines jeden Menschen, der ungerechterweise verurteilt wird, und für das Blut seiner Nachkommen, die er bis ans Ende der Zeit haben könnte. Denn so war es bei Kain, der seinen Bruder erschlug. Es steht geschrieben: »Deines Bruders Blut(e) schreien auf zu mir vom Ackerboden« (Gen. 4:10). Es heißt nicht: »Deines Bruders Blut«, sondern »Deines Bruders Blut(e)« sein Blut und das Blut seiner Nachkommen (Anm.: im Hebräischen gibt es eine Pluralform des Wortes »Blut«).

Daher wurde zuerst ein einziger Mensch in der Welt erschaffen, um zu lehren, daß die Schrift in jedem, der auch nur eine einzige Seele zugrundegehen läßt, einen Menschen sieht, der eine ganze Welt zugrundegehen ließ; und sie sieht in jedem, der auch nur eine einzige Seele rettet, einen Menschen, der eine ganze Welt rettete.

Und ein einziger Mensch wurde zuerst um des Friedens unter den Menschen willen erschaffen, so daß kein Mensch zu einem anderen sagen konnte: »Mein Vater war größer als deiner.«

Und es wurde zuerst ein einziger Mensch erschaffen, um die Größe des Heiligen Gottes, gepriesen sei er, zu verkünden, denn der Mensch prägt viele Münzen mit einem einzigen Prägestempel, und sie sind alle gleich, während der König der Könige, der heilige Gott, gepriesen sei er, jeden Menschen nach Adam formt, und jeder Mensch ist einmalig. Daher muß jeder Mensch sagen: Um meinetwillen wurde die Welt erschaffen[6].

Der Mensch ist Gott teuer, denn er wurde nach dem göttlichen Bild erschaffen. Der Mensch ist Gott besonders teuer, da ihm bewußt gemacht wurde, daß er nach dem göttlichen Bild erschaffen wurde, wie geschrieben steht: »Nach dem Bilde Gottes machte er den Menschen« (Gen. 9:6)[7].

Mögen alle eure Taten dem Himmel zuliebe geschehen. Einst fragten sie Hillel, wohin er gehe. Er antwortete: »Ich gehe, um eine religiöse Tat zu vollbringen (eine *Mizwa*).« – »Was für eine?« – »Ich gehe ins Badehaus.« – »Ist das eine religiöse Tat?« – »Ja… Diejenigen, die für die Bilder von Königen verantwortlich sind, welche in Theatern und Zirkussen aufgestellt werden, scheuern und waschen sie und werden dafür belohnt und geehrt. Wieviel mehr sollte ich mich da nicht um meinen Körper kümmern, denn ich wurde nach dem Bilde Gottes erschaffen, wie geschrieben steht: ›Nach dem Bilde Gottes erschuf er den Menschen‹« (Gen. 5:1)[8].

Warum wurde der Mensch am sechsten Tag (nach der Erschaffung aller anderen Geschöpfe) erschaffen? Damit man ihm, sollte er anmaßend werden, sagen kann: »Die Stechmücke wurde vor dir erschaffen.«[9]

»Betrachte das Walten Gottes; wer kann gerade machen, was er gekrümmt hat?« (Pred. 7:13). Als der heilige Gott, gepriesen sei er, Adam erschuf, zeigte er ihm alle Bäume im Garten Eden und sagte zu ihm: »Siehe, meine Werke sind schön und ruhmreich; nun, alles was ich geschaffen habe, tat ich um deinetwillen. Bemühe dich, meine Welt nicht zu verderben oder zu zerstören.«[10]

Rabbi Simon sagte: Als der heilige Gott, gepriesen sei er, beschloß, Adam zu erschaffen, waren die Engel in zwei verschiedene Gruppen geteilt. Einige sagten: »Erschaffe ihn nicht!«, während andere sagten: »Erschaffe ihn!« »Liebe und Wahrheit begegneten einander; Gerechtigkeit und Frieden küßten einander« (Ps. 85:10). Die Liebe sagte: »Erschaffe ihn, denn er wird Taten der Liebe vollbringen«, doch die Wahrheit sagte: »Erschaffe ihn nicht, denn er wird nichts als Lüge sein.« Die Gerechtigkeit sagte: »Erschaffe ihn, denn er wird rechtschaffene Taten vollbringen«, doch der Frieden sagte: »Erschaffe ihn nicht, denn er wird nichts als Auseinandersetzung und Zwietracht sein.« Was tat der heilige Gott, gepriesen sei er? Er ergriff die Wahrheit und warf sie zu Boden, wie geschrieben steht: »Die Wahrheit wurde zu Boden geworfen« (Daniel 8:12). Da sagten die Engel zum Heiligen: Gott der Welt! Wie kannst du deinen Engel Wahrheit geringschätzen? Lasse die Wahrheit aufstehen, wie geschrieben steht: »Die Wahrheit (Treue) sprießt auf aus der Erde« (Ps. 85:11)[11].

Eines Tages erschien der Prophet Elias dem Rabbi Baruka auf dem Markt zu Lapet. Rabbi Baruka fragte ihn: »Gibt es irgendjemanden unter den Leuten auf diesem Markt, der bestimmt ist, an der künftigen Welt teilzuhaben?«... Zwei Männer wurden sichtbar und Elias sagte: »Diese beiden werden an der künftigen Welt teilhaben.« Rabbi Baruka fragte sie: »Welches ist eure Beschäftigung?« Sie sagten: »Wir sind Spaßmacher. Wenn wir einen Mann sehen, der niedergeschlagen ist, so muntern wir ihn auf. Wenn wir zwei Leute miteinander streiten sehen, bemühen wir uns, Frieden zwischen ihnen zu stiften.«[12]

Als der heilige Gott, gepriesen sei er, beschloß, die Menschen zu erschaffen, sagten die Engel: »Was ist doch der Mensch, daß du seiner gedenkst? (Ps. 8:5) Warum hast du den Menschen nötig?« Der heilige Gott, gepriesen sei er, antwortete: »Wer sonst soll meine Thora und meine Gebote erfüllen?« Die Engel sagten: »Wir werden es tun.« Gott antwortete: »Das könnt ihr nicht, denn es steht geschrieben: ›Dies ist die Weisung: Wenn ein Mensch in einem Zelt stirbt‹... (Num. 19:14), aber von euch stirbt keiner. Es steht darin geschrieben: ›Wenn ein Weib Samen trägt und Männliches gebiert...‹ (Lev. 12:2), doch keiner von euch gebiert. Es steht geschrieben: ›Dies dürft ihr essen...‹ (Lev. 11:21), doch keiner von euch ißt.«[13]

Unserer Ansicht nach ist ein Diener Gottes nicht einer, der sich von der Welt absondert, damit nicht er für sie und sie für ihn eine Last ist, oder einer, der das Leben haßt, eine der Gaben nämlich, die Gott ihm zukommen ließ... Im Gegenteil, er liebt die Welt und ein langes Leben, weil ihm dies Möglichkeiten bietet, sich der künftigen Welt würdig zu erweisen. Je mehr Gutes er tut, um so größer ist sein Anspruch auf die künftige Welt...

Der fromme Mann ist nichts anderes als ein Prinz, der seinem Verstand sowie seinen geistigen und physischen Fähigkeiten, die er körperlich meistert, gehorcht, wie geschrieben steht: »Der seinen Geist beherrscht ist besser als jener, der eine Stadt einnimmt« (Sprüche 16:32). Er vermag zu herrschen, denn wäre er der Prinz eines Landes, so wäre er ebenso gerecht, wie er es seinem Körper und seiner Seele gegenüber ist. Er überwindet seine Leidenschaften und hält sie in Fesseln, doch er überläßt ihnen ihren Anteil, um sie hinsichtlich Essen, Trinken, Reinlichkeit usw. zufriedenzustellen[14].

Die Fähigkeit zu sehen ist eine hohe und erhabene Gabe. Immer sehen die Augen große und herrliche Dinge. Würde ein Mensch nichts als das Verdienst zu erlangen suchen, reine Augen zu haben, so wüßte er allein durch die Macht seiner Augen wichtige Dinge. Seine Augen sehen immer, doch sie wissen nicht, was sie sehen[15].

Es gibt Ungläubige, die behaupten, die Welt sei ewig, doch diese Ansicht ist grundlos. Die Wahrheit ist, daß die Welt und alles, was sie enthält, vorhanden sein kann, aber sie muß nicht notwendigerweise vorhanden sein; nur Gott *muß* vorhanden sein, und er erschafft alle Welten *aus dem Nichts*. Wenn Israel dem Willen Gottes gehorcht, verwurzelt es sich in der Höchsten Quelle, die ewig ist, und dadurch wird die ganze Welt in den Bereich ewigen Vorhandenseins erhoben.

Der Mensch kann nur Teil von Gottes Einheit werden, die ewig ist, indem er sich selbst vergißt; er muß sich selbst ganz vergessen, um an der göttlichen Einheit teilzuhaben. Einen solchen Zustand vermag man nur in der Einsamkeit zu erlangen. Indem sich der Mensch in die innige Zwiesprache mit Gott zurückzieht, vermag er die völlige Aufgabe seiner Leidenschaften und bösen Gewohnheiten zu erreichen, d. h. er vermag sich von den Forderungen seines Fleisches zu befreien und zu

seiner Quelle zurückzukehren. Die beste Zeit für ein solches Sichzurückziehen ist die Nacht, wenn die Welt von den Forderungen irdi-
scher Existenz befreit ist. Während des Tages jagen die Menschen
hinter den Bedürfnissen dieser Welt her. Diese Atmosphäre stört selbst
jenen, der persönlich frei von solchen Bedürfnissen ist, denn das weltliche Treiben anderer erschwert es ihm, den Zustand der Selbstverges-
senheit zu erreichen. Ein solches Sichzurückziehen geschieht am besten an einem Ort, an dem die Leute nicht vorbeikommen.

Wenn der Mensch dieses Niveau erreicht, wird seine Seele eine
existentielle Notwendigkeit, d. h. er steigt aus dem Bereich des Möglichen in jenen des Ewigen empor. Sobald er selbst der Ewigkeit angehört, sieht er die ganze Welt im Lichte ihrer Ewigkeit[16].

ZWEITES KAPITEL

Die Verantwortlichkeit des Menschen

GOTT IST ALLMÄCHTIG, und doch trägt der Mensch Verantwortung. Alles ist vorausbestimmt, und doch hat der Mensch freien Willen. Dies sind die klassischen Widersprüche theistischen Glaubens, und im Judentum artikulieren sie sich sehr früh. Es gibt keinen Versuch zu einer philosophischen Lösung, nur die Erklärung, daß der Mensch weiß, daß er Wahlen zu treffen hat, und daß er für diese Wahlen moralisch verantwortlich ist. Er kann nicht umhin zu wissen, daß es einen Gott gibt, der ihn richtet, und auf den er die Verantwortung für seine eigenen Missetaten nicht abwälzen kann.

Der Mensch ist nicht nur für sich selbst verantwortlich. Er ist vor der Gesellschaft für das Wohlergehen aller Menschen verantwortlich. Darum muß es in der Gesellschaft Gesetz und Respekt vor der Regierung geben, es sei denn, die Gesellschaft übertrete selbst das moralische Gesetz. Die Rechte des Individuums sind unbeschränkt, denn jeder Mensch ist nach dem göttlichen Bild erschaffen. Jeder hat seine ihm eigentümlichen Gaben und Fähigkeiten zum Dienen.

Die angemessene Antwort des Menschen an das Leben ist Frömmigkeit und die nicht allein Gott, sondern anderen Menschen entgegengebrachte Ehrfurcht.

Zu Zeugen habe ich heute gegen euch bestellt den Himmel und die Erde: das Leben und den Tod habe ich dir vorgelegt, den Segen und den Fluch! So wähle das Leben, auf daß du lebst, du und deine Nachkommen[17].

Seht, ich lege heute vor euch hin Segen und Fluch: den Segen – wenn ihr hört auf die Gebote des Ewigen, eures Gottes, die ich euch heute gebiete; und den Fluch – wenn ihr nicht hört auf die Gebote des

Ewigen, eures Gottes, und von dem Weg abgeht, den ich euch heute gebiete, anderen Göttern nachzuwandeln, die ihr nicht gekannt[18].

Sechs Dinge sind es, die der Ewige haßt,
    Sieben sind ihm ein Greuel:
Hochmütige Augen, eine falsche Zunge,
    Hände, die unschuldiges Blut vergießen,
Ein Herz, das arge Ränke schmiedet,
    Füße, die eilends dem Bösen nachlaufen,
Wer Lügen vorbringt als falscher Zeuge,
    Wer Händel stiftet zwischen Brüdern[19].

Beeile dich, auch das geringste Gebot zu erfüllen und entfliehe der Sünde; denn die Erfüllung eines Gebotes führt zu einer anderen, und eine Übertretung führt zu einer anderen. Der Lohn eines Gebotes ist ein anderes, das zu erfüllen ist, und der Lohn einer Übertretung ist eine weitere[20].

Alles ist von Gott vorgesehen, und dem Menschen ist die Freiheit der Wahl gegeben; die Welt wird mit Güte gerichtet, und alles hängt davon ab, ob die guten oder die bösen Taten überwiegen[21].

Alles ist in den Händen des Himmels, außer der Furcht vor dem Himmel[22].

Die Welt wird nach dem Überwiegen des Guten oder des Bösen gerichtet, und in gleicher Weise wird das Individuum gerichtet. Wenn ein Mensch daher ein Gebot erfüllt, wird er gewiß dafür gesegnet, denn er hat die Waage für sich selbst und für die ganze Welt auf die Seite des Verdienstes geneigt. Begeht er indes eine Übertretung, so ist er verflucht, denn er hat die Waage für sich und für die ganze Welt auf die Seite der Schuld geneigt, wie geschrieben steht: »Ein einziger Sünder zerstört viel Gutes« (Pred. 9:18). Die Sünde eines Individuums zerstört viel Gutes für ihn und für die ganze Welt[23].

Der Ewige redete zu Moses und Aaron und sagte: »Sondert euch ab aus dieser Gemeinde, daß ich sie im Nu vertilge!« Da fielen sie auf ihr

Angesicht und sprachen: »Gott, du Herr des Odems von allem Fleisch! Ein Mann sündigt, und über die ganze Gemeinde willst du zürnen?« (Num. 16:20–22). Rabbi Simon bar Johai sagte: Mehrere Männer saßen in einem Boot. Einer von ihnen fing an, mit einem großen Bohrer unter ihm ein Loch zu bohren. Seine Gefährten sagten: »Was tust du da?« Er antwortete: »Was geht das euch an? Bohre ich nicht ein Loch unter mir selbst?« Sie antworteten: »Es geht uns wohl an, denn das Wasser wird hereinkommen und das Boot mit uns allen darin zum Sinken bringen.«[24]

Zwei und ein halb Jahre lang stritten die Schulen des Hillel und des Schammai über die Frage, ob es besser gewesen wäre, wenn der Mensch nie erschaffen worden wäre. Am Ende stimmten sie darin überein, daß es besser gewesen wäre, den Menschen nie zu erschaffen. Da er aber erschaffen wurde, sollte er seine früheren Taten erforschen und seine künftigen bedenke[25].

Als Rabbi Johanan ben Sakkai krank war, besuchten ihn seine Schüler... Sie sprachen zu ihm: »Segne uns, Meister!« Er sagte zu ihnen: »Möge es sein Wille sein, daß für euch die Furcht vor dem Himmel ebenso groß ist wie die Furcht vor Fleisch und Blut.« Seine Schüler fragten: »Nur ebenso groß?« Er antwortete: »Wenn sie nur ebenso groß *wäre*! Ihr wißt, daß ein Mensch, wenn er eine Sünde begeht, sagt: ›Niemand wird mich sehen.‹«[26]

»Du hast die Menschen gleich den Fischen im Meer gemacht« (Hab. 1:14). Gleich wie im Meer die größeren Fische die kleineren verschlingen, so geschieht es unter den Menschen. Hätten sie nicht Angst vor der Obrigkeit, so würde jeder größere Mensch den kleineren verschlingen. Dies ist es, was Rabbi Hanina sagte: Betet für das Wohlergehen der Regierung, denn hätte der Mensch nicht Angst vor ihr, so würde er seinen Nächsten lebendigen Leibes verschlingen[27].

Rabba bar Hana hatte einen Rechtsstreit gegen einige Arbeiter, die während ihrer Arbeit ein Faß Wein zerbrochen hatten. Er nahm ihnen ihre Kleider weg, woraufhin sie sich bei Raw über ihn beschwerten. Der hieß ihn, den Männern ihre Kleider zurückzugeben. Als Rabba fragte: »Ist dies das Gesetz?« gab Raw zur Antwort: »Ja, so wie ge-schrieben steht: ›Damit du wandelst auf dem Wege des Guten‹« (Sprü-che 2:20). Er gab ihnen ihre Kleider zurück. Daraufhin sagten die Arbeiter: »Wir sind arme Leute und haben den ganzen Tag gearbeitet und haben nichts zu essen.« Raw sagte: »Zahle ihnen ihren Lohn.« Als Rabba wiederum fragte: »Ist dies das Gesetz?« antwortete Raw: »Ja, wie geschrieben steht: ›Verharre auf dem Pfad des Gerechten‹« (ebda.)[28].

DRITTES KAPITEL

Verhaltensregeln

DIE WICHTIGSTE VERHALTENSREGEL ist die der *imitatio Dei*, die Nachahmung Gottes. In welchen Verhältnissen ein Mensch auch leben mag, immer kann er sein Leben doch so gestalten, daß dies das Grundprinzip seines Verhaltens ist. Die Regel verlangt von ihm keine Askese, wohl aber fordert sie, daß sich der Mensch in jedem wachen Augenblick bewußt ist, nicht allein zu sein, da Gott gegenwärtig ist.

Die für dieses Kapitel ausgewählten Zitate entstammen vielen Jahrhunderten, von frühen rabbinischen Schriften des 2. Jahrhunderts über verschiedene mittelalterliche, bis hin zu den ersten »Regeln« der Neuzeit, die berühmte Väter für ihre Kinder niedergeschrieben haben. Die abschließenden Textstellen aus dem 18. Jahrhundert stammen von den ersten Generationen der Chassidim.

Rabbi Hama ben Rabbi Hanina sagte: Was besagt dieser Vers? – »Dem Ewigen, euerm Gott, sollt ihr nachwandeln« (Deut. 13:5). Ist es dem Menschen möglich, der *Schechina* nachzuwandeln? Steht nicht geschrieben: »Der Ewige, dein Gott, ist ein verzehrendes Feuer« (Deut. 4:24)? – Er besagt, daß wir den Figenschaften des Heiligen, gepriesen sei er, nachwandeln sollen.

Er kleidet die Nackten, wie geschrieben steht: »Der Ewige, Gott, machte dem Menschen und seinem Weibe Röcke aus Fell und bekleidete sie« (Gen. 3:21). Also sollt ihr den Nackten kleiden.

Der Heilige, gepriesen sei er, besuchte den Kranken, wie geschrieben steht: »Der Ewige erschien ihm (Abraham) bei den Terebinthen von Mamre« (Gen. 18:1). (Entsprechend rabbinischer Tradition erholte sich der nicht mehr junge Abraham von seiner Beschneidung, erzählt im 17. Kapitel.) Also sollt ihr den Kranken besuchen.

Der Heilige, gepriesen sei er, tröstete Leidtragende, wie geschrieben

steht: »Nach dem Tode Abrahams segnete Gott dessen Sohn Isaak«
(Gen. 25:11). Also sollt ihr Leidtragende trösten.

Der Heilige, gepriesen sei er, begrub einen Toten, wie geschrieben
steht: »Er begrub ihn (Moses) im Tal, im Lande Moab« (Deut. 34:6).
Also sollt ihr die Toten begraben...

Rabbi Simlai erläuterte: Die Thora beginnt mit einer Tat der Barmherzigkeit, und sie endet mit einer Tat der Barmherzigkeit. Sie beginnt
mit einer Tat der Barmherzigkeit, wie geschrieben steht: »Der Ewige,
Gott, machte dem Mann und seinem Weib Röcke aus Fell und bekleidete sie« (Gen. 3:21). Sie endet mit einer Tat der Barmherzigkeit, wie
geschrieben steht: »Er begrub ihn (Moses) im Tal, im Lande Moab«
(Deut. 34:6)[29].

Dies war eine besonders beliebte Redensart der Rabbis von Jawne:
Ich bin ein Geschöpf Gottes, und auch mein Nächster ist sein Geschöpf; ich arbeite in der Stadt, und er arbeitet auf dem Feld; ich
stehe früh auf, um meine Arbeit zu tun, und er steht früh auf, um
seine zu tun. So wie er sich nicht in meiner Arbeit hervortun kann,
so kann ich mich nicht in seiner hervortun. Ihr könntet sagen, daß
ich große Dinge tue, während er kleine Dinge tut. Doch haben
wir gelernt, daß es nicht darauf ankommt, ob ein Mensch viel oder
wenig tut, sondern allein darauf, daß er sein Herz dem Himmel zuwendet[30].

Der Heilige, gepriesen sei er, verkündet täglich die Tugenden eines
Junggesellen, der in einer großen Stadt lebt ohne zu sündigen, eines
armen Mannes, der einen verlorengegangenen Gegenstand seinen Be-
sitzern zurückerstattet und eines reichen Mannes, der im Geheimen ein
Zehntel seines Gewinnes gibt[31].

Der Heilige, gepriesen sei er, liebt drei: den, der nicht zornig wird, den,
der sich nicht betrinkt und den, der nicht auf seinen Rechten besteht.
Der Heilige, gepriesen sei er, haßt drei: den, der mit seinem Mund eine
Sache und in seinem Herzen eine andere sagt, den, der einen Beweis zu
Gunsten eines anderen hat, aber nicht aussagt, und den, der von einem
anderen etwas Schmachvolles weiß und allein gegen ihn aussagt (da
wenigstens zwei Zeugen benötigt werden, um einen formellen Schuld-

spruch zustandezubringen. Ein einziger Zeuge bringt den Beklagten nur in schlechten Ruf)[32].

Raw sagte: Am Tag des Strafgerichts muß jeder Mensch für jede gute Tat, derer er sich hätte erfreuen können und sie nicht vollbrachte, Rechenschaft ablegen[33].

Derjenige, der sich des Weins enthält, wird ein Sünder genannt (vom Nazariten verlangte man, ein Sündenopfer zu erbringen). Um so mehr ist jemand, der allem mühsam entsagt, ein Sünder zu nennen. Davon wurde abgeleitet, daß derjenige, der regelmäßig fastet, ein Sünder zu nennen ist[34].

Akawja ben Mahalalel bestätigte vier Dinge (die er gegen die meisten Weisen seiner Zeit verteidigte). Die Weisen sagten zu ihm: »Akawja! Ändere deine Meinung über diese vier Dinge, dann werden wir dich zum Präsidenten des Gerichtshofes von Israel machen.« Er antwortete: »Lieber will ich mein Leben lang ein Narr genannt werden, als eine Stunde lang vor Gott sündig werden.«[35]

Die rabbinischen Wertungen finden in den »ethischen Hinterlassenschaften« (Testamenten) des Mittelalters und der beginnenden Neuzeit ihren Ausdruck.

… Mein Sohn, versäume nicht, einen Kranken zu besuchen, denn ein solcher Besuch lindert den Schmerz. Dringe in den Kranken, voller Reue zu seinem Schöpfer zurückzukehren. Bete für ihn und gehe wieder weg. Belaste ihn nicht mit einem langen Besuch, denn er hat genug an der Last seiner Krankheit zu tragen. Wenn du ein Krankenzimmer betrittst, so tue dies fröhlich, denn Augen und Herz des Kranken ruhen auf denen, die ihn besuchen kommen.

Mein Sohn, versäume nicht, an den Beerdigungen der Toten teilzunehmen, indem du sie in die Hand deines Schöpfers zurückgibst, denn dies ist eine wichtige Pflicht. Jeder, der eine gütige Tat vollbringt und weiß, daß derjenige, dem sie zugute kommt, sie nicht zurückerstatten kann, wird vom heiligen Gott, gepriesen sei er, unverdiente Güte erfahren.

Mein Sohn, versäume nicht, Leidtragende zu trösten und zu ihrem Herzen zu sprechen. Hiobs Gefährten verdienten Bestrafung, denn sie machten ihm Vorwürfe, statt ihn zu trösten...

Mein Sohn, versäume nicht, der Braut zu helfen, unter den Traubaldachin zu kommen und den Bräutigam zu erfreuen...

Mein Sohn, unterdrücke nicht den Armen mit deinen Worten, denn der Ewige wird seinen Prozeß verteidigen. Solch sündiges Verhalten würde viele Ankläger gegen dich erheben, die deine Sünden zu deinem Nachteil aufdecken würden, und niemand wird da sein, der dich verteidigt. Wer aber dem Armen gegenüber großzügig ist, wird viele Fürsprecher finden, die seinen Prozeß verteidigen werden[36].

Widme dich der Wissenschaft und der Religion; gewöhne dich an eine moralische Lebensweise, denn »die Gewohnheit meistert alle Dinge.« Nach Meinung des arabischen Philosophen gibt es zwei Wissenschaften, die Ethik und die Physik. Sei bestrebt, dich in beiden auszuzeichnen...

Zeige Selbstrespekt, Respekt vor deiner Familie und deinen Kindern, indem du, soweit es deine Mittel erlauben, für schickliche Kleidung sorgst; denn es ziemt sich nicht, daß jemand, der nicht bei der Arbeit ist, schäbig gekleidet geht...

Wenn der Schöpfer dir und mir seine Liebe in so machtvoller Weise zuteil werden ließ, daß Jude und Nichtjude dich um meinetwillen bisher respektiert haben, so bemühe dich inskünftig, deine Ehre zu vergrößern, so daß sie dich um deiner selbst willen respektieren werden. Dies kannst du durch gutes, sittliches Verhalten und höfliches Benehmen erwirken, durch ständige Hingabe an deine Studien und deinen Beruf...

Deine Haltung möge auf die Söhne der Menschen ausstrahlen: kümmere dich um ihre Kranken, und dein Rat möge sie gesund werden lassen. Zwar wirst du vom Reichen Honorar entgegennehmen, doch den Armen wirst du kostenlos heilen; der Ewige wird dich entschädigen. Dadurch wirst du bei Gott und den Menschen Wohlwollen und Verständnis finden. Und so wirst du Respekt bei Juden wie Nichtjuden, seien sie nun hohen oder niederen Standes, erlangen, und dein guter Name wird sich ausbreiten und dir weit vorauseilen... Du wirst deine Freunde erfreuen, und deine Feinde werden dich beneiden...

Schlage deine hebräischen Bücher an jedem Neumond auf, die arabischen Bände alle zwei Monate und die gebundenen Handschriften alle drei Monate. Halte deine Bibliothek in guter Ordnung und vermeide dadurch, mühsam das Buch zu suchen, das du benötigst. Erinnere dich immer, in welchem Schrank oder in welcher Truhe es zu sein hat...

Weigere dich nie, jemandem Bücher auszuleihen, der nicht die Mittel hat, sich selbst welche zu beschaffen, doch leihe sie nur jenen aus, von denen du sicher bist, daß sie die Bände zurückgeben... Bedecke deine Bücherschränke mit Teppichen guter Qualität und schütze sie vor Feuchtigkeit und Mäusen sowie jeglicher Art der Beschädigung, denn deine Bücher sind dein wahrer Schatz...

Mache es in deinem Haus zur festen Regel, die Schriften zu lesen und am Sabbat sowie an den Festtagen grammatikalische Werke durchzulesen, aber auch Sprüche und den Ben Mischle zu lesen...

Mein Sohn, achte deine Kameraden und suche Gelegenheiten, sie mit Rat und Tat deiner Weisheit teilhaftig werden zu lassen[37].

Höre, mein Sohn, die Belehrung deines Vaters, und verwirf nicht die Weisung deiner Mutter« (Sprüche 1:8). Gewöhne dich daran, jederzeit mit allen Menschen freundlich zu sprechen. So wirst du frei von Ärger sein, der den Menschen zur Sünde verleitet... Wenn du frei von Ärger bist, wird die Tugend der Demut, das beste aller guten Dinge, in deinem Herzen Einzug halten, denn es steht geschrieben: »Der Lohn der Demut ist die Furcht vor dem Ewigen« (Sprüche 22:4). Ehrfurcht entspringt der Demut, denn die Demut läßt dich immer bedenken, woher du kamst und wohin du gehst. Die Demut erinnert dich daran, daß du im Leben und erst recht im Tode ein Wurm bist. Die Demut erinnert dich daran, vor wem du dich in der Zukunft zu verantworten hast – vor dem König des Ruhmes.

Nun möchte ich dir erklären, wie du dich an die Tugend der Demut gewöhnen und wie du sie fortwährend üben solltest. Alle deine Worte seien gütig und dein Haupt bleibe gebeugt; deine Augen seien zu Boden und dein Herz sei emporgerichtet. Blicke dem, mit dem du sprichst, nicht ins Gesicht. Lasse jedermann in deinen Augen größer erscheinen als du selbst es bist. Wenn er weise oder wohlhabend ist, mußt du ihn ehren. Wenn er arm ist und du bist reich, oder wenn du klüger bist als er, so sage dir in deinem Herzen, daß du der Schuldigere bist und er der Unschuldigere ist. Wenn er sündigt, so geschieht dies aus Versehen, wenn aber du sündigst, so tust du es vorsätzlich.

In all deinen Taten, Worten und Gedanken und zu allen Zeiten denke, du stündest vor Gott und seine *Schechina* ruhte auf dir, denn Sein Ruhm erfüllt das Universum. Sprich voller Ehrfurcht und Respekt, wie ein Diener, der sich an seinen Herrn wendet. Verhalte dich beim Umgang mit allen Menschen bescheiden. Wenn dir ein Mensch zuruft, so antworte ihm nicht mit lauter Stimme, vielmehr freundlich und mit gedämpfter Stimme wie jemand, der vor seinem Vorgesetzten steht.

Versäume nicht, regelmäßig in der Thora zu lesen, damit du fähig bist, ihre Gebote zu erfüllen. Nachdem du sie gelesen hast, prüfe in deinem Gedächtnis, was du gelernt hast, um festzustellen, ob das Gelernte irgendeinen Grundsatz enthielt, den du in die Tat umsetzen kannst. Prüfe deine Taten morgens und abends, so wirst du alle deine Tage voller Reue verbringen.

Wenn du betest, so entferne alle weltlichen Angelegenheiten aus deinem Herzen. Erhebe dein Herz bis zu Gott. Reinige deine Gedanken und überlege, bevor du ein Wort äußerst. Handle so während aller Tage deines Lebens, in allen Dingen, und du wirst nicht sündigen. So werden alle deine Taten rechtschaffen, und dein Gebet wird rein, sauber, andächtig und von Gott angenommen sein. Denn es steht geschrieben: »Ewiger, das Sehnen der Dulder hast du erhört, du achtest darauf, du neigest dein Ohr« (Ps. 10:17)[38].

Dies sind die Dinge, die ein Mensch tun muß, um den Schlingen des Todes zu entkommen und sich im Lichte des Lebens zu wärmen:

Ziehe keine voreiligen Schlüsse. Hüte dich, andere Menschen zu unterdrücken, sei es durch Gold oder durch Worte, beneide sie nicht und hasse sie nicht. Enthalte dich der Flüche und der Ungerechtigkeit der Schwüre, des Leichtsinns und Zorns, die Geist und Verstand des Menschen verwirren. Gebrauche den Namen Gottes nicht mit nichtigen Absichten oder an schlechten Orten. Vertraue nicht auf das brüchige Schilfrohr menschlichen Beistands und setze deine Hoffnung nicht auf Gold, denn dies ist der Anfang des Götzendienstes. Verteile dein Geld gemäß dem Willen Gottes. Er vermag dein Defizit zu dekken. Es ist gut und gerecht, deine guten Taten in deinen eigenen Augen herabzumindern und deine Übertretungen zu übertreiben; die Gnadenbezeugung deines Schöpfers zu vergrößern, der dich im Bauche (deiner Mutter) formte und dich zur rechten Zeit ernährt. Diene nicht in dem Gedanken, belohnt zu werden, wenn du seine Gebote einhältst, und vermeide die Sünde nicht aus Furcht vor der Strafe. Diene in Liebe. Das Ausmaß deiner Geldausgaben sei dir weniger wert als die Worte, welche du äußerst. Äußere nicht leichtfertig ein böses Wort, bevor du es nicht auf die Waagschale deines Urteilsvermögens gelegt hast... Begrabe alles, was man dir anvertraut, in den Schutzmauern deines Herzens, selbst wenn es nicht als Geheimnis erzählt wurde. Wenn du dasselbe von einem anderen hörst, so sage nicht: »Das habe ich schon gehört.«

Gewöhne dich daran, bei Morgengrauen zu erwachen und aufzustehen, sobald die Vögel singen. Stehe nicht wie ein Faulpelz auf, sondern begierig darauf, deinem Schöpfer zu dienen. Sei kein Trunkenbold oder Vielfraß, damit du nicht deinen Schöpfer vergissest und so zur Sünde verleitet wirst. Hefte deinen Blick nicht auf einen, der reicher ist als du, vielmehr auf einen, der ärmer ist. Vergleiche dich nicht mit einem, der dir hinsichtlich Dienst und Furcht vor dem Himmel nachsteht, sondern mit einem, der dir darin überlegen ist. Freue dich, wenn du getadelt wirst; höre auf Ratschläge und nimm Anweisungen an. Sei nicht hochmütig, sondern sei demütig und wie Staub, auf den jedermann tritt. Sprich nicht mit Überheblichkeit und hebe nicht deine Stirn, um die Furcht vor dem Himmel von dir zu weisen. Tue privat nie etwas, dessen du dich in der Öffentlichkeit schämen würdest. Sage nicht: »Wer wird mich schon sehen?«

Erhebe deine Hand nicht wider deinen Nächsten. Verleumde keinen Menschen und gib auch keinen falschen Bericht über ihn ab. Gib nicht leichtfertig jenen eine anmaßende Antwort, die unangenehme Dinge zu dir sagen. Schreie nicht auf der Straße herum, brülle nicht wie ein Tier; bemühe dich, mit sanfter Stimme zu sprechen. Lasse deinen Nächsten nicht in der Öffentlichkeit erröten. Die erste aller Vorsichtsmaßregeln ist das Vermeiden der Habsucht. Erachte es nicht als gering, nur einen einzigen Freund zu haben. Werde nicht müde, einen treuen Freund zu suchen, verliere ihn nicht. Versuche nicht, deine Freundschafi durch Schmeichelei und Heuchelei angenehm zu machen und sprich nicht mit doppelter Zunge. Halte deinen Zorn wider deinen Nächsten keinen Tag lang aufrecht, vielmehr demütige dich selbst und bitte um Verzeihung. Sei nicht hochmütig, indem du sagst: »Er hat mich verletzt, er soll mich um Verzeihung bitten.« Jeden Abend, bevor du schlafen gehst, sollst du jedem verzeihen, der dich mit Worten verletzt hat. Wann Menschen dich verfluchen – antworte nicht darauf. Zähle dich zu den Beschimpften (und nicht zu den Beschimpfern).

Bleibe mit den Füßen auf dem Boden und halte dich, was Essen und Trinken angeht, beständig in der Mitte des Weges. Sei weder für alle erreichbar noch schließe dich von allem ab. Wende dich weder nach links noch nach rechts. Genieße nicht zuviel; sei der Tatsache eingedenk, daß dein Leben ein Hauch ist. Du bist aus Staub gemacht, und dein Ende ist der Wurm. Sei nicht schnell beleidigt, sonst machst du dir unnötigerweise Feinde. Schnüffle nicht in den Geheimnissen anderer herum. Sei nicht anmaßend zu den Leuten deiner Stadt und gehe auf den Willen anderer ein. Wolle das, was dein Schöpfer will. Freue dich über dein Los, sei es nun groß oder klein. Bete unablässig vor Ihm, um dein Herz vor Seinen Offenbarungen zu beugen. Erweise dich nicht als undankbar. Ehre jeden, der dir eine Tür öffnete, damit du das Lebensnotwendige verdienen konntest. Sage keine Unwahrheiten. Sei zu jedermann ehrlich. Zögere nicht, jeden zu grüßen, sei er nun ein Jude oder ein Nichtjude. Verärgere keinen anderen Menschen...

Strebe nach Gerechtigkeit (d. h. in diesem Zusammenhang: trage zur Wohltätigkeit bei). Gib nicht weniger als einen halben Schekel pro Jahr und auf einmal. Gib jeden Monat und jede Woche das, was du geben kannst. Versäume nicht, jeden Tag vor dem Gebet eine kleine Spende zu geben. Trage jeden Freitag zum »fortgesetzten Opfer« bei. Wenn dein Einkommen einen durch 10 teilbaren Betrag erreicht, so lege den zehnten Teil beiseite. So wirst du immer etwas zur Hand haben, wenn du etwas geben willst, sei es für die Lebenden oder für die Toten, für die Armen oder für die Reichen.

Erlabe dich an keiner Speise und an keinem Getränk, ohne vorher und nachher einen Segensspruch auszusprechen. Preise voller Eifer deinen Schöpfer, um zufrieden zu sein. Bedecke deinen Kopf, wenn du Gott erwähnst. Gehöre nicht zu jenen, von denen die Schrift sagt: »Sie ehren mich mit ihren Lippen, aber ihre Herzen sind weit von mir« (Jes.

29:13). Wasche deine Hände, bevor du betest und bevor du issest. Heilige dich selbst in allen Dingen. Verhalte dich nicht leichtsinnig; die Furcht des Himmels verlasse dich nicht. Lege feste Stunden vor dem Essen und vor dem Schlafengehen für das Studium der Thora fest. Sprich bei Tisch von ihren Worten. Leite die Mitglieder deines Haushaltes in allen Dingen, die einer Anleitung bedürfen, gemäß der Thora an.

Sei voll des guten Vorsatzes, wenn du betest, denn das Gebet ist Dienst des Herzens. Wenn dein Kind zu dir spricht und dies nicht von Herzen tut, wirst du dann nicht erzürnt sein? Wie solltest du, unbedeutendes Tröpfchen, da nicht in Gegenwart des Königs der Welt handeln? Sei nicht wie ein Diener, dem man einen wichtigen Gegenstand zu seinem eigenen Guten gab und der ihn verdarb. Wie könnte ein solcher vor das Angesicht des Königs treten? Welchen Sinn hätte es, um Vergebung zu bitten, wenn man ohne ehrlichen Vorsatz »Vergib uns« sagt? Lasse nicht nach, morgens und abends deine Sünden zu gestehen oder mit gebrochenem Herzen und in Tränen Zion und Jerusalem zu erwähnen. Wenn du den Vers zitierst: »Du sollst den Ewigen, deinen Gott, mit deinem ganzen Herzen lieben, mit deiner ganzen Seele und mit deiner ganzen Kraft«, so sprich wie einer, der bereit ist, sein Leben und seinen Reichtum zu opfern, um Ihn zu heiligen. Auf diese Weise wirst du den Vers erfüllen: »Um deinetwillen werden wir jeden Tag geschlagen« (Ps. 44:23). Vertraue vielmehr dem Ewigen von ganzem Herzen und glaube an seine Vorsehung, denn seine Augen durchforschen die ganze Erde und Er sieht alle Wege eines jeden Menschen. Erwähne Ihn Tag und Nacht. Wenn du dich niederlegst, denke an Seine Liebe und in deinen Träumen wirst du sie finden. Wenn du erwachst, wirst du deine Freude an Ihm haben, und Er wird deine Wege ebnen. Vollbringe deine guten Taten im Geiste der Demut, indem du vor Seinem Angesicht wandelst, denn solchen Dienst hat der Ewige am liebsten, solchen Dienst kann Er bejahen[39].

Die Sünde, Zinsen zu nehmen, ist so groß, daß jeder, der sie begeht, angesehen wird, als leugne er, Gott behüte, den Gott Israels. »Der auf Zins leiht und Zuschlag nimmt, sollte der am Leben bleiben? Er wird nicht am Leben bleiben!« (Ezech. 18:13). Unsere Weisen, die diesen Vers kommentierten, sagten: »Er wird nicht am Leben bleiben« bedeutet, daß ein solcher Mensch nicht wieder zum Leben erweckt werden wird, denn Zinswucher und dergleichen sind vor dem Ewigen ein Greuel. Ich erachte es nicht als notwendig, mich darüber weiter auszulassen, da jeder Jude es bereits fürchtet[40].

Viele Leute sind nicht eigentlich Diebe, die sich des Besitzes ihres Nächsten bemächtigen und ihn in ihr eigenes Haus schaffen. In ihren Geschäften aber neigen die meisten zum Diebstahl, und zwar immer dann, wenn sie sich erlauben, sich auf Kosten eines anderen einen Profit zu verschaffen und dabei noch behaupten, Profit habe nichts mit Diebstahl zu tun...

Rabbi Juda verbot Kaufleuten, gerösteten Weizen und Nüsse an Kinder zu verteilen, um sie dadurch in ihren Laden zu locken. Die anderen Weisen erlaubten es, aber nur, wenn auch seine Konkurrenten es tun durften (*Bawa Mezia* 60a). Unsere Weisen sagten: »Einen Menschen zu betrügen ist eine weit schwerwiegendere Sünde als das Heiligtum zu betrügen« (*Baba Batra* 88b).... Als Abba Hilkia für einen Dienstherrn arbeitete, erwiderte er nicht einmal den Gruß gebildeter Leute, da er es als ein Unrecht erachtete, die Zeit, die seinem Dienstherrn gehörte, für seine eigenen Belange zu benutzen (*Taanit* 23a–b)... Selbst wenn ein Mensch während der Zeit, da er arbeiten sollte, ein Gebot erfüllen würde, so wird ihm das nicht zu seinen Gunsten angerechnet, sondern als Übertretung... Wenn ein Mensch Weizen stiehlt, diesen mahlt, bäckt und dann einen Segensspruch über ihn ausspricht, so lästert er, denn es steht geschrieben: »Den Habgierigen, mag er auch segnen, verurteilt der Ewige« (Ps. 10:3)[41].

Wenn du dich in die Angelegenheit vertiefst, wirst du feststellen, daß die Welt erschaffen wurde, damit der Mensch sie benutze. Ganz gewiß hängt das Schicksal der Welt von der Führung des Menschen ab. Wenn der Mensch von den Dingen dieser Welt angezogen wird und sich von seinem Schöpfer abgewandt hat, ist er verdorben und kann die ganze Welt mit ins Verderben ziehen. Wenn er sich aber selbst beherrscht, seinem Schöpfer treu bleibt und sich der Welt nur in dem Maße bedient, daß sie ihm hilft, seinem Schöpfer zu dienen, erhebt er sich auf eine höhere Stufe des Seins, und die Welt erhebt sich mit ihm. Denn für alle erschaffenen Dinge ist es von großer Bedeutung, dem vollkommenen

Menschen zu dienen, der mit Hilfe Gottes, gepriesen sei er, geheiligt worden ist[42].

Der weise Mann, der sich von den Massen völlig abseits hält, vermag das Niveau seiner Generation nicht zu heben. Wenn ein Mensch in einem Graben liegt, muß derjenige, der ihn herausziehen will, dicht an ihn herantreten und sich ein bißchen schmutzig machen. Es ist unmöglich, einen anderen aus einem Graben zu holen, wenn man an seinem eigenen Platz einfach stehenbleibt.

Ein Lehrer der öffentlichen Moral gleicht einem Besen, der den Staub nur aus dem Haus zu fegen vermag, indem er selbst etwas schmutzig wird[43].

»Wer ist weise? Der von jedermann lernt« (Mischna *Avot* 4:1), selbst vom Geringsten der Geringen. Selbst in einem solchen Menschen ist ein Funke des Guten, der als Beispiel dienen kann. So sagte Jethro, als er zu seinem Schwiegersohn Moses kam, zu ihm: »Du bist fürwahr ein Prophet und ein Weiser, aber du kannst dennoch etwas von mir lernen.« Dies war ein Beispiel für alle künftigen Generationen[44].

VIERTES KAPITEL

Sünde und Reue

SÜNDE IST AUFRUHR wider Gott, mehr noch: das Judentum betrachtet sie als Erniedrigung der wahren Natur des Menschen. Bestrafung ist daher nicht in erster Linie Vergeltung, sie ist vielmehr Züchtigung, wie wenn ein Vater seine Kinder züchtigt, um sie an die Würde und den Charakter zu erinnern, die ihnen eigen sind. Reue bedeutet daher auf Hebräisch *Teschuwa*, Rückkehr, die Umkehr des Menschen zu seiner ihm eigensten Natur.

Die Neigung zum Bösen ist mit einem Zauberkünstler vergleichbar, der sich mit geschlossener Faust unter die Leute mischt und sie herausfordert zu raten, was er in der Hand hält. In einem solchen Augenblick glaubt jeder, der Zauberkünstler verstecke in seiner geballten Faust gerade das, was er selbst gerne hätte. Daher laufen alle hinter ihm her. Bleibt der Zauberkünstler dann einen Augenblick stehen und öffnet seine Hand, wird es jedermann klar, daß sie vollkommen leer ist; nichts ist in ihr enthalten.

Genauso narrt die Neigung zum Bösen die ganze Welt. Jedermann läuft hinter ihr her, denn alle stellen sich fälschlicherweise vor, sie halte in ihrer Hand eben das, was sie ersehnen und haben wollen. Schließlich öffnet die Neigung zum Bösen die Hand und jedermann sieht, daß sie leer ist. Und derselbe, der zu jedem sagte: »Öffne deinen Mund und ich werde ihn füllen«, ist selbst vollkommen leer[45].

Bedauern ist eine große Kunst, die nur wenige beherrschen. Der Hauptzweck des Bedauerns ist nicht, daß einem böse Taten leid tun, sondern der, das Böse an der Wurzel auszureißen. Wer diese Kunst nicht beherrscht, neigt dazu, seine Fähigkeit des Bedauerns dahingehend auszunutzen, daß er das Böse, das in ihm ist, stark macht, statt es zu schwächen.

Die Schlechten sind so angefüllt mit Bedauern wie ein Granatapfel mit Samen gefüllt ist; gleichwohl wissen sie nicht, was Bedauern ist. Gerade weil sie so voller Bedauern sind, neigen sie dazu, sich in ihrer

Schlechtigkeit zu verhärten. Was ich meine, läßt sich am besten durch das Bild zweier Ringkämpfer ausdrücken: Wenn der eine sieht, daß der andere sich anschickt, ihn zu besiegen, bietet er alle seine Kräfte auf, um dem Angriff standzuhalten – und das wiederholt sich von Runde zu Runde. Aus dem gleichen Grund stellt unpassendes Bedauern, das auf der menschlichen Leidenschaft der Eroberung begründet ist, eine Form des Ringens mit dem Bösen dar und kann daher zu verstärkten Bemühungen des »Bösen« führen[46].

Es gibt keinen gerechten Menschen auf Erden, dessen Taten gut sind und der nicht sündigt[47].

Darum will ich einen jeden von euch nach seinem Wandel richten, o Haus Israel, spricht der Ewige, Gott. Kehret um und wendet euch ab von all euren Missetaten, damit sie euch nicht ein Anlaß zur Bestrafung werden. Werfet von euch all die Missetaten, die ihr gegen mich begangen habt, und schaffet euch ein neues Herz und einen neuen Geist. Warum wollt ihr denn sterben, Haus Israel? Habe ich doch kein Wohlgefallen am Tode dessen, der sterben muß, spricht der Ewige, Gott. So bekehret euch denn, auf daß ihr lebet[48].

Die gerechten Nachkommen Adams, über die der Tod verfügt worden ist... nähern sich Adam und sagen: »Du bist die Ursache unseres Todes.« Adam antwortet: »Ich habe mich einer einzigen Sünde schuldig gemacht, aber es gibt nicht einen unter euch, der sich nicht vieler Sünden schuldig gemacht hat.«[49]

Der Erste Tempel wurde wegen der Sünden der Götzenanbetung, des Ehebruchs und des Mordes zerstört... Doch während der Zeit des Zweiten Tempels widmeten sich die Leute dem Studium der Thora, der Erfüllung der Gebote und Taten der Barmherzigkeit. Warum also wurde der Zweite Tempel zerstört? Weil sich die Leute grundlosen Hasses schuldig machten. Und dies lehrt, daß die Sünde des grundlosen Hasses ebenso schwerwiegend ist wie die Sünden der Götzenanbetung, des Ehebruchs und des Mordes[50].

Raw Immi sagte: »Es gibt keinen Tod ohne Sünde, und es gibt kein Leiden ohne Missetat. Es gibt keinen Tod ohne Sünde, da geschrieben steht: ›Die Seele, die sündigt, die soll sterben. Ein Sohn soll nicht die Schuld des Vaters, noch ein Vater die Schuld des Sohnes mittragen. Nur dem Gerechten kommt seine Gerechtigkeit zugute, und über den Bösen kommt seine Bosheit‹ (Ezech. 18:20). Und es gibt kein Leiden ohne Missetat, da geschrieben steht: ›Ich werde ihre Sünde mit der Rute ahnden und ihre Verschuldung mit Schlägen (d. h. Leiden)‹« (Ps. 89:33).

Die Engel sagten zum heiligen Gott, gepriesen sei er: »Ewiger der Welt! Warum bestraftest du Adam mit dem Tode?« Er antwortete ihnen: »Ich hieß ihn ein einziges Gebot befolgen, und das übertrat er.« Die Engel sagten: »Doch Moses und Aaron erfüllten die ganze Thora, und sie starben!« Er sprach zu ihnen: »Alle haben ein Schicksal, der Rechtschaffene wie der Böse... So ist es für den Guten wie für den Sünder« (Pred. 9:2)...

Rabbi Simeon ben Eleasar sagte: »Auch Moses und Aaron starben wegen ihrer Sünden, wie geschrieben steht: ›Weil ihr nicht an mich geglaubt habt, mich zu heiligen vor den Augen der Kinder Israel‹ (Num. 20:12). Hättet ihr an mich geglaubt, so wäret ihr noch am Leben.«...

Andererseits gibt es Tod ohne Sünde, und es gibt Leiden ohne Missetat[51].

»Es gab eine kleine Stadt mit wenigen Menschen darin; und ein großer König zog gegen sie heran, belagerte sie und baute wider sie große Bollwerke. Nun fand sich darin ein armer, weiser Mann; der rettete durch seine Weisheit die Stadt« (Pred. 9:14–15). Rabbi Ammi bar Abba erklärte diese Worte folgendermaßen: »Es gab eine kleine Stadt« – das ist der Körper. »Mit wenigen Menschen darin« – das sind die Teile des Körpers. »Und ein großer König zog gegen sie heran und belagerte sie« – das ist die Neigung zum Bösen. »Er baute wider sie große Bollwerke« – dies sind die Sünden. »Nun fand sich darin ein armer, weiser Mann« – das ist die Neigung zum Guten. »Der rettete durch seine Weisheit die Stadt« – dies bezieht sich auf die Reue und auf die guten Taten[52].

Möge es dein Wille sein, o Ewiger, mein Gott, und Gott meiner Väter, das Joch der bösen Neigung, die auf unserem Herzen lastet, zu zerbrechen und zu beenden; denn du hast uns nach deinem Willen erschaffen, und wir sind verpflichtet, nach deinem Willen zu handeln. Du wünschest dies, und wir wünschen dies. Was sollte uns also daran hindern? Die Hefe im Teig (d. h. die Neigung zum Bösen). Du weißt sehr wohl, daß keine Macht in uns ist, ihr zu widerstehen; doch möge es dein Wille sein, mein Gott und Gott meiner Väter, dafür zu sorgen, daß sie aufhört, uns zu beherrschen und wir mit ihr fertig werden. Dann werden wir deinen Willen wie unseren eigenen Willen von ganzem Herzen erfüllen[53].

»Tue mir auf, meine Schwester, meine Freundin, meine Taube« (Hohelied 5:2). Rabbi Issi sagte: »Der heilige Gott, gepriesen sei er, sagte zu den Israeliten: ›Tuet mir auf das Tor der Reue so weit wie das Öhr einer Nadel, und ich werde Tore so weit vor euch auftun, daß Karren und Wagen hindurchzufahren vermögen.‹«[54]

Reue ist größer als das Gebet, denn Moses' Gebet, das Land Kanaan betreten zu dürfen, wurde nicht erhört, während die Reue der Hure Rahab erhört wurde[55].

»Lehre uns unsere Tage zählen« (Ps. 90:12). Rabbi Josua sagte: Wenn wir die genaue Zahl unserer Tage wüßten, würden wir bereuen, bevor wir sterben. Rabbi Eleasar sagte: Bereue einen Tag vor deinem Tode. Seine Schüler fragten ihn: »Wer weiß, wann er sterben wird?« Rabbi Eleasar antwortete: »Um so mehr sollte ein Mensch heute bereuen, denn er könnte morgen sterben. Das Ergebnis hiervon wird sein, daß er sein ganzes Leben in Reue verbringen wird.«[56]

Die Schriften erklären: »Der Gottlose lasse seinen Weg und der Frevler seine Gedanken und kehre um zum Ewigen (d. h. bereuen), so wird er sich seiner erbarmen« (Jes. 55:7). Gott wünscht Reue. Er wünscht kein Geschöpf zu töten, denn es heißt: »Ich habe nicht Wohlgefallen am Tode des Gottlosen, sondern daran, daß sich der Gottlose von seinem Wandel bekehrt und am Leben bleibe« (Ezech. 33:11)[57].

Wie wissen wir, daß der Reuige gleich einem angesehen wird, der nach Jerusalem hinaufgegangen ist, den Tempel und den Altar baute und darauf alle in der Thora erwähnten Opfer darbrachte? Es steht geschrieben: »Das Opfer, das Gott gefällt, ist ein zerbrochener Geist und ein zerschlagenes Herz« (Ps. 51:17)[58].

Es gibt fünf Kategorien von Menschen, denen nicht vergeben wird: jene, die immer wieder bereuen, jene, die immer wieder sündigen, jene, die inmitten einer rechtschaffenen Generation sündigen, jene, die mit der Absicht sündigen, es zu bereuen und jene, die Gottes Namen entweihen[59].

Wie dieser Abschnitt widerspiegelt, neigt das Judentum dazu, die Sündhaftigkeit der menschlichen Natur hervorzuheben, jedoch nie im Sinne absoluter Sündhaftigkeit. Es gibt ein gottgewolltes Mittel, das jeder Mensch für sich selbst anwenden kann und muß: Das Leben der Thora.

Die Thora ist das einzige Mittel wider die Neigung zum Bösen. Jeder, der glaubt, ohne sie auszukommen, irrt sich und wird seinen Fehler einsehen, wenn er ob seiner Sünden stirbt. Die Neigung des Menschen zum Bösen ist in der Tat sehr stark, und ohne daß er es merkt, gewinnt sie mehr und mehr Macht über ihn und beherrscht ihn[60].

FÜNFTES KAPITEL

Das Leiden

WARUM LEIDET DER RECHTSCHAFFENE? Diese Frage wurde in ihrer berühmtesten und brennendsten Form von Hiob gestellt. Hiobs Freunde versuchten, ihm darauf Antworten zu geben, doch er verwarf sie alle. Am Ende vermochte Hiob nur zu versichern – im Bildnis Gottes, der im Wirbelwind zu ihm sprach –, daß Gottes Pläne dem menschlichen Verstand nicht zugänglich sind, und daß der Mensch, um sich selbst zu rechtfertigen, Gott nicht verurteilen kann. Der Gläubige vermag in seinem Glauben nicht, die äußerste Grenze zu erreichen und sich selbst zu verurteilen und einzugestehen, daß alle seine Leiden die direkte Bestrafung für seine Sünden sind. Einige sind es in der Tat; andere Leiden werden von den Menschen als Last der Sünden ihrer Generation ertragen. Aber letztlich kann der Gläubige nur mit den Worten eines ergreifenden chassidischen Gebetes sagen: »Gott, sage mir nicht, warum ich leide, denn ich bin zweifelsohne nicht würdig, es zu wissen, aber hilf mir zu glauben, daß ich um deinetwillen leide.« Die Antwort des Glaubens auf menschliches Unglück ist die, daß dieses Leiden nicht sinnlos ist, wenngleich uns sein Sinn oftmals verborgen bleibt, und daß es nicht vergeblich ist.

Rawa sagte: Wenn ein Mensch sieht, daß er vom Leiden übermannt wird, so sollte er seine früheren Taten prüfen, wie geschrieben steht: »Lasset uns prüfen und erforschen unsere Wege und umkehren zum Ewigen« (Klagelieder 3:40). Wenn er seine früheren Taten geprüft hat, ohne die Ursache seines Leidens entdeckt zu haben, so schreibe er sie seiner Vernachlässigung der Thora zu, wie geschrieben steht: »Wohl dem Manne, den du erziehst, o Ewiger, den du unterweisest aus deinem Gesetz« (Ps. 94:12). Wenn er sein Leiden der Vernachlässigung der Thora zugeschrieben hat, ohne eine Rechtfertigung entdeckt zu haben, so ist es sicher, daß sein Leiden eine Prüfung der Liebe ist, wie geschrieben steht: »Wen der Ewige liebt, den züchtigt er, wie ein Vater den Sohn, an dem er seine Freude hat« (Spr. 3:12)[61].

Ein zur Schlachtbank geführtes Kalb vergrub seinen Kopf zwischen Rabbi Judas Knien. Er sagte zum Kalb: »Geh! Dafür bist du erschaffen worden.« Da er kein Mitleid zeigte, wurde er von großem Leiden befallen... Als Rabbi Judas Magd sich einst anschickte, neugeborene Kätzchen aus dem Weg zu räumen, sagte er zu ihr: »Tue ihnen nichts! Es steht geschrieben: ›Der Ewige ist gut zu allen, und sein Erbarmen ist über allem, das er erschaffen hat‹« (Ps. 145:9). Da er nunmehr Mitleid gezeigt hatte, wurde auch ihm Mitleid zuteil (und sein Leiden endete)[62].

Raw Juda sagte im Namen Raws: Als Moses emporstieg, traf er den heiligen Gott, gepriesen sei er, an, der gerade den Buchstaben der Thora Krönchen aufsetzte (drei kleine Striche werden gewissen hebräischen Buchstaben oben hinzugefügt, wenn sie in einer Thorarolle geschrieben stehen). Moses sagte: »Ewiger der Welt! Fehlt der Thora irgendetwas, daß solche Hinzufügungen notwendig sind?« Er antwortete: »Nach vielen Generationen wird ein Mann namens Akiva ben Joseph kommen, der wird eine Menge Gesetze erläutern und sich dabei auf jedes Pünktchen und Tüpfelchen berufen.« Moses sagte: »Erlaube mir, ihn zu sehen!« Gott antwortete: »Drehe dich um.« Moses ging und setzte sich hinter acht Reihen von Rabbi Akivas Schülern nieder und hörte ihren Reden über die Thora zu. Ihm war unbehaglich zumute, denn er vermochte ihren Argumenten nicht zu folgen. Während einer Diskussion über ein bestimmtes Thema aber, als die Schüler den Meister fragten: »Wie weißt du, daß es so sein muß?« und Rabbi Akiva antwortete: »Es ist ein Gesetz, das »Moses am Sinai gegeben wurde«, beruhigte er sich wieder. Als er zum heiligen Gott, gepriesen sei er, zurückkehrte, sagte er: »Ewiger der Welt! Wie konntest du, da du einen solchen Menschen hast, die Thora durch mich geben?« Gott antwortete: »Sei still. So habe ich es beschlossen.« Da sagte Moses: »Ewiger der Welt! Du hast mir seine Thora gezeigt; so zeige mir auch seinen Lohn.« »Drehe dich um«, sagte Er. Moses drehte sich um und sah Kaufleute, die Rabbi Akivas Fleisch auf einem Marktplatz wogen (Rabbi Akiva starb den Märtyrertod während der Verfolgungen Hadrians durch die

Hände der Römer). Moses rief: »Ewiger der Welt! Eine solche Thora und ein solcher Lohn?« Gott antwortete: »Sei still. So habe ich es beschlossen.«[63]

Rabbi Gamaliel, Rabbi Eleasar, Rabbi Josua und Rabbi Akiva machten einst eine Reise und hörten von ferne den großen Lärm der Stadt Rom. Die drei ersten begannen zu weinen, Rabbi Akiva aber lachte. Als sie fragten: »Warum lachst du?« fragte er: »Warum weint ihr?« Sie sagten: »Diese Heiden, die Götzen anbeten und Weihrauch für sie verbrennen, leben hier in Frieden und Sicherheit, während unser Tempel, die Fußbank am Throne Gottes, durch Feuer zerstört wurde. Wie sollten wir da nicht weinen?« Rabbi Akiva antwortete: »Deswegen lache ich ja. Wenn dies das Los derjenigen ist, die Seinen Willen mißachten, um wieviel ruhmreicher wird da nicht das Los derjenigen sein, die seinen Willen vollziehen.«[64]

Gott hat uns auch wissen lassen, daß er während der ganzen Zeit unseres Aufenthaltes in dieser alltäglichen Welt ein Verzeichnis über die Taten eines jeden Einzelnen führt. Ihre Belohnung aber hat Er für die künftige Welt aufbewahrt, denn sie ist die Welt der Belohnung. Und sie ist es, die Er ins Leben rufen wird, wenn die Gesamtzahl vernunftbegabter Wesen, deren Schöpfung durch Seine Weisheit beschlossen worden war, erfüllt sein wird. Dort wird Er sie alle entsprechend ihrer Taten entlohnen. Dies wird durch die Erklärung des Heiligen bestätigt: »Da dachte ich bei mir selbst: Gott wird den Gerechten und den Frevler richten« (Pred. 3:17). Er sagte auch: »Denn Gott wird jegliches Tun vor sein Gericht bringen, das über alles Verborgene ergeht, es sei gut oder böse« (Pred. 12:14)...

Nichtsdestoweniger läßt Gott seine Diener in dieser Welt nicht ohne Belohnung für ihr tugendhaftes Verhalten oder ohne Bestrafung für ihre Missetaten. Denn solche Vergeltungen dienen als ein Zeichen und Beispiel des gesamten Entgelts, der für die Zeit reserviert ist, da eine Gesamtabrechnung über die Taten der Diener Gottes aufgestellt wird...

In dieser Welt wird daher nur eine Probe und ein Muster jener Belohnungen und Strafen gegeben, während die Gesamtheit der Verdienste der Tugendhaften wie ein Schatz bewahrt wird. So sagt denn die Schrift: »Wie groß ist deine Güte, die du aufgespart hast denen, die dich fürchten« (Ps. 31:20). In gleicher Weise werden die Untugenden der Schlechten bewahrt und versiegelt, wie es die Schrift an anderer Stelle sagt: »Ist's bei mir nicht bewahrt, in meinen Schatzkammern versiegelt?« (Deut. 32:34)[65].

Das Gute ist das, was näher bei Gott ist, und das Böse ist das, was weiter von ihm entfernt ist. Das Böse ist daher eine niedrigere Stufe des Guten.

Das Böse ist der Fußschemel des Guten, und es gibt kein absolut Böses.

»Öffne für uns den Schatz des Guten« (aus der Liturgie). Ohne Zweifel ist Gutes in all den bitteren Leiden, die über uns kommen, denn das Böse kann nicht von Gott ausgehen. Wir aber verstehen nicht das Gute, das darin verborgen ist. Daher flehen wir dich, unseren Schöpfer an: »Öffne für uns den Schatz des Guten«, und das besagt: öffne unsere Augen, auf daß wir das Gute erkennen, das im Bösen verborgen ist[66].

Wisse, daß der Mensch auf einer sehr schmalen Brücke wandeln muß. Das Wichtigste ist, daß er niemals Angst empfindet. Eine geistig reife Person hat keine Angst.

Die Wahrheit ist, daß die Welt voller Leiden ist. Es gibt niemanden, der die Welt wirklich besitzt. Selbst die größten Magnaten und Prinzen besitzen diese Welt nicht eigentlich, denn ihre Tage sind angefüllt mit Verwirrungen und Pein, mit Aufregungen und Traurigkeit, und ein jeder hat seine eigenen, persönlichen Leiden.

Es ist merkwürdig, daß jedermann sagt, es gebe sowohl diese wie die künftige Welt. Was die künftige Welt betrifft – ja, wir glauben, daß es sie gibt. Vielleicht gibt es sogar in irgendeinem Universum eine jetzige Welt, aber hier auf Erden ist es wirklich die Hölle selbst, denn alle Menschen sind ständig mit großen Leiden geschlagen[67].

Einst kam ein Mann zu Rabbi Mendel, um sein bitteres Herz auszuschütten. Seine Frau war im Kindbett gestorben und ließ ihn mit sieben kleinen Kindern, zu denen das Neugeborene gehörte, zurück. Er hatte noch weitere Sorgen zu tragen und wußte nicht, wohin er sich wenden konnte.

Rabbi Mendel hörte ihn an, doch während der Rabbi zuhörte, hielt er die Augen gesenkt. Nach einem Augenblick tiefen Nachdenkens hob Rabbi Mendel den Kopf, blickte dem Bittsteller fest in die Augen und sagte: »Ich bin der Aufgabe nicht gewachsen, dich nach einem solch grausamen Schmerz zu trösten. Allein der wahre Meister der Barmherzigkeit ist dem gewachsen. Wende dich an Ihn.«[68]

Nachbiblische Denker haben darüber nachgegrübelt, wie sich die Freiheit des menschlichen Willens und die sich daraus ergebende Unentschiedenheit der Zukunft mit der göttlichen Voraussicht und Vorherbestimmung vereinbaren lasse. Unter allem, was aus der Bemühung um die Überwindung des Widerspruchs gesagt worden ist, ragt der Spruch Akivas »Alles steht in der Sicht, und die Befugnis ist gegeben« hervor, der bedeutet, die Zeiten seien Gott, der sie zusammensieht, nicht als aufeinanderfolgend, sondern in der ablauflosen Ewigkeit gegenwärtig, im zeitlichen Ablauf hingegen, in dem der Mensch lebe, walte die Freiheit je und je im konkreten Augenblick der Entscheidung; darüber hinaus ist die menschliche Weisheit nicht gelangt. In der Bibel selbst wird nicht gegrübelt; sie befaßt sich nicht mit dem Wesen Gottes, sondern mit seiner Kundgebung an das Menschengeschlecht; die Wirklichkeit, von der sie handelt, ist die der Menschenwelt, und für sie gilt die unverbrüchliche Wahrheit der Entscheidung.

Für den schuldigen Menschen ist damit die Entscheidung zur Umkehr, die Umkehr von seinem Irrweg auf den Weg Gottes, gemeint. Hier zeigt es sich am klarsten, was es in der biblischen Anschauung bedeutet, daß unsere Verantwortung zuinnerst unser Antworten auf eine göttliche Anrede ist. Die zwei großen Beispiele dafür sind Kain und David. Beide haben gemordet (so versteht die Schrift auch Davids Tat, da sie den Gottesboten zu ihm sagen läßt, er habe Uria »mit dem Schwert erschlagen«), und beide werden von Gott zur Verantwortung gezogen. Kain versucht, sich zu entziehen: »Bin ich der Hüter meines Bruders?« Er ist der Mensch, der dem Zwiegespräch mit Gott ausweicht. Nicht so David. Er antwortet: »Ich habe an dem Herrn gesündigt.« Das ist die wahre Antwort: an wem immer einer schuldig wird, in Wahrheit wird er es an Gott. David ist der

Mensch, der sich zur Beziehung zwischen Gott und ihm bekennt, aus der seine Verantwortung quillt, und erkennt, daß er sich gegen sie vergangen hat.

Es geht der hebräischen Bibel um die furchtbare und gnädige Tatsache der *Unmittelbarkeit* zwischen Gott und uns. Auch in der dunklen Stunde, nachdem der Mensch an seinem Bruder schuldig geworden ist, ist er den Mächten des Chaos nicht ausgeliefert. Gott selbst sucht ihn auf, und auch wenn er Rechenschaft zu fordern kommt, ist sein Kommen Erlösung[69].

Der nun folgende Abschnitt ist der Schluß von André Schwarz-Barts Roman »Der Letzte der Gerechten«, der das Leiden der Juden durch die Jahrhunderte hindurch, die in den Todeslagern der Nazis gipfeln, zum Thema hat.

Das Gebäude glich einer großen Badeanstalt; rechts und links in großen Betontöpfen Stiele verwelkter Blumen. Am Fuße der kleinen Holztreppe sagte ein wohlwollender, schnurrbärtiger SS-Mann zu den Verurteilten: »Es wird euch nichts Unangenehmes geschehen! Ihr müßt nur sehr tief atmen, das stärkt die Lungen; es ist ein Mittel, ansteckenden Krankheiten vorzubeugen. Es ist eine gute Desinfektion.« Die meisten traten wortlos ein, von denen gestoßen, die hinter ihnen standen. Drinnen machten numerierte Kleiderhaken die Wände zu einer Art riesiger Garderobe, wo die Herde sich, so gut es ging, entkleidete, von SS-»Ciceronen« ermutigt, die dazu rieten, sich die Nummern gut zu merken. Es wurden ihnen Stücke einer Seife ausgeteilt, die aus Stein zu sein schien. Golda bat Erni, sie nicht anzuschauen, und mit geschlossenen Augen von dem jungen Mädchen und den Kindern, deren weiche Hände sich an seinen nackten Schenkeln festhielten, geführt, trat er durch die Schiebetür in den zweiten Saal, in dem bereits unter den in die Decke eingelassenen Duschen und im blauen Licht der kleinen vergitterten Lampen, die aus den in den Beton gegossenen Nischen leuchteten, jüdische Männer und Frauen, Kinder und Greise zusammengepfercht waren. Mit geschlossenen Augen erlitt er den Druck der letzten Fleischbündel, die von der SS jetzt mit Kolbenstössen in die Gaskammer getrieben wurden. Und mit geschlossenen Augen wußte er, daß das Licht über den Lebenden erlosch, über den

Hunderten von jüdischen Frauen mit ihren plötzlichen Verzweiflungs-schreien, über den Greisen, deren heilige Gebete mit zunehmender Kraft emporstiegen, über den Märtyrerkindern des Transports, die im Grauen die unschuldige Frische ihrer erstmaligen Ängste wiederfanden und alle in die gleichen Klagerufe ausbrachen: *»Mama! Aber ich war doch brav! Es ist dunkel! Es ist dunkel!*/... Und während die ersten Ströme des »Cyklon-B« Gases zwischen die großen, schwitzenden Körper drangen, um sich weiter unten auf den bewegten Teppich der kindlichen Köpfe zu lagern, beugte sich Erni, aus der stummen Umarmung des jungen Mädchens sich lösend, im Dunkeln zu den Kindern hinab, die sich selbst zwischen seine Beine schmiegten, und begann mit aller Mildherzigkeit und aller Kraft seiner Seele laut zu schreien:

»Atmet tief, meine Lämmchen, *atmet schnell*!«

Als das Gasgewoge alles überdeckt hatte, entstand im dunklen Himmel der Todeskammer ein kurzes Schweigen, das nur durch die lauten Hustenanfälle und die Äußerungen derer unterbrochen wurde, die zu tief in den Todeskampf verstrickt waren, um ihn als Opfergabe darzubringen. Als Bach zuerst und schließlich als unaufhaltsamer, majestätischer Strom brandete dann das Gedicht, das durch den Rauch der Brände und über die Scheiterhaufen hinweg die Juden – die seit zweitausend Jahren das Schwert nicht trugen und niemals weder Missionsreiche noch farbige Sklaven besaßen –, brandete die alte Liebesdichtung, die sie mit blutigen Buchstaben auf die harte Rinde der Erde schrieben, durch die Gaskammer, erfüllte sie und siegte über ihr dunkles abgründiges Hohnesgrinsen: SCHEMA ISRAEL ADONAI ELOHENU ADONAI EH'OTH... Höre, Israel, der Ewige ist unser Gott, der Ewige ist einzig. O Herr, durch deine Gnade nährst du die Lebenden, und in deiner großen Barmherzigkeit läßt du die Toten wieder auferstehen; und du stützest die Schwachen, heilest die Kranken, brichst die Ketten der Sklaven; und du hältst getreulich deine Versprechungen denen, die im Staube ruhen. Wer ist wie du, o barmherziger Vater, und wer vermag, dir zu gleichen?...

Eine Stimme nach der anderen erstarb in dem Gebet. Schon gruben die Kinder, die ihr Leben aushauchten, in allerletzter Zufluchtnahme ihre Nägel in Ernis Schenkel, und schon wurde Goldas Umarmung schlaffer, ihre Küsse wurden matter, da schlang sie wild die Arme um den Hals des Geliebten, und röchelnd stieß sie hervor: »So werde ich dich niemals wiedersehen? Niemals mehr?«

Es gelang Erni, die feurige Nadel zurückzustoßen, die seine Kehle durchbohrte, und während der weibliche Körper an ihm zusammensackte, rief er der leblosen Golda ins Ohr: »Gleich, ich schwöre es dir!...«, und in der undurchsichtigen Dunkelheit traten seine Augen aus ihren Höhlen. Dann wußte er, daß er niemandem auf der Welt mehr helfen konnte, und im Aufzucken, das seiner eigenen Vernichtung voranging, erinnerte er sich freudig an die Legende Rabbi Chanina ben Teradions, wie sie der Ahne fröhlich berichtet hatte: als der mildherzige Rabbi von den Römern in die Thorarolle eingehüllt auf den Scheiterhaufen geworfen worden war, weil er den Talmud gelehrt hatte, und man die Reisigbündel anzündete, deren Äste noch grün waren, damit die Marter länger dauere, fragten die Schüler ihn: »Meister, was siehst du?« Und Rabbi Chanina antwortete: »Ich sehe, wie das Pergament brennt, aber die Buchstaben fliegen davon...« *O ja, gewiß, die Buchstaben fliegen davon*, wiederholte sich Erni, während sich die Flamme, die seine Brust in Brand steckte, schlagartig in seinem Gehirn ausbreitete. Mit seinen sterbenden Armen umschlang er Goldas Leib in einer schon unbewußten Gebärde liebenden Beschützens, und dies war die Stellung, in der sie eine halbe Stunde später die Gruppe des Sonderkommandos vorfand, die damit beauftragt war, die Juden im Verbrennungsofen einzuäschern. So geschah es mit Millionen, die vom Zustand des Luftmenschen in den von Luft übergingen. Und so wird diese Geschichte nicht mit irgendeinem Grab enden, das man gedenkend besuchen kann. Denn der Rauch, der aus den Verbrennungsöfen aufsteigt, gehorcht wie jeder andere den physikalischen Gesetzen: die Partikeln vereinigen sich und zerstreuen sich im Wind, der sie dahintreibt. Die einzige mögliche Pilgerfahrt, werter Leser, wäre die, manchmal wehmütig zu einem Gewitterhimmel aufzublicken.

Und gelobt. Auschwitz. Sei. Maidanek. Der Ewige. Treblinka. Und gelobt. Buchenwald. Sei. Mauthausen. Der Ewige. Belzec. Und gelobt. Solibor. Sei. Chelmno. Der Ewige. Ponary. Und gelobt. Theresienstadt. Sei. Warschau. Der Ewige. Wilna. Und gelobt. Skarzysko. Sei. Bergen-Belsen. Der Ewige. Janow. Und gelobt. Dora. Sei. Neuengamme. Der Ewige. Pustkow. Und gelobt...

Manchmal allerdings will das Herz vor Kummer zerspringen. Aber häufig, am ehesten abends, kann ich auch nicht umhin zu denken, daß Erni Levy, der sechs Millionen Mal gestorben ist, noch irgendwo lebt, ich weiß nicht wo... Als ich gestern, am Boden festgewachsen, mitten auf der Straße vor Verzweiflung erbebte, fiel von oben ein Tropfen Mitleid auf mein Gesicht herab; aber da war kein Hauch in der Luft, keine Wolke am Himmel... da war nur eine Gegenwart[70].

SECHSTES KAPITEL

Der Holocaust

DIE ERMORDUNG VON sechs Millionen Juden durch die Nazis und ihre Helfer im Zweiten Weltkrieg war die größte Tragödie, die das jüdische Volk je befallen hat. Wie konnte ein gnädiger Gott diese unaussprechlichen Schrecken zulassen? Welchem Zweck des Herrn mochte der Massenmord an einer Million und zweihundertfünfzigtausend Kindern und beinahe fünf Millionen Erwachsenen dienen? Schwarz-Bart hat das Leid der jüdischen Existenz mit kosmischer Resignation betrachtet. Der jiddische Dichter Jacob Glatstein (1896–1971) hat sich aufgelehnt und Rechenschaft von Gott gefordert.

Die Toten brauchen Gott nicht zu loben

Wir haben die Thora im Sinai erhalten,
und in Lublin gaben wir sie zurück.
Die Toten loben Gott nicht,
die Thora wurde dem Leben gegeben.
Und wie wir zusammen, wir alle zusammen
dabei waren, als die Thora gegeben wurde,
so starben wir alle zusammen in Lublin.

Ich will das Wunder
des Dornenhauptes, der frommen Augen,
des zitterndes Mundes eines kleinen jüdischen Kindes
in diese schreckliche Mär bringen.
Für es will ich einen jüdischen Himmel mit Sternen füllen,
und so will ich zu ihm sprechen:
Das jüdische Volk ist eine feurige Sonne,
von Anbeginn zu Anbeginn zu Anbeginn.
Lerne dies, Kleines, liebes jüdisches Kleines
von Anbeginn zu Anbeginn zu Anbeginn.

Unser ganzes traumgleiches Volk stand am Berg Sinai
und empfing die Thora:
die Toten, die Lebenden, die noch Ungeborenen.
Alle jüdischen Seelen antworteten:
Wir wollen gehorchen und hören.
Und du, das traurigste jüdische Kleine aller Generationen
hast auch am Berg Sinai gestanden.
Deine Nase hat den Rosinen- und Mandelduft
jedes Wortes in der Thora aufgenommen.
Du warst in ein Stück des Bergs wie in einen *Tallis* gehüllt.
Es war *Schawuos*, der Festtag des Grünen.
Du hast mit allen wie ein Singvogel gesungen:
Ich will gehorchen und hören, hören und gehorchen,
von Anbeginn zu Anbeginn zu Anbeginn.

Jüdisches Kleines, dein Leben ist eingraviert
in den sternübersäten jüdischen Himmel;
du warst nie abwesend,
du hast es nie gewagt, abwesend zu sein.
Wir hofften und beteten, damit du wirst,
immer, wenn wir waren, warst auch du.
Und als wir verschwanden,
bist du mit uns verschwunden.

Und wie wir zusammen, wir alle zusammen
standen, als die Thora gegeben wurde,
so sind wir alle zusammen in Lublin gestorben.
Von allen Seiten kamen kostbare Seelen herbeigeflogen,
jene, die ihr Leben zu Ende lebten, jene, die jung starben,
jene, die gefoltert, in jedem Feuer geprüft wurden,
jene, die noch ungeboren waren, alle toten Juden,
vom alten Großvater Abraham an,
waren in Lublin beim großen Unglück,
all jene, die am Berg Sinai standen
und die Thora empfingen,
nahmen diesen heiligen Tod auf sich.
»Wir möchten zusammen mit unserem ganzen Volk sterben,

wir möchten noch einmal sterben«,
klagten die Seelen.
Mama Sara, Mutter Rachel,
Miriam und Debora die Prophetin
sind mit Gebeten und Liedern umgekommen.
Moses, unser Lehrer, der so sehr nicht sterben wollte,
als seine Zeit kam, starb noch einmal.
Und sein Bruder Aaron
und König David
und der Rambam und der Gaon von Wilna
und der Maharam und der Maharschal,
der Seher und Abraham Eiger.
Und mit jeder heiligen Seele,
die in Schmerz umkam,
starben Hunderte von Seelen
kostbarer toter Juden.

Und du, geliebtes Kleines, warst auch dort.
Du, eingraviert am sternübersäten jüdischen Himmel,
warst auch dort und starbst dort.
Süß wie eine Taube strecktest du deinen Hals
und sangst mit den Patriarchen und den Matriarchen.
Von Anbeginn zu Anbeginn zu Anbeginn.

Schließ deine Augen, geliebtes jüdisches Kleines,
und erinnere dich, wie der Baal Schem dich auf seinen Armen wiegte,
als dein ganzes traumgleiches Volk
in den Gaskammern von Lublin umkam.

Und über den Gaskammern
und den heiligen toten Seelen
schwelte ein verödeter, erloschener Sinai.

Kleines mit einem Dornenhaupt,
frommen Augen und zitterndem Mund,
du warst die stille, kleine, verlorene
Thora, die zurückgegeben wurde.

Du standest am Sinai und weintest,
weintest deine Tränen in eine tote Welt.
Von Anbeginn zu Anbeginn zu Anbeginn.

Und dieses ist, was du weintest:
Wir empfingen die Thora am Sinai,
und in Lublin gaben wir sie zurück.
Die Toten loben Gott nicht,
die Thora ward dem Leben gegeben[71].

In der Liturgie für die Festtage wird die Zerstörung beider
Tempel so erklärt: »Ob unserer Sünden wurden wir aus unserem Land vertrieben«. Angesichts des Holocaust haben einige
rabbinische Denker versucht, den gleichen Pfad zu beschreiten,
um Gott zu rechtfertigen, indem sie andeuteten, das jüdische
Volk habe wahrhaftig gesündigt und der Holocaust sei die Strafe
dafür. Es sei eine schmerzliche Mahnung an das Volk Gottes,
sein Leben zu ändern. Zwei ungarische Rabbiner bestanden auf
sich vollkommen widersprechenden Identifikationen der
schrecklichen Sünden, für die das jüdische Volk bestraft worden
sei. Rabbi Yoel Teitelbaum (1888–1979), ein feuriger Antizionist
und führender Vertreter der chassidischen Bewegung in Ungarn
vor und nach dem Krieg, schrieb später, Gott habe die Juden
gestraft, weil sie Zionisten geworden seien. Sie hätten auf Erlösung gedrängt, während Abwarten die richtige Haltung gewesen sei; schlimmer noch, die Zionisten seien weltliche Nationalisten statt orthodoxe Gläubige:

In jeder Generation vor dieser wollte man, wann immer schwere Zeiten
über das Volk Israel hereinbrachen, herausfinden, warum dies so sei,
welche Sünde die Ursache dafür sei, damit man bereuen und zu Gott,
gesegnet sei sein Name, zurückkehren konnte, wie es uns Bibel
und Talmud lehren… Aber jetzt, in dieser unserer Generation braucht
man nicht nach der Sünde zu suchen, die die Schwierigkeiten über
uns gebracht hat, denn sie wird ausdrücklich und offen von den [Tal-

mud-]Weisen benannt. Sie haben uns speziell gesagt, sie hätten aus der Bibel gelernt, daß, werde der Schwur gebrochen, nicht »die Wand hinaufzuklettern« und nicht zu versuchen, die Erlösung zu beschleunigen, Gott die Juden ihren Feinden ausliefern würde, so wie wilde Hirsche und die Antilope Freiwild für alle Jäger sind. Und wegen unserer vielen Sünden ist dieses eingetreten. Die Sektierer und Abtrünnigen haben allerlei Versuche unternommen, jenen Schwur zu brechen. Sie »sind die Wand hinaufgeklettert« und haben vor der bestimmten Zeit Souveränität und Freiheit für sich selbst gefordert, was dem Beschleunigen der Erlösung gleichkommt, und sie haben viele Juden dazu überredet, die profane Idee zu unterstützen... Es überrascht deshalb nicht, daß wir Zeuge dieser gewaltigen Manifestation von Gottes Zorn geworden sind... und bei der Zerstörung wurden sogar die heiligsten und frommsten Menschen um jener willen getötet, die gesündigt und andere zur Sünde verführt haben... und der göttliche Zorn war der schrecklichste und furchtbarste, den man je erblickt hat...[72]

Und jene von den Kindern Israel, die Gott hat leben lassen entsprechend seines Schwurs, daß er sie nie je vollkommen zerstören werde, wurden auch von einer bitteren, schweren Strafe heimgesucht: von jenem Satanswerk, dem es gelungen ist, unfromme Souveränität zu erlangen; dieses hat der Herr getan, um das Volk von Israel einer schweren Prüfung zu unterziehen... Wir haben noch nicht begriffen, daß alle Schwierigkeiten und Prüfungen, die über uns gekommen sind, das Ergebnis der Sünde dieser bösen Menschen sind... Und nun kann jeder, der ein Gehirn im Kopf hat, die Wahrheit erkennen: Daß es der Verstoß jener war, die andere mit der unreinen Idee des Zionismus vom rechten Weg fortgeführt haben, und wegen all dieser Taten, die um jener unreinen Idee willen getan wurden, sind alle Schwierigkeiten und alles Leid über uns gekommen...[73]

Und wegen unserer vielen Sünden, zu denen nun auch noch dieses Greuel hinzukommt, das in Israel vollbracht wird – daß es jene gibt, die denken und sagen, es habe Wunder und Wundertaten von Gott gegeben ähnlich den Wundern beim Auszug aus Ägypten, und sie sehen nicht, daß dieses nur die unreine Kraft der Zionisten steigert, die tausend Mal schlimmer als das Goldene Kalb sind, weil das Goldene Kalb keine vollständige Häresie darstellte, der Zionismus dagegen ja[74].

Während der Kriegsjahre in Ungarn änderte ein anderer ehemaliger Antizionist, Rabbi Issachar Teichtahl, dagegen seine Meinung vollkommen. Er war nun überzeugt, die Schrecken seien über die Juden gekommen, weil sie sich geweigert hätten, sich aktiv für ihre Erlösung einzusetzen. Der Holocaust sei eine Strafe nicht für den Zionismus, sondern für den Antizionismus:

Und nachdem ich vor dir, mein Bruder, dem Leser dieses Buches, die Worte der Weisen und heiligen Männer früherer Zeiten dargelegt habe, kannst du erkennen, daß der heilige Geist schon vor achtzig Jahren erwacht ist... daß wir an den Busen unserer Mutter [ins Land Israel] hätten zurückkehren und nicht länger den Fremden hätten umarmen sollen, sondern unsere gesamte Kraft und Geld und Besitz hätten einsetzen sollen, um heiliges Land zu kaufen, damit es sich aus dem Staub erhebt, es aufzubauen und zu verbessern und den Ruf unseres Königreiches zu erheben... und um unsere Brüder, die Kinder Israel, anzuregen, Eigentum im Land Israel von den Arabern zu kaufen. Eine besondere Gelegenheit bot sich, als der Sultan im [Ersten Weltkrieg] verwickelt war und Geld brauchte und bereit war, das Land Israel, Transjordanien und Syrien für beinahe nichts zu verkaufen... wenn sie nur das Volk Israel beeinflußt und es überredet hätten, daran teilzunehmen – wie viele Tausende von Juden hätten sich dann im Land Israel niedergelassen, und wie hätte das Land sich entwickelt! Wie viele Juden wären so vor dem Tode errettet worden und hätten Leben gegeben, und hätten ihrerseits mehr Juden retten können, gleichzeitig hätten sie das Gebot erfüllt: ›Rettet jene, die dem Tode entronnen sind‹! Aber weil sie sich dem widersetzten – und nicht nur widersetzten, sondern solchen Haß für den Aufbau unseres Lands im Herzen einfacher, frommer Juden entfachten, daß jeder, der seinen Mund öffnete, um davon zu sprechen oder sich darüber ereiferte, als eklig und verächtlich galt. So haben sie wahrlich Haß und Ekel für unser kostbares Land gesät... und haben die Sünde der zwölf Späher wiederholt [die Moses aussandte, damit sie das Land erspähten, Numeri 12–13], von denen es [in den Psalmen] heißt, sie redeten aufrührerisch gegen ihren Gott und verachteten das Heilige Land. Und wie endeten sie? – Daß sie schuld daran waren, daß Generationen ihre Tat beklagten. Und jene [die sich dem

Zionismus widersetzen] haben noch weitaus mehr Klage verursacht; [wegen ihres Widerstands] befinden wir uns in der Lage, in der wir heute sind und haben dieses Greuel im Haus Israel betont, die endlosen Schwierigkeiten und Kummer auf Kummer – alles, weil wir unser kostbares Land verachtet haben.[75]

Jetzt sind wir, die Kinder Israel, in großer Verzweiflung, Gott, rette uns schnell, und das Leid ist selbstverständlich geworden; neue Schwierigkeiten tauchen auf, nicht von Tag zu Tag, sondern von Stunde zu Stunde, so daß alle Seiten der Welt nicht reichen würden, wollten wir sie aufzählen, und ich überlasse es jenen, die später davon schreiben... Aber die Hauptsache ist, denke ich, daß wir uns erinnern müssen, daß wir in großen Schwierigkeiten sind, die Schwierigkeiten jedes neuen Tages sind größer als die am Tag zuvor – deshalb brauchen wir nun sicher das Verdienst unseres heiligen Landes, um uns zu schützen und uns zu erhalten und uns aus diesen Nöten zu erretten... Unser heiliges Land plädiert unsere Sache, so daß Er sich unser schnell mit Worten der Rettung und der Gnade erinnert, denn unsere Kraft läßt nach...[76]

Judah Leon Magnes (1877–1948) sagte 1944 in Jerusalem, als die Nachrichten von den Morden bekannt wurden, er könne nicht aufhören, an Gott zu glauben; gleichzeitig weigerte er sich, diesem Völkermord auch nur andeutungsweise irgendeine Bedeutung zuzuschreiben:

Ich habe gesagt, daß ich nicht weiß, *welche* Bedeutung es in dieser Wüstenei von dicker Dunkelheit gibt, die uns umschließt. Aber dank dieser religiösen Betrachtungsweise blicke ich doch in die positive Richtung und nicht ins Gegenteil. Es ist, als ständen zwei Männer zusammen auf einem schmalen, dunklen Pfad. Dieser Pfad ist der Pessimismus, den beide teilen. Dann wendet sich der eine mit aller Kraft in die Richtung des Nein, und dort bleibt er stehen, während sich der andere mit aller Kraft in die Richtung des Ja wendet – ja, dieses alles hat eine Bedeutung.

Dieser so eingestellte Mann kann nicht stillstehen. Er ist zu einem langen, mühseligen Weg aufgebrochen. Er möchte mit seinem ganzen

Willen unter jenen sein, die das Antlitz suchen und Gerechtigkeit verfolgen. Aber vor jenem Mann verbirgt Gott sein Antlitz. Ein undurchsichtiger Schirm trennt ihn vom lebenden Gott. So sehr er sich auch bemüht, sich zu nähern und den äußeren Rand zu berühren, es gelingt ihm nicht. Es ist ihm nicht gegeben, vor die Gegenwart zu treten, die Stimme zu hören oder den Sinn dieses Mordens, dieses willkürlichen Abschlachtens zu verstehen. Und doch kann er nichts anderes tun, als auf seiner Suche bis zum Letzten zu beharren, weiter zu fragen, zu kämpfen, herauszufordern. Ihm wird keine Seelenruhe gewährt. Aber wenn es ihm gegeben ist, die Kräfte seines Seins von Tag zu Tag zu erneuern und ständig unter den Suchern, den Aufrührerischen zu sein – das ist die Krönung seines Lebens und der Gipfel seiner Wünsche.

Es heißt, Rabbi Levi Isaak aus Berditschew habe das folgende gesagt:

»Ich bitte dich nicht, Herr der Welt, mir die Geheimnisse deiner Wege zu offenbaren – ich könnte sie nicht verstehen. Ich frage nicht, warum ich leide, sondern nur dieses: Leide ich um deinetwillen?«

Auch uns wäre es genug zu fragen, nicht *was* für eine Bedeutung diese Qual hat, sondern *daß* sie eine Bedeutung *hat*, und daß unser Bedürfnis zu fragen so aufrichtig ist, daß daraus ein Gebet wird:

Lehre uns nur dieses: Leidet der Mensch um deinetwillen, o Herr?[77]

Der Philosoph und Theologe Martin Buber hat die Metapher von der »Gottesfinsternis« vorgeschlagen: daß die Zerstörung während der Nazi-Jahre geschehen sei, weil sich irgendeine dunkle Macht zwischen Gott und Seine Wesen geschoben hatte, so daß Sein Licht in jenen Jahren nicht bis zu ihnen drang:

Verfinsterung des Himmelslichts, Gottesfinsternis ist in der Tat der Charakter der Weltstunde, in der wir leben. Aber das ist kein Vorgang, den man von Veränderungen aus, die sich im Menschengeist vollzogen haben, zulänglich erfassen kann. Daß die Sonne sich verfinstert, ist ein Geschehen zwischen ihr und unserem Auge, nicht in der Sonne selbst. Die Philosophie hält uns auch nicht für gottblind. Sie meint, es ermangle uns nur heute an der Geistesverfassung, die ein Wiedererscheinen von »dem Gott und den Göttern«, ein neues Vorüberziehen erhabner Bilder zu ermöglichen vermag. Wo jedoch, wie hier, sich etwas zwischen Himmel und Erde ereignet, verfehlt man alles, wenn man darauf beharrt, die das Geheimnis erschließende Kraft innerhalb des Erdendenkens zu entdecken. Wer sich weigert, die wirkende Wirklichkeit der Transzendenz... als solches auszustehen, arbeitet an der menschlichen Seite der Verfinsterung mit.

Es sei angenommen, der Mensch habe nunmehr »die Beseitigung der an sich seienden übersinnlichen Welt« völlig zustande gebracht, und es gebe die Prinzipien und die Ideale nicht mehr, die irgendwie, in irgendeinem Maße, an ihm, am Menschen, gehangen haben: sein wahres Gegenüber, das nicht, wie sie alle, als Es zu umschreiben, aber als Du anzureden und zu erreichen ist, mag sich ihm im Zusammenhang dieser Auseinandersetzung verfinstern – es selbst lebt unberührbar hinter der Wand der Finsternis. Der Mensch schaffe immerhin auch den Namen »Gott« ab, der ja notwendigerweise eigentlich einen Genetiv nach sich zieht, und wenn der Inhaber des Genetivs ihm absagt, wenn es keinen »Gott des Menschen« mehr gibt, seinen Grund verloren hat: der mit dem Namen Gemeinte lebt im Lichte seiner Ewigkeit. Wir aber, die »Tötenden« bleiben, als dem Tod Überlassene, in der Finsternis behaust[78].

Mein Vater, Rabbi Zvi Elimelekh Herzberg, stand Magnes' Ansichten sehr viel näher als Bubers. Sein Glaube an Gott war unerschütterlich. Für ihn war der Holocaust deshalb ein schreckliches Geheimnis, das nur schweigend betrachtet werden kann. Darin glich er dem Belzer Rebbe, Rabbi Aaron Rokeach, der den Holocaust überlebt hatte – und nie davon sprach. Es folgen einige Überlegungen meines Vaters:

Wenn ein Mensch sieht, daß alles verloren ist und daß sogar Kinder abgeschlachtet werden, gibt es für das Weitermachen nur einen Weg: den Weg des Schweigens. Das ist das höchste Heldentum. Nur Moses konnte die Stimme des Herrn hören, als Er sprach und dabei Urteile von Feuer und Wasser gab. Nur Moses konnte verstehen, warum. Aber wir sind nicht gleich, um jene Stimme dort zu hören. Wir können nur still sein und uns nicht gegen den Himmel auflehnen. Das hat Rabbi Isaak Napaha gemeint, als er [in *Ethik der Väter*] erklärte: »Ein Held ist jemand, der seine Natur überwindet.«.

Wenn schreckliche Prüfungen über das jüdische Volk kommen, besteht die Gefahr, daß sich viele der Häresie und dem Unglauben zuwenden und Gottes Vorsehung und Seine Gerechtigkeit in Frage stellen. Wir müssen fest in unserem Glauben sein, damit wir nicht davongetragen werden. Eine der größten Gestalten im Talmud, Elisa ben Abuja, verzweifelte während der römischen Verfolgungen im zweiten Jahrhundert am Glauben, als er die Zunge von Rabbi Huzpit im Abfall liegen sah. Elisa fordert Gott heraus: »Wie kannst Du eine Zunge, die Perlen der Weisheit verstreut hat, verurteilen, den Staub zu lecken?« Und so verließ Elisa den Glauben.

Elisa ben Abuja wurde als *ha-Aher*, »der andere«, bekannt, weil er Fragen hatte, die er nicht zu stellen zögerte, und Klagen gegen den Himmel, die er auszusprechen wagte. Menschen wie wir müssen unsere Regung überwinden, uns gegen Gott aufzulehnen. Schweigen ist nicht einfach. Es ist ein Opfer, und zwar ein noch größeres als das, das einst auf dem Altar in Jerusalem dargebracht wurde. Schweigen, ehrfurchtgebietendes Schweigen, ist in diesen Tagen das Wesen des Heldentums[79].

Mein Vater hat von den ermordeten Juden nie in der Vergangenheit gesprochen. Für ihn waren die bekannten Städte und Dörfer in Osteuropa lebendig und gegenwärtig. Nach 1945 haben er und meine Mutter sich dafür eingesetzt, diese jüdischen Städte lebendig zu erhalten, indem sie vielen Überlebenden halfen, ein neues Leben aufzubauen. Die Worte, die ich 1989 geschrieben habe, spiegeln ihre Lehre wider:

Und als Sühne für die Sünden der Väter, deren unauffällige Fürsprache in Washington wenig Gutes bewirkte, stellt sich diese Generation führender amerikanischer Juden einer Konfrontation mit Feinden und Kritikern. Das Wissen um den Holocaust hat bewirkt, daß sich Juden wie eine umstrittene Bastion mitten im heutigen Amerika vorkommen, das immerhin so frei und so offen ist, daß Juden ihr schmerzlichstes

Gedenken in Museen an sehr öffentlichen Plätzen pflegen können. Aber diesem Paradox wohnt eine tiefe Wahrheit inne. Irgendwo in den Männern und Frauen meiner Generation ruht die Frage, die ich mir in meinen dunkelsten Gedanken über jene meiner Freunde stelle, die keine Juden sind: Wer von ihnen würde sein Leben aufs Spiel setzen, wenn Hitler zurückkäme, um meine Enkel zu verstecken? Aber dieser schreckliche Gedanke wird stets von einem weiteren begleitet: Wie würde ich mich selbst in Auschwitz verhalten, wenn es je in Scarsdale oder Idaho oder bei Camp David gebaut würde? Ich kann keine dieser Fragen mit Sicherheit beantworten. Ich muß hoffen – und dafür tätig sein, die Hoffnung zu verstärken –, daß diese Fragen nie wieder gestellt werden.

Und nachdem ich ein halbes Jahrhundert lang über den Holocaust nachgedacht, viele Berichte gehört und unzählige Bücher gelesen habe, führe ich einen lebenslangen Streit mit Gott und habe ein zweideutiges Verhältnis zur nichtjüdischen Welt, zu Juden – und zu mir selbst. Obwohl ich früher einmal vom Schweigen des Belzer Rebbe überwältigt war, kann ich seinem Beispiel nicht folgen. Ich muß Kerzen zum Andenken an meine Familie anzünden, und ich betrauere weiterhin den Schrecken ihres Todes – aber ich möchte mich an ihr Leben erinnern. Laßt die Barracken in Auschwitz stehen, unverändert, als eine Warnung an die Welt, daß die Menschheit die Erde nie wieder mit solchen Bauten verunreinigen möge. Der Jude in mir kann die Gaskammern nicht vergessen, aber woran ich mich viel lieber erinnern möchte, sind die Kinder, die in Theresienstadt eine Tageszeitung herausgegeben haben, an die Insassen von Auschwitz, die verbotene Gottesdienste abhielten, und an die Helden des Warschauer Gettos in den Jahren vor dem Aufstand, die trotz des Nazi-Erlasses in Schulen Unterricht gegeben haben. Das habe ich beim erneuten Lesen des Buches Job nach dem Holocaust gelernt. Nach seiner Katastrophe hat Job eine neue Familie gegründet, neue Herden gezüchtet und wieder all jenen Gutes getan, die zu ihm kamen. Job erinnerte sich an alles, was er verloren hat, aber er hat nicht einfach weitergeschrien; er hat weitergelebt.

In der Pessachwoche gedenken Juden des Aufstands im Warschauer Getto. Die Erhebung begann am 19. April 1943 am Pessachabend jenes Jahres, und der letzte Widerstand wurde von den Nazis erst am 16. Mai unterdrückt. Dieser hoffnungslose Aufstand ist ein großartiges Symbol geworden; das waren Juden, die im Kampf gestorben sind. In jüngsten Jahren wird den passiven Juden, jenen, die angeblich zu still in ihren Tod gingen, »vergeben«. Die Grausigkeit der Foltern stehen jetzt im Mittelpunkt der Besorgnis, »damit wir nicht vergessen«. Man kann nicht wie der Belzer Rebbe sein und schweigen. Man muß sich erinnern: Aber woran müssen wir uns erinnern? Nur, wie sechs Millionen Juden gestorben sind? Oder wie sie gelebt haben?

Die Überlebenden haben sich nicht mit dem Tod aufgehalten, sie haben sich ein neues Leben aufgebaut. Das war die Lektion, die sie erteilen: Ein Volk muß sich erinnern, aber es kann nicht leben, indem es aus seinem Jammer einen Kult macht. Der Glaube der Juden besteht nicht einfach darin, sich an den Holocaust zu erinnern; die jüdische Religion bestätigt – vor und nach den Nazis – das Wort in den Psalmen [118:17]: »Ich sterbe nicht, nein ich lebe«. Jene, die nach dem Holocaust übrigblieben, und ihre Kinder und Enkel müssen umso stärker leben und anständiger, um jedes einzelne unvollendete Leben zu vollenden[80].

SIEBTES KAPITEL

Der Tod und die künftige Welt

IN DER BIBEL selbst ist der Rahmen, in dem sich das Leben des Menschen abspielt, diese Welt. Es gibt keine Doktrin von Himmel und Hölle, lediglich eine sich verstärkende Vorstellung von einer letztlichen Wiedererweckung der Toten am Ende aller Tage. Die Doktrin von der Wiedererweckung wurde in nachbiblischer Zeit zur Debatte gestellt, und der normative Gesichtspunkt wurde von den Pharisäern geteilt, daß es nämlich eine Wiedererweckung der Toten gebe. Gleichzeitig tauchte der Gedanke an ein Strafgericht über das Individuum im Leben nach dem Tode über das Grab hinaus und seine Bestimmung für den Himmel oder die Hölle auf.

Denn für den Baum gibt es doch eine Hoffnung: wird er gleich umgehauen, er kann wieder treiben, und seine Schoße hören nicht auf. Wenn seine Wurzel auch alt wird in der Erde und sein Stumpf im Staub erstirbt, vom Duft des Wassers schlägt er wieder aus und treibt Zweige wie ein frisches Reis. Der Mensch aber stirbt und ist dahin, der Mensch verscheidet – und wo ist er? Die Wasser schwinden aus dem Meere, und der Strom versiegt und trocknet aus: Der Mensch entschläft und ersteht nicht wieder; bis die Himmel vergehen, erwacht er nicht, wird nicht aufgeweckt aus seinem Schlafe[81].

Denn im Tode gedenkt man deiner nicht; wer wird in der Unterwelt dich preisen?[82]

Und es wird eine Zeit der Bedrängnis sein, wie noch keine gewesen ist, seit Völker bestehen, bis auf jene Zeit. Und zu jener Zeit wird dein Volk errettet werden... Und viele von denen, die im Staube ruhen, werden erwachen, die einen zu ewigem Leben, die anderen zu Schmach, zu ewigem Abscheu[83].

Alle, die zu Israel gehören, haben einen Anteil an der künftigen Welt, denn es steht geschrieben: »Deine Bürger werden lauter Gerechte sein und auf ewig das Land besitzen (hier interpretiert als auf die künftige Welt bezogen), als Sproß meiner Pflanzung, als Werk meiner Hände, mir zur Verherrlichung« (Jes. 60:21). Folgende haben keinen Anteil an der künftigen Welt: Derjenige, der sagt, die Wiedererweckung der Toten sei nicht aus der Thora abzuleiten; derjenige, der sagt, die Thora sei nicht vom Himmel, und der Epikuräer[84].

Wie kann ich wissen, daß die Wiedererweckung der Toten aus der Thora abzuleiten ist? Es steht geschrieben: »Der Ewige redete zu Moses und sprach: ›Zu den Leviten aber sollst du sprechen und ihnen sagen: Wenn ihr von den Kindern Israel den Zehnten nehmt... sollt ihr davon die Hebegabe des Ewigen dem Priester Aaron geben...‹« (Num. 18:25–28). Lebte Aaron ewig? Er betrat nicht einmal das Land Israel; wie also soll man diesen Vers auslegen? Wir müssen daher folgern, daß dieser Vers lehrt, daß Aaron in der Zukunft leben wird, und daß Israel ihm dann seine Hebegabe geben wird. Dies lehrt, daß die Wiedererweckung der Toten aus der Thora abzuleiten ist... Rabbi Simlai sagte: Wie können wir wissen, daß die Wiedererweckung der Toten aus der Thora abzuleiten ist? Es steht geschrieben: »Ich errichtete meinen Bund mit ihnen (den Patriarchen), um ihnen das Land Kanaan zu geben...« (Ex. 6:4). Dieser Vers sagt nicht: »um euch zu geben«, sondern »um ihnen zu geben« (den Patriarchen selbst). Dies lehrt, daß die Wiedererweckung der Toten von der Thora abzuleiten ist.

Die Sadduzäer fragten Rabban Gamaliel: Welchen Beweis hast du, daß der heilige Gott, gepriesen sei er, die Toten wieder lebendig macht? Er antwortete: Ich habe Beweise von der Thora, den Propheten und den Schriften; doch sie nahmen seine Beweise nicht an. In der Thora steht geschrieben: »Da sprach der Ewige zu Moses: Du gehst nun zur Ruhe bei deinen Vätern, und dieses Volk wird sich erheben...« (Deut. 31:16). Die Sadduzäer wandten ein: Dies könnte bedeuten, daß sich dieses Volk erheben und den fremden Göttern des Landes nachbuhlen wird. In den Propheten steht geschrieben: »Deine Toten werden leben, werden auferstehen; aufwachen und jubeln werden die Bewohner des Staubes. Denn Tau der Lichter ist dein Tau, und die Erde wird die Schatten wieder gebären« (Jes. 26:19). Die Sadduzäer aber antworteten, dies könne sich auf die Toten beziehen, die Ezechiel zum Leben erweckte (Ezech. 37). In den Schriften steht geschrieben: »Dein Mund ist wie köstlicher Wein, der meinem Gaumen sanft eingeht und Lippen und Zähne bewegt der Schlafenden (d. h. im Grab)« (Hohelied 7:10). Die Sadduzäer erwiderten, dies könne sich auch auf die normale Bewegung der Lippen während des Schlafes beziehen... Schließlich zitierte Rabban Gamaliel den Vers: »... den Boden, den der Ewige euren Vätern zu geben geschworen hat, ihnen zu geben...« (Deut. 11:9). Es heißt nicht: »euch zu geben«, sondern »ihnen zu geben«. Dies beweist die Wiedererweckung der Toten (da nämlich die Patriarchen vor der Besetzung des Landes starben, konnte Gottes Versprechen nur erfüllt werden, indem er sie von den Toten erweckte). Andere sagen, er habe den Vers »Ihr aber, die ihr dem Ewigen, eurem Gott, anhingt, seid alle heute noch am Leben« (Deut. 4:4) zitiert[85].

Rabbi Elieser sagte: Die Nationen (d. h. die Nichtjuden) werden keinen Anteil an der künftigen Welt haben, wie geschrieben steht: »Die Gottlosen müssen ins Totenreich kehren, alle Heiden, die Gottes vergessen« (Psalmen 9:17). Der erste Teil des Verses bezieht sich auf die Gottlosen Israels. Doch Rabbi Josua sagte zu ihm: Wenn der Vers gesagt hätte: »Die Gottlosen werden ins Totenreich gehen und alle Nationen« so würde ich dir recht geben. Aber der Vers fährt fort: »die Gottes vergessen«. Daher besagt dies, daß es rechtschaffene Menschen in anderen Nationen der Welt gibt, die Anteil an der künftigen Welt haben[86].

Als Rabbi Johanan ben Sakkai krank war, besuchten ihn seine Schüler. Als er sie sah, begann er zu weinen. Sie sprachen zu ihm: »Leuchte Israels, Säule der Rechten, mächtiger Hammer! Warum weinst du?« Er antwortete ihnen: »Führte man mich vor einen König aus Fleisch und Blut, so würde ich weinen, selbst wenn sein Zorn, so er zornig auf mich wäre, nicht ewig dauerte, selbst wenn sein Gefängnis; so er mich einsperrte, mich nicht für alle Ewigkeit halten würde, selbst wenn er mich nicht zum ewigen Tode verurteilen könnte, und selbst wenn ich ihn mit Worten besänftigen und mit Geld bestechen könnte. Und nun werde ich vor den König der Könige geführt, vor den heiligen Gott, gepriesen sei er, der in alle Ewigkeit lebt und fortdauert. Wenn er zornig auf mich ist, so ist sein Zorn ewig. Wenn er mich einsperrt, so wird mich sein Gefängnis für ewig halten. Er könnte mich zum ewigen Tode verurteilen. Und ich kann ihn weder mit Worten besänftigen noch mit Geld bestechen. Und außerdem liegen zwei Wege vor mir, der eine zum Garten Eden, und der andere zum Gehenom, und ich weiß nicht, auf welchen ich geführt werde. Sollte ich da nicht weinen?«[87]

Wir haben gelernt, daß das Strafgericht über die Schlechten in Gehenom zwölf Monate dauert. Rabbi Elieser fragte Rabbi Josua: »Was sollte ein Mensch tun, um dem Strafgericht von Gehenom zu entgehen?« Er gab zur Antwort: »Er soll sich mit guten Taten beschäftigen« … »Besser ist ein armer Mann, der in Rechtschaffenheit wandelt…« (Sprüche 19:1). Jeder, der in dieser Welt vor seinem Schöpfer in Schuldlosigkeit wandelt, entgeht dem Strafgericht von Gehenom in der künftigen Welt[88].

Alles, was durch den heiligen Gott, gepriesen sei er, in dieser Welt verletzt worden ist, wird in der künftigen Welt geheilt werden. Der Blinde wird geheilt werden, wie geschrieben steht: »Dann werden die Augen des Blinden geöffnet werden« (Jes. 35:5). Der Lahme wird geheilt werden, wie geschrieben steht: »Alsdann wird der Lahme springen wie ein Hirsch« (Jes. 36:6). Der Stumme wird geheilt werden, wie geschrieben steht: »Die Zunge des Stummen wird jauchzen« (Jes. 35:6). Jeder wird geheilt werden. Doch wird jeder mit den Fehlern, die er im Leben hatte, auferstehen. Der Blinde wird blind auferstehen, der Taube wird taub auferstehen, der Lahme wird lahm auferstehen, und der Stumme wird stumm auferstehen. Sie werden so gekleidet auferstehen, wie sIe es im Leben waren… Warum wird jeder Mensch mit den Fehlern, die er im Leben hatte, auferstehen? Damit die Schlechten der Welt nicht sagen können: »Nachdem sie gestorben waren, heilte sie Gott und brachte sie dann hierher«, was besagen würde, daß diese jetzt anders geworden wären. Der heilige Gott, gepriesen sei er, sagte: »Sie sollen mit den Fehlern, die sie im Leben hatten, auferstehen, und dann werde ich sie heilen, wie geschrieben steht: ›Damit sie zur Einsicht kommen und an mich glauben und erkennen, daß Ich es bin. Vor mir war kein Gott geschaffen, noch wird es einen nach mir geben‹« (Jes.

43:10). Später werden selbst die Tiere geheilt werden, wie geschrieben steht: »Der Wolf und das Lamm werden zusammen weiden, und der Löwe wird Stroh fressen wie das Rind« (Jes. 65:25). Derjenige aber, der jedem Schaden zugefügt hat, wird nicht geheilt werden, wie geschrieben steht: »Und Staub wird die Nahrung der Schlange sein« *(ibid.)*. Warum? Weil er alles zu Staub gemacht hat[89].

Raw pflegte zu sagen: In der künftigen Welt wird man weder essen noch trinken, weder zeugen noch Geschäfte machen, es wird weder Eifersucht noch Haß noch Konkurrenz geben. Die Rechtschaffenen aber werden mit ihren Kronen auf dem Kopf dasitzen und die Pracht der *Schechina* genießen[90].

Rabbi Hijja bar Abba sagte, indem er Rabbi Johanan zitierte: Alle Tröstungen und alle künftigen guten Dinge, die die Propheten angekündigt haben, gelten nur für die Tage des Messias, und was die künftige Welt betrifft, so hat »kein Auge sie je gesehen außer dir, o Gott« (nach Jes. 64:3)[91].

»So wahrt meine Gesetze und Rechtssatzungen, die der Mensch üben soll, daß er durch sie lebe; ich bin der Ewige« (Lev. 18:5). Dies besagt, daß der Mensch in der künftigen Welt leben wird. In dieser Welt ist der Tod das Ende des Menschen. Wie kann also gesagt werden: »die der Mensch üben soll, daß er durch sie lebe«? Dieses »Leben« muß sich auf die künftige Welt beziehen. »Ich bin der Ewige«; getreu in meiner Belohnung[92].

Im 9. Jahrhundert folgerte Saadia, daß die Doktrin von der Wiedererweckung von allen Juden angenommen worden war, und daß die meisten dieses Ereignis mit dem Ende der Zeit, da die messianische Erlösung kommen wird, gleichsetzten.

Der Verfasser dieses Buches erklärt, daß soweit es die Doktrin von der Wiedererweckung der Toten betrifft – welche, wie wir von unserem Meister lernten, in der nächsten Welt stattfinden wird, um die Ausübung der Strafe zu ermöglichen – unsere Nation in dieser Angelegenheit völlig übereinstimmt. Die Grundlage dieser Schlußfolgerung ist eine Voraussetzung, welche in den ersten Abhandlungen dieses Buches bereits erwähnt wurde: daß nämlich der Mensch das Ziel aller Schöpfung ist. Der Grund, warum er über alle anderen Geschöpfe ausgezeichnet worden ist, ist der, daß er Gott zu dienen vermag, und der Entgelt für seinen Dienst ist das ewige Leben in der Welt der Belohnung. Bevor dies geschieht, und wann immer Gott den Zeitpunkt hierfür gekommen sieht, trennt er den Geist des Menschen von seinem Körper bis zu dem Tage, da die für die Schöpfung vorgesehene Anzahl Seelen erreicht ist; dann vereint Gott aufs neue alle Körper und alle Seelen...

Wir kennen denn auch keinen Juden, der mit diesem Glauben nicht übereinstimmen würde. Es fällt ihm wohl auch nicht schwer zu begreifen, wie sein Meister die Toten zum Leben erwecken kann, da er bereits die Doktrin von der *Schöpfung aus dem Nichts* akzeptiert hat. Die Wiederherstellung von irgendetwas, das aufgelöst oder verfault war, durch Gott sollte in seinen Augen daher keine Schwierigkeit darstellen.

Und zudem hat uns Gott schriftlich die Tatsache übermittelt, daß es eine Wiedererweckung der Toten zur Zeit der messianischen *Erlösung* geben werde, und diese Tatsache wurde mit Hilfe wunderbarer Beweise bestätigt. Gerade in diesem Punkt fand ich einen Unterschied der Meinungen, darüber nämlich, ob es eine Wiedererweckung der Toten in dieser Welt geben wird. Die Massen unseres Volkes behaupten nämlich, daß sie zur Zeit der *Erlösung* stattfinden werde. Sie interpretieren in diesem Zusammenhang alle Bibelverse in deren gemeinverständlichem Sinn, in denen sie Hinweise auf die Wiedererweckung der Toten finden und bestimmen die Zeit, die für sie unzweifelhaft die Zeit der *Erlösung* ist.

Weiterhin habe ich bemerkt, daß einige wenige Juden jeden Vers, in dem sie eine Erwähnung der Wiedererweckung der Toten zur Zeit der *Erlösung* finden, dahingehend interpretieren, als bezögen sich diese auf die Wiedergeburt einer jüdischen Regierung und die Wiederherstellung der Nation. Wohingegen alles, was nicht auf die Zeit der *Erlösung* festzusetzen ist, von ihnen auf die künftige Welt bezogen wird...

Ich vermochte durch meine Fragen und Nachforschungen den Glauben der Massen der jüdischen Nation nachzuweisen, den Glauben nämlich, daß die Wiedererweckung der Toten zur Zeit der *Erlösung* stattfinden wird[93].

Maimonides definiert die künftige Welt, das heißt die Welt jenseits des Grabes, als einen Ort, wo reine Geister von rein geistiger Beschäftigung in Anspruch genommen werden.

Das für den Gerechten aufbewahrte Gute ist das Leben in der künftigen Welt, das vom Tode befreite Leben. So steht es in der Thora geschrieben: »Auf daß es dir wohlergehe und du lange lebst« (Deut. 22:7). Die Tradition lehrt uns, daß der Satz »auf daß es dir wohlergehe« sich auf die Welt bezieht, in der es nur Wohlergehen gibt, und daß der Satz »auf daß du lange lebst« sich auf die Welt bezieht, die gewiß lange währt, d. h. die künftige Welt. Die Belohnung der Gerechten besteht darin, daß sie dieses Angenehme und Gute verdienen. Die Bestrafung der Schlechten besteht darin, daß sie ein solches Leben nicht verdienen, vielmehr durch ihren Tod vollständig davon abgeschnitten werden. Jeder, der ein solches Leben nicht verdient, ist ein Toter, der niemals leben wird, sondern durch seine Schlechtigkeit abgeschnitten wird und gleich einem Tier zugrunde geht...

In der künftigen Welt gibt es keine Körper, sondern nur die Seelen der Rechtschaffenen ohne Körper, wie die Engel. Da es in der künftigen Welt keine Körper gibt, wird dort weder gegessen noch getrunken noch irgendetwas anderes getan, dessen die Körper der Menschen in dieser Welt bedürfen. Nichts geschieht in der künftigen Welt, was einen Körper voraussetzt, wie etwa Sitzen und Stehen, Schlaf und Tod, Trauer und Gelächter usw. Daher sagten die ersten Weisen: In der künftigen Welt ißt und trinkt man nicht, noch pflegt man Geschlechtsverkehr, doch die Gerechten sitzen dort mit ihren Kronen auf den Köpfen und genießen die Pracht der *Schechina* (*Brachot* 17a). Es steht fest, daß es dort keine Körper gibt, denn dort wird weder gegessen noch getrunken, und die Erklärung der Heiligen, daß »die Gerechten dort sitzen« ist als Gleichnis aufzufassen. Dort arbeiten die Gerechten nicht und mühen sich nicht ab. Die Behauptung, daß sie ihre Kronen auf ihren Köpfen tragen, bedeutet, daß sie im Besitz des Wissens sind, warum sie das Leben in der künftigen Welt verdienten, und dieses Wissen ist ihre Krone... »Sie genießen die Pracht der *Schechina*«. Dies bedeutet, daß sie die Wahrheit des heiligen Gottes, gepriesen sei er, kennen und von ihr abhängig sind, was sie in dieser Welt, da sie in einem geistlosen und niederen Körper eingezwängt sind, nicht wissen können«[94].

Welches auch immer die Doktrin von Himmel und Erde sein mag, so lag doch der Schwerpunkt des Judentums von jeher in dieser Welt. Hier und nicht in irgendeiner künftigen Welt hat der Mensch die Möglichkeit zu wählen und sein Leben zu rechtfertigen, indem er das Gute wählt.

König Salomo sagte: »Alles, was du tun kannst, das tue nach deinem Vermögen; denn in der Unterwelt, wohin du gehst, gibt's nicht Schaffen noch Planen, nicht Erkenntnis noch Weisheit mehr« (Pred. 9:10). Alles, was ein Mensch nicht tut, solange ihm von seinem Schöpfer die Kraft hierzu gewährt ist, die Kraft der Willensfreiheit, die ihm während aller Tage seines Lebens bleibt, da er frei und verantwortlich ist, wird er im Grab oder in Scheol nicht tun können, denn dort wird er diese Kraft nicht haben. Wer nicht zu Lebzeiten viele gute Taten vollbringt, vermag sie auch nach seinem Tode nicht zu vollbringen. Wer sich nicht Rechenschaft über seine Taten ablegt, wird dazu auch in der künftigen Welt keine Zeit haben. Wer in dieser Welt keine Weisheit erlangt hat, wird auch im Grabe keine Weisheit erlangen[95].

Das folgende vorgeschriebene Gebet wird auf dem Totenbett gesprochen, sofern man bei Bewußtsein ist. Die Frommen haben es stets als Zeichen besonderer göttlicher Barmherzigkeit angesehen, daß ein Mensch sterben kann, indem er die beiden letzten Zeilen dieses Bekenntnisses ausspricht.

Mein Gott und Gott meiner Väter, nimm mein Gebet entgegen; weise mein Flehen nicht zurück. Vergib mir alle Sünden, die ich zu Lebzeiten begangen habe. Ich fühle mich verlegen und beschämt angesichts dieser schlechten Taten und Sünden, die ich begangen habe.

Nimm, ich bitte dich, meinen Kummer und mein Leiden als Sühne an und vergib mir meine Missetaten, denn gegen dich allein habe ich gesündigt.

Möge es dein Wille sein, o Ewiger, mein Gott und Gott meiner Väter, daß ich nicht mehr sündige. Reinige mich mit deinem großen Erbarmen von meinen Sünden, doch nicht durch Leiden und Krankheit. Gewähre mir und allen, die krank zu Bett liegen, völlige Gesundung.

Vor dir, o Ewiger, mein Gott und Gott meiner Väter, erkenne ich, daß Gesundung und Tod von deinem Willen abhängen. Möge es dein Wille sein, mich gesund zu machen. Wenn du aber beschlossen hast, daß ich an diesem Leiden sterben soll, so möge mein Tod alle meine Sünden und Übertretungen sühnen, die ich vor dir begangen habe. Gewähre mir Zuflucht im Schutz deiner Fittiche und einen Anteil an der künftigen Welt.

Vater der Waisen und Beschützer der Witwen, beschütze meine geliebte Familie, mit deren Seele meine Seele verbunden ist.

In deine Hände übergebe ich meine Seele. Du hast mich erlöst, o Ewiger, Gott der Wahrheit.

Höre, Israel, der Ewige, unser Gott, der Ewige ist einzig.

Der Ewige, er ist Gott. Der Ewige, er ist Gott[96].

Folgendes Gebet wird vom Tage des Todes eines Verwandten, nächsten Blutsverwandten oder Ehegatten elf Monate lang beim Gottesdienst in der Synagoge gesprochen. Es ist das Kaddisch, die Heiligung des Namens Gottes. Das Beachtenswerte und Charakteristische daran ist, daß der Verstorbene nicht erwähnt wird, noch wird für seine Seele gebetet. Es hat vielmehr die Preisung von Gottes Ruhm zum Inhalt.

Es werde groß und heilig sein sein großer Name in der Welt,
Die er nach seinem Wohlgefallen geschaffen hat.

Er gründe sein Reich bei eurem Leben und in euren Tagen
Und beim Leben des ganzen Hauses Israels, bald und
In naher Zeit! Darauf sprechet: Amen.

Es werde sein großer Name gesegnet
Für immer und für alle Ewigkeit. Gesegnet und gepriesen,
Verherrlicht und erhoben, erhöht, gefeiert, erhaben und
Gerühmt werde der Name des Heiligen, gesegnet sei er,
Hoch über alle Segnungen und Loblieder, Preisgesänge
Und Trostesworte, die in der Welt gesprochen werden!
Darauf sprechet: Amen.

Es werde reicher Friede vom Himmel
Und Leben über uns und ganz Israel!
Darauf sprechet: Amen.

Er, der die Ordnung des Universums bestimmt,
Wird uns und ganz Israel Frieden bringen.
Darauf sprechet: Amen[97].

ACHTES KAPITEL

Der Messias

ES GIBT ZWEI gegensätzliche Strömungen in der jüdischen Vorstellung vom Messias. Die ekstatische Poesie der Propheten erweckt eher den Eindruck, daß der Messias als Ergebnis von Katastrophen und kosmischen Wundern kommen werde. Es gibt allerdings in der Bibel auch sachlichere Ansichten, die den Messias mit realen politischen Ereignissen identifizieren, wie der Rückkehr der Juden aus der babylonischen Gefangenschaft und ihre Befreiung unter dem persischen König Cyrus. Diese Ansichten kehrten während der ganzen Geschichte des jüdischen Glaubens immer wieder. Rabbi Akiva begrüßte im 2. Jahrhundert Bar Kochba, der den Aufstand gegen Rom in den Jahren 132–135 leitete, als den Messias; andere Rabbiner neigten eher zu der ekstatischen Erwartung.

Und es wird geschehen in den letzten Tagen,
Da wird der Berg mit dem Hause des Ewigen
Festgegründet stehen an der Spitze der Berge
Und die Hügel überragen;
Und alle Völker werden zu ihm hinströmen,
Und viele Nationen werden sich aufmachen und sprechen:
»Kommt, lasset uns hinaufziehen zum Berge des Ewigen,
Zu dem Hause des Gottes Jakobs,
Daß er uns seine Wege lehre
Und wir wandeln auf seinen Pfaden.«
Denn von Zion wird die Weisung ausgehen,
Und das Wort des Ewigen von Jerusalem.
Und er wird Recht sprechen zwischen den Völkern
Und Weisung geben vielen Nationen;
Und sie werden ihre Schwerter zu Pflugscharen schmieden
Und ihre Spieße zu Rebmessern.

Kein Volk wird wider das andere das Schwert erheben,
Und sie werden den Krieg nicht mehr lernen[98].

Siehe, es kommen Tage, spricht der Ewige, da werde ich dem David einen gerechten Sproß erwecken; der wird als König herrschen und weise regieren und Recht und Gerechtigkeit üben im Land. In seinen Tagen wird Juda geholfen werden, und Israel wird sicher wohnen...[99]

Siehe, ich sende euch den Propheten Elias, ehe der große und furchtbare Tag des Ewigen kommt. Und er wird das Herz der Väter den Söhnen und das Herz der Söhne den Vätern wieder zuwenden, daß ich nicht komme und das Land mit dem Bann schlage[100].

Rabbi Josua ben Levi traf den Propheten Elias, als dieser am Eingang zu Rabbi Simon bar Johais Höhle stand... Er fragte Elias: »Wann wird der Messias kommen?«

Elias antwortete: »Geh und frage ihn das selbst.«

»Wo ist er?«

»Er sitzt an den Toren der Stadt.«

»Wie werde ich ihn erkennen?«

»Er sitzt zwischen den Armen, die mit Wunden bedeckt sind. Die anderen binden ihre Wunden alle gleichzeitig auf und verbinden sie dann wieder. Er aber bindet immer nur eine auf und verbindet sie dann wieder, indem er zu sich selbst spricht: ›Vielleicht wird man mich brauchen; wenn dies der Fall ist, muß ich immer bereit sein, um keinen Augenblick zu spät zu kommen.‹«

Rabbi Josua ben Levi ging zum Messias und sprach zu ihm: »Friede sei mit dir, mein Meister und Lehrer.«

Der Messias gab zur Antwort: »Friede sei mit dir, Sohn des Levi.«

Er fragte: »Wann kommt der Meister?«

»Heute«, antwortete er.

Rabbi Josua kehrte zu Elias zurück, der ihn fragte: »Was hat er dir gesagt?«...

»Er hat mich in der Tat enttäuscht, denn er sagte: ›Ich komme heute‹, und er ist nicht gekommen.«

Elias sagte: »Das nämlich hat er zu dir gesagt: ›O daß ihr heute auf seine Stimme hörtet!‹« (Ps. 95:7)[101].

Rabbi Johanan ben Sakkai sprach: Solltest du einen Schößling in der Hand halten und sie dir sagen, der Messias sei gekommen, so pflanze zuerst den jungen Baum, dann begrüsse den Messias[102].

Es folgen einige Bemerkungen aus den Schriften Saadias zu den zahlreichen Legenden über Katastrophen und Kriege, welche das Kommen des Messias einleiten werden.

... Die Traditionen der Propheten haben uns überliefert, daß Gott Unglück und Katastrophen über uns kommen lasse, um uns zur Reue zu zwingen, auf daß wir der Erlösung würdig seien. Dies ist der Sinn der Bemerkung unserer Vorfahren: »Wenn die Israeliten bereuen, werden sie erlöst werden. Wenn nicht, wird der heilige Gott einen König aufstellen, dessen Erlasse noch strenger sein werden, als die des Haman; woraufhin sie bereuen und somit erlöst werden.« (*Sanhedrin* 97b.)

Unsere Vorfahren haben auch gesagt, daß die Veranlassung für diese Prüfung das Auftreten eines Mannes im oberen Galiläa sein werde, einem der Nachkommen Josephs, um den sich Personen der jüdischen Nation scharen werden. Dieser Mann wird nach Inbesitznahme Jerusalems durch die Römer dorthin gehen und eine gewisse Zeitlang dort bleiben. Dann werden sie von einem Mann namens Armilus überrascht werden, der ihnen den Krieg erklären, die Stadt erobern und ihre Bevölkerung dem Massaker, der Gefangenschaft und der Schmach aussetzen wird. Unter den Geschlagenen wird auch der Mann sein, der zu den Nachkommen Josephs gehört. Zu jener Zeit wird großes Unglück über die jüdische Nation kommen, und am schwersten zu ertragen wird die Zerstörung ihrer Beziehung zu den Regierungen der Welt sein, welche sie in die Wildnis vertreiben und sie verhungern und verderben lassen werden. Als Ergebnis dessen, was ihnen widerfahren ist, werden viele ihren Glauben verlassen, und nur die Geläuterten werden bleiben. Ihnen wird Elias sich offenbaren, und so wird die Erlösung kommen[103].

Maimonides spiegelt die realistischere Tendenz wider. Der Messias wird in der Tat ein König aus dem Hause Davids sein, der die Verstreuten Israels sammeln wird, doch die Weltordnung wird durch sein Kommen nicht völlig geändert werden. Es wird eine Welt des Friedens und der Gerechtigkeit geben, eine Welt, die auf das Niveau erhoben sein wird, wie es die jüdische Lehre einer Menschheit vorgestellt hat, die den Lehren der Thora wirklich gehorcht, doch wird die Schöpfungsordnung keine radikale Änderung erfahren.

Der Gesalbte König (der Messias) wird rechtzeitig erscheinen und das Königreich Davids in seiner früheren Form und seiner ursprünglichen Herrschaft wieder einsetzen. Er wird das Heiligtum aufbauen und die Verstreuten Israels sammeln. An jenem Tage werden die Gesetze das werden, was sie in alten Zeiten waren...

Glaubt aber nun nicht etwa, daß der Gesalbte König Zeichen und Wunder vollbringen und neue Dinge in dieser Welt erschaffen muß oder daß er die Toten zum Leben erwecken muß oder dergleichen mehr. Dem wird nicht so sein. Denn seht: Rabbi Akiva, der ein großer Weiser unter den Weisen der Mischna war, trug Waffen für ben Kosiba, den König, und er war es, der von ihm sagte, er sei der Gesalbte König. Er und alle Weisen seiner Generation dachten, dies sei der Gesalbte König, bis zu dem Tag, da er in seinem Gefängnis erschlagen wurde. Und nachdem er erschlagen worden war, wußten alle, daß er nicht der Gesalbte König war. Doch nie hatten ihn die Weisen um ein Zeichen oder um ein Wunder gebeten. Die Wurzel dieser Dinge ist dies: Diese Thora mit ihren Satzungen und ihren Gesetzen ist für alle Zeiten. Es gibt nichts, was man ihr hinzufügen und nichts, das man wegnehmen könnte...

Denkt nicht in euren Herzen, daß in den Tagen des Gesalbten etwas am Lauf der Welt geändert werden wird, oder daß im Schöpfungswerk etwas Neues auftauchen wird. Nein. Die Welt wird den gleichen Gang wie zuvor nehmen und das, was bei Jesaja gesagt ist, nämlich »der Wolf wird zu Gast sein bei dem Lamm und der Panther bei dem Böcklein lagern« (Jes. 11:6), ist nichts als ein Gleichnis, und es besagt, daß Israel in Sicherheit bei den Schlechten unter den Heiden wohnen wird, und daß sich alle dem richtigen Glauben zuwenden werden; sie werden weder rauben noch zerstören, und sie werden nur das essen, was erlaubt ist, in Frieden wie Israel, wie geschriebet, steht: »Der Löwe wird Stroh fressen wie das Rind« (Jes. 11:7). Und alles andere, das im Zusammenhang mit dem Gesalbten gesagt wird, ist ebenfalls ein Gleichnis. In den Tagen des Gesalbten werden alle wissen, was das Gleichnis bedeutete und worauf es hinaus wollte.

Die Weisen sagten: »Allein das Ende der Knechtschaft unter den Nationen wird die Tage des Gesalbten von unserer Zeit unterscheiden« (*Sanhedrin* 91b). Aus den Worten der Propheten ersehen wir, daß in den ersten Tagen des Gesalbten eine Schlacht »gegen Gog und Magog« stattfinden wird und daß vor dieser Schlacht ein Prophet aufstehen wird, der das Volk Israel aufrichten und seine Herzen vorbereiten wird, wie geschrieben steht: »Siehe, ich sende euch den Propheten Elias, ehe der große und furchtbare Tag des Herrn kommt« (Mal. 3:23). Doch er kommt nur, um Frieden in die Welt zu bringen, wie es geschrieben steht: »Und er wird das Herz der Väter den Söhnen zuwenden« (Mal. 3:24).

Unter den Weisen gibt es etliche, die sagen, Elias werde vor dem Gesalbten kommen. Was aber solche und andere Dinge dieser Art betrifft, so weiß niemand, wie sie sein werden, bevor sie nicht geschehen. Denn die Propheten verschleiern diese Dinge, und die Weisen verfügen über keine Tradition, was diese Dinge betrifft, außer dem, was sie aus den Schriften abgeleitet haben, und ihre Meinungen darüber gehen auseinander. Auf jeden Fall sind weder der Zustand dieses Ereignisses noch seine Einzelheiten die Wurzel des Glaubens. Ein Mensch soll weder über legendäre Berichte nachgrübeln noch näher auf Interpretationen eingehen, die diese oder ähnliche Angelegenheiten zum Gegenstand haben. Man soll ihnen keine höchste Wichtigkeit beimessen, denn sie führen uns weder dazu, Gott zu fürchten, noch ihn zu lieben. Auch soll man keine Berechnungen über das Ende anstellen. Die Weisen sagten: »Mögen jene, die das Ende zu errechnen versuchen, ihren Geist aushauchen« (*Sanhedrin* 97b). Es ist besser, zu warten und den Dingen als Ganz zu vertrauen, wie wir es dargelegt haben.

Die Weisen und Propheten sehnten sich nicht nach den Tagen des Gesalbten, um von der Welt Besitz zu ergreifen und die Heiden zu beherrschen oder um sich vom Volk verherrlichen zu lassen oder um zu essen, zu trinken und sich zu ergötzen, vielmehr um frei zu sein für die Thora und die Weisheit in ihr, frei von jedem Ansporn und jeder Belästigung, so daß sie des Lebens in der künftigen Welt für würdig erachtet werden können.

Wenn die Zeit gekommen sein wird, wird niemand mehr hungern, es wird keinen Krieg mehr geben, keinen Glaubenseifer und keinen Streit, denn das Gute wird sich im Überfluß ausbreiten, und alle Freuden werden so zahlreich wie die Staubkörner sein, und die ganze Welt wird nur den einzigen Wunsch haben, Gott zu erkennen. Daher werden diejenigen, die wissen, was verborgen ist, die großen Weisen in Israel sein, und sie werden alle Erkenntnis über ihren Schöpfer erlangen, die ein Mensch zu erlangen fähig ist, wie geschrieben steht: »Denn voll ist das Land von Erkenntnis des Ewigen, wie von Wassern, die das Meer bedecken« (Jes. 11:9)[104].

Rabbi Zvi Hirsch Kalischer (1795–1874), ein Rabbiner klassischer Prägung und einer der Vorläufer des modernen Zionismus, wiederholt die Ansichten Maimonides', um die menschlichen Bemühungen als Vorbereitung auf den Tag des Messias zu rechtfertigen.

Wir dürfen uns die Erlösung Israels, nach der wir uns sehnen, nicht als ein plötzliches Wunder vorstellen. Der Allmächtige, gepriesen sei sein Name, wird nicht plötzlich von der Höhe herabsteigen und seinem Volk befehlen, voranzugehen. Er wird nicht im Handumdrehen seinen Messias vom Himmel schicken, um für die Versprengten Israels die große Trompete erschallen zu lassen und sie in Jerusalem zu sammeln. Er wird nicht die Heilige Stadt mit einem Feuerwall umgeben noch den Heiligen Tempel vom Himmel herabsteigen lassen. Die Glückseligkeit und die Wunder, welche seine Diener, die Propheten, versprochen haben, werden gewiß stattfinden – alles wird erfüllt werden –, doch werden wir nicht in Schrecken und Furcht vorangetrieben, denn die Erlösung Israels wird langsam und stufenweise erfolgen, und der Strahl der Befreiung wird nach und nach hervorleuchten.

Mein lieber Leser! Wirf die konventionelle Ansicht beiseite, daß der Messias plötzlich die große Trompete blasen und alle Bewohner der Erde erzittern lassen werde. Im Gegenteil: Die Erlösung wird damit beginnen, daß Philantropen sich zur Unterstützung bereit finden und die Einwilligung der Nationen eingeholt wird, einige der Verstreuten Israels im Heiligen Land vereinen zu dürfen...

Können wir logisch erklären, warum die Erlösung auf natürliche Weise beginnen wird, und warum der Ewige in seiner Liebe zu seinem Volk nicht sofort den Messias in augenfällig wunderbarer Weise entsendet? Ja, das können wir. Wir wissen, daß alle unsere Verehrung Gottes in der Form von Prüfungen erfolgt, durch die er uns auf die Probe stellt. Als Gott den Menschen erschuf und ihn in den Garten Eden setzte, pflanzte er auch den Baum der Erkenntnis und befahl alsdann dem Menschen, nicht davon zu essen. Warum stellte er den Baum in den Garten, wenn nicht als eine Prüfung?... Als Israel aus Ägypten zog, stellte Gott wiederum den Glauben des Menschen unterwegs mit Hunger und Durst auf die Probe.

...Während aller Tage unserer Zerstreuung hat man uns von Land zu Land getrieben, und wir haben das Joch des Martyriums um der Heiligkeit von Gottes Namen willen getragen; man hat uns von Land zu Land getrieben, und wir haben das Joch der Verbannung durch alle Zeiten getragen, alles um seiner Heiligen Thora willen und als neuerliche Stufe der Erprobung unseres Glaubens.

Wenn der Allmächtige plötzlich an irgendeinem künftigen Tage durch ein unleugbares Wunder erscheinen würde, so wäre dies keine Prüfung. Welche Anforderung würde denn an unseren Glauben gestellt, angesichts von Wundern und Taten, die den klaren und himmlischen Befehl ankündigten, hinaufzugehen, das Land in Besitz zu nehmen und sich seiner guten Früchte zu erfreuen? Welcher Narr würde unter solchen Umständen nicht dorthin gehen, nicht um seiner Liebe zu Gott willen, als vielmehr in seinem eigenen, selbstsüchtigen Interesse? Nur ein natürlicher Beginn der Erlösung ist eine wirkliche Erprobung derjenigen, die sie einleiten. Es gibt kein größeres Verdienst, keine größere Prüfung als alle Energie auf dieses heilige Werk zu konzentrieren und auf Heim und Reichtum zu verzichten, um in Zion zu leben, bevor »die Stimme der Freude« und »die Stimme des Glücks« vernehmbar sein werden...

Damit all dies geschehen kann, muß zuerst eine jüdische Wiederansiedlung im Lande erfolgen; wie sonst könnte die Zusammenführung ohne eine solche Ansiedlung stattfinden?[105]

Die dreizehn Glaubensartikel, die Maimonides in seinem Kommentar zur Mischna festlegt, kommen einem Katechismus im Judentum am nächsten. Trotz des ungeheuren Ansehens ihres Autors sind sie nie ganz anerkannt worden. Man findet diese Artikel in rhythmischer Form im Gebetbuch wieder, und zwar dienen sie als Einführung zum morgendlichen Gottesdienst. Dennoch sind sie nicht verbindlich für das Gewissen des gläubigen Juden.

Ich bekenne mich fest zu dem Glauben, daß der Schöpfer, gepriesen sei Er, der Schöpfer und Führer aller Schöpfung ist, und daß Er allein alle Dinge gemacht hat, macht und machen wird.

Ich bekenne mich fest zu dem Glauben, daß der Schöpfer, gepriesen sei Er, Eins ist und daß es keine Einheit irgendwelcher Art gibt, die Seiner gleichkäme, und daß Er allein unser Gott ist, der war, ist und sein wird.

Ich bekenne mich fest zu dem Glauben, daß der Schöpfer, gepriesen sei er, kein Körper ist, und daß Er frei von allen Merkmalen eines Körpers ist, und daß Er keinerlei Form hat.

Ich bekenne mich fest zu dem Glauben, daß der Schöpfer, gepriesen sei Er, der Erste und der Letzte ist.

Ich bekenne mich fest zu dem Glauben, daß der Schöpfer, gepriesen sei er, und Er allein, durch das Gebet angerufen werden darf, und daß es nicht angemessen ist, außer Ihm irgendjemanden anzubeten.

Ich bekenne mich fest zu dem Glauben, daß alle Worte der Propheten wahr sind.

Ich bekenne mich fest zu dem Glauben, daß die Prophezeiung des Moses, unseres großen Lehrers, möge er in Frieden ruhen, wahr gewesen ist, und daß er der Vater der Propheten gewesen ist, sowohl derer, die ihm vorangingen als derer, die ihm folgten.

Ich bekenne mich fest zu dem Glauben, daß die ganze Thora, so wie sie jetzt in unserem Besitz ist, die gleiche ist, die Moses, unserem Lehrer, möge er in Frieden ruhen, gegeben wurde.

Ich bekenne mich fest zu dem Glauben, daß diese Thora niemals ausgetauscht werden wird, und daß es nie eine andere Thora vom Schöpfer, gepriesen sei Er, geben wird.

Ich bekenne mich fest zu dem Glauben, daß der Schöpfer, gepriesen sei Er, alle Werke der Menschen und ihre Gedanken kennt, so wie geschrieben steht: »Er, der aller Herzen gebildet, der achtet auf alle ihre Werke« (Ps. 33:15).

Ich bekenne mich fest zu dem Glauben, daß der Schöpfer, gepriesen sei Er, diejenigen belohnt, die Seine Gebote halten, und diejenigen bestraft, die Seine Gebote übertreten.

Ich bekenne mich fest zu dem Glauben, daß der Messias kommt, und möge er auch säumen, so warte ich doch täglich auf ihn.

Ich bekenne mich fest zu dem Glauben, daß es eine Wiedererweckung der Toten geben wird zu einer Zeit, die dem Schöpfer genehm sein wird, gepriesen sei Er, und erhaben sei Sein Name auf immer und ewig[106].

NEUNTES KAPITEL

Moderne Lehren und Glaubensrichtungen

IN DEN ERSTEN JAHREN des neunzehnten Jahrhunderts begann die »Reform«-Bewegung im Judentum mit Initiativen, die darauf abzielten, den öffentlichen Gottesdienst und das äußere Erscheinungsbild der Synagoge zu verändern. 1810 baute Israel Jacobson die Synagoge in Seesen wie eine Kirche mit einem Turm. Er bestand auf Dekorum und hielt seine Predigten auf deutsch. 1817 gründete eine Gruppe von Juden in Hamburg den »Neuen Israelitischen Tempelverband«, um eine noch nicht dagewesene Form des jüdischen Gottesdienstes einzuführen. Die Gründer dieses Tempels traten ganz bewußt in ein neues Zeitalter ein.

Da der öffentliche Gottesdienst seit geraumer Zeit von so vielen vernachlässigt wird wegen der stetig zurückgehenden Kenntnisse in der Sprache, in der er bisher gehalten wurde, und auch wegen vieler anderer Mängel, die sich gleichzeitig eingeschlichen haben, haben sich die Unterzeichneten, da sie von der Notwendigkeit überzeugt sind, daß dem öffentlichen Gottesdienst die ihm zustehende Würde und Bedeutung zurückgegeben werden muß, zusammengeschlossen, um dem Beispiel mehrerer israelitischer Gemeinden, besonders der in Berlin zu folgen. Sie haben vor, in dieser Stadt für sich und für andere, die wie sie denken, ebenfalls ein würdiges, wohl geordnetes Ritual einzuführen, nach dem der Gottesdienst am Sabbat und an den Festtagen sowie bei anderen feierlichen Anlässen in ihrem eigenen, speziell für diesen Zweck zu bauenden Tempel abgehalten wird. Insbesondere soll für solche Gottesdienste eine Predigt auf deutsch und Chorgesang mit Orgelbegleitung eingeführt werden[107].

Die Gründung des Tempels in Hamburg löste heftige Debatten aus. Nur ein orthodoxer Rabbiner, Aaron Chorin (1766–1844), verteidigte diese Neuerungen.

Mir ist die Lust wohlbekannt, mit der einige Eiferer andere verfolgen, und die nicht ruht, bis Schaden angerichtet ist, die jeder Vernunft gegenüber taub ist, jedem Fortschritt gegenüber unempfänglich und sich jeder Veredelung widersetzt. Aber nach reiflichem Überlegen ist mein Verstand zurückgekehrt. Was, dachte ich, soll die Wahrheit unterdrückt werden, nur weil schwache Menschen sie nicht mögen? Soll die Sonne ihr Licht verbergen, weil die Nachteule sie nicht ertragen kann? Nein, dachte ich, ich will öffentlich für die Wahrheit eintreten und nicht vor dem Haß zurückschrecken, mit dem man vermutlich über mich herfällt.

Und so habe ich meine Abhandlung *Kin'at ha-Emet* [Eifer für Wahrheit, 1818 in Dessau veröffentlicht] herausgegeben, in der ich mich mit den oben erwähnten Fragen in einfachen, unzweideutigen Begriffen auseinandergesetzt habe. Dort habe ich gesagt, es sei nicht nur gestattet, den Gottesdienst von seinen Schnörkeln zu befreien, ihn in einer Sprache abzuhalten, die die Gläubigen verstehen, und ihn mit Orgel und Gesang zu begleiten, sondern eine Pflicht[108].

Abgesehen davon, wurden die Neuerungen von führenden Vertretern der orthodoxen Juden allgemein und heftig angegriffen. Im Mittelpunkt vieler Einwände stand die Behauptung, Änderungen seien verboten. Die vielleicht schärfste Aussage stammt von Rabbi Mosche Schreiber, der auf einen offenen Brief von Rabbi Baruch ben Meir aus Hamburg antwortet.

Betreffs Ihrer Klage, daß der Tempel der Reformer in der Woche geschlossen und nur am Sabbat geöffnet ist: Ich wünschte, er wäre auch am Sabbat geschlossen, weil sie die Liturgie verändert haben, die uns von den Männern der Großen Synagoge überliefert wurde, von den Weisen des Talmuds und von unseren heiligen Vätern... und sie auch den Hinweis auf die Ankunft des Messias, die Wiederherstellung Zions und Jerusalems ausgelassen haben... und Christen engagieren und ... am Sabbat die Harfe und die Orgel spielen lassen, was uns verboten ist, und die meisten ihrer Gebete sind auf deutsch...

Was den Gebrauch einer anderen Sprache als dem Hebräischen im öffentlichen Gottesdienst betrifft! Das ist vollkommen unmöglich. Es heißt zwar in der Mischna (*Sota* 7:1), daß die Tefila (das stille Gebet) in jeder Sprache gesagt werden dürfe... dies kann aber nur von Zeit zu Zeit geschehen... Aber ein fest angestellter Kantor darf in einem öffentlichen Gottesdienst keine Fremdsprache verwenden... denn eine genaue Übersetzung in eine andere Sprache ist unmöglich... Nun zum Einwand, gewöhnliche Menschen verstünden nicht, was sie auf hebräisch sagen... Es ist besser zu fordern, sie müßten die Bedeutung der Gebete erlernen, statt sie neuerdings in einer Fremdsprache zu sagen... (Nachmanides, Anfang von *Ki Tiss'a* in Exodus), und unsere Weisen haben gesagt, daß die Welt unter Verwendung der heiligen Sprache geschaffen wurde. Gott hat uns die Thora auf hebräisch gegeben, deshalb können wir mit ihm nicht in unserer gewöhnlichen (nicht hebräischen) Sprache sprechen.

Deshalb, was Sie bezüglich der heiligen Synagoge gesagt haben, ist Gesetz... Es ist ein Gesetz, daß es verboten ist, ihr (der Reformer) Gebetbuch zu verwenden, das in einer Fremdpsrache geschrieben ist. Der Text muß auf hebräisch sein, und die Versionen müssen alt (d. h. traditionell) sein, wie vor langer Zeit gedruckt. Die Orgel darf nicht verwendet werden, sicher nicht am Sabbat... und ich bin damit einverstanden, jedem Juden (die obigen Neuerungen) zu verbieten...[109]

Wie Rabbi Mosche Schreiber in seiner Stellungnahme andeutete, erfolgte der Bruch zwischen Orthodoxen und »Reformern« nicht über Bräuche in der Synagoge, sondern um die Lehre. Die »Reformer« hießen das neue Zeitalter willkommen, indem sie sich als zu Hause bezeichneten, nicht länger als »Verbannte« aus dem Land ihrer Vorfahren, die auf den Messias warten, der kommen und sie erlösen würde. Sie definierten das Judentum als eine universale Religion neu, die Moral lehrt und für die die rituellen Gebote im wesentlichen irrelevant waren. Auf die »Reformer« in Hamburg folgte in den Vereinigten Staaten bald eine Gruppe in Charleston, South Carolina, die sich von der örtlichen Gemeinde trennte, um die »Reform Society of Israelites« zu gründen. 1826 veröffentlichte diese Gesellschaft ihr Glaubensbekenntnis. Im Anschluß an mehrere Abschnitte über den Einen Gott, den Schöpfer des Universums, setzten die Verfasser des Katechismus die besonderen Aspekte des Judentums, die sie beibehalten wollten, mit der universalen Moral gleich.

Ich glaube mit vollkommenem Glauben, daß die Gesetze Gottes, wie von Moses in den Zehn Geboten gegeben, die einzigen wahren Grundlagen für Frömmigkeit gegenüber dem Allmächtigen und für Moral unter den Menschen sind.

Ich glaube mit vollkommenem Glauben, daß die Moral im wesentlichen mit Religion zusammenhängt und daß guter Wille allen Menschen gegenüber Gott das angenehmste Opfer ist.

Ich glaube mit vollkommenem Glauben, daß die Liebe zu Gott die höchste Pflicht Seiner Geschöpfe ist und daß das reine und aufrechte Herz der erwählte Tempel des Herrn ist.

Ich glaube mit vollkommenem Glauben, daß der Schöpfer (gesegnet sei sein Name!) der einzige wahre Erlöser aller Seiner Kinder ist und daß Er die Verehrung Seines Namens einst über die ganze Welt verbreitet[110].

Dieser erste Versuch, in den Vereinigten Staaten eine »Reform«-Gemeinde zu gründen, schlug fehl. Die meisten Gründer kehrten zur Gemeinde Beth Elohim zurück, von der sie sich getrennt hatten und die formell orthodox geblieben war. Als Beth Elohim im März 1841 aber ein neues Gebäude einweihte, enthielt die Widmungspredigt den auffallenden Satz: »Dieses Land ist unser Palästina, diese Stadt unser Jerusalem, dieses Haus unser Tempel.«

Das neue Reformjudentum verstand sich nicht als einen Bruch mit der Vergangenheit, als die es erschien, sondern als der notwendige zeitgenössische Ausdruck dessen, was das Judentum immer gewesen ist. Es hatte mit Abrahams Verkündigung von dem Einen Gott angefangen; es hatte jenen Glauben jahrhundertelang bewahrt, indem es sich vom Heidentum abgetrennt hielt und eine eigenständige Existenz als Nation mit

Hebräisch als seiner Sprache besaß. Im neuen, liberalen Zeitalter war solch eine Absonderung nicht mehr angebracht; das stand der neuen moralischen Aufgabe des Judentums, die ganze Menschheit zu bessern, im Weg.

Die Stärke des Judentums liegt genau in der Tatsache, daß es aus einem vollen nationalen Leben heraus entstanden ist und daß es sowohl eine Sprache wie eine Geschichte als Nation besitzt. Die Idee des Judentums war allumfassend. Wenn es daher mehr als nur ein vorübergehender Schatten sein sollte, mußte es seinen Ausdruck in einem gesunden nationalen Individualismus finden, der einerseits die gesamte Menschheit in sich selbst verkörpert sah, andererseits aber anstrebte, die ganze Welt der Menschheit über die eigenen Grenzen hinaus zu umfassen. Es ist demnach ein starker Punkt des Judentums, daß es sich anfangs in einer Sprache offenbarte, die vollkommen mit der Idee und dem durchdrungen war, was als die edelste Frucht eines vollständigen nationalen Lebens galt. Allerdings hing das Judentum nicht von Sprache und Nationalität ab; auch nachdem es beides verlor, hat es in voller Kraft überlebt. Als sein Gefäß zerschlagen wurde, war sein Überleben dadurch nicht beeinträchtigt. Weil das Judentum immer in einem heftigen Kampf begriffen war, ist es eine in sich geschlossene und abgesonderte Einheit geblieben, und doch ist es ihm gelungen, der Menschheit seine grundsätzlichen Ideale als universales Erbe zu vermitteln. Und wenn die künstlichen Schranken fallen, behält es im Laufe der Geschichte auch weiterhin seinen universalen Charakter. Blicken wir deshalb doch mit Freude auf unser früheres Leben als Nation zurück, die in unserer Geschichte ein wesentliches Übergangsstadium war, und auf unsere Sprache, durch die das Leben jener jüdischen Nation in geistigem Boden Wurzeln geschlagen hat![111]

Die Schlacht um das Hebräische wurde 1845 mit größter Heftigkeit auf einer Rabbinerkonferenz der Reformer in Frankfurt in Deutschland geführt. Die Mehrheit hatte beschlossen, das Hebräische schrittweise vollkommen abzuschaffen. In der Reformsynagoge würde man in Deutschland auf deutsch, in Frankreich auf französisch und in England und Amerika auf englisch beten. Zacharias Frankel (1801–1875) wollte dem nicht zustimmen. Der Bruch mit dem Hebräischen als der Sprache des Gebets bedeutete seiner Ansicht nach, daß sich die Reformbewegung von ihrer jüdischen Vergangenheit trennte – und die Verehrung jener Vergangenheit stellte den zentralen Bestandteil des ganzen jüdischen Glaubens dar. Die von Frankel bezogene Position bildete die Grundlage für die konservative Bewegung in Europa und Amerika.

Auf der Rabbinerkonferenz beschloß die Mehrheit, das hebräische Gebet sei nur *anzuraten*, und es sei Aufgabe der Rabbiner, es allmählich vollkommen abzuschaffen.

Ich bin mit solch einem Beschluß nicht einverstanden, nicht nur, weil ich einen anderen Standpunkt vertrete, sondern auch, weil ich mit der Tendenz des Beschlusses nicht einverstanden bin. Denn dieser Geist berücksichtigt viele wichtige Elemente nicht und schließt das historische Element aus, das in jeder Religion Gewicht und Kraft hat. Meiner Ansicht nach wird in diesem Sinn nicht etwa etwas bewahrt, sondern das positive historische Judentum zerstört, und das habe ich der Versammlung klar als meine Ansicht dargelegt. Dieser Geist beraubt die Versammlung bei allen ihren zukünftigen Entscheidungen in den Augen jener, die an der positiven historischen Position festhalten, jeder Gültigkeit. Wie ich der Versammlung erklärt habe, ist nicht nur die Wahl wichtig, sondern auch die Motivation. Nur jene, die sich schon entschlossen haben und nur noch der formellen Zustimmung ihrer Position bedürfen, können in allgemeinen Abstimmungsverfahren eine oberflächliche Zufriedenheit finden.

Aus diesen Gründen sehe ich mich veranlaßt zu protestieren, und zwar nicht nur gegen den oben erwähnten Beschluß, sondern gleichzeitig auch, um zu erklären, daß sich mein Standpunkt vollkommen von dem der Versammlung unterscheidet und daß ich deshalb weder hier sitzen, noch mit ihr abstimmen kann[112].

Um 1880, bevor sich die Auswirkungen der Masseneinwanderung von Juden aus Osteuropa in die Vereinigten Staaten niederschlug, hatte dort das Reformjudentum die Oberhand. Seine

Lehren wurden 1885 auf einer Rabbinerkonferenz in Pittsburgh definiert. Sie waren eine natürliche Fortsetzung der Ansichten des Tempels in Hamburg, der Reform Society in Charleston und der Theologie von Abraham Geiger (1810–1874). Es folgen drei Absätze aus dem mittleren Teil der Erklärung von Pittsburgh.

Wir betrachten die mosaische Gesetzgebung als ein Mittel, um das jüdische Volk auf seine Aufgabe als Nation in Palästina vorzubereiten; heute akzeptieren wir nur ihre moralischen Gesetze als bindend und behalten lediglich jene Zeremonien bei, die unser Leben erhöhen und heiligen, aber alle anderen, die nicht den Ansichten und Bräuchen der modernen Zivilisation angepaßt sind, lehnen wir ab.

Wir betrachten alle mosaischen und rabbinischen Gesetze über Speisevorschriften, priesterliche Reinheit und Kleidung als einem Zeitalter zugehörig und unter dem Einfluß von Vorstellungen stehend, die unserer heutigen Mentalität und geistigen Einstellung vollkommen widersprechen. Sie beeindrucken den modernen Juden keineswegs mit einem Geist priesterlicher Heiligkeit; ihr Einhalten heutzutage dient eher dazu, die moderne geistige Erhöhung zu behindern, statt sie zu fördern.

Wir erkennen im modernen Zeitalter universaler Herzenskultur und Intellekt an, daß sich Israels große messianische Hoffnung auf die Errichtung eines Königreichs der Wahrheit, Gerechtigkeit und des Friedens unter allen Menschen allmählich nähert. Wir betrachten uns nicht länger als eine Nation, sondern als eine Religionsgemeinschaft, und erwarten deshalb weder eine Rückkehr nach Palästina, noch einen Opfergottesdienst unter Aarons Söhnen, ebenso wenig wie die Wiederherstellung irgendwelcher Gesetze in bezug auf den jüdischen Staat[113].

Der beredteste Nachfolger Zacharias Frankels war Salomon Schechter. Schechter zufolge ist das Volk, die Gemeinde der Gläubigen, die gestaltgebende Kraft in der jüdischen Religion. Das Volk beschließt, was die Bibel bedeutet. Die Gemeinde der

Gläubigen gestaltet die Thora und interpretiert sie immer wieder aufs neue.

Die historische Schule hat, soweit mir bekannt ist, der Welt nie ein eigenes theologisches Programm angeboten... Insgesamt kann man ihre Einstellung zur Religion als aufgeklärte Skepsis im Verein mit einem kräftigen Schuß Konservativismus definieren, dem ein gewisser mystischer Hauch nicht fehlt. Was wir ungenauen Bemerkungen und Andeutungen, die gelegentlich hingeworfen werden, entnehmen können, ist, daß ihre theologische Position vielleicht so definiert werden kann: Nicht die einfache offenbarte Bibel ist für den Juden von größter Bedeutung, sondern die Bibel, wie sie sich selbst in der Geschichte wiederholt; mit anderen Worten, wie von der Tradition interpretiert. Der Talmud, dieses wunderbare Reservoir an religiösen Ideen, aus dem man mühelos ein Handbuch für den Orthodoxesten zusammenstellen, wie man auch für den größten Skeptiker ein Vademekum schaffen könnte, verleiht dieser Ansicht Substanz dank bestimmter kontroverser Textstellen, die nicht ernstzunehmen sind, in denen die »Worte der Schreiber« beinahe über die Worte der Thora gestellt werden. Da die Interpretation der Schrift oder die zweite Bedeutung demnach vor allem das Ergebnis sich ändernder historischer Einflüsse ist, kann man folgern, daß der Mittelpunkt der Autorität damit in der Tat von der Bibel auf irgendeinen »lebenden Körper« übertragen wird, der, weil er Verbindung zu den idealen Bestrebungen und den religiösen Bedürfnissen des Zeitalters hat, am ehesten die Beschaffenheit der zweiten Bedeutung festlegen kann. Dieser lebende Körper wird jedoch nicht durch irgendeinen Teil der Nation oder irgendeine geschlossene Priesterschaft oder Gemeinschaft von Rabbinern vertreten, sondern vom kollektiven Bewußtsein des wahren Israels, wie in der universalen Synagoge verkörpert. Die Synagoge »mit ihrem lang anhaltenden Schrei nach Gott seit über zweitausenddreihundert Jahren«, mit ihrer unermüdlichen Lehrtätigkeit und der Fortentwicklung des Wortes Gottes, mit ihrer ununterbrochenen Folge von Propheten, Psalmisten, Schreibern, Eiferern, Rabbinern, Patriarchen, Exegeten, Erläuterern, Eminenzen und Lehrern, mit ihrer ruhmreichen Liste von Heiligen, Märtyrern, Weisen, Philosophen, Gelehrten und Mystikern; diese Synagoge, die einzige wahre Zeugin der Vergangenheit, die in allen

Zeitaltern den höchsten Ausdruck von Israels religiösem Leben dargestellt hat, muß auch für die Gegenwart und die Zukunft ihre Autorität
als dem einzig wahren Leitfaden beibehalten[114].

Im zwanzigsten Jahrhundert haben die zionistische Bewegung
und die Gründung des Staates Israel das Reformjudentum zutiefst beeinflußt und geändert. Es hat den Antinationalismus
seiner Anfangszeit offiziell aufgegeben. In den letzten fünfzig
Jahren ist auch das orthodoxe Judentum wieder erstarkt. Es gab
eine wesentliche Umkehr zurück zum ultraorthodoxen Judent-
tum, das seit der Zeit von Rabbi Mosche Schreiber die Ansicht
vertrat, Juden sollten mit weltlicher Kultur nichts zu tun haben.
Die modernere Form der Orthodoxie, die sich von Anfang an
als Gegensatz zum Reformjudentum herauszubilden begann,
vertritt die Ansicht, daß man sowohl vollständig in die allgemeine Kultur eingebettet und gleichzeitig ein gläubiger, frommer
orthodoxer Jude sein könne. Diese Ansicht hat Samson Raphael
Hirsch definiert, der als erster Rabbiner in Deutschland orthodox blieb, obwohl er eine vollständige weltliche Bildung, die in
einem Doktorat gipfelte, genossen hatte. Hirsch hat den Wert
der weltlichen Bildung nicht weniger als die Reformer bestätigt,
aber er bestand darauf, daß die im Sinai offenbarte göttliche
Lehre absolut sei und daß sie nicht geändert werden könne. Sein
wichtigstes polemisches Werk hat er in Form von Briefen an
einen schwankenden Freund geschrieben.

Wir müssen aus der Geschichte lernen, denn das Judentum ist eine
historische Erscheinung, und hinsichtlich seines Ursprungs, seines ersten Auftritts in der Geschichte und eine lange Zeit danach ist die
Thora das einzige Monument. Und wenn man an der Wiege dieses
Volkes mystische Stimmen hören konnte, wie keine andere Nation sie
je gehört hat – Stimmen, die den Zweck der Existenz dieses Volkes
verkündet haben –, dank derer es in die Geschichte eingetreten ist,
sollte man dann nicht auf diese Stimmen hören und versuchen, sie zu

verstehen, damit wir es und seine Geschichte auf diese Weise verstehen? Sie ist die einzige Quelle seines mündlichen wie schriftlichen Gesetzes... Wir wünschen, das Judentum zu verstehen; deshalb müssen wir Stellung im Denken innerhalb des Judentums beziehen und uns fragen: »Was wird aus Menschen, die den Inhalt dieses Buches als ihnen von Gott gegebene Grundlage und Lebensregel anerkennen?« In der gleichen Weise müssen wir anstreben, ihren Umfang und ihre Auswirkungen aus dem schriftlichen und mündlichen Gesetz kennenzulernen. Das alles muß aus der Sicht des Gegenstands dieses ganzen Prozesses erfolgen, nämlich das wahre Lebensgesetz zu finden[115].

Moderne orthodoxe Juden bejahen sowohl das Thora-Gesetz wie auch eine Beteiligung an Art und Kultur der Welt. Der beredteste zeitgenössische Exponent dieser Position ist Rabbi Joseph B. Soloveitchik. In seinem bekanntesten Essay, *Halakhik Man* [Mensch und Halacha], hat er Gehorsamkeit gegenüber dem Gesetz als die Quelle einer furchtlosen persönlichen Würde und als einen Weg definiert, auf dem der Gläubige die Nähe Gottes erfährt:

Der halachische Mensch zittert nicht vor irgendeinem anderen Menschen; er sucht nicht aktiv Komplimente, noch bedarf er der öffentlichen Zustimmung. Wenn er sieht, daß es immer weniger Menschen von hervorragendem geistigem Rang um ihn gibt, wickelt er sich in seinen Mantel ein und zieht sich zu den vier Ellen der Halacha zurück. Er weiß, daß die Wahrheit eine Lampe vor seinen Füßen und die Halacha ein Licht auf seinem Pfad ist. Sein ganzes Wesen verabscheut Müßiggänger, Prasser und Nichtstuer. Frömmigkeit, die nicht auf Thora-Wissen beruht, ist für ihn unwichtig. Es kann keine Gottesfurcht ohne Wissen geben und keinen Dienst an Gott ohne die Erkenntnis halachischer Wahrheit. »Der Unwissende kann nicht sündenscheu sein, der Unkundige kann nicht fromm sein« [*Awot* 2:6]. Der Ausspruch des alten Sokrates, Tugend sei Wissen, ähnelt erstaunlich der Einstellung des halachischen Menschen...

Der halachische Mensch hält die Thora ohne irgendwelche Kompromisse noch Konzessionen ein, denn genau solche Durchführung, solche Ausführung ist sein höchster Wunsch, sein liebster Traum. Wenn ein Mensch das Ideal der Halacha inmitten der realen Welt verwirklicht, nähert er sich dem Niveau jenes gottesfürchtigen Menschen, dem Propheten – dem Schöpfer von Welten. Deshalb werden die Ideale von Gerechtigkeit, die zum ersten Mal mit der Thora in die Welt kamen, vom halachischen Menschen in all ihrer Reinheit und ihrem strahlenden Glanz erfüllt, verwirklicht und konkret gemacht. Der halachische Mensch kann von niemandem eingeschüchtert werden[116].

VII
Das Gebet

ERSTES KAPITEL

Gott hört das Gebet

DER EWIGE HÖRT DAS GEBET, und er beantwortet es immer. Dies heißt jedoch nicht, daß er immer die Antwort gibt, die der Mensch erwartet, denn seine Wege sind nicht unsere Wege.

Der Heilige, gepriesen sei Er, sehnt sich nach den Gebeten der Rechtschaffenen[1].

Rabbi Eleasar sagte: Das Gebet ist größer als das Erbringen von Opfern...
Rabbi Eleasar sagte: Seit dem Tage, an dem der Tempel zerstört wurde, sind die Tore des Gebetes verschlossen gewesen, denn es heißt: »Ob ich gleich schreie und flehe, er verlegt meinem Gebete den Weg« (Klagelieder 3:8). Doch die Tore der Tränen sind nicht verschlossen worden, wenn es heißt: »Höre mein Gebet, o Ewiger, vernimm mein Schreien; schweige nicht zu meinen Tränen« (Ps. 39:13)[2].

... den Ewigen, deinen Gott, zu lieben und Ihm von deinem ganzen Herzen zu dienen« (Deut. 11:13). Worin besteht der Dienst des Herzens? Im Gebet[3].

So mag denn nun die Kraft des Herrn sich groß erweisen, wie du geredet und gesprochen: »Ewiger, langmütig und reich an Liebe, der vergibt Schuld und Missetat, aber ungestraft nicht läßt, der die Schuld der Väter an den Kindern bedenkt bis ins dritte und vierte Geschlecht!« Verzeih doch die Schuld dieses Volkes nach der Größe deiner Liebe, und wie du diesem Volk vergeben hast von Ägypten bis hierher. Da sprach der Ewige: »Ich verzeihe nach deinem Wort!«[4]

Jona ben Landsofer (1678–1712) war ein böhmischer Talmudist. Der folgende Abschnitt entstammt seinem letzten Willen.

Was als erstes (im Testament eines Vaters für seine Kinder) erwähnt werden sollte, ist der große Grundsatz, daß der Zweck der Erschaffung des Menschen der Dienst Gottes ist. Der wesentliche Teil dieses Dienstes geschieht im tiefsten Innern des Menschen, und das Herz wacht darüber. Es ist das Gebet, das von keinem Gedanken und keiner Beschäftigung der Außenwelt gestört wird. Nicht einer unter tausend all jener, die mit menschlichen Sorgen beladen sind, erreicht diese Stufe. Zwar verstehen sie den Sinn der Gebetsworte, doch erreichen sie nicht den Grad der liebe, die sie begleiten sollte. Wenn euch daher irgendetwas widerfährt, so schreibt selbst ein neues Gebet und achtet darauf, daß ihr nicht die für das Gebet bestehenden Gesetze verletzt. Dichtet es in der Art der Verse der Psalmen, insbesondere des Psalms 119. Wer dies nicht kann, sollte aus der Tiefe seines Herzens in jiddischer Sprache beten.

Keiner von euch sollte es unterlassen, nach dem Morgengebet in jiddischer Sprache zu beten, vor allem wenn es sich um Bitten handelt, vor deren Erfüllung euer tägliches Leben fortwährend abhängt. Betet, daß Gott, gepriesen sei Er, euch ein reuevolles und verstehendes Herz, frei von Eifersucht und Mißgunst, schenkt. Betet um euer Auskommen, auf daß ihr es ehrlich und ohne große Schwierigkeiten erwerben könnt, denn sie könnten die Thora und die höheren Dinge in euerem Leben aufheben. Jeder von euch bete darum, daß er, Gott behüte, kein aufsässiges oder sündiges Kind zeuge. Möge Er euch gegen alle Sünden und Laster beschützen. Betet, daß Gott die Liebe zu Ihm in eure Herzen und Friede in euer Heim pflanze. Und betet, daß euer Gebet selbst von fleischlichen und schmutzigen Gedanken ungestört sein möge. Betet, daß euch ein gutes Gedächtnis gegeben werde, das euch beim Studium der Thora hilft. Jedem von euch steht es frei, die Bitte zu wählen, die er vorbringen möchte[5].

Es folgen zwei chassidische Darstellungen über die Bedeutung des Gebetes.

Im Palast des Königs gibt es viele Räume, und für jeden gibt es einen Schlüssel. Eine Axt aber ist der Nachschlüssel der Nachschlüssel, denn mit ihr kann man alle Türen und Tore durchbrechen.

Jedes Gebet hat seine ihm eigene Bedeutung, und es ist damit der bestimmte Schlüssel zu einer Tür des göttlichen Palastes. Ein gebrochenes Herz aber ist eine Axt, die alle Tore öffnet[6].

Das Gebet ist ein Akt der Kühnheit. Andernfalls wäre es unmöglich, Gebete an Gott zu richten. Wie sonst vermöchte der Mensch, der sich die Größe des Schöpfers vergegenwärtigt, seine Gebete an Gott zu richten?

Das Gebet ist ein Geheimnis, das im wesentlichen darauf zielt, die Ordnung der Welt zu verändern. Jeder Stern und jede Sphäre sind in ihrer Ordnung festgesetzt, und doch möchte der Mensch die Ordnung der Natur verändern; er bittet um Wunder. Folglich muß der Mensch, wenn er betet, alle Scham beiseite legen. Würden sich die Menschen schämen, so würden sie, Gott behüte, den Glauben daran verlieren, daß ihr Gebet erhört wird[7].

ZWEITES KAPITEL

Die Suche nach Gott

DIE TRADITIONELLE LEHRE betrachtet das Gebet als eine Anrede an Gott, die Er hört und auf die Er antwortet. In den letzten zweihundert Jahren stellen sich viele jüdische Theologen der verschiedensten Richtungen, von der Reformbewegung bis zu orthodoxen Kreisen, das Gebet als einen Weg vor, auf dem sich das Selbst verändert, indem es sich an Gott wendet. Kein Kind steht mehr vor dem himmlischen Vater, um Seine Gunst zu erflehen; der Mensch erschafft sich beim Gebet neu, indem er Gott in sein Leben läßt. Diese neuere Sichtweise finden wir schon bei David Friedlander (1750–1834), einem der frühesten Reformer:

Jeder moralisch bewußte Mensch verspürt zu bestimmten Zeiten das Bedürfnis, seine Seele zu Gott emporzuheben. Er ist von Gott abhängig. Er braucht eine Selbstprüfung. Die Selbstprüfung führt ihn zu einer erneuten Entschlossenheit, Gottes Gebote einzuhalten, die Religion und Vernunft ihm für seine Seligkeit vorschreiben. In Freude und Kummer teilen wir unseren Freunden unsere Gefühle mit, es ist aber noch angenehmer, vorteilhafter und tröstender, sie dem alles vergebenden Wesen darzulegen. Gottes unermeßliche Liebe und Weisheit sind so offensichtlich, daß nur ein völlig gefühlloser Mensch unbewegt bleiben könnte. Beim Anblick der Wunder des Schöpfers wird der Mensch an seine Pflicht und sein Schicksal erinnert, und ihm kommen Gedanken der Verehrung, die ihn Gott nahebringen. Er ist gereinigt. Er betet. Beim wahren Gebet müssen Vernunft und Wille zusammenwirken. Die Vernunft gibt uns eine lebhafte Darstellung Gottes. Der Wille lenkt uns fort von Äußerlichkeiten und richtet unsere Gedanken auf unseren Dialog mit Gott. Solch ein frommes und vorteilhaftes Gebet ist dem Herrn willkommen, und es führt uns zu den göttlichen Eigenschaften des Allmächtigen, so daß wir sie besser verstehen, aufgeklärt und besser werden. Wir lernen Weisheit, Güte, Rücksicht, gerechten Umgang, Vergeben der Mängel bei unserem Nächsten und größtmögliche Nutzung unserer Fähigkeiten. Das Gebet lehrt den reichen Mann, seinen Vorteil für edle Zwecke zu nutzen, und den Unglücklichen, den Aufruhr in seinem Inneren zu lindern, und es lehrt ihn, daß sogar sein Leid ein Mittel für den besten Zweck ist. Das Gebet macht den Menschen in Zeiten der Not glücklich und zuversichtlich, in Zeiten des Glücks sanft und bescheiden[8].

Schon bald, noch vor der Mitte des neunzehnten Jahrhunderts, gab es Zwistigkeiten über den Inhalt des jüdischen Gebets. Die Orthodoxen bestanden darauf, daß kein einziges Wort geändert werden dürfe, denn die Liturgie stelle die ererbte Lehre des Judentums dar. Die Reformer bestanden darauf, daß sie nicht mehr an das glauben konnten, was in vielen Gebeten stand. Das Argument einiger »Konservativer«, die Liturgie als eine Form historischer Kontinuität nicht anzurühren, überzeugte rationalistische Kritiker nicht. Abraham Geiger spielte unter denen, die auf einer zeitgenössischeren Liturgie bestanden, eine führende Rolle.

Viele religiöse Begriffe haben einen geistigeren Charakter angenommen, und deshalb muß ihr Ausdruck im Gebet geistiger sein. Fortan sollte die Hoffnung auf ein Leben nach dem Tod nicht in Begriffen ausgedrückt werden, die auf eine zukünftige Neubelebung, eine Auferstehung des Körpers schließen lassen; stattdessen müssen sie die Unsterblichkeit der Menschenseele betonen. Wir müssen die ganze körperliche Darstellung des Göttlichen, die eingehende Beschreibung von Engelschören und heiligen Tieren, die besonders in den Morgengebeten enthalten ist, abschaffen. Wir müssen die Kraft des Gebets und das Einhalten unserer Verpflichtungen Gott gegenüber stärker wegen der segensreichen Auswirkung anerkennen, die sie auf uns durch unsere Veredelung haben, anstelle eines notwendigen Gehorchens auf ein uns von oben vorgeschriebenes Gebot. Wir müssen unsere heiligen Tage eher deshalb hochschätzen, weil sie dazu in der Lage sind, unser Gefühl zu erhöhen, und nicht nur wegen ihres historischen Ursprungs, und auf diese Weise müssen sie zum Bestandteil unserer Gebete gemacht werden. Die Änderungen, die vorgenommen werden müssen, um diese Zwecke zu erreichen, brauchen nicht sehr umfangreich zu sein, denn in dieser Hinsicht haben unsere Gebete einen Schatz an tiefen Gedanken und Gefühlen, die nur von entstellenden Schnörkeln befreit werden müssen. Ändert man die Reihenfolge der Gebete in Übereinstimmung mit diesen Grundsätzen, beraubt man den Gottesdienst nicht seines heiligen Wesens, das er einer langen, ehrenvollen Geschichte verdankt – vielmehr verstärkt er beträchtlich die Kraft seiner Richtung nach innen[9].

Trotz der rationalistischen Kritik war das Bedürfnis zu beten weiterhin tief in der Seele auch der weltlichsten Juden verankert. Sie hatten sich in nationalen Begriffen definiert, als gehörten sie nicht einer Gemeinde von Gläubigen, sondern dem jüdischen Volk an. Und doch, konnten sie sich völlig von jedem religiösen Empfinden freimachen? A. D. Gordon (1856–1922), ein führender moralischer Vertreter des sozialistischen Zionismus, setzte sich an seinem Lebensende mit der Bedeutung des Gebets auseinander:

Ich frage mich selbst und hätte gern gewußt, ob ich mit dieser Frage allein stehe: Was bedeutet uns, die wir keine religiösen Festtage mehr einhalten, der Versöhnungstag [*Jom Kippur*]?

Ich sehe mich einer Tatsache und einer Möglichkeit gegenüber. Es ist eine Tatsache, daß er viele Generationen hindurch ein Tag war, an dem sich das gesamte Volk der Buße, dem Gebet und dem Dienst des Herzens hingab. Er stellte für geistig empfindsame Menschen eine Möglichkeit dar, ihre innere Abrechnung auf der höchsten Stufe durchzuführen.

Ich frage: Ist dieser Tag für uns lediglich ein Erbe aus der Vergangenheit, ein Überbleibsel aus dem Altertum? Brauchen wir solch einen Tag nicht mehr, auch nicht als Bestandteil der nationalen Kultur, die wir erschaffen haben? Wenn dieser Tag nicht mehr das ist, was er gewesen ist – wenn er ein gewöhnlicher Tag wie alle anderen wird –, bedeutet das nicht einen großen Verlust für Nation und Mensch, eine geistige Katastrophe, von der sich niemand von uns, weder das Volk als ganzes, noch seine einzelnen Glieder je erholen können?

Solange wir innerhalb der Gettomauern eingeschlossen waren, abgerissen und vom großen Leben der Welt, vom Menschen und seinem breiten und reichen Leben ausgeschlossen, haben wir akzeptiert, was unsere Vorfahren uns vererbten. Wir glaubten daran, und wir opferten dafür unser Leben. Als die Gettomauern fielen, als wir die Welt und alles darin von Nahem sahen, als wir den Menschen und sein Leben kennenlernten, als wir kulturelle Werte von ihnen übernahmen, stellten wir fest, daß die Traditionen unserer Vorfahren nicht länger mit dem im Einklang standen, was unseren Geist zum Wachsen brachte und weiterentwickelte. Aber haben wir uns tiefschürfende Gedanken über dieses Problem gemacht? Haben wir analysiert und geprüft, was tatsächlich überholt und unbrauchbar, völlig nutzlos oder verfallen war? Haben wir schließlich gefragt: Was ist nur von der Form her unklar oder unannehmbar geworden? Was braucht lediglich eine passendere und edlere Form, da es sonst frisch und lebendig ist? Was ist, im wesentlichen, in Ordnung und wartet lediglich auf eine Neubelebung auf einer höheren Ebene?

Im Laufe unserer langen Verbannung haben wir dank der Kraft unserer Religion überlebt. Sie hat uns in unserem schweren und langen Leid gestützt und uns zu einem – oft heldenmütigen – Leben inspiriert. Ist es möglich, kann die Vernunft die Möglichkeit überhaupt erwägen, daß solch eine Kraft lediglich der Auswuchs der Fantasie, das Gestammel einer unwissenden Seele war und daß sie keinen grundsätzlichen, dauerhaften Kern besitzt? Wurde die übernommene Vorstellung ausreichend untersucht und kritisch analysiert – beruht sie hinreichend auf Logik und auf dem menschlichen Geist –, daß mit dem Verlust der Grundlage für einen blinden Glauben auch die Grundlage für die Religion zerstört wurde?[10]

Mordecai M. Kaplan, der Begründer der rekonstruktionistischen Bewegung, gab ohne viele Ausflüchte den klassischen Glauben an einen persönlichen Gott auf. Die Gottesvorstellung ist, um seine Terminologie zu verwenden, »die Macht, die für Rettung steht«, der Glaube, daß das Gute in uns mit dem im wesentlichen Guten des Universums verbunden ist. Gebet ist deshalb eine Art, uns dem Besten in uns selbst zuzuwenden.

Erfährt man nicht das eigentliche Bewußtsein Seiner Gegenwart, als Seligkeit und innere Erleuchtung erfahren, gibt man sich mit der menschlichen Interpretation von Leben zufrieden. Aber diese Interpretation ist unzureichend, weil sie weder das Gefühl ausdrückt, noch fördert, daß die ethischen Bestrebungen des Menschen Teil eines kosmischen Drangs sind, der den Menschen, wenn er ihm gehorcht, im Universum zu Hause fühlen läßt... *Die Dynamik des ethischen Handelns ist der Geist der Verehrung, das Gefühl, daß wir in Gott sind und Gott in uns*, das freiwillige Nachgeben und Ergeben unserer Person in jene größeren Ziele, die für uns soviel ausdrücken, wie uns vom Schicksal der Menschenrasse offenbart wurde. Nur diese emotionelle Reaktion auf das Leben kann bewirken, daß uns die Menschheit selbst mehr bedeutet als eine »Krankheit von zusammengeklebtem Staub«...

... Um ganz die Bedeutung des Bewußtseins von Gott als einer Gegenwart schätzen zu können, muß man die Auswirkung des öffentlichen Gottesdienstes erleben... Die Teilnahme am öffentlichen Gottesdienst macht, daß man sich in der Welt Zuhause fühlt... Wenn man feststellt, daß andere unsere Bedürfnisse, unsere Hoffnungen, unsere Ängste und unsere Ideale mit uns teilen, fühlt man sich nicht mehr völlig von den eigenen Anstrengungen für die eigene Rettung abhängig... Der öffentliche Gottesdienst steigert nicht nur unsere Kraft durch seinen Hinweis auf die menschliche Zusammenarbeit, sondern auch, weil er die Todesangst bannt, flößt er uns erneutes Zutrauen in die Natur selbst ein, so daß wir darin wie auch in der Menschheit selbst die Immanenz Gottes sehen. Somit gibt uns der öffentliche Gottesdienst nicht nur das Gefühl, daß wir Brüder auf Erden haben, sondern daß wir auch – um einmal zur traditionellen Metapher zu greifen – einen Vater im Himmel haben, eine Kraft in der Natur, die auf das menschliche Bedürfnis reagiert, wenn man sich ihr in der richtigen Weise nähert...

Der öffentliche Gottesdienst hilft uns, indem er unserer Person hilft, sich von den engen Wänden des eigenen Egos zu befreien... Statt ein kleines, unwichtiges Leben zu führen, haben wir jetzt teil am vielfältigen Leben unseres Volkes...

Die traditionelle Liturgie hat die Aufgabe, das jüdische Volk das Bewußtsein Gottes erfahren zu lassen, das Israel erst kennenlernte, nachdem es jahrhundertelang herumgetastet und gestolpert war, und das es immer noch zu identifizieren lernt. Die Liturgie spricht deshalb aus Israels historischer Erfahrung heraus; ihre Sprache, ihre Redewendungen, ihre Symbole und ihre Riten leiten sich vom kulturellen Erbe des jüdischen Volkes her[11].

Abraham Josua Heschel war kein Rationalist wie Kaplan, sondern vielmehr ein Chassid, ein mystischer Pietist, wie es sich für den Nachfahren einer herausragenden Familie chassidischer Rabbiner gehört. Aber in seiner viel leidenschaftlicheren Sprache drückte er seine eigene Version der vorherrschenden zeitgenössischen Ansicht aus, das Gebet existiere nicht, um sich von Gott Vorteile zu erbitten, sondern um die Menschheit zu verändern.

Brennpunkt des Gebets ist nicht das Selbst. Ein Mensch kann stundenlang über sich selbst meditieren oder zu tiefstem Mitgefühl für seine Mitmenschen bewegt werden, das ist aber kein Gebet. Es kommt zum Gebet, wenn man das Herz vollkommen Gott zuwendet, Seiner Güte und Macht. Es ist das vorübergehende Vergessen aller persönlichen Sorgen, das Fehlen aller auf sich selbst konzentrierten Gedanken, die die Kunst des Gebets ausmachen. Empfinden wird in dem Augenblick zum Gebet, in dem man sich selbst vergißt und sich Gottes bewußt wird. Analysiert man das Bewußtsein eines Betenden, stellt man fest, daß er sich nicht auf die eigenen Interessen konzentriert, sondern auf etwas, das über ihn hinausgeht. Der Gedanke an persönliche Bedürfnisse fehlt, und allein der Gedanke der göttlichen Gnade ist in seinem Denken vorhanden. Fleht man Ihn um Brot an, gibt es mindesten *einen* Augenblick, in dem das Denken sich weder auf Hunger noch auf Nahrung richtet, sondern auf Seine Gnade. Dieser Augenblick ist Gebet.

Man beginnt mit einem persönlichen Anliegen und lebt, um das Höchste zu empfinden. Denn das Schicksal des einzelnen ist das Gegenstück zu einem breiteren Thema. Beim Gebet nähert man sich dem ewigen Leitmotiv und erkennt seinen Platz darin. Es ist, als sei das Leben ein nahtloses Gewand, eins mit dem Unendlichen. Unsere Armut ist Seine. Seine Habe ist die unsrige. Von Seinem Anteil in unserem Leben ehrfürchtig überwältigt, strecken wir uns Ihm entgegen, offenbaren Seiner Güte unsere Ziele, tauschen unseren Willen gegen Seine Weisheit ein. Aus diesem Grund ist der Vergleich zwischen dem Gebet und der an einen Mitmenschen gerichtete Bitte wie der Vergleich zwischen dem Ozean und einer Tasse Wasser. Denn das Wesen des Gebets liegt in der Transzendenz des Menschen über sich hinaus, darin, daß er die Grenzen dessen überschreitet, was menschlich ist, indem er das rein Natürliche mit dem Göttlichen in Beziehung setzt.

Das Gebet ist eine Bitte an Gott, in unser Leben einzugreifen, in unseren Angelegenheiten Seinen Willen gelten zu lassen; es bedeutet, Ihm ein Fenster in unserem Willen zu öffnen, eine Anstrengung, Ihn zum Herrn unserer Seele zu machen. Wir unterwerfen unsere Interessen Seiner Obhut und versuchen, uns mit dem zu verbinden, was schließlich richtig ist. Unsere Annäherung an das Heilige ist kein Eindringen, sondern eine Antwort. Zwischen der Morgendämmerung der Kindheit und der Tür des Todes begegnet der Mensch Dingen und Ereignissen, aus denen ein Flüstern der Wahrheit tönt, nicht lauter als Stille, aber mahnend und hartnäckig. Und doch hört der Mensch auf seine Ängste und Launen statt auf die sanften Bitten Gottes. Der Herr des Universums bittet um die Gunst des Menschen, aber der Mensch stellt diese Verbindung nicht her. Auf diese Bitte um unseren Dienst können wir antworten, wenn wir unser Herz aus dem Wirrwarr von leerem Geschwätz, Voreingenommenheit und Ehrgeiz, aus der Verirrung in dummer Anmaßung und hohlem Selbstvertrauen befreien.

Das Gebet hat einen anderen Zweck als das Gespräch. Das Gespräch soll informieren; das Gebet hat den Zweck teilzuhaben.

Beim Reden entsprechen sich Handlung und Inhalt nicht immer. Was man anderen mitteilen möchte, ist, bevor es ausgesprochen wird, im allgemeinen schon im Geist vorhanden. Dagegen entsteht der Inhalt des Gebets als solcher erst beim Beten. Denn der wahre Inhalt des Gebets, das wahre Opfer, das man bietet, ist nicht das vorgeschriebene

Wort, das man wiederholt, sondern die Reaktion darauf, die Selbstprüfung des Herzens, die Feststellung, was auf dem Spiel steht, wenn man als ein Kind Gottes, als Teil Israels, lebt. Diese Elemente, die das Wesen des Gebets ausmachen, entstehen beim Akt des Betens.

Hört das Unendliche auf unsere schwache Stimme wegen des Ausbruchs von Beredsamkeit? Das Gebet ist keine Predigt vor Gott. Wie bei jedem anderen Kunstwerk bemüht man sich beim Oratorium, einer Idee eine passende Form zu geben; man gibt sich große Mühe, die Form dem Inhalt anzupassen. Aber im Gebet ist es unwichtig, ob man stottert oder beredsam ist[12].

In gewisser Hinsicht ist unsere Liturgie eine höhere Form des Schweigens. Sie durchdringt ein ehrfurchtsvolles Empfinden über die Größe Gottes, das sich einer Beschreibung entzieht und jeden Ausdruck übersteigt. Der einzelne ist stumm. Er bringt nicht seine eigenen Worte vor. Wenn er die geweihten Worte sagt, so ist das, was sie vermitteln, im wesentlichen ein Akt des Zuhörens. *Der Geist Israels spricht, das Selbst schweigt.*

Das Schweigen hat eine doppelte Bedeutung. Eine ist das Enthalten von Sprechen, das Fehlen eines Lauts. Die zweite ist das innere Schweigen, das Fehlen von eigener Sorge, Stille. Man kann zwar mit der Stimme Worte bilden, aber innerlich trotzdem schweigen. Man kann sich der Äußerung jeglichen Tons enthalten und trotzdem herrisch sein.

Beides ist unzulänglich: unser Sprechen wie unser Schweigen. Und doch gibt es eine Ebene, die über beide hinausgeht: die Ebene des Gesangs. »Auf drei Arten kann ein Mensch seinen tiefen Kummer ausdrücken: Der Mensch auf dem untersten Niveau weint; der Mensch auf der zweiten Ebene schweigt; der Mensch auf der höchsten Ebene weiß, wie er seinen Kummer in Gesang umwandeln kann« (*Siah Sarfei Kodesch*, Bd. 2, S. 92, Nr. 318). *Das wahre Gebet ist ein Gesang*[13].

Wie immer man das Gebet erklären mag, es ist eine Institution. In der Halacha wird das regelmäßige Gebet empfohlen. Aus der Sicht des zeitgenössischen israelischen Denkers Isaiah Leibovitz sollte der einzelne nicht erwarten, Gott werde ihm antworten oder er werde über sich hinausgetragen. Das kann beim

Beten geschehen, muß es aber nicht, aber der Jude hat die Pflicht, die vorgeschriebenen Worte zu festen Zeiten zu sagen. Ohne solch einen Gehorsam löst sich die Frage des Gebets in Unbestimmtheit auf.

... Die Großartigkeit und Kraft der Gebete, die im Siddur [Gebetbuch] stehen, ist das im jüdischen Gesetz vorgeschriebene Gebet, das zu sagen Pflicht ist, – sehen wir einmal von den jeweiligen Interessen und der Motivation eines Menschen zugunsten seiner Stellung vor Gott und der Anerkennung seiner Pflicht, Gott zu verehren, ab – eine für alle gültige Verpflichtung, unter allen Bedingungen und unter allen Umständen, gleichgültig, wie das persönliche Leben aussieht, was jemandem zustößt und wie jemand selbst auf Ereignisse reagiert. Deshalb gibt es nur *eine* Version des *Schemone Esre* im nachmittäglichen Gottesdienst, und sie gilt sowohl für einen Bräutigam, der sich anschickt, mit der Erwählten seines Herzens für die Ehezeremonie unter den Baldachin zu treten, als auch für einen Trauernden, der gerade vom Friedhof von der Beerdigung der Frau seiner Jugend zurückkehrt. Es gibt nur *eine* Anordnung von Liedern und Psalmen im frühmorgendlichen Gottesdienst, und sie gilt für den, der sich der Pracht der Welt erfreut, wie auch für jenen, den eine Welt von Dunkelheit umgibt...

Die große religiöse Pflicht zum Gebet in völliger Hingabe kann nur dann verstanden werden und hat nur dann eine wahre Bedeutung, wenn man es als Verehrung Gottes, ihm vom Menschen gewidmet, versteht, wenn er die vorgeschriebenen Gebetstexte sagt. Es ist nicht möglich, einen Menschen zu verpflichten, in allen Wechselfällen des Lebens die gleichen Lobesworte und die gleichen Bitten mit der gleichen Absicht zu sagen, wenn sie unter bestimmten Umständen für das von ihm Empfundene und Benötigte völlig unzureichend sind. Aber er sagt genau dieses Gebet, weil er dazu *verpflichtet* ist, nicht weil ihn die eigenen Gefühle und seine Bedürfnisse dazu antreiben, denn in einem religiösen Akt nimmt er das Joch des himmlischen Königreichs und das Joch der Thora und der Gebote auf sich.

Aus all diesen Gründen ist kein Platz für Forderungen oder Ansprüche, die von Zeit zu Zeit laut werden, den *Text* der Gebete zu ändern, um sie zeitgenössischen Bedürfnissen, Launen oder Wahrnehmungen des Menschen anzupassen. Ein Gebet, das menschlichen Bedürfnissen oder Launen entspricht, hört auf, ein religiöser Akt zu sein und wird etwas, was der Mensch zum eigenen Vergnügen und zur Befriedigung seiner geistigen Bedürfnisse verfolgt wie Dichtung, Musik, Kunst und Film. Natürlich hat man immer gewußt, daß der *Text des Gebets*, die von den Weisen vorgeschriebene Formel nicht vom Himmel kommt, daß er in sich and für sich selbst nichts Heiliges hat. Er wurde von Menschen wie wir selbst nach ihrem Gutdünken und ihrer Wahrnehmung angeordnet und vorgeschrieben, als das, was ihnen am geeignetesten und am passendsten erschien, um das Gebot des Gebets zu erfüllen. Die ganze Heiligkeit des Gebetstextes rührt ausschließlich von dieser Rechtsentscheidung her...

Treffen wir in der Synagoge einen *Minjan* oder mehrere *Minjanim* von Juden an, die täglich zum Morgengottesdienst kommen, befindet sich unter ihnen sicher niemand, der glaubt, er gehe in die Synagoge aus dem Bedürfnis heraus, den Gesegneten über seine Bedürfnisse zu informieren, und man kann bezweifeln, ob unter ihnen jemand denkt, daß er, Fleisch und Blut, die Macht hat, den Unaussprechlichen zu segnen, zu loben und zu rühmen. Darüber hinaus gibt es im allgemeinen wohl niemanden, der das Gefühl hat, sein Schicksal hänge an diesem bestimmten Tag davon ab, daß er zum Morgengottesdienst in die Synagoge geht. Der Beweis dafür ist die Tatsache, daß er, falls er oder eines seiner Kinder krank wird, zum Arzt geht genau wie jeder Abtrünnige, obwohl er am Morgen aufrichtig erklärt hat [daß Gott] »die Kranken seines Volkes Israel heilt«, und um seinen Lebensunterhalt zu verdienen, geht er zur Arbeit wie jeder Atheist, obwohl er am Morgen aufrichtig erklärt hat: »Er gibt Brot allem Fleisch«, und wenn er um das Wohl und die Sicherheit des Staates Israel besorgt ist, ruft er nach Panzern und Raketen wie jeder andere, der nicht an den Gott Israels glaubt, und wenn der Generalstabschef der Verteidigungskräfte plötzlich religiös werden und jeden Morgen *Tefillin* anlegen sollte, ändert er wegen seines Glaubens an Gott doch seinen Aktionsplan um kein Jota. Warum geht ein Jude trotzdem jeden Morgen in die Synagoge? Darauf gibt es nur eine einzige Antwort, und sie verkörpert die ganze Tiefe des Glaubens an das Judentum mit Thora und Gesetz: Ich komme täglich in die Synagoge, um das Gebot des gemeinsamen Gebets zu erfüllen.

Das Gebet ist kein Versuch, den Schöpfer zum Eingreifen in die Ordnung Seiner Schöpfung zu veranlassen...

Wird das Gebet als Ausdruck der Verehrung Gottes und nicht als Versuch verstanden, den Schöpfer dazu zu veranlassen, in die Ordnung Seiner Schöpfung einzugreifen, löst man das Problem, das beim Religionsunterricht, besonders bei der Anleitung zum Gebet auftritt: »Warum wird das Gebet, manchmal auch das Gebet des Gerechten, Aufrechten und Unschuldigen nicht beantwortet?« Und die Antwort ist: *Es gibt kein Gebet, das nicht beantwortet wird!...* Da das Gebet nur der Ausdruck des Gläubigen ist, Gott zu dienen, ist allein der Akt des Betens *das Erreichen des Ziels.* Mit anderen Worten, das »*beantwortete Gebet*« wäre eine Tautologie, und das »unbeantwortete Gebet« ein so widersprüchlicher Begriff wie ein Dreieck ohne drei Seiten. Was für ein Bezugsrahmen liegt hier vor? Ein Mensch, der mit Hingabe betet, zum Zweck, Gott zu verehren. »Der Herr steht allen nahe, die ihn rufen, nahe all jenen, die ihn in Wahrheit anrufen.«[14]

DRITTES KAPITEL

Das Gebet als Vorschrift

GOTT ZU HULDIGEN ist für den Gläubigen eine geistige Notwendigkeit wie auch, mit seinem Schöpfer zu sprechen, ihn anzuflehen, seine Nähe zu erfahren, Dankbarkeit auszudrücken und ob seiner Wohltätigkeit zu staunen. Es liegt in der Natur des Judentums, das Gebet nicht allein der spontanen Begeisterung des Menschen auszusetzen. Gewiß muß der Mensch mit wahrer Innerlichkeit, mit immer neuem Gefühl beten, doch muß er dies auch zu festgesetzten Zeiten und Gelegenheiten regelmäßig tun.

Den Ewigen, deinen Gott, sollst du fürchten, ihm sollst du dienen, ihm sollst du anhangen[15].

Und du wirst essen und satt werden und den Ewigen, deinen Gott, preisen für das gute Land, das er dir gegeben[16].

Den ersten Abschnitt der Mischna bilden die *Brachot* (Segnungen). Sie sind den Gesetzen des Gebetes gewidmet, und die nun folgenden Auszüge sind fast ganz aus ihnen entnommen; ihnen sind einige wenige Auszüge aus anderen rabbinischen Schriften hinzugefügt.

Zum Verständnis der Fachausdrücke: Schema bezieht sich auf die Abschnitte aus Deuteronomium 6:4–9; 11:13–21 und auf Numeri 15:37–41, die in frühester Zeit als Kern des täglichen Morgen- und Abendgebetes vorgeschrieben waren. Die *Tefila* (oder *Amida*) wurde während der rabbinischen Epoche verfaßt und mußte zusammen mit dem Schema morgens und abends gesprochen werden. Den vollständigen Text der Version dieses Gebetes, welches an allen Werktagen gesprochen wird, geben wir an späterer Stelle dieses Teils wieder.

Wenn ein Mensch in der Thora den Abschnitt des Schema gelesen hat und die Zeit gekommen ist, das Schema zu sprechen, hat er seine Pflicht erfüllt, sofern er diesen Abschnitt mit der bewußten Absicht gelesen hat, seine Pflicht zu erfüllen und das Schema zu sprechen; andernfalls hat er sie nicht erfüllt[17].

Handwerker dürfen das Schema im Wipfel eines Baumes oder oben auf einer Steinmauer sprechen, doch dürfen sie auf diese Weise nicht die Tefila sprechen[18].

Ein Bräutigam ist vom Sprechen des Schema in der ersten Nacht seiner Ehe oder bis zum Ende des folgenden Sabbats befreit, wenn er die Ehe noch nicht vollzogen hat.

Als Rabban Gamaliel heiratete, sprach er das Schema in der ersten Nacht. Seine Schüler fragten ihn: »Meister, hast du uns nicht gelehrt, daß ein Bräutigam in der ersten Nacht vom Sprechen des Schema befreit ist?« Er sprach zu ihnen: »Eure Darlegungen dürfen mich nicht dahingehend beeinflussen, daß ich das Joch des himmlischen Königreiches auch nur einen Augenblick von mir werfe.«[19]

Derjenige, dessen Toter unbegraben vor ihm liegt, ist nicht verpflichtet, das Schema zu sprechen, die Tefila zu sagen und Tefillin zu tragen. Die Träger des Leichentuchs und jene, die sie ablösen, diejenigen, die vor dem Sarg und jene, die hinter dem Sarg gehen: diejenigen, die benötigt werden, den Sarg zu tragen, sind vom Sprechen des Schema befreit, während jene, die im Augenblick nicht benötigt werden, vom Sprechen des Schema nicht befreit sind. Sie alle aber sind nicht verpflichtet, die Tefila zu sagen[20].

Die morgendliche Tefila kann bis zum Mittag jederzeit gesagt werden. Rabbi Juda sagt: bis zur vierten Stunde (d. h. bis zur Mitte des Morgens). Die Tefila des Nachmittags darf bis Sonnenuntergang jederzeit gesagt werden. Rabbi Juda sagt: bis zur Mitte des Nachmittags. Die Tefila des Abends hat keine vorgeschriebene Zeit. Eine zusätzliche Tefila darf zu jeder Zeit des Tages gesagt werden. Rabbi Juda sagt: bis zur siebenten Stunde (d. h. ein Uhr nachmittags)[21].

Wie oft ist ein Mensch verpflichtet, täglich zu beten? Unsere Rabbis lehrten, man brauche nicht mehr als täglich dreimal zu beten, wie es die

Patriarchen eingeführt haben. Abraham führte das Morgengebet ein, wie geschrieben steht: »Früh am Morgen aber machte sich Abraham auf an den Ort, wo er vor dem Ewigen gestanden« (Gen. 19:27). Isaak führte das Gebet des Nachmittags ein, wie geschrieben steht: »Und Isaak ging gegen Abend hinaus, um sich auf dem Feld zu ergehen« (Gen. 24:63). Jakob führte das Abendgebet ein, wie geschrieben steht: »Da traf er (Jakob) auf die Stätte (das hebräische Wort für ›Stätte‹ wird in der rabbinischen Literatur auch als Synonym für Gott gebraucht) und nachtete daselbst, denn die Sonne war untergegangen« (Gen. 28:11). Und was Daniel betrifft, so steht auch geschrieben: »... und er (Daniel) kniete dreimal des Tages nieder, betete und lobpries seinen Gott...« (Daniel 6:11). Dieser Vers gibt allerdings keinen Hinweis auf die Stunden des Gebetes. Doch David erklärte: »Abends und morgens und mittags will ich klagen und seufzen, und er wird meine Stimme hören« (Ps. 55:18). Daher hat man nicht das Recht, mehr als dreimal täglich zu beten. Rabbi Johanan sagte jedoch: Wenn nur der Mensch den ganzen Tag beten *wollte*! Kaiser Antoninus fragte den Prinzen Rabbi Juda ha-Nasi: Darf man zu jeder Stunde beten? Als dieser antwortete: Es ist verboten, fragte ihn Antoninus: Warum? Er antwortete: Damit man dem Allmächtigen gegenüber nicht unehrerbietig handelt. Antoninus akzeptierte dies nicht als eine zufriedenstellende Antwort. Was tat da Rabbi Juda? Er erhob sich früh am nächsten Morgen, um Antoninus aufzusuchen, und als er zu ihm kam, sagte er: Geht es dem Kaiser gut? Eine Stunde später betrat er das Zimmer des Königs und sprach: O großer Cäsar! Und als eine weitere Stunde vergangen war, sprach er: Ich bringe dir Grüße, Kaiser! Antoninus fragte ihn: Warum mußt du die Königswürde herabsetzen? Rabbi Juda antwortete: Mögen deine Ohren hören, was dein Mund sprach. Du bist nur ein sterblicher König, und wenn ich dich jede Stunde grüße, zichtigst du mich der Herabwürdigung. Trifft das nicht noch viel mehr für den König der Könige zu? Nur um so mehr sollte man ihn nicht zu jeder Stunde stören[22].

Wenn jemand auf einem Esel reitet, sollte er absteigen, um die Tefila zu sagen. Wenn er nicht absteigen kann, sollte er seinen Kopf gen Jerusalem wenden. Und wenn er seinen Kopf nicht wenden kann, sollte er sein Herz zum Heiligen der Heiligen erheben[23].

Wenn jemand auf einem Schiff oder auf einem Floß reist, sollte er sein Herz zum Heiligen der Heiligen erheben[24].

Wenn jemand eine Stätte sieht, an der Wunder für Israel gewirkt worden sind, soll er sagen: »Gepriesen sei Er, der an dieser Stätte Wunder für unsere Väter wirkte.« Wenn jemand eine Stätte sieht, von der der Götzendienst ausgerottet worden ist, soll er sagen: »Gepriesen sei Er, der den Götzendienst in unserem Lande ausgerottet hat.«[25]

Wenn jemand Sternschnuppen, Erdbeben, Blitze, Donner und Stürme sieht, soll er sagen: »Gepriesen sei Er, dessen Macht und Stärke die Welt erfüllen.« Wenn jemand Berge, Hügel, Meere, Flüsse oder Wüsten sieht, soll er sagen: »Gepriesen sei der Urheber der Schöpfung.« Rabbi Juda sagt: Wenn jemand das Große Meer (das Mittelmeer) sieht, soll er sagen: »Gepriesen sei Er, der das Große Meer gemacht hat.« Aber nur, wenn er es von Zeit zu Zeit sieht. Beim Anblick des Regens oder bei Erhalt guter Nachrichten soll man sagen: »Gepriesen sei Er, der Gute, und der Urheber des Guten.« Bei Erhalt schlechter Nachricht soll man sagen: »Gepriesen sei der wahre Richter.«[26]

Wer ein neues Haus gebaut oder neue Geräte erworben hat, soll sagen: »Gepriesen sei Er, der uns das Leben gegeben hat.« Man soll den Segensspruch aussprechen, wenn uns ein Unglück widerfährt, ohne Rücksicht auf mögliche glückliche Folgen, aber auch, wenn uns Gutes widerfährt, ohne Rücksicht auf mögliche schlimme Folgen. Wer Gott wegen vergangener Geschehnisse anruft, betet vergebens. So ist auch, wenn die Frau eines Mannes schwanger ist und er sagt: »Möge es Sein Wille sein, daß meine Frau einen Knaben zur Welt bringt«, ein solches Gebet vergebens. Wenn ein Mann, der von der Reise zurückkehrt, in der Stadt klagende Laute vernimmt und sagt: »Möge es Sein Wille sein, daß diese Seufzer nicht aus meinem Hause kommen«, so ist sein Gebet vergebens[27].

Raw Juda sagte: Wer während des Monats Nissan aus der Tür tritt und Bäume sieht, die zu knospen beginnen, soll sagen: »Gepriesen sei Er, dessen Welt es an nichts mangelt, der zum Nutzen des Menschen anmutige Geschöpfe und anmutige Bäume erschaffen hat.«

Mar Sutra bar Tuwia sagte: Wie wissen wir, daß ein Mensch einen Segensspruch aussprechen soll, wenn er etwas Gutes riecht? Es steht geschrieben: »Jede lebendige Seele preise den Ewigen« (Ps. 150:6). Was aber erfreut die Seele, das nicht auch den Körper erfreut? Wohlgerüche[28].

Niemand sollte etwas kosten, ohne zuvor einen Segensspruch darüber zu sagen, wie geschrieben steht: »Des Ewigen ist die Erde und was sie erfüllt« (Ps. 24:1). Wer die guten Dinge dieser Welt genießt, ohne einen Segen zu sprechen, hat gesündigt[29].

Wie wissen wir, daß man nach den Mahlzeiten ein Gebet sprechen muß? Es steht geschrieben: »Und du wirst essen und satt werden und den Ewigen, deinen Gott, preisen... (Deut. 8:10). Dies lehrt, daß man gehalten ist, nach einer Mahlzeit einen Segen auszusprechen. Und was geschieht vor der Mahlzeit? Rabbi Ischmael pflegte zu sagen, dies könne entschieden werden, indem man sich der Denkmethode bediene, die *Kal ve-Homer* genannt wird: Jemand, der gehalten ist, einen Segensspruch zu sprechen, nachdem er gegessen hat und satt ist, sollte es gewiß auch sein, wenn er hungrig ist und zu essen wünscht... Wie wissen wir, daß man vor und nach dem Lesen der Thora (während des Gottesdienstes) einen Segensspruch aussprechen muß? Rabbi Ischmael pflegte zu sagen, dies könne entschieden werden, indem man sich der Denkmethode bediene, die *Kal ve-Homer* genannt wird: Eine Mahlzeit, die nur für dieses vergängliche Leben notwendig ist, muß durch einen Segensspruch eingeleitet und abgeschlossen werden. Daraus läßt sich logischerweise nur folgern, daß solches noch mehr auf das Lesen der Thora zutrifft, welches für das ewige Leben notwendig ist[30].

Rabbi Hijja bar Aschi sagte, indem er Raw zitierte: Eine Person, die nicht ungezwungenen Geistes ist, muß nicht beten[31].

Rabbi Elieser sagte: »Das Gebet desjenigen, der es zur starren Pflicht macht, ist keine demütige Bitte« (Mischna *Brachot* 4:4). Wie definiert man ein Gebet, das als »starre Pflicht« angesehen wird? Rabbi Yaakov bar Iddi sagte im Namen von Rabbi Oschaija: Das Gebet desjenigen, der nur betet, um eine rituelle Pflicht zu erfüllen. Die Weisen sagten: Das Gebet desjenigen, der sich nicht der Sprache der demütigen Bitte bedient. Rabba und Raw Joseph sagten: Das Gebet desjenigen, der sich an die festgeprägte Form klammert und niemals etwas Neues ausdrückt. Abba bar Avin und Rabbi Hanina bar Avin sagten: Das Gebet desjenigen, der nicht bei Tagesanbruch und nicht bei Sonnenuntergang betet[32].

Der folgende Abriß der Gebetsvorschriften ist dem maßgeblichen Gesetzbuch, dem *Schulchan Aruch* entnommen.

Wer betet, muß sich der Bedeutung der Worte, die er ausspricht, bewußt sein, wie geschrieben steht: »Du achtest darauf, du neigest dein Ohr« (Ps. 10:17). Es sind viele Gebetbücher mit Erklärungen in anderen Sprachen veröffentlicht worden, und jeder kann die Bedeutung der Worte, die er im Gebet ausspricht, lernen. Wenn sich jemand der Bedeutung der Worte nicht bewußt ist, muß er zumindest, während er betet, über Dinge nachdenken, die das Herz beeinflussen und es zu unserem Vater im Himmel hinlenken. Sollte ihm während des Gebetes ein fernliegender Gedanke kommen, muß er innehalten und warten, bis dieser verschwunden ist.

Man soll seine Füße dicht nebeneinander stellen, als wären sie ein einziger, ähnlich denen der Engel, wie geschrieben steht: »Ihre Beine waren ein gerades Bein« (Ezech. 1:7), das heißt ihre Füße wirkten wie ein einziger Fuß. Man soll den Kopf leicht senken und die hingen schließen, so daß man nichts anblickt. Wenn man aus einem Gebetbuch betet, soll man seine Augen nicht von ihm lösen. Man soll seine Hände aufs Herz legen, wobei die rechte Hand über der linken liegt, und von ganzem Herzen beten, voller Verehrung, Furcht und Unterwürfigkeit, gleich einem Bettler, der vor der Tür steht.

Man soll die Worte bewußt und sorgfältig aussprechen. Jeder Mensch soll gemäß seiner eigenen Tradition beten, sei sie nun aschkenasisch, sephardisch oder was auch immer; sie alle haben die gleiche heilige Grundlage. Doch sollte man nicht die Worte zweier Traditionen vermischen, denn die Worte jeder Tradition sind nach wesentlichen Grundsätzen gezählt und numeriert, und ihre Zahl sollte man weder vergrößern noch verkleinern.

Man soll sich bemühen, im Flüsterton zu beten, so daß nur der Betende selbst seine Worte hört, daß aber der neben ihm Stehende seine

Stimme nicht zu hören vermag, wie es von Hanna geschrieben steht: »Hanna redete nämlich bei sich selbst; nur ihre Lippen bewegten sich, ihre Stimme aber hörte man nicht« (I. Sam. 1:13).

Man soll sich gegen keinen Gegenstand lehnen, und sei es auch nur die kleinste Stütze. Wer leicht erkrankt ist, darf sitzend oder sogar liegend beten, vorausgesetzt er vermag seine Gedanken voll und ganz zu meistern. Wenn es jemandem nicht möglich ist, sein Gebet mit den Worten seines Mundes zu formulieren, sollte er zumindest mit seinem Herzen nachsinnen...

Wenn sich jemand außer Landes befindet und sich erhebt, um zu beten, muß er sich in die Richtung des Landes Israel wenden, wie geschrieben steht: »... und beten zu Dir nach ihrem Lande gewandt...« (I. Kön. 8:48), und sein Herz soll er nach Jerusalem, der Tempelstätte und nach dem Allerheiligsten ausrichten. Daher müssen diejenigen, die westlich des Landes wohnen, sich nach Osten wenden (aber nicht genau nach Osten, denn es gibt Götzenanbeter, die zum Sonnenaufgang gewandt beten, weil sie die Sonne anbeten). Diejenigen, die östlich des Landes wohnen, sollen sich nach Westen wenden, und diejenigen, die im Süden wohnen, sollen sich nach Norden wenden (und diejenigen, die nordöstlich des Landes Israel wohnen, sollen sich nach Südwesten wenden usw.).

Wer im Lande Israel betet, soll sich nach Jerusalem wenden, wie geschrieben steht: »... und sie dann zum Ewigen beten, nach der Stadt gewandt, die Du erwählt hast...« (I. Kön. 8:44), und seine Gedanken sollen auf den Tempel und das Allerheiligste gerichtet sein. Wer in Jerusalem betet, sollte sich zur Tempelstätte hinwenden, wie geschrieben steht: »...wenn sie kommen und vor diesem Hause beten...« (II. Chron. 6:32), und seine Gedanken sollen gleichfalls auf das Allerheiligste gerichtet sein.

So wird das ganze Volk Israel im Gebet einer Stätte zugewandt sein, nämlich Jerusalem und dem Allerheiligsten, der Himmlischen Pforte, durch die alle Gebete aufsteigen...

Wenn einer an einem Ort betet, da er die Himmelsrichtungen nicht ausmachen kann, so daß er nicht wissen kann, ob er sich nach der richtigen Seite hinwendet, sollte er sein Herz zu seinem Vater im Himmel ausrichten, wie geschrieben steht: und sie beten zum Ewigen...« (I. Kön. 8:44).

Während der *Amida* muß man sich viermal verneigen: am Anfang und am Ende des ersten Segensspruches und am Anfang und Ende des *Modim*-Gebetes. Wenn man »gepriesen« ausspricht, soll man das Knie beugen, und wenn man »seiest Du« ausspricht, soll man sich so weit vornüberbeugen, bis einem die Wirbel des Rückgrates hervortreten. Auch sollte man den Kopf beugen. Und dann, bevor man den Namen des Ewigen ausspricht, soll man sich langsam aufrichten, gemäß dem Vers: »Der Ewige richtet die Gebeugten auf« (Ps. 146:8)...

Es ist verboten, sich an irgendeiner anderen Stelle der *Amida* zu verneigen.

Nach Aufsagen der *Amida*, und bevor der Betende ausspricht: »Möge Er, der die Ordnung des Universums bestimmt, uns und ganz Israel Frieden bringen«, soll er sich verneigen und drei kleine Schritte rückwärts gehen, wie ein Diener, der sich von seinem Herrn verabschiedet[33].

VIERTES KAPITEL

Die Synagoge

NOCH VOR DER ZERSTÖRUNG des Tempels, vielleicht sogar schon in frühen biblischen Zeiten, gab es im alten Israel rudimentäre Synagogen. Während der babylonischen Gefangenschaft wurde die Synagoge zweifellos zur zentralen Institution für die Pflege des Glaubens. Die Wiederherstellung unter Nehemia und Esra ließ eine große jüdische Diaspora außerhalb des Heiligen Landes bestehen, und diese Diaspora wuchs im Laufe der nachfolgenden Jahrhunderte. Ihre zentrale Institution war die Synagoge. Hier versammelten sich die Juden, um gemeinsam zu beten, doch war dies nicht ihre wichtigste Funktion. Die Vorschrift, dreimal täglich zu beten – morgens, nachmittags und abends – obliegt jedem Juden, und der Unterschied zwischen der vorgeschriebenen Gebetsordnung für den öffentlichen, in der Synagoge ausgeübten Kultus und der für den einzelnen vorgeschriebenen Gebetsordnung ist relativ gering.

Die wesentliche Funktion der Synagoge war die Pflege eines vielleicht noch wichtigeren Wertes, als es das Gebet für den jüdischen Glauben darstellt, nämlich das Studium der Thora. Am Sabbat und an den Feiertagen versammelten sich die Leute in der Synagoge, um die Lesung eines Abschnittes aus der Thora anzuhören und dessen Auslegung verstehen zu lernen. Diese Lesung ist bis auf den heutigen Tag im Hauptakt des jüdischen Gottesdienstes bei jeder wichtigen Gelegenheit enthalten. Die Thorarolle, die in der alten, vorgeschriebenen Form von Hand auf Pergament geschrieben ist, wird aus dem Schrein genommen, und ein geeigneter Abschnitt wird gelesen. Im Verlauf der Sabbate des ganzen Jahres enthält diese Lektüre die aufeinanderfolgende Lesung der fünf Bücher Moses. Bei allen anderen

Gelegenheiten wird der jeweilige Abschnitt aus den fünf Büchern Moses dem Anlaß entsprechend ausgewählt. Ferner wird an den Sabbaten und Festtagen zusätzlich ein Abschnitt aus den Propheten gelesen, den man Haftarah nennt.

Es sei noch hinzugefügt, daß ein großer Teil der rabbinischen Literatur, vor allem in ihren Abschnitten über die Ethik, alte Predigten sind, die in der Synagoge vorgetragen wurden, um die mit der Lektüre der Thora gegebene Lehre zu erklären und anzuwenden.

Sie berichteten Rabbi Johanan, daß es in Babylonien ältere Leute gebe. Er war erstaunt und sagte: »Es steht geschrieben: ›Eure Tage und die Tage eurer Kinder mögen *im Lande* (d. h. in Juda) vervielfacht werden.‹ Doch außerhalb des Landes ist dies nicht so.« Als sie ihm aber sagten, daß diese Babylonier früh in die Synagoge kämen und bis spät dort blieben, sagte er: »Das ist es, was ihnen hilft.« Dies entspricht dem, was Rabbi Josua ben Levi zu seinen Söhnen sagte: »Erhebt euch früh, bleibt lange auf und geht in die Synagoge, auf daß ihr euer Leben verlängern könnt.« Raw Aha, Sohn des Rabbi Hanina, fragte: »Welcher Vers (in der Schrift) rechtfertigt diese Behauptung?« Er antwortete: »Wohl dem Menschen, der auf mich hört, wohl denen, die meine Wege einhalten, an meinen Toren wachen Tag für Tag und meine Türpfosten hüten« (Sprüche 8:34), und im nächsten Vers steht geschrieben: »Denn wer mich findet, der findet das Leben.«[34]

Der nun folgende Bericht über die Synagoge von Safed, ungefähr um das Jahr 1600, stellt eine Gemeinde auf dem Höhepunkt geistiger Hingabe vor. Die klassischen und dauernden Werte der Synagoge werden hier im höchsten Maße verwirklicht.

In allen Gebetshäusern versammelt sich die ganze Gemeinde (von Safed) gleich nach dem Abend- und Morgengebet; in jedem Gebetshaus finden sich fünf oder sechs Gruppen zusammen. Jede Gruppe lernt, bevor sie das Gebetshaus verläßt: eine von ihnen studiert die Seriatim des Maimonides, eine andere *En Jakob* (eine sachkundige

Folge von Erzählungen aus dem Talmud), die dritte einen Abschnitt aus den *Brachot* (dem ersten Traktat des Talmuds), eine vierte Gruppe einen Abschnitt aus der Mischna mit Kommentar, eine fünfte eine *Halacha* (rechtsgültige Erklärung) nach Raschi und die *Tosafot* (Kommentare zum Talmud), und die anderen studieren den *Sohar* oder einfach die Bibel. Auf diese Weise gibt es in der Gemeinde niemanden, der am Morgen seine tägliche Beschäftigung beginnt, ohne etwas von unserer Lehre gelernt zu haben. Und ganz Israel tut am Abend nach dem Abendgebet das gleiche.

Am Sabbat gehen alle Leute in die Bethäuser, um die Predigten der Rabbiner anzuhören. Und jeden Donnerstag ver sammelt sich die ganze Gemeinde nach dem Morgengebet im großen Lehrhaus und betet dort zum Wohle Israels in der ganzen Welt, für die verbannte *Schechina* und den zerstörten Tempel. Besondere Segenssprüche werden für diejenigen gesprochen, die Geld für die Unterstützung der Armen im Lande Israel geschickt haben, auf daß der Ewige ihre Tage vervielfachen möge, ihre Geschäfte erfolgreich und sie selbst vor jeglicher Not und Heimsuchung bewahrt bleiben mögen. Dieses Gebet wird von der ganzen Gemeinde weinend und gebrochenen Herzens gesprochen. Bevor man sich anschickt zu beten, besteigt der große und fromme Moses Galanti die Kanzel und spricht mit demütigen Worten, um Israel zur Furcht vor dem Ewigen zu erwecken, und mit der Sanftheit seiner Sprache, der Größe seiner Weisheit und Kenntnis und Fülle seiner Heiligkeit bringt er sie der Liebe zu ihrem Schöpfer näher. Nach ihm besteigen zwei große Gelehrte und Heilige, Leiter der Jeschiwot (Talmud-Thoraschulen) die Kanzel. Der eine ist Rabbi Massod Sagi Nahor, mein Lehrer und Meister, in ganz Israel wegen seiner großen Heiligkeit und des Ausmaßes seines Wissens bekannt; der andere ist Rabbi Salomo Maarabi, in ganz Israel berühmt wegen seiner Weisheit und außerordentlichen Bescheidenheit und wunderbaren Frömmigkeit, und sie beginnen voller Furcht und Zittern und großer Ehrerbietung zu beten, und ihren Augen entströmen Tränen gleich zweiundzwanzig Sturzbächen. Wer aber wäre angesichts dieser von Israel aufsteigenden Gebete und Rufe wegen der Zerstreuung und Zerstörung und dieser Sündenbekenntnisse fähig, nicht zu bereuen, seine Sünden nicht zu bekennen und nicht dreifach in Eifer zu geraten?[35]

Die Thoravorlesung beginnt folgendermaßen:

Keiner gleicht dir unter den Mächtigen und nichts deinen Werken. Dein Reich ist ein Reich aller Ewigkeiten, und deine Herrschaft in jedem Geschlecht. Der Ewige ist König, der Ewige war König, der Ewige wird immer und ewig König sein. Gott gebe Kraft seinem Volke, Gott segne sein Volk mit Frieden.

Vater des Erbarmens, erweise in deinem Wohlgefallen Zion deine Güte, baue Jerusalems Mauern. Auf dich allein vertrauen wir, König, hocherhabener Gott, Herr der Ewigkeiten.

Die Lade wird geöffnet:
Als die Lade vorwärtsgetragen wurde, rief Moses: Erhebe dich, Ewiger, daß deine Feinde sich zerstreuen, daß die, die dich leugnen, vor dir fliehen. Von Zion geht die Lehre aus und das Wort des Ewigen von Jerusalem.

Gelobt sei er, der die Thora seinem Volke Israel in seiner Heiligkeit gegeben!

Die Thora wird aus der Lade heraugenommen:
Höre, Israel, der Ewige, unser Gott, der Ewige ist einzig!
Einzig ist unser Gott, groß unser Herr, heilig ist er!

Die Thora wird im feierlichen Umzug getragen:
Rühmet die Größe des Ewigen; zusammen laßt uns seinen Ruhm verherrlichen.

Dir, Ewiger, ist die Größe und die Macht und der Ruhm, über alles im Himmel und auf Erden ist dein das Reich, über allem Erhabenen thronst du.

Rühmet den Ewigen, unseren Gott, denn er ist heilig. Rühmet und verehret ihn auf seinem heiligen Berge. Der Ewige, unser Gott, ist heilig[36].

Es ist Brauch, Männer dadurch zu ehren, daß man sie aufruft, am Lesepult zu stehen, während ein Teil der vorgeschriebenen Thora-Lektüre vorgetragen wird. Im folgenden geben wir die

Segenssprüche wieder, die vom Aufgerufenen vor und nach dem Vortrag des Abschnittes gesprochen werden.

Segensspruch vor dem Lesen des Thoraabschnitts:
Lobet den Ewigen, Quelle allen Segens.
Gelobt sei der Ewige, ewige Quelle allen Segens.
Gelobt seist du, Ewiger, unser Gott, König der Welt, der uns erwählt hat aus allen Völkern und uns die Thora gegeben hat.
Gelobt seist du, Ewiger, der die Thora gegeben.

Segensspruch nach dem Lesen des Thoraabschnitts:
Gelobt seist du, Ewiger, unser Gott, König der Welt, der uns die Lehre der Wahrheit gegeben und ewiges Leben uns eingepflanzt hat.
Gelobt seist du, Ewiger, der die Thora gegeben[37].

Die Thora wird emporgehoben:
Dies ist die Lehre, die Moses vor die Kinder Israel gelegt.
Dies ist die Lehre, die auf Befehl Gottes durch Moses gegeben wurde.

Beim Zurückbringen der Thorarolle zur Lade:
Lobet den Namen des Ewigen, denn erhaben ist sein Name allein!
Seine Majestät ist über der Erde und dem Himmel. Er erhebt die Macht seines Volkes, ist der Ruhm aller seiner Frommen, der Kinder Israel, des Volkes, das ihm nahe. Hallelujah!

Beim Zurücklegen der Thorarolle in die Lade:
Als die heilige Lade sich niederließ, sprach er:
Kehre zurück, Ewiger, zu den Myriaden der Tausende Israels.
Kehre ein, Ewiger, in Dein Heiligtum,
Du und die Lade Deines Ruhms.

Deine Priester kleiden sich in Gerechtigkeit,
Deine Frommen jubeln.
Um Davids, deines Knechtes, willen
Weise nicht zurück das Angesicht Deines Gesalbten.

Ein köstliches Gut habe ich euch gegeben:
Meine Lehre verlasset nicht.

Ein Baum des Lebens ist sie denen, die an ihr festhalten,
Und der sie ergreift, ist glücklich.
Ihre Wege sind Wege der Lieblichkeit, alle ihre Pfade Frieden.

Führe uns zurück, Ewiger, zu Dir, wir wollen zurückkehren,
Erneuere unsere Tage wie ehedem[38].

FÜNFTES KAPITEL

Das vorgeschriebene Gebet

DER ERSTE ABSCHNITT dieses Kapitels ist der Beginn des *Schema*. Der dann folgende längere Abschnitt ist die *Amida*, die wir in der Version des werktäglichen Morgengebetes wiedergeben. Dieses Gebet wird von jedem schweigend zitiert, und man bleibt dabei aufrecht stehen.

Höre, Israel, der Ewige ist unser Gott, der Ewige ist Einer. Gelobt sei seine ruhmreiche Herrschaft auf ewig.

Du sollst den Ewigen, deinen Gott, lieben mit ganzem Herzen, mit ganzer Seele und mit deiner ganzen Kraft. Und es sollen diese Worte, die ich dir heute gebiete, in deinem Herzen sein. Du sollst sie deinen Kindern einschärfen. Du sollst von ihnen reden, wenn du zu Hause und wenn du unterwegs bist, Tag und Nacht. Du sollst sie als ein Wunderzeichen an deine Hand binden, und sie seien zum Wahrzeichen zwischen deinen Augen, und schreibe sie an die Pfosten deines Hauses und an deine Tore[39].

Herr, öffne meine Lippen, daß mein Mund deinen Ruhm verkünde.
Gesegnet seist du, Ewiger, unser Gott und Gott unserer Väter,
Gott Abrahams, Gott Isaaks und Gott Jakobs,
Großer, starker und furchtbarer Gott, höchster Gott.
Der gute Liebestaten erweist und Eigner des Alls ist,
Der Frömmigkeit der Väter gedenkt
Und einen Erlöser ihren Kindeskindern bringt
Um seines Namens willen in Liebe.
König, Beistand, Helfer und Schild!
Gesegnet seist du, Ewiger, Schild Abrahams.

Du bist mächtig in Ewigkeit, Herr,
Beleber der Toten bist du, reich an Hilfe!

Du versorgst die Lebenden mit Liebe,
Belebst die Toten mit großem Erbarmen,
Du stützt den Fallenden, heilst den Kranken, befreist die Gefangenen.

Du hältst die Treue den im Staub Schlafenden.
Wer ist wie du, Herr der Allmacht, und wer gleicht dir, König?
Du bist Herr über Leben, über Tod und Errettung.
Und treu bist du, die Toten wieder zu beleben.
Gesegnet seist du, Ewiger, Wiederbeleber der Toten.

Du bist heilig, und dein Name ist heilig.
Heilig sind die, die dich jeden Tag rühmen.
Gesegnet seist du, Ewiger, heiliger Gott.

Du begnadest den Menschen mit Erkenntnis;
Du lehrst den Sterblichen Einsicht.
Begnade uns von dir mit Erkenntnis, Einsicht und Verstand.
Gesegnet seist du, Ewiger, der mit Erkenntnis begnadet.

Führe uns, unser Vater, zurück zu deiner Lehre
Und bringe uns, unser König, deinem Dienste näher;
Laß uns wiederkehren in vollkommener Rückkehr vor dir.
Gesegnet seist du, Ewiger, der an Rückkehr Wohlgefallen hat.

Verzeihe uns, unser Vater, denn wir haben gesündigt;
Vergib uns, unser König, denn wir haben gefrevelt;
Denn vergebend und verzeihend bist du.
Gesegnet seist du, Ewiger, Gnädiger, der viel verzeiht.

Schaue auf unser Elend und führe unseren Streit;
Erlöse uns bald um deines Namens willen,
Denn ein starker Erlöser bist du.
Gesegnet seist du, Ewiger, Erlöser Israels.

Heile uns, Ewiger, so werden wir geheilt;
Hilf uns, so wird uns geholfen, denn du bist unser Ruhm.
Und bringe vollkommene Heilung allen unseren Leiden,

Denn treuer und barmherziger Gott bist du.
Gesegnet seist du, Ewiger, der die Kranken seines Volkes
    Israel heilt.

Segne uns, Ewiger, unser Gott, dieses Jahr
Und alle Arten seines Ertrages zum Guten.
Segne das Jahr mit deiner reichen Güte.
Gesegnet seist du, Ewiger, der die Jahre segnet.

Stoße in die große Posaune zu unserer Befreiung;
Erhebe das Panier, unsere Verbannten zu sammeln;
Sammle uns Zerstreute von den vier Ecken der Erde.
Gesegnet seist du, Ewiger, der die Verstoßenen seines Volkes
    Israel sammelt.

Setze unsere Richter wieder ein, wie vormals,
Und unsere Räte wie anfangs;
Wende Kummer und Seufzer von uns ab.
Regiere über uns allein mit Erbarmen;
Mit Gerechtigkeit und Erbarmen zeige uns Milde im Gericht.
Gesegnet seist du, Ewiger, der Milde und Recht liebt.

Den Verleumdern sei keine Hoffnung
Und alle Unheilstifter mögen im Augenblick untergehen
Und sie alle bald ausgerottet werden.
Und daß du die Frevler bald entwurzeln, zerschmettern,
Vernichten und demütigen mögest, bald in unseren Tagen.
Gesegnet seist du, Ewiger, der die Feinde zerschmettert und die
    Frevler demütigt.

Über die Gerechten und über die Frommen und über die Ältesten
    deines Volkes, des Hauses Israel,
Und über den Rest seiner Schriftgelehrten und über die gerechten
    Fremden
Sowie über uns alle laß dein Erbarmen rege werden,
Ewiger, unser Gott, und gib guten Lohn allen,
Die deinem Namen in Wahrheit vertrauen,

Und bestimme unseren Anteil mit ihnen in Ewigkeit,
Daß wir nicht beschämt werden, denn auf dich vertrauen wir.
Gesegnet seist du, Ewiger, Stütze und Zuversicht der Gerechten.

Und nach Jerusalem, deiner Stadt, kehre in Erbarmen zurück;
Throne in ihr, wie du versprochen.
Und erbaue sie bald, in unseren Tagen, als ewigen Bau,
Und Davids Thron richte bald in ihr auf.
Gesegnet seist du, Ewiger, Erbauer Jerusalems.

Den Sproß Davids, deines Dieners, laß bald emporsprießen,
Beschleunige die Ankunft der messianischen Erlösung;
Denn auf deine Hilfe hoffen wir jeden Tag.
Gesegnet seist du, Ewiger, der unsere Befreiung zusichert.

Höre unsere Stimme, Ewiger, unser Gott!
Schone und erbarme dich über uns.
Und nimm in Barmherzigkeit und Wohlgefallen unser Gebet auf,
Denn Gebete und Flehen erhörst du, Gott.
Und von deinem Angesicht, unser König, laß uns nicht leer
    zurückkehren,
Denn du erhörst das Gebet deines Volkes Israel in Barmherzigkeit.
Gesegnet seist du, Ewiger, der das Gebet erhört.

Habe Wohlgefallen, Ewiger, unser Gott, an deinem Volke Israel und an
    seinen Gebeten.
Führe den Opferdienst in die Halle deines Hauses zurück
Und die Feueropfer Israels. Und ihre Gebete in Liebe nimm mit
    Wohlgefallen auf.
Stets bleibe zum Wohlgefallen der Dienst deines Volkes Israel.

Und schauen mögen es unsere Augen, wenn du nach Zion in
    Barmherzigkeit zurückkehrst.
Gesegnet seist du, Ewiger, der seine Herrlichkeit nach Zion
    zurückbringt.

Wir danken dir, Ewiger, unser Gott und Gott unserer Väter,
Fels unseres Lebens, Schild unserer Sicherheit.
Von Generation zu Generation danken wir dir und segnen dich.
Unsere Leben sind in deiner Hand, unsere Seelen in deiner Obhut.
Wir danken dir für deine Wunder, die uns täglich begleiten,
Und für deine Wundertaten und Wohltaten zu jeder Zeit, abends und
    morgens und mittags.
Allgütiger, denn nie hört dein Erbarmen auf und Allbarmherziger,
    denn nie endet deine Liebe.
Von jeher hoffen wir auf dich.
Für alle diese Segnungen, unser König,
Werde dein Name gesegnet und erhoben, immer und ewig.

Alle Lebenden danken dir und rühmen deinen Namen in Wahrheit,
Gott unserer Hilfe und unseres Beistandes.
Gesegnet seist du, Ewiger, für deine Güte und deinen Ruhm.

Gründe Frieden und Wohlergehen über uns und über das ganze
    Haus Israel,
Gib uns deine Gnade, deine Liebe, dein Erbarmen.
Segne uns alle, unser Vater, mit dem Lichte deiner Gegenwart.
Denn im Lichte deines Angesichts gabst du uns die Lehre des Lebens
Und lehrtest uns Liebe und Milde, Gerechtigkeit, Erbarmen und
    Frieden.

Und gut sei es in deinen Augen, dein Volk Israel zu jeder Zeit und zu
    jeder Stunde
Mit deinem Frieden zu segnen.
Gesegnet seist du, Ewiger, der Israel mit Frieden segnet[40].

Das nun folgende, sehr persönliche Gebet wird im allgemeinen
am Ende der *Amida* gesprochen. Die vorgeschriebene *Amida*
selbst spricht man normalerweise in der Pluralform, dem »wir«
des jüdischen Gebetes (vergl. im 7. Kapitel des Vierten Teils den
einleitenden Text zum Glaubensbekenntnis aus der Liturgie des
Jom Kippur).

Mein Gott, bewahre meine Zunge vor Bösem und meine Lippen
   vor List.
Denen, die mir fluchen, lasse meine Seele schweigen
Und meine Seele sei wie Staub allem gegenüber.
Öffne mein Herz deiner Lehre,
Und deinen Geboten folge meine Seele nach.

Zerstöre den Plan aller, die Böses gegen mich sinnen.
Vereitle bald ihre Gedanken. Tue es um deines Namens willen.
Tue es um deiner Macht willen, um deiner Heiligkeit willen und um
   deiner Lehre willen.

Erhöre mich um deines geliebten Volkes willen.
Es seien zum Wohlgefallen die Worte meines Mundes und das Sinnen
   meines Herzens
Vor dir, mein Hort und mein Erlöser.

Der Frieden stiftet in seinen Höhen,
Er stifte Frieden über uns und über ganz Israel.
Laßt uns sprechen: Amen![41]

Es folgt der erste Abschnitt des Tischgebetes, das nach jeder
Mahlzeit gesprochen wird, bei der Brot gegessen wurde.

Gelobt seist du, Ewiger, unser Gott, Herr der Welt, der die ganze Welt
in seiner Güte, in seiner Huld, Gnade und Barmherzigkeit ernährt. Er
gibt jedem Geschöpf sein Brot, denn ewig währt seine Gnade. Und in
seiner großen Güte hat er stets uns nichts mangeln lassen und wird uns
in Ewigkeit nie die Nahrung mangeln lassen, um seines großen Namens
willen. Alles Leben ist seine Schöpftung, und er ist gut zu allen und
bereitet allen Geschöpfen ihre Nahrung. Gelobt seist du, Ewiger, der
alles ernährt[42].

Bevor das Brot gegessen wird:
Gelobt seist du, Ewiger, unser Gott, Herr der Welt, der das Brot aus
dem Boden wachsen läßt.

Bevor der Wein getrunken wird:
Gelobt seist du, Ewiger, unser Gott, Herr der Welt, der die Frucht der Rebe erschaffen.

Beim Anblick der schönen Natur:
Gelobt seist du, Ewiger, unser Gott, Herr der Welt, der soviel Schönheit in seiner Welt erschaffen hat.

Beim Anblick eines Weisen, der in der Lehre bewandert ist:
Gelobt seist du, Ewiger, unser Gott, Herr der Welt, der denen, die ihn verehren, von seiner Weisheit gegeben.

Beim Anblick eines berühmten Menschen:
Gelobt seist du, Ewiger, unser Gott, Herr der Welt, der einem Sterblichen etwas von deinem Ruhme gegeben[43].

SECHSTES KAPITEL

Das persönliche Gebet

JÜDISCHER BRAUCH BETONT mit Nachdruck den Wortlaut des offiziellen Gottesdienstes. Er schließt allerdings die persönliche Frömmigkeit nicht aus, ermutigt sie vielmehr. Wir geben im folgenden einige Beispiele persönlicher Gebete, die buchstäblich unter tausenden, die angeführt werden könnten, ausgewählt wurden.

Das erste Gebet stammt von einem Rabbiner des 2. Jahrhunderts und findet sich im Talmud wieder. Beim zweiten handelt es sich um das Gebet eines Hirten aus Deutschland, vom 12. Jahrhundert, das dritte wurde uns von Rabbi Elimelech von Lisensk aus Polen, vom 18. Jahrhundert, überliefert, und das letzte ist ein undatiertes, in jiddischer Sprache verfaßtes Gebet, das von Frauen in der Synagoge zur Andacht gesprochen wird.

Jedesmal, wenn Rabbi Nehunja ben ha-Kane das Lehrhaus betrat, und jedesmal, wenn er es verließ, pflegte er ein kurzes Gebet auszusprechen. Als man ihn fragte: »Welcher Art ist dieses Gebet?« erklärte er: »Wenn ich eintrete bete ich, daß ich nicht die Ursache irgendeines Ärgernisses sein möge, und wenn ich hinausgehe, danke ich für mein Los.«[44]

Herr der Welt!
Es ist dir offenbar und bekannt,
Daß wenn du Vieh hättest und es mir anvertrautest, damit ich es hüte
Ich für das Hüten von allen anderen Lohn nehmen würde,
Nicht aber von dir,
Denn ich liebe dich[45].

Bewahre uns
Vor lasterhaften Neigungen und überheblichem Verhalten,

Vor Zorn und Launen,
Vor Melancholie und Klatsch,
Und vor allen anderen Fehlern.

Lasse in meinem Herzen keinen Neid auf andere aufkommen,
Noch Neid im Herzen anderer auf uns.
Im Gegenteil:
Gib unseren Herzen die Gabe, bei unseren Gefährten
Die Tugend und nicht den Fehler zu sehen[46].

Gott, es ist wahr, für Dich gibt es keine Nacht, und das Licht begleitet Dich, und Du läßt die ganze Welt in Deinem Licht leuchten.

Die Morgen künden von Deiner Gnade und die Nächte von Deiner Wahrheit, und alle Geschöpfe künden von Deiner großen Gnade und von großen Wundern.

Jeden Tag erneuerst Du Deine Hilfe, o Gott! Wer kann Deine Wunder zählen? Du sitzest im Himmel und zählst die Tage des Frommen; Du bestimmst die Zeit für alle Deine Geschöpfe. Ein einziger Deiner Tage dauert tausend Jahre, und Deine Jahre und Tage sind unbegrenzt.

Alles, was in der Welt existiert, muß sein Leben zu Ende leben, Du aber bist da, Du wirst immer da sein und alle Deine Geschöpfe überleben.

Du, Gott, bist rein, und rein sind Deine heiligen Diener, die jeden Tag dreimal »Heiliger!« rufen, und die Dich im Himmel wie auf Erden heiligen:

Du, Gott, bist geheiligt und gepriesen. Die ganze Erde ist auf ewig von Deinem Ruhm erfüllt[47].

Anmerkungen

I Das Volk

1 Gen. 17:1–8.

2 Ex. 6:2–8.

3 Ex. 19:5–6.

4 Lev. 20:22–27.

5 Num. 35:34.

6 Deut. 4:32–40.

7 Deut. 5:1–3.

8 Deut. 29:9–14.

9 Hosea 2:21.

10 *Pesachim* 87a–b.

11 *Hohelied Rabba* 1:15.

12 Aus einem Brief des Maimonides an die Juden im Jemen, in: F. Kobler (Hrsg.): *A Treasury of Jewish Letters*, Jewish Publication Society, Philadelphia 1954, Bd. I, S. 184–186.

13 Deut. 4:5–8.

14 Deut. 7:6–13.

15 Deut. 9:5.

16 Mischna *Awot* 3:14.

17 *Brachot* 6a.

18 *Chullin* 89a.

19 *Megilla* 16a.

20 *Schekalim* 2b.

21 *Leviticus Rabba* 30:12.

22 Juda Halevi: *Kusari*, 2. Teil.

23 Amos 3:1–2.

24 Amos 9:7–10.

25 *Hohelied Rabba* 1.

26 Gen. 9:8–15.

27 *Genesis Rabba* 34:8.

28 *Seder Elijahu Rabba*, Kap. 9.

29 *Exodus Rabba* 19:4.

30 *Sifra, Ahare Mot* 86a (Ausg. Weiß, Wien 1862).

31 Aus einem Brief des Maimonides an Hasdai Halevi, in: F. Kobler, *op. cit.*, Bd. I, S. 197–198.

32 *Sifre* Num. 71.

33 *Tanhuma* (Buber), *Lech Lecha* 6.

34 *Jewamot* 47a–b.

35 *Tanhuma, Lech Lecha.*

36 Aus einem Brief des Maimonides an Ovadia den Proselyten, in: F. Kobler, *op. cit.*, Bd. I, S. 194–195.

37 Zitiert in: W. Gunther Plaut: *The Rise of Reform Judaism*, World Union for Progressive Judaism Ltd., New York 1963, S. 70.

38 *Ebda.*, S. 70–73.

39 *Ebda.*, S. 221–222.

40 *Ebda.*, S. 223.

41 Zitiert in: David Philipson: *The Reform Movement in Judaism*, The Macmillan Company, New York 1931, S. 372.

42 *Ebda.*, S. 275–276.

43 Ben-Zion Meir Hai Ouziel: *Piske Ouziel*, Mossad Harav Kook, Jerusalem 1977, Nr. 68.

44 Solomon Freehof: *Recent Reform Responsa*, Hebrew Union College Press, Cincinnati 1963, S. 76–78.

45 Arthur Hertzberg: *Encyclopedia Judaica*, Keter Publishing House Ltd., Jerusalem 1971, Bd. 10, S. 64– 65.

46 Kaufmann Kohler: *Jewish Theology*, The Macmillan Company, New York 1928, S. 326–327.

47 Mordecai M. Kaplan: *The Future of the American Jew*, The Macmillan Company, New York 1948, S. 219–220.

48 Martin Buber: *An der Wende*, Hegner, Köln 1952, S. 70– 71.

49 Edmond Fleg: *Pourquoi je suis Juif*, Les Editions de France, Paris 1928, S. 9, 96–97, 99–100.

50 Samson Raphael Hirsch: *Neunzehn Briefe über Judenthum*, Hammerich-sche Verlagsbuchhandlung, Altona 1836, S. 35–37.

51 *Ebda.*, 15. Brief, S. 69–70.

52 Abraham Isaac Kook: »The Rebirth of Israel«, in: Arthur Hertzberg: *The Zionist Idea*, S. 424–425.

53 Weekday Prayer Book (Übers.), The Rabbinical Assembly, New York 1961, S. 45–46.

II Gott

1 Gen. 1:1.

2 Jes. 40:12–25.

3 *Siddur Sim Shalom*, Jules Harlow (Hrsg. u. Übers.), The Rabbinical Assembly und The United Synagogue of America, New York 1985, S. 97.

4 Ps. 23, *ebda.*, S. 523.

5 Ps. 113; Übers. aus *Weekday Prayer Book*, *op. cit.*, S. 173– 174.

6 *Weekday Prayer Book*, *op. cit.*, S. 181 (Übers.).

7 Jer. 23:23–24.

8 *Numeri Rabba* 13.

9 *Brachot* 10a.

10 *Chullin* 60a.

11 *Genesis Rabba* 19:7.

12 *Der Sohar*, Gen. 103a–b; nach dem Urtext hrsg. von Ernst Müller, Heinrich Glanz, Wien 1932.

13 Saadia Gaon: *The Book of Beliefs and Opinions*, übers. von Samuel Rosenblatt, Yale University Press, New Haven, Conn. 1948, Abh. II, Kap. 12.

14 Maimonides: *Führer der Unschlüssigen*, ins Deutsche übertragen von Adolf Weiss, Meiner, Leipzig 1923/24. 1. Teil, Kap. 57–58.

15 *Genesis Rabba* 1:10.

16 *Chagiga* 14b.

17 Haim ibn Mussa, in: N. Glatzer (Hrsg.): *In Time and Eternity*, Schocken, New York 1946, S. 74–75.

18 *Brachot* 7a.

19 *Awoda sara* 3b.

20 *Exodus Rabba* 43:6.

21 Rabbi Israel Baal Schem, in N. Glatzer, *op. cit.*, S. 87.

22 Deut. 6:4.

23 Ex. 20:2–7.

24 Ps. 115; Übers. aus *Siddur Sim Shalom*, *op. cit.*, S. 83.

25 *Mechilta, Pischa* 5.

26 *Schabbat* 55a.

27 *Siddur Sim Shalom*, *op. cit.*, S. 197 (Übers.).

28 Ex. 34:6–7.

29 Deut. 8:5.

30 Jes. 1:12–20.

31 *Sifre* Deut. 307.

32 *Megilla* 31a.

33 *Exodus Rabba* 3:6.

34 *Leviticus Rabba* 24:2.

35 *Echa* [Klagelieder] *Rabba*, Einleitung XXII.

36 *Genesis Rabba* 12:15.

37 Franz Rosenzweig und Nahum Glatzer: *Franz Rosenzweig, His Life and Thought*, Jewish Publication Society, Philadelphia 1953, S. 304–305.

38 Deut. 6:5.

39 Deut. 10:10–12.

40 Ps. 117; Übers. aus *Weekday Prayer Book, op. cit.*, S. 178.

41 *Brachot* 61b.

42 Aus dem Testament des Schabtai Hurwitz. Siehe Text in: Israel Abrahams: *Hebrew Ethical Wills*, Jewish Publication Society, Philadelphia 1948, S. 255–256.

43 Moses Luzatto: *Mesillat Jescharim*, Kap. 11.

44 *Ebda.*, Kap. 19.

45 *Ebda.*, Kap. 19.

46 Aus dem *Testament des Israel Baal Schem.*

III Die Thora:
Lehre und Vorschrift

1   Deut. 6:20–25.

2   Deut. 30:11–14.

3   *Makkot* 23b.

4   *Makkot* 24a.

5   *Echa* [Klagelieder] *Rabba,* Einleitung II.

6   *Numeri Rabba* 17:6.

7   Louis Finkelstein: *The Jews: Their History, Culture, and Religion*, Harper and Brothers, New York 1949, Bd. II, S. 1739, 1792–1793.

8   *Sifre* Deut. 45.

9   *Joma* 72b.

10 Mischna *Awot* 6.

11 *Tanhuma* (Buber), *Jitro* 7.

12 *Echa* [Klagelieder] *Rabba*, Einleitung II.

13 *Sifre* Deut. 48.

14 *Der Sohar*, Gen. 190a–b.

15 *Genesis Rabba* 1.1.

16 *Mechilat, Ba-Hodesch* 1.

17 *Siddur Sim Shalom, op. cit.*, S. 201 (Übers.).

18 *Sifra* 86b (Ausg. Weiß, Wien 1862).

19 *Sanhedrin* 74a.

20 Saadia Gaon, *op. cit.*, Abh. III, Kap. 10.

21 *Ebda.*, Abh. III, Exordium.

22 Samson Raphael Hirsch, *op. cit.*, 15. Brief.

23 Solomon Schechter: *Studies in Judaism*, Jewish Publication Society, Philadelphia 1896, S. 248–250.

24 Kaufman Kohler, *op. cit.*, S. 352–353.

25 Haim Nahman Bialik: »Address at the Inauguration of the Hebrew University in Jerusalem, 1925«, in: Arthur Hertzberg: *The Zionist Idea, op. cit.* S. 282–283.

26 Gen. 17:9–14.

27 Mischna *Schabbat* 19:5.

28 Mischna *Nedarim* 3:11.

29 *Jalkut Schimoni, Lech Lecha* 71.

30 *Jalkut Schimoni, ve-Schalah* 268.

31 Zitiert in W. Gunther Plaut, *op. cit.*, S. 176.

32 Zitiert in W. Gunther Plaut: *The Growth of Reform Judaism: American and European Sources Until 1948*, World Union for Progressive Judaism, New York 1965, S. 311–312.

33 Zitiert in W. Gunther Plaut: *The Rise of Reform Judaism, op. cit.*, S. 177.

34 Yehiel Yaakov Weinberg: *S'ride Esch*, Mossad Harav Kook, Jerusalem 1966, Bd. 3, Nr. 93.

35 Judith Kaplan Eisenstein: »The First Bat Mitzvah«, in *Keeping Posted*, Union of American Hebrew Congegrations, New York 1982, Bd. XXVII, Nr. 3, S. 6.

36 Gen. 2:18.

37 Gen. 2:24.

38 Deut. 24:5.

39 Sprüche 31:10–31.

40 Mischna *Ketubbot* 5:5.

41 Mischna *Ketubbot* 5:6.

42 Mischna *Jewamot* 6:6.

43 *Jewamot* 63b.

44 *Jewamot* 64a.

45 *Jewamot* 62b–63a.

46 *Jewamot* 63b.

47 *Sota* 17a.

48 *Tanhuma* (Buber), *Naso* 13.

49 Nahman von Braslav.

50 *Sche'elot u-Teschuwot mi-Ma'amakim*, New York 1959, S. 111–114.

51 *Ebda.*, S. 151–156.

52 Aus dem Hochzeits-Gottesdienst.

53 Zitiert in Lucy Dawidowicz: *The Golden Tradition: Jewish Life and Thought in Eastern Europe*, Holt, Rinehart and Winston, New York, Chicago und San Franciso 1967, S. 207–209.

54 Aus: *Das Gesamtwerk des Hafez Hajjim* (Hebräisch), *Briefe und Essays*, Tzvi Hirsch Zachs, Hafetz Hayyim Yeshiva, Jerusalem 1990, 2. Teil, S. 97.

55 Menahem Mendel Schneerson: »A Woman's Place in Torah«, *Sichos in English*, New York 1990.

56 Louis Epstein: »A Solution to the Agunah Problem«, *Proceedings of the Rabbinical Assembly 1930–1932*, The Rabbinical Assembly, New York 1932, S. 86–87, Kongreß 1930.

57 David Aronson: »Ke-Da'at Mosche ve-Israel«, *Proceedings of the Rabbinical Assembly 1951*, The Rabbinical Assembly, New York 1951, S. 120, 135–136.

58 Saul Lieberman: »Ketubah«, *Proceedings of the Rabbinical Assembly 1954*, The Rabbinical Assembly, New York 1954, S. 67–68.

59 Eliezer Berkovits: *Hagut*, Jerusalem 1983, S. 29–32.

60 Blu Greenberg: *On Women and Judaism: A View from Tradition*, Jewish Publication Society, Philadelphia 1981, S. 177–178

61 Susan Weidman Schneider: *Jewish and Female: Choices and Changes in Our Lives Today*, Simon and Schuster, New York 1984, S. 21–22.

62 Zitiert in Walter Jacob: *American Reform Responsa*, Central Conference of American Rabbis, New York 1983, S. 25–31, 41–43.

63 Simon Greenberg, Essay auf hebräisch: *The Ordination of Women as Rabbis: Studies and Responsa*, The Jewish Theological Seminary of America, New York 1988, S. 207– 210.

64 Ann Roiphe: *Generation Without Memory: A Jewish Journey in Christian America*, Linden Press/Simon and Schuster, New York 1981, S. 203.

65 Solomon Freehof: *Contemporary Reform Responsa*, Hebrew Union College Press, Cincinnati 1974, S. 23–26.

66 David M. Feldman: »Homosexuality and Jewish Law«, *Judaism*, Bd. 32, Nr. 4, Herbst 1983, S. 427–429.

67 *Proceedings of the 1990 Convention*, The Rabbinical Assembly, New York 1991, S. 275.

68 *Report of the Ad Hoc Committee on Homosexuality and the Rabbinate,*
    Yearbook of the Central Conference of American Rabbis, The Central
    Conference of American Rabbis, New York 1990.
69 Ex. 20:12.
70 Deut. 27:16.
71 *Kidduschin* 30b–31a.
72 *Kidduschin* 31a.
73 *Jerusalem Pea* 1:1.
74 *Pesikta* 23.
75 *Kidduschin* 30b.
76 *Jewamot* 5b.
77 Mischna *Keritot* 6:9.
78 *Kidduschin* 29a.
79 *Schabbat* 10b.
80 *Jerusalem Schabbat* 1:2.
81 *Kidduschin* 30a.
82 *Sifre, Ekew.*
83 Gen. 32:33.
84 Ex. 22:30.
85 Ex. 23:19.
86 Lev. 11:2–8.
87 Lev. 11:9–11.
88 Lev. 17:10–14.
89 Deut. 14:21.
90 Mischna *Chullin* 3:1.
91 Mischna *Chullin* 8:1–3.
92 *Tanhuma* (Buber), *Schemini* 12.
93 Maimonides: *Führer der Unschlüssigen, op. cit.,* 3. Teil, Kap. 48.
94 Joseph Albo: *Sefer ha-Ikkarim,* übers. von Isaac Husik, Jewish Publication
    Society, Philadelphia 1946, 3. Buch, Kap. 15.
95 Schneur Salman aus Liady: *Tanja,* Kap. 7.
96 Abraham Isaac Kook: *Commentary to the Prayer Book,* in *Olat Ra'aiah,*
    Mossad Harav Kook, Jerusalem 1939, Bd. 2, S. 92.
97 Ex. 23:10–11.
98 Lev. 19:9–10.
99 Deut. 14:28–29.
100 Deut. 15:7–11.
101 Job 29:12–16.
102 Aus einem Brief der Juden von Alexandria an Ephraim ben Schamarja

und die Ältesten der jüdischen Gemeinde in Fostat, in: F. Kobler, *op. cit.*. Bd. I, S. 240.

103 Maimonides: *Mischne Thora, Hilchot Matanot Anijim*, Kap. 10.

104 *Schulhan Aruch, Jore Dea* 252.

105 Maimonides: *Mischne Thora, Hilchot Rozeah*, Kap. 11.

106 Israel Meir Kagan: *Kuntres Sachor le-Mirjam*, Kap. 10.

107 Moshe Feinstein: *Hoschen Mischpat*, Bnei Brak 1983, 2. Teil, Nr. 18.

108 Ben-Zion Meir Hai Ouziel, *op. cit.*, Nr. 32.

109 Immanuel Jacobovits, zitiert in: Fred Rosner: *Modern Medicine and Jewish Ethis*, KTAV Publishing House, Hoboken 1986, S. 284–285.

110 Isser Yehuda Unterman: *Schewet mi-Yehudah Scha'ar Rischon*, Mossad Harav Kook, Jerusalem 1983, Nr. 22.

111 Moshe Feinstein: *Igrot Mosche, Hoschen Mischpat*, 2. Teil, Bnei Brak 1985, Nr. 69.

112 Solomon Freehof, in: *Central Conference of American Rabbis Yearbook*, Central Conference of American Rabbis, New York 1958, Bd. LXVIII, S. 190–193.

113 Moshe Feinstein: *Igrot Mosche, Jore Dea*, 3. Teil, Bnei Brak 1981, Nr. 132.

114 Eliezer Waldenberg: *Ziz Elieser*, Jerusalem 1978, Bd. 13., Nr. 89.

115 Seymor Siegel: »Jewish Law Permits Natural Death«, *Schma*, Bd. 7, Nr. 132, 15. April 1977, S. 96–97.

116 *Schabbat* 31a.

117 Samuel Laniado: *Kli Hemda*, in: N. Glatzer, *op. cit.*, S. 146.

118 Moses Luzatto: *Mesillat Jescharim*, Kap. 19.

119 Israel Baal Schem Tow.

120 Nahman von Braslav.

121 Menahem Mendel aus Kozk.

122 Isaac de Worka.

IV Der Ablauf des Jahres

1   Gen. 2:1–3.

2   Ex. 20:8–11.

3   Ex. 31:12–17.

4   Deut. 5:12–15.

5   Jes. 56:1–7.

6   Jes. 58:13–14.

7   Jer. 17:24–25, 27.

8 Neh. 13:15–18.

9 Mischna *Chagiga* 1:8.

10 Mischna *Schabbat* 7:2.

11 *Schabbat* 49b.

12 Mischna *Joma* 8:6.

13 *Joma* 84b.

14 *Schabbat* 118b.

15 *Genesis Rabba* 11.

16 *Schabbat* 119a.

17 *Exodus Rabba* 25:12.

18 Juda Halevi: *Kusari*, 2. Teil.

19 *Sefer Chassidim*, Reuben Margoliot (Hrsg.) Mossad Harav Kook, Jerusalem 1959, Nr. 110, 149.

20 A. J. Meschel: *The Sabbath*, Farrar, Straus and Young, New York 1951, S. 6–10.

21 *Siddur Sim Shalom, op. cit.*, S. 435, 437 (Übers.).

22 *Ebda.*, S. 319.

23 *Ebda.*, S. 701.

24 Deut. 16:14.

25 Deut. 16:16–17.

26 Mischna *Chagiga* 1:1.

27 *Pesachim* 68b.

28 *Pesachim* 109a.

29 *Tanhuma, Pinhas* 17.

30 Ex. 12:14–20.

31 Mischna *Pesachim* 1:1.

32 Mischna *Pesachim* 1:4.

33 Mischna *Pesachim* 2:1.

34 Mischna *Pesachim* 3:7.

35 Mischna *Pesachim* 4:1.

36 Mischna *Pesachim* 10:5.

37 *Jalkut Schimoni, Emor* 23.

38 Mischna *Pesachim* 10:4.

39 Aus der Pessach-*Haggada*.

40 Deut. 16:9–12.

41 Ex. 20:1–14.

42 Raschis Kommentar zum Hohelied 4:5.

43 Lev. 23:34–36.

44 Lev. 23:39–43.

45   Mischna *Sukka* 1:1.

46   *Sukka* 28b.

47   Mischna *Sukka* 3:1.

48   *Sukka* 55b.

49   *Sefer ha-Hinuch.*

50   Jonathan Eibeschütz: *Ja'arot Dwasch.*

51   Aus einer unveröffentlichten Predigt meines Vater, Rabbi Zvi Elimelekh Hertzberg.

52   Lev. 23–26.

53   *Sukka* 55b.

54   Lev. 23:24–25.

55   Neh. 8:9–12.

56   *Rosch Haschana* 16a.

57   *Rosch Haschana* 16b.

58   *Midrasch Tehillim* 81 (geänderte Reihenfolge).

59   Maimonides: *Mischne Thora, Hilchot Teschuwa* 7:4.

60   Zitiert in: S. Y. Agnon: *Jamim Nora'im*, Schocken, New York 1946, S. 177.

61   *Mahzor for Rosh Hashanah and Yom Kippur*, Jules Harlow (Hrsg.), The Rabbinical Assembly, New York 1972, S. 241, 243.

62   *Ebda.*, S. 263.

63   *Ebda.*, S. 251.

64   Lev. 23:27–32.

65   Mischna *Joma* 1:1.

66   Mischna *Joma* 3:8, wie im *Mahzor for Rosh Hashanah and Yom Kippur, op. cit.*, übersetzt, S. 605.

67   Mischna *Joma* 8:1.

68   Mischna *Joma* 8:4.

69   Mischna *Joma* 8:5.

70   *Midrasch Tehillim* 27:4.

71   Mischna *Joma* 8:9.

72   Mischna *Taanit* 4:8.

73   Zitiert in: S. Y. Agnon, *op. cit.*, S. 230.

74   M. J. Gutman: *Belz*, Tel Aviv 1952, S. 75.

75   Zitiert in: S. Y. Agnon, *op. cit.*, S. 243.

76   Gebetbuch für die Hohen Feiertage.

77   *Ebda.*

78   *Gebetsordnung für den Unabhängigkeitstag* (Hebr.), The Religious Kibbutz Movement [Ha-Kibbuz ha-dati], Tel Aviv 1968, S. 9–10.

V Das Land

1   Raschis Kommentar zu Genesis 1:1.

2   Gen. 17:8.

3   Gen. 47:29–30.

4   Deut. 30:1–5.

5   1. Kön. 8:27–30.

6   *Tanhuma, Kedoschim.*

7   Mischna *Ketubbot* 13:11.

8   *Ketubbot* 110b–111a.

9   *Sifre, Re'e.*

10 *Leviticus Rabba* 34.

11 *Kidduschin* 49b.

12 Mischna *Kelim* 1:6.

13 *Bawa batra* 158b.

14 *Jerusalem Nedarim* 6:8.

15 *Bawa kama* 80b.

16 *Genesis Rabba* 59.

17 *Kidduschin* 49.

18 Isaiah Hurwitz, Auszug aus einem Brief, in Jerusalem an seine Kinder in Prag geschrieben (1621), in: F. Kobler, *op. cit.*, Bd. II, S. 483–484.

19 Zitiert in: *T'kumat Yisrael*, Karni Publishers, Tel Aviv 1958, S. 37.

20 Jer. 9:11–16.

21 Ps. 137:1–6.

22 *Tanhuma* (Buber), *Dewarim* 7. Dieser Text ist nicht historisch, denn Kaiser Vespasian hat Jerusalem erobert, und der befehlshabende General war sein Sohn Titus.

23 *Mechilta, Pischa* 14.

24 Juda Halevi: *Poetry of Judah Halevi*, übers. von Nina Salaman, Jewish Publication Society, Philadelphia 1928, S. 2.

25 Aus einem Brief von Hasdai ibn Schaprut an Joseph, den König der Chasaren, in: F. Kobler, *op. cit.*, Bd. I, S. 98–106.

26 Aus einem Brief von Joseph, dem König der Chasaren, an Hasdai ibn Schaprut, in: F. Kobler, *op. cit.*, Bd. I, S. 113.

27 Aus einem Brief, von Ovadia aus Bertinora in Jerusalem an seinen Vater geschrieben, in: F. Kobler, *op. cit.*, Bd. I, S. 304. Einem rituellen Gebot zufolge reißt man sein Gewand zum Zeichen der persönlichen oder nationalen Trauer ein. [**Anm. d. Übers.:** In der deutschen Urfassung steht hier: »leiht man sich Kleider«. Das entspricht aber weder den Tat-

sachen, noch ist es die deutsche Übersetzung des Verbs »to rend, rent, rent«.]

28 Aus einem Brief der Gemeinde von Saloniki an die Gemeinden auf dem Weg ins Land Israel, in: F. Kobler, *op. cit.*, Bd. I, S. 143.

29 Aus einem Brief der provenzalischen Juden in Saloniki an die Juden in der Provence, in: F. Kobler, *op. cit.*, Bd. II, S. 344–347.

30 Das Kaddisch von Rabbi Levi Isaak aus Berditschew, in: N. Glatzer, *op. cit.*, S. 94–95.

31 Salomo ibn Verga: *Schewet Jehuda*, Mossad Bialik, Jerusalem 1947, S. 163–164.

32 Jakob Emden: *Scha'are Schamajim*.

33 Jonathan Eibeschütz: *Ja'arot Dwasch*.

34 Jer. 29:4–14.

35 *Ketubbot* 11a.

36 *Genesis Rabba* 96.

37 Tosafot zu *Ketubbot* 110b.

38 Mordecai Kaplan, *op. cit.*, S. 128–130.

39 Jer. 31:15–16.

40 *Tanhuma, Noah.*

41 Saadia Gaon, *op. cit.*, Abh. VII, Kap. 1.

42 Jakob Emden, aus der Einleitung zu seinem Gebetbuch, in: N. Glatzer, *op. cit.*, S. 216–217.

43 Nahman von Braslav, zitiert in: N. Glatzer, *op. cit.*, S. 206–207.

44 Leo Pinsker: *Road to Freedom*, B. Netanyahu (Hrsg.), Scopus, New York 1944, S. 105–106.

45 Theodor Herzl, erster Eintrag in sein Tagebuch (1895), Jüd. Verlag, Berlin 1922, S. 173.

46 Solomon Schechter: *Seminary Addresses and Other Papers*, Ark Publishing, New York 1915, S. 91–104.

47 Abraham Isaac Kook: »Orot«, in Arthur Hertzberg: *The Zionist Idea, op. cit.*, S. 419–422.

48 Tzvi Yehuda Kook, 1967 veröffentlichtes Plakat.

49 Tzvi Yehuda Kook in:
    Whose Homeland: Eretz Israel Roots of the Jewish Claim, World Zionist Organization Department for Torah Education and Culture in the Diaspora, Jerusalem 1978, S. 183–184.

50 Shlomo Aviner in: *ebda.*, S. 114–115.

51 Adam Doron: *The State of Israel and the Land of Israel*, Midreschet Beit Berl, Israel 1988, S. 487–488, 49.

52 Isaiah Leibovitz: *Judaism, The Jews, and the Land of Israel*, Schocken Publishing House, Jerusalem 1975, S. 428–429.

53 Zitiert in Danny Rubinstein: *Gusch Emunim*, HaKibbuz ha- Me'uhad, Tel Aviv 1982, S. 98–109.

54 Zitiert in: Danny Rubinstein, *ebda.*

VI Die Satzung

1 *Sefer Rasiel.*

2 Gen. 1:27.

3 Jer. 9:22–23.

4 Ps. 8:4–7.

5 Syr. Übers. des Baruch 14:17.

6 Mischna *Sanhedrin* 4:5.

7 Mischna *Awot* 3:14.

8 *Awot des Rabbi Nathan*, 2. Version, Kap. 30.

9 *Sanhedrin* 38a.

10 Kohelet [Prediger] *Rabba* 7:13.

11 *Genesis Rabba* 8:5.

12 *Taanit* 22a.

13 *Tanhuma* (Buber), *Be-Hukotai* 6.

14 Juda Halevi: *Kusari*, 3. Teil.

15 Nahman von Braslav.

16 *Ebda.*

17 Deut. 30:19.

18 Deut. 11:26–28.

19 Sprüche 6:16–19.

20 Mischna *Awot* 4:2.

21 Mischna *Awot* 3:15.

22 *Megilla* 25a.

23 *Kidduschin* 40b.

24 *Leviticus Rabba* 4:6.

25 *Eruwin* 13b.

26 *Brachot* 28b.

27 *Awoda sara* 4a.

28 *Bawa mezia* 83a.

29 *Sota* 14a.

30 *Brachot* 17a.

31   *Pesachim* 113a.

32   *Pesachim* 113b.

33   *Jerusalem Kidduschin* 66d.

34   *Nedarim* 10a.

35   Mischna *Edujjot* 5:6.

36   Rabbi Elieser der Große: *Wege des Lebens*, siehe hebräischen Text in: Israel Abrahams, *op. cit.*, S. 40– 41.

37   Aus einem Brief von Juda ibn Tibbon an seinen Sohn Samuel, in: F. Kobler, *op. cit.*, Bd. I, S. 156–164.

38   Aus einem Brief des Nachmanides an seinen Sohn, in Israel Abrahams, *op. cit.*, S. 95–98.

39   Rabbenu Asher, in Abrahams, *op. cit.*, S. 119–125.

40   Moses Luzatto: *Mesillat Jescharim*, Kap. 11.

41   *Ebda.*

42   *Ebda.*, Kap. 1.

43   Rabbi Israel Baal Schem Tow.

44   *Ebda.*

45   Nahman von Braslav.

46   *Ebda.*

47   Prediger 7:20.

48   Ezech. 18:30–32.

49   *Tanhuma* (Buber), *Hukkat* 39.

50   *Joma* 9b.

51   *Schabbat* 55a–b.

52   *Nedarim* 32b.

53   *Jerusalem Brachot* 7d.

54   *Hohelied Rabba* zu 5:2.

55   *Seder Elijahu Suta*, Kap. 4.

56   *Midrasch Tehillim* 90:16.

57   *Pesikta Rabbati*, Kap. 44.

58   *Leviticus Rabba* 7:2.

59   *Awot des Rabbi Nathan*, 1. Version, Kap. 39.

60   Moses Luzatto: *Mesillat Jescharim*, Kap. 5.

61   *Brachot* 5a.

62   *Bawa mezia* 85a.

63   *Menachot* 29b.

64   *Makkot* 24b.

65   Saadia Gaon, *op. cit.*, Abh. V, Kap. 1.

66   Rabbi Israel Baal Schem Tow.

67 Nahman von Braslav.

68 Menahem Mendel von Kozk.

69 Martin Buber: *An der Wende, op. cit.*, S. 55–56.

70 André Scharz-Bart: *Der Letzte der Gerechten*, übers. von Mirjam Josephson, S. Fischer Verlag, Frankfurt 1960, S. 395–397.

71 Yaakov Glatstein: *Shtralndike Yidden, Radiant Jews*, Ferlag Matones, New York 1946, S. 12–15.

72 Yoel Teitelbaum: *Sefer va-Yoel Moshe*, übers. von Pinchas Peli, Brooklyn 1961, zweite Auflage mit Ergänzungen, S. 5.

73 *Ebda.*, S. 8.

74 Yoel Teitelbaum: *Kuntres al ha-Geula ve-al ha-Temura*, »On Redemption and Transformation«, übers. von Pinchas Peli, Brooklyn 1967, S. 19.

75 Issachar Solomon Teichthal: *Eim ha-Banim S'meicha*, übers. von Pinchas Peli, Budapest 1943, S. 16–17.

76 *Ebda.*, S. 22.

77 *Dissenter in Zion: From the Writings of Judah L. Magnes*, Arthur A. Goren (Hrsg.), Harvard University Press, Cambridge 1982, S. 417.

78 Martin Buber: *Gottes-Finsternis: Betrachtungen zur Beziehung zwischen Religion und Philosophie*, Manesse Verlag, Zürich 1953, S. 31–32.

79 Zvi Elimelekh Herzberg: *Zaddik be-Emunato, The Faith of a Righteous Man*, Jerusalem 1987.

80 Arthur Hertzberg: »A Lifetime Quarrel with God«, *New York Times Book Review*, 6. Mai 1989.

81 Job 14:7–12.

82 Ps. 6:6.

83 Dan. 12:1–2.

84 Mischna *Sanhedrin* 10:1.

85 *Sanhedrin* 90b.

86 *Tosefta Sanhedrin* 13:2.

87 *Brachot* 28b.

88 *Midrasch Mischle* 17:1.

89 *Tanhuma* (Buber), *Va-Jigasch* 9.

90 *Brachot* 17a.

91 *Brachot* 34b.

92 *Sifra* 85d.

93 Saadia Gaon, *op. cit.*, Abh. VII, Kap. 1.

94 Maimonides: *Mischne Thora, Hilchot Teschuwa* 8.

95 Moses Luzatto: *Mesillat Jescharim*, Kap. 4.

96 Aus dem Gebetbuch für den Alltag.

97 *Siddur Sim Shalom, op. cit.*, S. 525 (Übers.).

98 Jes. 2:2–4

99 Jer. 23:5–6.

100 Mal. 3:23–24.

101 *Sanhedrin* 98a. Übers. beruht auf dem *Mahzor for Rosh Hashanah and Yom Kippur, op. cit.*, S. 698.

102 *Awot des Rabbi Nathan*, 2. Version, Kap. 31.

103 Saadia Gaon, *op. cit.*. Abh. VIII, Kap. 5.

104 Maimonides: *Mischne Thora, Hilchot Melachim*, in N. Glatzer, *op. cit.* Kap. 11–12.

105 Zvi Hirsch Kalischer: *Drischat Tsiyyon*, in Arthur Hertzberg: *The Zionist Idea, op. cit.*, S. 111–113.

106 Aus: Maimonides' Kommentar zur Mischna *Sanhedrin* 10:1.

107 Zitiert in: W. Gunther Plaut: *The Rise of Reform Judaism, op. cit.*, S. 31.

108 Zitiert in: *ebda.*, S. 33–34.

109 Mosche Schreiber (*Hatam Sofer*, Responsa, Pt. 6, Resp. 84), wie zitiert in: Alexander Guttmann: *The Struggle Over Reform in Rabbinic Literature*, The World Union for Progressive Judaism, Jerusalem und New York 1977, S. 244–247.

110 Zitiert in: David Philipson, *op. cit.*, S. 332.

111 Abraham Geiger, aus: *Vorlesungen an der Akademie für Judaistik*, Berlin 1872, zitiert in: Max Weiner: *Abraham Geiger and Liberal Judaism*, Jewish Publication Society, Philadelphia 1962, S. 151.

112 Zacharias Frankel, Brief, am 18. Juli 1845 geschrieben, der Rabbinerkonferenz in Frankfurt vorgelegt.

113 Aus dem Programm der Konferenz in Pittsburgh 1885.

114 Solomon Schechter: *Studies in Judaism*, Macmillan, Philadelphia 1896, S. xvii–xix.

115 Samson Raphael Hirsch, *op. cit.*, S. 13–14.

116 Joseph B. Soloveitchik: *Halakhic Man*, übers. von Lawrence Kaplan, Jewish Publication Society, Philadelphia 1983, S. 89, 91.

VII Das Gebet

1 Jewamot 64a.

2 *Brachot* 32b.

3 *Taanit* 2a.

4 Num. 14:17–20.

5 Aus dem Testament von Jona ben Landsofer.

6   Rabbi Israel Baal Schem Tow.

7   Nahman von Braslav.

8   David Friedlander, schreibt 1786, zitiert in: Jakob J. Petuchowski: - *Prayerbook Reform in Europe: The Liturgy of Liberal and Reform Judaism*, The World Union for Progressive Judaism Ltd., New York 1968, S. 130.

9   Abraham Geiger, zitiert in: W. Gunther Plaut: *The Rise of Reform Judaism*, *op. cit.*, S. 158.

10 A. D. Gordon (1921), zitiert in: Arthur Hertzberg: *The Zionist Idea*, *op. cit.*, S. 383–384.

11 Mordecai M. Kaplan: *The Meaning of God in Modern Jewish Religion*, Behrman's Jewish Book House, New York 1937, S. 244–249, 251–258, 261–263.

12 Abraham Joshua Heschel: *Man's Quest for God*, Charles Scribner's Sons, New York 1954, S. 15–16.

13 *Ebda.*, S. 44.

14 Isaiah Leibovitz: *Conversations About the Ethics of the Fathers and About Maimonides*, Schocken Publishing House, Jerusalem und Tel Aviv 1979, S. 56–60.

15 Deut. 10:20.

16 Deut. 8:10.

17 Mischna *Brachot* 2:1.

18 Mischna *Brachot* 2:4.

19 Mischna *Brachot* 2:5.

20 Mischna *Brachot* 3:1.

21 Mischna *Brachot* 4:1.

22 *Tanhuma* (Buber), Mikez 11.

23 Mischna *Brachot* 4:5.

24 Mischna *Brachot* 4:6.

25 Mischna *Brachot* 9:1.

26 Mischna *Brachot* 9:2.

27 Mischna *Brachot* 9:3.

28 *Brachot* 43b.

29 *Tosefta Brachot* 3.

30 *Mechilta, Pischa* 16.

31 *Eruwin* 65a.

32 *Brachot* 29b.

33 *Kizur Schulhan Aruch*, Abschn. 18, *Hilchot Tefilat Schemone Esre*.

34 *Brachot* 8a.

35 Aus dem Brief eines mährischen Judens, Schlomo Schlomiel, Sohn des Haim, 1607 aus Safed geschrieben, in: F. Kobler (Hrsg.), *op. cit.*, Bd. II, S. 395–396.

36 *Siddur Sim Shalom, op. cit.*, S. 395, 399 (Übers.).

37 *Ebda.*, S. 401, 403, 411.

38 *Ebda.*, S. 423, 427.

39 *Ebda.*, S. 101, Deut. 6:4–9.

40 Nach dem *Siddur Sim Shalom, op. cit.*, S. 107–121.

41 *Ebda.*, S. 121.

42 *Ebda.*, S. 759.

43 *Ebda.*, S. 710–711.

44 Mischna *Brachot* 4:2.

45 *Sefer Chassidim*, übers. in: N. Glatzer (Hrsg.): *Language of Faith*, Schocken, New York 1947, S. 78.

46 *Ebda.*, S. 74.

47 *Ebda.*, S. 14.

ISBN 3-926901-79-9

Die Epoche der Kreuzzüge stellt der
Monty Python-Autor Terry Jones mit Klarheit und Witz dar
als Geschichte der Schlachten und des Verrats,
voller Tragik und Intrige.
Das reich bebilderte Buch zeigt die Wurzeln
des heutigen Konflikts zwischen der islamischen
Welt und dem Abendland.

Menschen, die die Welt bewegten

Wer waren die wichtigsten Persönlichkeiten, die das 20. Jahrhundert bestimmt haben? Eine neue Reihe bei *rororo handbuch* stellt die «100 des Jahrhunderts» mit Bild und biographischen Porträts in kompakter, präziser Form vor. Die Bücher bieten mehr Information als gewöhnliche Lexikon-Artikel und sind hilfreich für alle, die privat oder beruflich schnelle Informationen benötigen.

Die 100 des Jahrhunderts: Politiker

(rororo handbuch 6450) Sie haben den Lauf der Welt bestimmt, ihre Namen sind mit Krieg und Frieden, mit politischen Systemen und sozialen Konflikten, mit internationalen Bündnissen und wirtschaftlichem Aufstieg verknüpft.

Die 100 des Jahrhunderts: Naturwissenschaftler

(rororo handbuch 6451)

Die 100 des Jahrhunderts: Fußballer

(rororo handbuch 6458) Ihre Tore und Paraden begeisterten Millionen, ihre Niederlagen und Schicksale bewegten ganze Völker.

Die 100 des Jahrhunderts: Sportler

(rororo handbuch 6453) Sie ziehen Millionen Menschen in aller Welt in ihren Bann – mit Höchstleistungen und Rekorden auf Bahnen und Pisten, in Hallen und Stadien.

Die 100 des Jahrhunderts: Filmregisseure

(rororo handbuch 6452) Ihre Filme entführen in Bildwelten, deren Faszination sich niemand entziehen kann.

Die 100 des Jahrhunderts: Komponisten

(rororo handbuch 6457)

Die 100 des Jahrhunderts: Schriftsteller

(rororo handbuch 6455)

Die 100 des Jahrhunderts: Unternehmer und Ökonomen

(rororo handbuch 6454)

Die 100 des Jahrhunderts: Filmstars

(rororo handbuch 6459) Ohne seine Heldinnen und Helden wäre der Film ein nur mäßig aufregendes Spektakel. Seit den Anfängen begeistern jedoch die Stars ihr Publikum, sie sind die Ikonen unseres Jahrhunderts geworden. Hier treten sie auf, die eleganten Divas und die unwiderstehlichen Herzensbrecher, die großen Schauspieler und die einsamen Heroinnen.

Als die Nazis die Kommunisten holten,
habe ich geschwiegen;
ich war ja kein Kommunist.
Als sie die Sozialdemokraten einsperrten,
habe ich geschwiegen;
ich war ja kein Sozialdemokrat.
Als sie die Katholiken holten,
habe ich nicht protestiert;
ich war ja kein Katholik.
Als sie mich holten, gab es keinen mehr,
der protestieren konnte.
Martin Niemöller

Jens Ebert (Hg.)
Stalingrad - eine deutsche Legende
Zeugnisse einer verdrängten Niederlage
(rororo aktuell 13121)

Harald Focke / Uwe Reimer
Alltag unterm Hakenkreuz *Wie die Nazis das Leben der Deutschen veränderten. Ein aufklärendes Lesebuch. Band 1*
(rororo aktuell 4431)

Martin Gilbert
Endlösung *Die Vertreibung und Vernichtung der Juden. Ein Atlas. Großformat*
(rororo aktuell 13670)

Gunnar Heinsohn
Warum Auschwitz? *Hitlers Plan und die Ratlosigkeit der Nachwelt*
(rororo aktuell 13626)

Ferdinand Kroh
David kämpft *Vom jüdischen Widerstand gegen Hitler*
(rororo aktuell 5644)

Reinhard Kühnl
Formen bürgerlicher Herrschaft
Liberalismus - Faschismus
(rororo aktuell 1342)

Erwin Leiser
"Deutschland, erwache!" *Propaganda im Film des Dritten Reiches*
(rororo aktuell 12598)

Ein Gesamtverzeichnis der Reihe *rororo aktuell* finden Sie in der *Rowohlt Revue*. Jedes Vierteljahr neu. Kostenlos in Ihrer Buchhandlung.

Hartwig Bögeholz
Die Deutschen nach dem Krieg.
Eine Chronik *Befreit, geteilt,*
vereint: Deutschland 1945
bis 1995
(rororo aktuell 13564)

Richard Herzinger / Hannes
Stein
Endzeit-Propheten oder Die
Offensive der Antiwestler
Fundamentalismus,
Antiamerikanismus und
Neue Rechte
(rororo aktuell 13561)

Thomas Leif / Joachim
Raschke
Rudolf Scharping, die SPD und die
Macht *Eine Partei wird*
besichtigt
(rororo aktuell 13519)

Jürgen Nowak
Europas Krisenherde
Nationalitätenkonflikte vom
Atlantik bis zum Ural - Ein
Handbuch
(rororo aktuell 13422)

Werner Raith
Der Korruptionsschock
Demokratie zwischen
Auflösung und Erneuerung.
Das Beispiel Italien
(rororo aktuell 13517)

Erwin K. Scheuch / Ute
Scheuch
Cliquen, Klüngel und Karrieren
Über den Verfall der
politischen Parteien - eine
Studie
(rororo aktuell 12599)
Bürokraten in den Chefetagen
Deutsche Karrieren: Spitzen-
manager und Politiker heute
(rororo aktuell 13518)

Jürgen Streich
Die neuen Atommächte *Wer sie*
sind und was sie wollen
(rororo aktuell 13178)

Peter Struck
Schulreport *Zwischen Rotstift*
und Reform oder Brauchen
wir eine andere Schule?
(rororo aktuell 13562)

Ein Gesamtverzeichnis der
Reihe *rororo aktuell* finden
Sie in der *Rowohlt Revue.*
Jedes Vierteljahr neu.
Kostenlos in Ihrer Buch-
handlung.

Dirk Brouër, Herbert Trimbach u.a.
Offene Vermögensfragen - ein Ratgeber *Der Streit um Häuser, Datschen und Grundstücke: Zur veränderten Rechtslage in den neuen Ländern*
(rororo aktuell 13672)

Daniela Dahn
Wir bleiben hier oder Wem gehört der Osten *Vom Kampf um Häuser und Wohnungen in den neuen Bundesländern*
(rororo aktuell 13423)
Mehrere Millionen Menschen in den neuen Bundesländern sehen die Grundlage ihrer Existenz gefährdet. Sie wissen nicht, ob und wie lange sie noch in ihren Häusern und Wohnungen bleiben können. Der Band beschreibt die desaströsen Folgen der bis heute üblichen Rechtspraxis – «Rückgabe vor Entschädigung» – und entwickelt Perspektiven für eine politisch wie sozial vertretbare Eigentumsregelung.

Götz Eisenberg/Reimer Gronemeyer
Jugend und Gewalt *Der neue Generationenkonflikt oder Der Zerfall der zivilen Gesellschaft*
(rororo aktuell 13352)

Walter Hanesch u.a.
Armut in Deutschland *Der Armutsbericht des DGB und des Paritätischen Wohlfahrtsverbandes*
(rororo aktuell 13420)

Holger Rosenberg/Marianne Steiner
Paragraphenkinder *Erfahrungen mit Pflege- und Adoptivkindern*
(rororo aktuell 12989)

Wolfgang Schmidbauer (Hg.)
Pflegenotstand – das Ende der Menschlichkeit *Vom Versagen der staatlichen Fürsorge*
(rororo aktuell 13118)

Burkhard Schröder
Heroin *Sucht ohne Ausweg? – Ein Aufklärungsbuch*
(rororo aktuell 13276)

Bernd Wagner (Hg.)
Handbuch Rechtsextremismus *Netzwerke, Parteien, Organisationen, Ideologiezentren, Medien*
(rororo aktuell 13425)

rowohlts monographien
Begründet von Kurt Kusen-
berg, herausgegeben von
Wolfgang Müller und Uwe
Naumann.

Eine Auswahl:

Augustinus
dargestellt von Henri Marrou
(008)

Dietrich Bonhoeffer
dargestellt von Eberhard
Bethge
(236)

Martin Buber
dargestellt von Gerhard Wehr
(147)

Franz von Assisi
dargestellt von Veit-Jakobus
Dieterich.
(016)

Ulrich von Hutten
dargestellt von
Eckhard Bernstein
(394)

Jesus
dargestellt von David Flusser
(140)

Johannes der Evangelist
dargestellt von Johannes
Hemleben
(194)

Johannes XXIII.
dargestellt von
Helmuth Nürnberger
(340)

Martin Luther
dargestellt von
Hans Lilje
(098)

Martin Luther King
dargestellt von Gerd Presler
(333)

Meister Eckhart
dargestellt von Gerhard Wehr
(376)

Mohammed
dargestellt von
Émile Dermenghem
(047)

Moses
dargestellt von André Neher
(094)

Paulus
dargestellt von
Claude Tresmontant
(023)

Albert Schweitzer
dargestellt von
Harald Steffahn
(263)

Paul Tillich
dargestellt von Gerhard Wehr
(274)

Simone Weil
dargestellt von
Angelika Krogmann
(166)

rowohlts monographien